华侨大学教育基金会城市建设与经济发展研究专项基金资助

文集 补蹉跎

BU CUOTUO
WENJI

——历史·侨务·政治

丘 进◎著

人民出版社

责任编辑:宫　共

封面设计:源　源

图书在版编目(CIP)数据

补蹉跎文集:历史·侨务·政治/丘进 著. —北京:人民出版社,2022.7

ISBN 978-7-01-024400-6

Ⅰ.①补… Ⅱ.①丘… Ⅲ.①社会科学-文集 Ⅳ.①C53

中国版本图书馆 CIP 数据核字(2021)第 279777 号

补蹉跎文集

BU CUOTUO WENJI

——历史·侨务·政治

丘　进　著

人民出版社 出版发行

(100706　北京市东城区隆福寺街 99 号)

北京盛通印刷股份有限公司印刷　新华书店经销

2022 年 7 月第 1 版　2022 年 7 月北京第 1 次印刷

开本:710 毫米×1000 毫米 1/16　印张:24.5　字数:373 千字

ISBN 978-7-01-024400-6　定价:66.00 元

邮购地址 100706　北京市东城区隆福寺街 99 号

人民东方图书销售中心　电话 (010)65250042　65289539

目　录

中外关系史研究

华侨华人和侨务工作研究

政治和行政管理

序　一

华侨大学原校长丘进教授不遗在远，寄来新著《补蹉跎文集》稿本，遂得先读之快，至幸，并为快要读到这本好书的众多读者而欣幸。

文集的内容丰赡，文理畅达如流水行云，这是丘教授平生治学、历练和思虑之所得，发而为文，选而成集的硕果。计分三部：其一为中外关系史研究，其二为华侨华人和侨务工作研究，其三为政治和行政管理，所著三部无不题旨明要，论述详确，对于学术的传播、审察、应用与创新，都有许多真知灼见，这是一册很具参考价值的佳作。

丘教授写作的特色在于平实谦和，超越时下一些学界人物藉发表文章炫耀自己的陋习，充份表现"古之学者为己，今之学者为人"（《论语·宪问》）的精神。丘教授硕学多才，阅历尤深，既接受劳动教育的艰辛锻炼，也承继知识分子的高远理想。他的祖父丘景章先生（清光绪末届科举进士）和父亲丘良任先生（民初中国公学），并是学优则仕，进而献身教育的仁人志士，不幸国难重重，鸿图大略，难以舒展，遂有蹉跎岁月之叹。丘教授秉承遗愿，发愤淬厉，务要补偿先人所悼惜的光阴，矢志于服务家国，致力于弘扬学术，如是者数十寒暑，成就斐然。今者《补蹉跎文集》付梓有期，承雅命，成此序言。

际此中华民族光荣复兴在望，文教大业如旭日之初升；更见全椒文风，不绝如缕，又深幸焉。

杜祖贻[①]（Cho-Yee To）

壬寅春暮时于美国密西根大学

2022 年 4 月 25 日

[①]　杜祖贻，香港联合书院毕业，历任香港中文大学及美国密西根大学教育学院及医学学院讲座教授、主任、院长兼研究科学家；并任国内、海外多所大学荣誉讲席教授及学术顾问。

序 二

　　丘进学长请我为其《文集》作序，于情于理难以推脱。他虽年长，却性情随和，且知识渊博，可谓谦谦君子，与我交往不多，关系融洽。《文集》收录了他多年的作品，或学术，或政论，或心得。他经历丰富，始于学术研究，转而侨务管理，最后是学校领导岗位。这些作品因此也是分为三个方面。

　　第一部分是中外关系史研究。他有机会师从中外关系史研究大家朱杰勤先生，先后获得硕士和博士学位，于 1987 年底毕业后留校任教，"追随朱杰勤先生学习、研究，长达八九年，从先生宏观大略的指导、教诲，到日常生活的关心，直接地、全方位地受益师长的培养和教育，大师的风范深刻地影响了我的一生。"读研期间，由于导师们的严格要求，他在学术领域里辛苦耕耘，用他自己的话来说，"在读期间，需提交各科作业，自觉较佳者，便向学术期刊投送，渐渐地开始发表一些文字。"这些论文已经显示出他的治史才能。例如，在《利玛窦在华事迹述略》一文中，他在认真研究有关利玛窦等外国传教士在华所作所为的相关史料的基础上，对利玛窦的评价如下："这些传教士的宗教热情总是高于科学热情，后者总是以前者的需要为转移的。所以我们认为，尽管像利玛窦这样对中国与西方的科学文化交流在客观上起过重要作用的人物，也无法以思想家、科学家或社会活动家的身份被载入中外关系的史册。"这种评价是实在的。《关于汉代丝绸国际贸易的几个问题》分别探讨了汉代丝织业的辉煌成就及其社会作用的扩大、张骞西行、丝绸为古代中西交往主要媒介、丝绸贸易西行的三个走向（中、南、北）等有趣的问题，并提出了自己的见解。例如，在汉朝向匈奴输送丝帛的意图方面，他通过爬梳整理《史记》《汉书》和《后汉书》的相关史料，得出以下结论，"西汉初年，西汉政府不得不年年向匈奴奉送钱财丝絮，以图'匈奴无入塞，可以久亲'。丝绸外交代表了一种消极的和亲政策。""经过文景两代的休养生息，民间生产力得以恢复提高，特别是纺织业的发展更为突出。武帝初年，国力已经充实，足以扩张图强了。……在六十余年的时间里，汉帝国付出'海内虚耗、户口减半'的巨大代价，终于使汉匈关系由被动求和转为积极安抚。而在此后（包括东汉与匈奴的交往关系）汉朝廷向匈奴拨赠的物资依然有增无已，特别是高档的丝织物和制成品成倍增加，竟至万匹之巨。"这样，通过汉朝向匈奴输送丝绸一事，他力图说明不同时期目的迥异，从而揭示汉匈关系的本质转变。

第二部分内容有关华侨华人和侨务工作研究。丘进学长从事侨务工作达 14 年之久，他尽力将学问学识与实际工作结合起来，这一点十分明显。《海外华文教育四议》论及侨务工作最重要的一个方面。他在这篇文章中谈及海外华侨华人学生学中文的好处、在海外应该教什么样的中文、海外华文教育应注意的几个问题，前两个问题涉及华人子女学华文的目的和方法，在"海外华文教育应注意的几个问题"中，他联系实际地提出了以下建议：各校间建立教学业务方面的联系，从而方便就课程安排等问题进行沟通协调；除了开设汉语语言课外，还应酌情补充有关中国文化的内容以达到理想效果；要注意避免华文教育中的超文化现象。他认为，华文教育的目的是丰富多元文化，促进所在国的发展繁荣。因此，任何超文化、超教育的引导或批评，都不利于华文教育。他在《〈心归何方〉序》一文中专门就侨务工作提出了可行性建议。一是建议中方多从历史、文化、政治、法律、民族、习俗等宏观角度看待当前中国海外移民的新态势。二是对于在世界各地从事社会、经济、文化活动的华侨华人和社团首领，国内不宜过多地专注于纯粹礼仪性的活动，而应采取针对性强、有具体目的的形式。三是要通过多种有效渠道，帮助新移民的华侨华人充分学习和遵守当地各项法律法规，使其在当地环境中站稳，成为多元种族大家庭的优秀族群。四是有关部门宜将各地华人为所在国和谐发展做出贡献的案例汇编成册，做到广为人知，使新一代华人不断提升与当地人民的友好关系，增进友好情谊。五是中方可利用各种机会，通过各国华侨华人社团及相关媒体和机构，积极鼓励、教育和推动华侨华人学习、继承和发扬优秀的中华文明，认真学习所在国的优秀文化，有意识地打造并张显既有中华优秀文明因素，又有所在国传统特色的华社文化。六是从华人社会的长远发展考虑搭建包括操作、公关和理论的三个平台。

第三部分有关政治和行政管理。这是丘进先生从侨务工作转到学校行政管理后的心得体会。丘进学长在主持西安交大书院制改革工程基础上写成的一篇论文《大学生思政教育与党建工作的一项探索——兼论"书院制"与辅导员队伍建设的共进》颇有新意。虽然是"兼论"，但其中的一些创新观点和后来的做法开始改变大学生的培养教育问题，"书院通过建立一个全方位、综合性的生活环境，加强大学生的养成教育，帮助青年学生形成良好的行为习惯，使之尽快适应大学生活并能够科学规划人生。"实际上，西安交通大学的书院制改革与建设成为高校学生教育管理的全新模式，得到教育部的充分肯定。这篇论文也被"全国党建研究会高校党建研究专业委员会"评为一等奖。

这部文集反映了丘进学长长期学术研究和实际工作的成果。我理解，这些成果的取得有三个方面的原因：一是得益于家学渊源。其祖父曾为末届进士（光绪三十年，1904 年），"官授湖南嘉禾、宁乡、清泉、邵阳知县，清末接任宝庆知府，恰逢辛亥之革，卸职返乡（安徽全椒），任议长，同时创建全椒中学，亲任首届校长，推行新式教育……"其父就读南京钟英中学，后来"考入上海中国公学文学院，幸得胡适为师。"（前言）其父有缘求学于当代大家胡适名下，实为幸事，难免对童年的他带来好学上进的积极影响。二是得益于所处的时代。他之所以能够顺利完成大学到研究生教育，又能有机会从事侨务工作，最后到西安交通大学担任领导职务，这与中国的快速和稳定的发展以及国家实力的提升有直接关系。最后也是最关键的则与他勤勉治学密不可分。可以看出，即使在离开了教学科研职位之后，他仍然孜孜不倦，努力钻研与自己工作相关的领域，并不断提出新的见解。

　　我相信，这部文集的出版不仅为丘进学长留下"一生学习、工作和研究的总结"，也将从特有角度为从事侨务工作和学校管理工作的同仁留下可资借鉴的经验。

　　古人言：文翁翻教授，不敢倚先贤。

　　我相信，真知、学识和经验还将使丘进学长产生更多的思想火花。

李安山① 敬上

2021 年 11 月 24 日

---

① 李安山，北京大学国际关系学院教授，非洲研究中心主任，中国非洲史研究会会长，联合国教科文组织《非洲通史》国际科学委员会副主席。

前　言

先说几句拙书题目之缘起。

蹉跎者，光阴白度之谓也。拙书取此为题，主要出于两个原因。

一是本人经历。上世纪 50 年代末，由于众所周知的原因，家父母从北京被下谴至贵州一个山坳僻地的畜牧兽医单位，从事与原本毫无关系之工作。我当时方为小学幼童，只能随从，先后就读过贵州不同地方的三所小学、中学，校舍皆为破败旧庙，风雨无遮，累砖为座，支板为台，多数教师水准有限，所言所授，至今记忆犹新，现在想来，虽颇多谬误荒诞，但当时都信以为真。及至高中，赶上史无前例之大运动，十年不息，亲观亲历，不堪回首。清楚记得 1968 年 10 月 5 日那一天，一批来自不同学校的同龄人，爬上数辆解放牌大货车，被拉往四处农村，远者去了贵州最偏之威宁、平塘等县份，我算有些幸运，车行不远，距贵阳之北百里的羊昌公社便落车，公社革委会将我们随意分组，安排到散落山野的各个生产队，我们二男四女为一户，插入大山生产队（因地处海拔最高的一座突兀大山脚下得名），当时随行的一位军代表指定我为“家长”，我感到有些恐慌，但也只能受命。此日此处，我们开启了地地道道的农民生涯，长达数载。其间，夏暑冬寒，耕田稼穑，驱牛犁耙，挑粪插秧，耪地薅草，割谷掰黍，垦地种麦，伐薪砍柴，养猪栽菜；秋收之季，和生产队全体男壮社员们一同，挑谷百斤，浩浩荡荡，到十里开外的公社粮站上缴公粮，场景尤其难忘。我们知青的生产生活，与贫下中农无异。当时农村无电，夜燃油灯照明，没有片页书报可读。

如是度过七八年，除了对延续千年的农耕经济和农民生活得以熟知外，谈不上其他长进。龚自珍诗云：虽然大器晚年成，卓荦全凭弱冠争。我的弱冠之年（实际上迟至而立）几乎一无所成，称此为蹉跎岁月，应该是恰如其分的。

　　另一原因，则源于家族。祖父邱景章①乃光绪三十年（1904年）末届进士，官授湖南嘉禾、宁乡、清泉、邵阳知县，清末接任宝庆知府，恰逢辛亥之革，卸职返乡（安徽全椒），任议长。祖父虽出身科举，但思想开明，他力倡新学，创建全椒中学，亲任首届校长，推行新式教育，惜英年早逝，未竟夙愿。家父丘良任年轻时就读南京钟英中学，考入上海中国公学文学院，幸得胡适为师（《胡适日记》对家父有记叙②），后在新闻、教育界皆有较高任职，但遇社会重大变革，不惑之年深感大惑，不断受到诸多冲击，早年收存的文献资料，在各种运动中丧失殆尽。拨乱反正之后，家父老体尚健，情绪乐观，退休而未闲赋，尽管没有任何单位可以依托，无社会支持，更无任何助手，却仍以自然个体之身份，以最原始的方式（如借阅图书、手抄资料，学术卡片）做研究工作，尽管已入耄耋之年，却每日攀挤公交，拄杖蹒跚，四处奔波，克服难以想象的困难，在诸多领域作出独到成就，学术著述丰厚。中央电视台以"拾麦穗的老人"为题，专门报道过他。他的一位老友、著名学者兼书法家康殷（大康）先生为他题撰并装裱了"补蹉跎书室"之匾，他是非常看重的，一直悬于斗室墙上，至今仍历历在目。我编此文集，以"补蹉跎"为名，袭用大康书法（注：大康所书原件遗失，封面未能采用）之宗旨，谅家父和康殷先生能理解和赞成的。

---

① 上古以丘为姓，起源亦多，族裔颇大，早期并无邱氏。汉末儒术大兴，尊孔愈盛，至清雍正朝初，正式下诏，令除孔子与四书五经外，世间无论姓氏与地名，"丘"一律加偏旁为"邱"。及至清末，部分社会贤达吁复祖姓（如丘逢甲），乃至丘邱并行至今，而前者反而较少。祖父邱景章即属此列，他将后代改回丘姓。

② 胡适在1934年2月14日的一篇日记中记载："偶检北归路上所记纸片，有中公学生丘良任谈的中公学生近年常作文艺的人，有甘祠森（署名永柏，或雨纹），有何家槐、何德明、李辉英、何嘉、钟灵（番草）、孙佳汛、刘宇等。"（见《胡适日记全编》，胡适著，曹伯言编，安徽教育出版社2001年版）

之所以有意出此文集，是因为我自上世纪 80 年代博研毕业后，先后在国家机关、地方政府、大学任职，忙于各种行政工作，二三十年一晃而过。可谓"岁月不居，时节如流"（《三国志·吴书》）。及至数年前垂老退休，陋宅闲赋，恰如先祖父诗云："白发天宽书读补，青门地僻客来稀。"没有了工作压力，便有时间追抚过去，检阅旧时资料，除了大量手稿，也有一些发表过的文字，但刊物十分散乱芜杂。于是着手将这些文章加以整理，汇集成册，希望作为一生学习、工作和研究的总结。

由于受上级组织的安排和派遣，个人经历比较复杂，多年来在不同领域、不同地点、不同性质的单位工作，职务经常变化，所以各个阶段所从事的研究缺乏连贯性，写作的主题差异很大，文稿大致可分为历史研究、华侨华人研究和政治与行政管理三个部分。

首先是中外关系史研究，即文集的第一部分，收录了 13 篇文章。

我于 80 年代初考入暨南大学，成为著名史学家朱杰勤先生首个硕士研究生，研习中外关系史，继而考博（当时没有硕博连读之机制），为期六载。那时读研较为辛苦，主要是导师和几位辅任教授对研究生要求严苛，各种基础和专业课程满满，还必须尽快进入研究阶段，可谓辛苦万状。在读期间，需提交各科作业，自觉较佳者，便向学术期刊投送，渐渐地开始发表一些文字。我于 1987 年博士毕业，留校任教，本应按部就班地从事教学研究，但仅过年余，校领导多次与朱先生商量后，将我调出教科岗位，转到研究生院做管理工作。1991 年，又被国务院侨务办公室抽调，由穗迁京，担任行政职务（中间还被派至汕头挂职 2 年）。中央机关的工作是十分忙碌的，加班是常态，几乎终年无休，很难专心从事学术研究。有些选题，往往构思很久，经数年积累，方能成型，而且未必能顺利发表。

从上世纪 90 年代之后，我在史学研究方面的作品不多，除了《中国与罗马》等几本小书外，也零星地发表过近百篇文字，但因经常搬迁，居无定所，很多都散失了，难寻原作；或主题比较散乱，不成体系。留存于手头的，只有四五十篇文章，从中择出 13 篇，按时间顺序，汇成《文集》的第一部分。

　　较早的几篇习作是在读硕士和博士研究生期间完成的。例如：《关于汉代丝绸国际贸易的几个问题》（发表于《新疆社会科学》1987 年第 2 期），此文篇幅稍长，从揭示汉代丝织业盛况为基础，以张骞凿空为经络，详细考证中西丝绸贸易的历史、路径、发展过程。此文发表后，《光明日报》1987 年 7 月 22 日的史学版有专门介绍。还有几篇是我担任中国中外关系史学会会长期间，因参加并主持学术会议而提交的学术论文。如：《清末中美关系与美国华人问题侧观》，系统论述 19 世纪末期中美关系和在美华侨问题；另一篇《长春真人西觐事迹及与元蒙时期"丝绸之路"》，依据丘处机弟子李志常所撰《长春真人西游记》所记史实，从真人西游之复杂心态、觐见成吉思汗之历程和要旨、对蒙元时期中西交通之意义等三个角度展开研究。有一篇译文，也插入文集的这个部分，即"古代中国的一座罗马人城市"，这是英国著名汉学家德效骞（Homer H.Dubs）的一篇有影响的论文，原文发表于《希腊与罗马》（*Greece and Rome*，1957 年第 2 期），我读过后，觉得很有意义，于是加以翻译，投送至上海的姚楠① 先生，姚先生十分高兴，极为重视，立即通知上海译文出版社，将此文插入已经在印刷厂付梓的《中外关系史译丛》。本文发表后，在国内被多次转载使用，甚至很多人前往甘肃永昌县，对彼处的一个特殊人群进行考察，该处竟成一特别的旅游点。

　　《细微之处呈大师风范》是数年前为纪念我的恩师朱杰勤先生而作，最近被《海交史研究》接纳，作为该刊纪念朱先生专栏的一部分。文中不仅有当年朱先生的掌故，而且通过回顾朱先生教学和研究的思想与方式，比较当前高校研究生教育状况，映衬出业界的一些弊端和问题，也间接地表达自己对相关问题的观点。

　　这一部分的十多篇文章，历时较长，回首观之，深刻感到自己有志无才，在专业研究方面颇为粗浅，学术成就不彰，论文质量不高，主题分散，不成体系，与同行、同学相比，不在同一个档次上，内心很是惭愧。

---

① 姚楠（姚枬，1912—1996），华东师大等高校教授，著名学者、翻译家，东南亚研究学科的拓荒者和奠基人，译作、著作等身，桃李遍天下。

　　文集的第二部分是关于华侨华人研究，收纳了9篇文章。

　　我从1991年起就职于国务院侨务办公室，长达14年，由于业务与海外华侨华人有很多关联，工作中写了大量侨务方面的文字，多数是内部文稿，但也有少量见诸报刊。其中若干篇是关于海外华文教育的，如《海外华文教育概观及相关问题》《对外汉语教学与海外华文教育之异同分析及相关建议》，这两篇文章先后发表于《教育研究》，后者还获得2011年福建省高教科研优秀论文一等奖。《海外华文教育四议》则是应《人民日报》（海外版）之约而作（全文较长，分三次连载）。《中国侨务政策概述》《试探新形势下侨务工作的理论与实践》发表于《华侨华人蓝皮书》2011、2013年版，后者较为系统地分析了我国侨务工作的政策和实务，对华侨华人问题研究的理论与实践提出个人见解。《欧洲华人商城经济研究》一文，是与李明欢教授共同主持国务院侨办2011年重点研究课题[1]结项报告的一部分，在明欢教授对欧洲华人商城经济做了田野式实地考察调研之基础上，我们对国家侨务部门和外交领事部门提出了若干意见和建议，此项课题和结题报告，获得国侨办2012年课题研究优秀奖。《〈心归何方〉序》，是应加拿大华人学者黄学昆先生之约，为其著作《心归何方》而作。虽然是序，实为论文，对黄先生书中主要观点做了总结和提升，并对海外侨务工作如何结合华侨华人的心态提出新思路。此文在海内外许多报刊得以转载。

　　侨务工作是中国特色社会主义制度的一个重要组成部分，这一部分收录的几篇文章，实际上是从不同的角度和侧面，对习近平新时代中国特色社会主义思想和党的侨务政策做了一些具体诠释。

　　新时期以来，以习近平同志为核心的党中央对侨务工作有很多新的论述和提升，习近平总书记对侨务工作的论述起着核心指导性作用。习近平多次强调，要十分注重凝聚侨心侨力、同圆共享中国梦，提出要最大限度把侨胞中蕴藏的巨大能量凝聚、发挥出来。[2]他指出，团结统一的中华民族是海

---

① 2011—2012年度国侨办重点课题《欧洲华人商城经济研究：模式、挑战、前景与对策》。
② 孙立极：《凝聚侨心侨力同圆共享中国梦》，《人民日报》2017年2月18日。

内外中华儿女共同的"根"，博大精深的中华文化是海内外中华儿女共同的"魂"，实现中华民族伟大复兴是海内外中华儿女共同的"梦"。① 习近平指出，侨务工作要打破地域的界限，跳出侨务部门的范围，使之成为党和各级政府的大事，成为全社会共同关心、参与的大事，在工作力量、工作内容、工作对象、工作范围、工作方式上转变。要"对投资者有利、对所在国有利、对中国有利。"② 党的十八大以来，习总书记统筹国内国际两个大局，提出了中国特色大国外交、构建人类命运共同体、倡导"一带一路"建设等一系列有利于世界和平与人类进步的新理念新倡议新方案，得到了国际社会的广泛认同。

党的十九大确立了习近平新时代中国特色社会主义思想。习近平新时代中国特色社会主义思想根据新的实践对经济、政治、法治、科技、文化、教育、民生、民族、宗教、社会、生态文明、国家安全、国防和军队、"一国两制"和祖国统一、统一战线、外交、党的建设等各方面作出理论分析和政策指导。③

习近平关于侨务工作的论述，是基于对世情、国情和侨情的准确把握，在长期的实践中探索、发展和确立起来的，是对我党侨务理论和政策的承传，是对党和国家侨务理论的创新发展，是马克思主义中国化在侨务领域的重要成果。

第三部分主要是政治和教育行政管理，选择了 5 篇文章。

《中国特色社会主义理论的思想架构》和《"三个代表"发展了中国特色社会主义理论》是本人先后两次在中央党校学习时的作业。这两次学习进修，在政治理论上颇有提高，文章不仅是学习心得，在研究方法和思路上，也略显个人特点，获得党校教授的肯定，前者发表后又被收入《党校学员

---

① 刘维涛、王尧：《共同的根共同的魂共同的梦　共同书写中华民族发展新篇章》，《人民日报》2014 年 6 月 7 日。
② 习近平：《"大侨务"观念的确立》，《战略与管理》1995 年第 2 期。
③ 《中共中央关于认真学习宣传贯彻党的十九大精神的决定》，《人民日报》2017 年 11 月 3 日。

优秀文选》，后者则发表于《光明日报》。《关于大学校长增强行政能力的几点思考》①，是我在西安交通大学就职期间，对大学行政管理提出的看法，最初发表于《光明日报》，后又被《国家教育行政学院学报》等诸多报刊转载，在高教界有一定影响。

《大学生思政教育与党建工作的一项探索》，是在我主持西安交大书院制改革工程基础上写成的一篇论文，被"全国党建研究会高校党建研究专业委员会"评为一等奖。西安交大的书院制改革与建设，是高校学生教育管理的全新模式，得到教育部的充分肯定，在此基础上，本人主持了教育部哲学社会科学 2007 年度重大课题，并以"优秀成果"结题。②

加强和改进思想政治工作，是一切工作的生命线。在中国共产党成立 100 周年之际，党中央和国务院印发了《关于新时代加强和改进思想政治工作的意见》，该《意见》内容丰富，涵盖广泛，《意见》明确指出，新时代加强和改进思想政治工作的指导思想是：以习近平新时代中国特色社会主义思想为指导，全面贯彻党的十九大和十九届二中、三中、四中、五中全会精神，增强"四个意识"、坚定"四个自信"、做到"两个维护"，紧紧围绕统筹推进"五位一体"总体布局和协调推进"四个全面"战略布局，坚持稳中求进工作总基调，围绕巩固马克思主义在意识形态领域的指导地位、巩固全党全国人民团结奋斗的共同思想基础这一根本任务，自觉承担起举旗帜、聚民心、育新人、兴文化、展形象的职责使命，把思想政治工作作为治党治国的重要方式，着力固根基、扬优势、补短板、强弱项，提高科学化规范化制度化水平，充分调动一切积极因素，广泛团结一切可以团结的力量，为人民服务，为中国共产党治国理政服务，为巩固和发展中国特色社会主义制度服务，为改革开放和社会主义现代化建设服务。《意见》要求各级学校要加强

---

① 此文发表于《光明日报》2005 年 12 月 7 日；又刊于《国家教育行政学院学报》2006 年第 1 期。

② 该课题为 2007 年"教育部人文社会科学研究重大课题委托项目"："高校辅导员队伍建设创新及长效机制研究"，经过专家组评审评为"优秀成果"。此后，出版了《机制·创新·长效　高校辅导员队伍建设研究》（丘进、卢黎歌著）一书（西安交通大学出版社 2012 年版）。

思想政治工作，加快构建学校思想政治工作体系，实施时代新人培育工程，完善青少年理想信念教育齐抓共管机制，培养德智体美劳全面发展的社会主义建设者和接班人。而大学生的思想政治教育工作显得尤其重要。本人职业的最后阶段，是从事大学管理，在这方面做了许多工作。这个部分的几篇文章，与中央《关于新时代加强和改进思想政治工作的意见》精神有较好的呼应。

本人退休以后，闲暇时多，把上述文章汇集起来，加以审视、甄别、分类，于2021年春夏之际初成此集，将目录和简介试投人民出版社，不久即获佳允，甚感欣慰。责任编辑王萍同志十分关注此文集，提出若干重要的指导性意见，并嘱按出版社的学术著作规范，对文稿加以整理，尤其是文集中有大量学术性注释，均需核对、校正、整理，这对一个不太熟悉电脑编辑程序的迟暮之人，无疑是一项技术性挑战。于是，我求助于年轻学人，替我做了很多复杂的编辑工作，并远距离地给我以指点与帮助，自己端坐于电脑前，字字、行行、页页地修订、编排，孜孜矻矻，无惰寸功。辛丑年的酷暑，便是如此度过的。

在《文集》付梓之前，应出版社之敦促，写了这个介绍性的前言，临稿匆遽，言不达意，希望得到读者谅解。

作为华侨大学城市建设与经济发展研究院特约研究员，希望拙《文集》为研究院之基础研究奉献绵薄之力。

作者　谨识

2021 年 10 月 于北京

中外关系史研究

中法战争中的殖民主义强权外交

发生在 19 世纪 80 年代的中法战争是中国近代史上一次重要的民族战争。本文试就清政府在战争中步步退让的投降主义政策和英法串通、以强凌弱、"反败为胜"的侵略外交做一浅析。

一、清政府对法国侵犯越南的态度

法国殖民主义对越南的渗入和侵略，可追溯到 1784 年法国主教百多禄就占领越南的"利益"向法皇呈递的奏议①及随后签订的法越《凡尔赛条约》②，而法国涉足越南的真正目的却一直是企图更方便地侵入中国腹地。鸦片战争以后，法国趁火打劫，迫胁中国签订《黄埔条约》（1844 年），它的对华侵略遂由此步步深入，只是由于 1848 年法国革命的爆发及以后国内一系列动乱，对外又卷入克里米亚战争（1854 年），可谓内外交困，疲于应付，故对越南苦于鞭长莫及，久久进展不大。1858 年，法国与西班牙借口其教士被杀，发遣联军远征越南，攻陷岘港海口，次年转而南侵定祥、永隆等省，迫使越南与之签订《西贡条约》（1862 年）。在取得对南圻的控制之

---

① 越南社会科学院编：《越南历史》，人民出版社 1970 年版，第 434 页。

② 《中国近代史资料丛刊·中法战争》（以下简称《中法战争资料》）一，上海新知识出版社 1955 年版，第 363 页。

后，法国立即染指北圻，1873 年，以安邺为首的法国侵略军在河内建立了伪政权。是年，刘永福纸桥一役大败法军，阵斩安邺。作为相互的妥协，越法签订第二次《西贡条约》（1874 年），明文将越南置于法国"保护"之下。1875 年，法国资产阶级共和国确立，为了补偿其在德法战争中的失利，加紧掠夺海外殖民地便自然成了法国的主导国策。1881 年 7 月，法议会通过了 240 万法郎的拨款作为侵越军费①，次年，法政府令其西贡总督卢眉武装干涉越南事务②，并于 1883 年 4 月陷河内，旋即策划对华作战。法国殖民主义拉开了中法越南冲突的第一幕。

河内失陷，使清政府大为惊怒。但它对法侵越南之反感多属面子上的过不去，因为中国与越南的宗属关系渊源久长，这虽然只是一种封建等级的象征，但毕竟维持了中国统治者的尊严。失去这种宗属关系，对于清朝皇权，无疑是一种侮辱，是非同小可的侵害，不到万不得已，它是断不能允的。因此中法在越南问题上的冲突，立即引起朝廷的严重关切。但是在具体处理的方针上，却又分为战和二派，各执一端，争论不休。

主战派以左宗棠等人为首，认为越南之存亡，直系中国全局。这些意见的要点是：

> 越南世守藩服，今听其自存自亡，而不援一手，无论外藩解体，且示弱于法人；恐陵夷日甚，不特琉球不可恢复，即高丽、蒙古，亦未必能相维相系也；
>
> 北圻各省，多与我滇粤毗连，若待法人尽占北圻，而始为闭关自守之计，则藩篱全撤，后恐将无有穷期；
>
> 越之积弱，本非法敌，若任其全占越土，粤西唇齿相依，复患堪虞。且红江为云南元江下游，红江通行轮船，则越南海口旬日可至云南，此事关系中国大局。③

① 牟安世：《中法战争》，上海人民出版社 1961 年版，第 29 页。
② 《中法战争资料》七，上海新知识出版社 1955 年版，第 135—137 页。
③ 牟安世：《中法战争》，上海人民出版社 1961 年版，第 41 页。

张佩纶则就当时越南形势作了总结性的建议，他认为中国早已"有助越之形，而避助越之名，近乎昼伏夜动，掩耳盗铃，何如堂堂正正而出之"。①

主战派的这些意见，对当时中法越关系的分析基本上是正确的，从客观上看也是符合中越两国人民要求的。但是也不可不看到，即使是主战派，他们的阶级利益与主和派并不矛盾，左宗棠本人就是洋务派首领。他们的抗法援越，只是统治集团内部派系之论，目的也仅在于维护封建专制的一统天下，与真正的中华民族和越南人民的根本利益实在鲜有共同之处。其次，这些主战议论，多立足于对当时战局的窥察，而缺乏对整个形势的冷静分析和对事态变化的合理估计。不难预见，如果不是黑旗军在越南取得一系列卓著战绩，而是法军战事得逞的话，这些"主战派"也无疑会摇身变为"主和"的。

还有一点，我们应该看到，即使中国获得军事上的一时胜利，也不可认为这便意味着中法关系可以此为定局。因为中国近代史，归根结底，就是"帝国主义侵略中国，反对中国独立，反对中国发展资本主义的历史。"②"帝国主义列强侵入中国的目的，决不是要把封建的中国变成资本主义的中国，帝国主义列强的目的和这相反，它们是要把中国变成它们的半殖民地和殖民地。"③ 这是中国近代史的主题，也是中法战争的一个主要特点，北圻战场岂能独异？政治上没落、军力上虚弱的清政权，无论是主战还是主和，都无法抵挡列强在军事上和外交上的进攻。自鸦片战争以来，清政府已经在内外交困的窘境中将自己的命运越来越紧地系在各帝国主义列强身上，同时，各列强在积极开展其对中国各方面的侵略之同时，也把支持清政权作为其基本立足点。正如美国资产阶级作家拉多来特所云："西洋人还是带着侵略性的。他们总是希求更增加他们已得的特权，并且一次次地侵害中国的领土。但是在1860年以后若干年间，西方列强，尤其是英国和美国，其对华关系的推进是建基于这样一种信念上：最有利于他们的还是去维持满清皇朝的威信和

① 张佩纶：《涧于集奏议》卷三，1918年版，第59页。
② 《毛泽东选集》合订本，人民出版社1964年版，第622页。
③ 《毛泽东选集》合订本，人民出版社1964年版，第673页。

权力，使它更有力量压平内部的不安。"① 可见清政府在中国近代史上的地位只是西方列强的附庸，全不可能成为抵御外来入侵的力量。再者，作为人民战争的重要力量的黑旗军，本身就是一支中国农民反抗清朝统治的起义队伍，清政府对这支队伍的仇视一直耿耿于怀，以翦灭之为快。但在当时中法越关系错综复杂的情况下，清政府企图利用它来作为与法国侵略势力周旋的工具；利用黑旗军与法军交战，若黑旗军得胜，越南自然会感谢清政府的支筹助战之恩，而在法国面前却又可以黑旗军非官军来加以搪塞，避去外交上的责任，不致给法国拿住什么把柄。若黑旗军失利，为法军消灭，更是为清朝除去一大隐患。正是所谓"驱狼斗虎，似属一举两得。"② 所以黑旗军尽管以无比的勇气和艰苦的奋斗沉重打击了法侵略军，却仍然只能是一支转战民间的孤军，得不到政府的有力支助。不难想见，即使黑旗军终能将法军从北圻赶走，它也未必能逃脱类似后来义和团的命运。根本的原因，就是清政府的腐朽没落及其推行的卖国求和的政策。李鸿章曾说过，黑旗军的胜利是一种偶然，即使"一时战胜，未必历久不败，一处战胜，未必各口皆守"③。这当然是他的投降主义论调，然而也正是这种投降主义为主导的国策之下，这句话才具有一定程度的现实性。

简言之，主战派在战争期间对中越军民抗击法侵路军，迫使清政府对法国至少在战争初期采取了一些针锋相对的抵制措施等方面，的确起到过积极的作用，在抵抗法国入侵这一点上，其基本内核也还是正义的，客观上符合中越人民抗战的要求。但是这一派毕竟不是站在反帝反封建的立场上，它看不到清军在战争中各自为政、堕落腐化，粉饰虚捏、贪生畏死、不战即溃的丑态以及法军装备精良、列强暗中助虐等实际情况，不能全面地审视战局及合理地决定战略方针，因而在整个战争过程中，它所代表的"正义"是极其有限的，它的形象始终是苍白无力的。它不可能压倒投降派从而领导中国取得战争的胜利，当然也就不足为奇了。

---

① 胡绳：《帝国主义与中国政治》，人民出版社 1952 年版，第 39 页。
② 故宫博物院编：《清光纽朝中法交涉归料》卷三，1936 年版，第 12 页。
③ 故宫博物院编：《清光纽朝中法交涉归料》卷三，1936 年版，第 44 页。

　　再看"主和派"。李鸿章是其首领人物,他的言行对朝廷的影响也最大。李鸿章对越南问题的态度,向以恐外媚外为宗旨。中法战争前夕,他拒不承认法国有并吞越南的企图,他主观地认为:"越之北圻沿边诸省地本最瘠,万山丛杂……道路崎岖,水毒风恶,烟瘴终年不解,法人岂肯冒此危险"①,他责骂提醒朝廷注意法国侵略北圻意图的忠吉为"夸诞之言,奚足深信。"② 对黑旗军的奋力抗法,与其说李鸿章是持"必败论",倒不如说是他内心预期一切抵抗法国侵略的言行都失败,以此来证明求和的正确。他甚至主张让出越南以求苟安,认为"即使废置其君,灭绝其国,亦与汉之捐弃珠崖等耳。"③ 中法开战以后,他主张"我胜法必添兵再战,我败则尚可退回本境,法必不遽深入,亦尚不致牵动大局。"④ 他是希望中国战败,以为败局反而可以求和偷安。

　　在投降主义的道路上,李鸿章甚至比媚外求安的西太后走得更远更快,更显得急不可耐。1884 年李鸿章与福禄诺签订《天津条约》之前,西太后曾旨明只能在以下条件下讲和:1. 中国对越南的宗主权不可放弃;2. 中国不舍弃黑旗军;3. 中国不能赔款;4. 云南贸易不可开放。但在《天津条约》中,这四个条件中最重要的 1、4 两条均被删除了。对此,美国资产阶级作家马士的评论倒有其独到的正确性,他说:"对中国的不平等是从北黎开始的。在(李鸿章)与福禄诺的协定里,中国在每一个关键的问题上都屈服于法国。"⑤ 他接着写道:"以一个强横的欧洲国家,代替恭顺的越南作为南境邻国,(中国)是不情愿的;放弃对越南的宗主权,无论这是一种怎样的虚名,是更加不情愿的;而最不情愿的一点则是接受失败——不是战争以后的失败,而是认识到中国自身的软弱无力。而这一切都由李鸿章一手经办了。"⑥

---

① 故宫博物院编:《清光结朝中法交涉史料》卷四,第 3—4 页。

② 故宫博物院编:《清光结朝中法交涉史料》卷四,第 23 页。

③ 故宫博物院编:《清光结朝中法交涉史料》卷四,第 24 页。

④ 《中法战争资料》四,上海新知识出版社 1955 年版,第 93 页。

⑤ Morse,*The International Relations of the Chinese Empire*,Ⅱ,Kelly and Walsh Ltd.,1918,p.353.

⑥ Morse,*The International Relations of the Chinese Empire*,Ⅱ,Kelly and Walsh Ltd.,1918,p.357.

难怪乎马士称颂李鸿章为"一个真正的政治家"，而且为他"不是大清帝国的主宰"而深感惋惜。

从当时的实际情况和清政府的本质上看，中法争端的解决，谈判固然不可不为一重要的方式。但中方本应采取积极的态度，首先争取战场上的主动权，而后居高临下，迫法国不得不谈判，方可取得合情合理的解决。实际上，这种有利于中国的局面在越南战场上是多次出现过的。可悲的是，中越军民浴血奋战的成果全被"主和"派忽视、糟蹋和出卖了。他们将中国千年友邻越南拱手奉给法国侵略者，同时不惜出卖民族根本利益，无视中越人民在战争中取得的赫赫战果，反而釜底抽薪，以退为好，以败为利，无原则迎合列强侵略野心，使通过一定的谈判解决争端这一点合理因素也完全被他们的投降主义行径所掩没。他们对中国在这次战争中的可耻了结负有直接的罪责。

二、列强对中法冲突的态度及英国的插足

中法冲突，虽然地理上仅限于北圻和南海，但发生的实际影响却受到在中国谋求利益的各殖民列强的密切关注。它们各自从本国利益出发，因而也表现了各不相同的态度。但总的说来，它们都企望：第一，中法战争不能破坏它们的在华利益；第二，战争的结果应该给它们带来好处。列宁说过："证明战争的真实阶级性质的，自然不是战争的外交史，而是对各交战国统治阶级的客观情况的分析。"[①] 从列宁的这一思想出发，我们不可不对中法战争前夕侵华列强对这场冲突的态度作一些考察。

就各殖民列强在中国的经济地位来说，英国堪称霸主。中外贸易，英国占了绝对优势：1879 年，中外贸易总额中，英国独占 77.5%，遥居首位，次多的美国只占 7.5%。中国沿海运输的船只，有一半悬英国国旗，受英国

---

① 《列宁选集》第 2 卷，人民出版社 1960 年版，第 732—733 页。

资本家控制①，在中国的外国经营的公司里，有近 2/3 是英国资本家办的。中国各通商口岸的外国侨民中，英人占 51%。② 所以，英国对中国抗法战争影响其在华利益的担心最甚——战争可能使清政府为筹措军费而增加厘金关税。此外，若法国占取越南，则可能控制和垄断越南及中国西南的贸易，进而排挤英国在暹罗和上缅甸的利益，而且更可能激起中国人民反对殖民侵略的斗志。总之，英国"一方面不愿意中国的市场因长期敌对行为而耗竭，另一方面中国的任何胜利一般说来对欧洲人都会有严重后果。"③ 此外，若法国打到底，导致清王朝的倒台，而建立起一个"法国的中华帝国"④，这也是英国垄断资产阶级所深切担忧的。以上种种殖民主义者的心理，决定了英国在中法战争中所持的基本立场：1. 避免战事扩大而妨碍他们的经济利益；2. 千方百计地让中国在战争中败北以巩固英国在华的强权政治。这也成为以后英国在中法战争中所采取的对法国既抑制又迁就，对中国既威胁又引诱的所谓"调停"策略的政治背景。

居中外贸易额第二位的美国也十分关注中法在越南问题上的冲突，并几度提出从中调停的要求，美国驻华使节杨越翰活动尤显积极，其目的亦在避免战事扩大，保护美国利益，同时也希望借此加强美国在中国的政治地位。盖因当时中法两国政府互相猜忌，各执一端，尤其是茹费理内阁误认为中国借外交活动暗中筹兵备战，致使美国的调停无功而终。⑤

德国自普法战争得利之后，一向鼓动法国在海外发展势力使其引火烧身，以分散和削弱法国在欧洲的力量，从而稳固德国在欧洲事务中的地位。

---

① 中国近代经济史资料丛刊编辑委员会：《中国海关与中法战争》，中华书局 1983 年版，第 6 页。

② 〔英国〕伯尔考维兹：《中国通与英国外交部》，江载华、陈衍译，商务印书馆 1959 年版，第 163 页。

③ 中国近代经济史资料丛刊编辑委员会：《中国海关与中法战争》，中华书局 1983 年版，第 6 页。

④ 中国近代经济史资料丛刊编辑委员会：《中国海关与中法战争》，中华书局 1983 年版，第 47 页。

⑤ 邵循正：《中法越南关系始末》，清华大学 1935 年版，第 184 页。

因此它希望法国在越南战场上拖滞消耗下去，它向法国表示其侵越是"正当的"。① 同时，德国又通过其驻华公使布兰德向清政府表示支持，这种"支持"的实际意图却在于鼓励中国大量购置德国军火，使德国的军火商从中牟利。因此，"无论法国胜败，中国都对于从另一国家（指德国）得来的帮助，付出重大的代价。"② 俾斯麦政府所采取的此种"鹬蚌相争，渔人得利"的政策，使得它在中法战争中保持"中立"。当时清政府曾令驻德使节李凤苞"以德法仇"请德助华，但德国的态度始终是"不肯助，亦不调停"③，明显流露出其上述阴险目的。

日本是支持法国侵越的，因为它亦有侵略朝鲜的同样行径。法国在越获利愈多，日本愈可援其例而侵占朝鲜进而入踞中国东北。同时，法国也竭力怂恿日本颠覆朝鲜，牵制中国，1884 年法国向日本提供 100 万日元及其他军事援助，以资鼓励日本在朝鲜进行颠覆活动。④ 日本为了与法国遥相呼应，于是年 12 月策动朝鲜开化党人发动甲申政变，局势十分紧张，对清政府造成极大压力，这无疑大大推加了清政府急于与法国就越南问题达成妥协的决心。

在越南问题上，俄国鞭长莫及，利益微不足言。但从欧洲方面考虑，俄国并不希望法国陷足越南而削弱其对德国的牵制，从而使德国更有力量对俄国造成威胁。虽俄国不便出面干预，但它显然是主张及早结束中法争端的。

我们找到一句现成的话来概括这一时期各殖民列强对中法战争的态度，当时德国驻巴黎大使曾表示："虽然欧洲大国在某些方面的利益有分歧，但关系到原则方面，它们是一致的。"⑤ 这"一致的原则"，便是阻止中国的

---

① 中国近代经济史资料丛刊编辑委员会：《中国海关与中法战争》，中华书局 1983 年版，第 7 页。
② 中国近代经济史资料丛刊编辑委员会：《中国海关与中法战争》，中华书局 1983 年版，第 140 页。
③ 邵循正：《中法越南关系始末》，清华大学 1935 年版，第 186 页。
④ 丁名楠等编：《帝国主义侵华史》第一卷，人民出版社 1973 年版，第 301 页。
⑤ Henri Cordier, *Histoire des Relations de la Chine avec les Pissances Occidentales，1860—1900*, Vol.I, (1913), （高第：《1860—1900 年中国与西方列强关系史》，2 卷) p.151, 又见丁名楠《关于中法战争几个问题的初步探索》，《历史研究》1984 年第 2 期。

胜利。

中法战争初期，清军作战接连失利，李鸿章的妥协投降更加明显和公开，在一个"特别喜搞秘密外交的人"① 德璀琳的插手之下，中法于1884年5月开始了秘密谈判，法方代表是与李鸿章颇有旧交的福禄诺。李、福在天津达成《中法会议简明条款》即《天津条约》，这个条约博得了法国殖民主义者的一片喝彩②，赫德的评论是："我认为它给了法国一张在越南的空白支票，而且是法国'保护'中国的第一步。"③

然而，《天津条约》并没有填满法国的侵略胃口，因为调停根本不符合法国垄断资产阶级的要求。1883年12月，法国报纸就叫嚣"不要调停，完成计划，向中国要索干涉越南的赔款，占据海南、台湾、舟山！"④ 法国的勃勃野心，引起了英国的关切，它担心法国借津约垄断中国西南诸省的商业和外贸而将英国排斥在外，因此英国的资产阶级纷纷叫嚷要求中国也让给英国"像法国那样有利商业上的便利"⑤，这就促使了英国政府决心插足中法交涉。适逢因李鸿章急于降法乞和，致使津约中遗留许多庇漏，引起中法军队在北黎发生冲突⑥，法借此小题大做，要求勒索2.5亿法郎赔款，又挟以据地为质，甚至提出所谓"最后通牒"，称若中国七日内无满意答复，法国"必当径行自取押款，并自取赔款"⑦，态度极其蛮横。因朝议反对李鸿章误国呼声极烈，清廷不得不将他"降旨中饬"。然而清政府本无意违背津约，更不愿因此事与法国两立重战，却又不能无端接受法方勒索巨额赔款之过分要求。在此进退两难之际，赫德便伺机而上，成了清廷外交上的代言人。作为中国

---

① 中国近代经济史资料丛刊编辑委员会：《中国海关与中法战争》，中华书局1983年版，第141页。
② 《中法战争资料》五，上海新知识出版社1955年版，第149页。
③ 中国近代经济史资料丛刊编辑委员会：《中国海关与中法战争》，中华书局1983年版，第150页。
④ 中国近代经济史资料丛刊编辑委员会：《中国海关与中法战争》，中华书局1983年版，第43页。
⑤ 《中法战争资料》七，上海新知识出版社1955年版，第331页。
⑥ 邵循正：《中法越南关系始末》，清华大学1935年版，第133页。
⑦ 邵循正：《中法越南关系始末》，清华大学1935年版，第147页。

海关的总税务司，他衣食中国俸禄，实际上却尽心尽意地为英国的侵略政策服务。正是这个赫德，秉承英国殖民政府的旨意，导演出一幕接一幕的中法"和谈"丑剧。

1884年10月，法军舰队司令孤拔率舰队攻基隆和淡水，在淡水遭中国守军抗击败退，法军经此一役元气大伤，只有勉强退守基隆之力。迫于此种难堪局面，法国一反常态，表示愿意接受英国的调停，在取得若干现实利益的情况下，尽快结束这场战争。

三、赫德和金登干导演的中法和议

赫德接手中法交涉时，适值他派遣其下属英人金登干赴法办理海政事宜，当时谁也没料到这个人微言轻的海关职员竟担起了中法和议的重责。

金登干在巴黎与法国总理茹费理的会商是在极端秘密的情况下进行的。中国方面除奕䜣和另一大臣外，无人知晓内幕，连"李鸿章此刻在任何方面，都没有接触这问题的权力。"[1] 似乎连李鸿章的投降主义言行都不能满足清廷的胃口，中国外交大权就这样"全权地"交给了外国人去办理，实属可悲可叹之至。

这时越南战局发生很大变化。法国为了在谈判桌上以兵挟和，令其侵略军加紧向北推进，压迫中国广西边界。但由于战线拉长，法军兵力难敷分配，越南人民反法侵略斗争炽烈，使法军立足更加不稳，军事上的优势每况愈下；相反，对中越防军来说，反攻应敌的形势变得比较有利。然而李鸿章派系的潘鼎新属军无视我之所长，反而助敌之威，凡法军指向之处，清军不战自溃，仓皇北逃，与其说是抗法作战，不如说是引狼入室。驻军镇南关的冯子材，明察当时战局，广收溃散清兵，积极备战反攻。经过精心布置，于

---

[1]　Morse，*The International Relations of the Chinese Empire*，II，Kelly and Walsh Ltd.，1918，p.364.

1885 年 3 月 24 日与法军浴血奋战，在镇南关取得歼敌千余的大捷。① 同时，黑旗军在临洮又大败法军，收复广威府等地，使法侵略军在云南方向上的战略遇到严重挫折。此两路之败绩，不仅使法军完全丧失了进攻中国的能力，而且连退守红河三角洲都发生困难。

　　法军在镇南关和临洮惨败的消息，在法国本土引起了极大的惊恐和混乱，议会反对党因之指责政府太无远见，有意掩饰真相，反受中国欺蒙。茹费理内阁不得不辞职。只因新政府未成立，茹费理仍主持外交事务。

　　若清政府还有半点外交上的理智，此时应乘胜发展北圻战局，进一步迫使法国退出基隆等港埠，在平等的原则基础上，以新的姿态和法国谈判，达成交涉的解决。令人难以置信的事实竟是，清政府不仅不以上述两路胜利为然，反而担心中国的胜利会破坏它向法国乞降的气氛和进度。赫德了解到清政府是如此态度后，即电告茹费理，称"清廷仍诚意遵守两国间以往谈判之规定，华军收复谅山之后，此种态度足以证明中国酷爱和平，愿守津约出于至诚。"② 清政府这种出于"至诚"的投降态度，终于找到这样一个难得的机会彻底向法国殖民主义者倾诉了。冯子材的部队刘永福的黑旗军及广大中越人民艰苦奋斗换来的重大胜利，仅仅被清政府当成一杯恭请法国殖民主义者吃下清廷卖国主义定心丸的白开水。此斑足见清廷主和派之媚骨、主战派之幼稚，更可见封建统治者不可救药的腐朽和登峰造极的无耻。

　　法国资产阶级毕竟比清政府稍为聪敏一些。经过临洮、镇南关两次惨败，他们认识到继续打下去不仅捞不到原来梦想的好处，就连已经到手的越南也可能重新失去，甚至可能招致其他法国殖民地国家人民的觉悟和反抗，还可能破坏与英国的关系。加之中国政府仍然作出投其所好的表示，所以尽管当时新政府尚未成立，法总统仍打破惯例，根据已经下野的茹费理内阁的意见，委任外交部政务司长毕乐于 4 月 4 日在《中法会订越南条约》上签了字。具有讽刺意义的是代表中国签字的，却是英人金登干。

① 牟安世：《中法战争》，上海人民出版社 1961 年版，第 87—88 页。
② 邵循正：《中法越南关系始末》，清华大学 1935 年版，第 206 页。

正当中越前线军民乘胜追击法侵略军之时，传来了清政府停战撤兵释放敌俘的命令。真是"十二金牌事，于今复见之"①，民众愤慨之状是不难想象的。草约签订后，赫德给金登干一份电报："好极了，办得不错，我感谢并祝贺你!"② 表达了他按捺不住的喜悦——他又为英国进一步对华经济入侵铺上了一块垫脚石，因为按照以前订下的片面最惠国条款，中国新让给法国的一切特权，英国皆可均霑。

英国没有忽视赫德为它立下的汗马功劳。1885 年 3 月，英驻华公使巴夏礼去世，英国政府立即任命赫德为其驻华公使，表现了英国政府对他的工作的极高褒奖和对他的莫大信任。

赫德的精心策划，金登干的马前奔波，使中法达成讲和，为法国带来了在战场上花费了尸山血河之代价、踏破铁鞋之功也难以得到的利益。为此，法国资产阶级是感激的。在辞别金登干的时候，法外长法来西纳对金再三表示感谢，说："我很高兴，由于英国人的尽力，我们终于成功。"③ 他还得意扬扬地声称，法国已经成为亚洲的一个强国，"我们必须认为自己已经在亚洲站定脚了……"④

四、尾　论

中法在越南问题上发生冲突，清政府中分为战、和二派，对清廷的政策均有不同程度的影响。

主战派基本上是执仗正义的。只要真正依靠中越军民的力量，协力奋战，本来完全可以将法国侵略军击退，保卫中越领土和主权。但在没落的清

---

① 阿英编：《中法战争文学集》，中华书局 1957 年版，第 80 页。

② Morse，*The International Relations of the Chinese Empire*，Ⅱ，Kelly and Walsh Ltd.，1918，p.366.

③ 《中国海关与中法战争》，科学出版社 1957 年版，第 137 页。

④ 丁名楠等编：《帝国主义侵华史》第一卷，人民出版社 1973 年版，第 319 页。

朝封建统治下，这种积极的抗法援越战略是不可能产生的。当时的主战各家并没有看到人民的力量，也没有考虑到中法军力相差之悬殊及复杂的国际形势，盲目主战而目不旁视，不辅以一定的外交手段与战场上的进展相配合，当然是很难完善解决这一争端的。冯子材的镇南关大捷，本应成为解决争端的有利转机，只因缺乏正确的外交路线，反而成了加速中国失败的因素。这一点是当初主战派所没有料到的。因此，清廷中的主战论，尽管大义凛然，却难免其片面和消极的成分，它不可能导致战争的胜利。

在正义的反侵略战争中，在敌强我弱的情况下辅以和谈，有理有利有节地解决争端，是必要的，也是正确的。因此我们不能一般地反对一切和谈。即使在中法战争时期中法之间的交涉，也有许多是属于正常的外交途径。但是清廷中的"主和"派是投降主义路线的代表，尤其是李鸿章主持及赫德经办的外交，完全是辱国丧权的出卖。中法战争使中国以胜为败，无端割去诸多主权，损失大量军力，更深地陷入半殖民地的泥淖，李鸿章、赫德之流与英法列强的串通出卖，是根本的原因。

清政府通过李鸿章推行的投降主义路线，为英法殖民主义勾结串通觊觎中国提供了方便。越南冲突初期，英国和其他列强国家一样，在未看清局势发展之前，取慎重观望的态度，美其名曰"不干涉"。中法战争爆发后，战事影响到英国沿海贸易的直接利益，英国即以"中立"面目出现极力调停，尤其是通过身份特殊的赫德进行斡旋，其主要手段仍是威胁中国对法国屈从迁就。他们对中国封建政权的弱点看得很准，牵着清廷的鼻子，在法国军事失利的情况下，仍然按照英法两国的意愿，结束了这场法国再也打不下去了的战争。

总之，中法战争，贪得无厌的法国垄断资产阶级是发动战争的罪魁祸首，阴险毒辣的英国殖民主义者是前者的忠实同盟和无耻帮凶，而昏庸腐败的清政府及其投降主义的决策者则是葬送中越军民鲜血换来的胜利果实的卖国贼子。他们都被牢牢地钉在耻辱柱上，逃脱不了历史对他们的严正批判。

（原载于《暨南学报》1985 年第 1 期）

利玛窦在华事迹述略

在中西文化交流史上，名声蜚卓的意大利传教士利玛窦（Matteo Ricci），于 1583 年来到广东①，直至 1610 年去世，一直在中国进行广泛的宗教和文化活动。在此 27 年间，他一方面给当时隔绝于世界的中国带来了西方先进的科学技术，为西学东渐做了开创性的工作，另方面他也将中国的传统思想文化介绍到欧洲，为西方的汉学研究奠定了基础，为古老的中国文明在西方的传播作了重要贡献。

利玛窦 1552 年生于意大利的马切拉塔城（Macerata）一个中等的望族人家。7 岁入当地教会学校，16 岁时，聪颖过人的利玛窦学完了学校的全部课程，父亲便送他到罗马学习法律，希望他成为一个律师。在罗马，他听人说起著名的耶稣会神甫方济各·沙勿略（Francis Xavier）的轶事。沙勿略是第一个到印度和日本等地游历传教的耶稣会士，他于 1552 年病死于即将到达中国的海途中，这正是利玛窦出生的那一年。这使利玛窦受到很大触动，他决定不顾父亲的期望，转入罗马的耶稣教会学院，并立下志愿，要使天主教的精神光大于世界。有一天，他读到学院里保存的沙勿略的书信，其中一段是这样的："日本对海即是中国。这个国家地域广大，安泰富饶，据葡萄牙商人说，在正义和公允的实施方面，它远胜于一切天主教国家。而依我之

---

① 关于利玛窦入华年代，一般有 1581 年和 1582 年二说，均指他到达澳门的年代。当时澳门已沦为葡殖民地，他在澳门仅以深居教堂研习汉语为主，在万历十一年（1583 年）才进入广东，始传教事，故以是年为其入华传教之始。

见，中国却是一块空白之地……它急于向外界学习。中国人的智慧甚至超过了日本人……而且在那儿根本没有天主教徒。"这对利玛窦来说，简直就是一份前往中国的邀请书。①

思维严谨、兴致广博的利玛窦不仅诵读教义，而且研习各种科学知识。他在罗马受到的教育是"完美无缺"的。② 他对修辞学有特殊的爱好，他攻读了亚里士多德的哲学，在当时著名的数学家克拉维夫的指导下学习了数学，他不仅深入研究了托勒密的天文学原理和地理学知识，而且练出一手制作钟、晷等测量仪器的技巧。

利玛窦 25 岁时，被教皇格里高利十三世派往热那亚和里斯本，在里斯本，他又受遣前往中国。他经印度果阿于 1582 年 8 月抵澳门，时年 30 岁。在此之前不久，耶稣会士罗明坚（Michel Ruggieri）曾由澳门深入广东从事传教，但因遭中国官方冷遇，不果而返。1583 年，肇庆知府王泮得知罗明坚谙悉算学，遂向他发出邀请。于是利玛窦趁此机随同罗明坚入居肇庆。他们当时还不习汉话，只能依靠一个从澳门带去的中国教徒担任翻译，不久，罗明坚奉召经澳返葡。当时中国民间对西人的抵制情绪颇甚，利玛窦等人处境十分困难，不敢轻举妄动。③ 在他的日记中，曾这样描述他和他的同伴在从事这种微妙的传教事业中所取的谨慎态度：

> 为了使新的宗教不致在中国人中引起疑忌，神父开始在公开场合露面时并不宣扬教义，而是首先（向中国人）表示自己的尊敬和恭谦的颂扬，并且彬彬有礼地接待每一个来访者；然后，还要用一段时间来研习该国的语言、书写方法和民间风俗。然而，他们却在以更加直接的方式，即以自己的美德和圣洁的一生为表率，孜孜不倦地去教诲那些未皈化的人们。他们就是这样去赢得人们的友好和亲善，而后潜移默化地、不动声色地使光靠言辞规劝所无法被接受的思想扎根于他们

---

① Nigel Cameron, *Barbarians and Mandarines*, The University of Chicago Press, 1976, p.150.

② Nigel Cameron, *Barbarians and Mandarines*, The University of Chicago Press, 1976, p.151.

③ Nigel Cameron, *Barbarians and Mandarines*, The University of Chicago Press, 1976, p.156.

的头脑之中，而丝毫无损于如此卓著的建树。①

　　因此，在利玛窦到肇庆之初，并不急于传播宗教，而是努力研习中国传统文化习俗，结交缙绅，并以其新奇的西方科技知识和器物来吸引中国的士大夫。他在肇庆建立并开放了他的教会图书馆，这是我国第一所西文图书馆。② 他随身携入的自鸣钟、三棱镜、日晷、世界地图及西洋绘画等，都引起中国人的好奇。他在肇庆还制作了浑天仪、地球仪等许多天文仪器，分赠给当地官员名流，颇受欢迎。尤其值得一提的是，利玛窦在肇庆绘制了一幅世界地图，他有意将中国画在地图的中间，并且注上汉字，以投中国人之所好。这幅地图吸收了十五六世纪地理大发现的成果，使中国人大开眼界。此后，世界地图在中国得以大量印刷流传。利玛窦在记叙这件事时说："这是当时使中国人信仰基督教最有成效的一件工作。"③

　　利玛窦在肇庆住了 6 年后，于 1589 年迁往韶州。这时，他对中国的传统文化思想已经有了较深入的了解，汉语程度亦颇有提高，他掌握了约5000 个汉字，可以流利地阅读古典经文，甚至能与中国士大夫就儒家经典中的诸多问题进行辩论。④ 在精通中国的传统文化这一点上，以后的西方汉学家极少有能与利玛窦相比的，更没有超过他的，被捧为空前绝后。正因为他体会到中国向以儒学为正统，即使要传播西教，也要使之与儒家经典思想结合，方能得逞。于是他开始注意培养华人信徒，尤重在与士大夫的交往中逐渐扩大基督教的影响。

　　1595 年利玛窦北上到了南昌。在南昌的三年里，他撰写刊行了不少著作，其中一部《天学实义》风行一时，影响极广。这部书中记述了他和文人学士的辩论及释疑，他对中国传统经典广征博引，涉及儒学中的诗书易礼

---

① Gallegher, *Ricci Journals*, p.154., 及：Jonathan Spence, *To Change China*, Little, Brown and Company, U·S·A·, 1969, pp.6-7.

② 林金水：《利玛窦在中国的活动与影响》，《历史研究》1983 年第 1 期。

③ Nigel Cameron, *Barbarians and Mandarines*, The University of Chicago Press, 1976, p.150.

④ Nigel Cameron, *Barbarians and Mandarines*, The University of Chicago Press, 1976, p.169.

和孔孟的中庸之道等。正是在这部著作中，利玛窦衍用《诗经》中的"上帝"二字来比附基督教义中的造物主，又将数学中由已知求未知的方法和儒家"致知格物"的道理揉为一体，深刻表现了他用中国圣贤之道来解释和播载西方神学的思想。是书之言论深得当时士大夫的赞许，其观念又浸润人心，阅后受其感召而皈依天主教者不乏其人，冯应京乃一重要代表人物。①利氏亦因之获"西儒"之称号。该书 1595 年末在南昌初版，以后利氏到北京，稍事润色，于 1601 年、1603 年两次再版，1604 年译成日本文字，后来还译为高丽文，影响之广，可见一斑。《天学实义》中称天主为"上帝"，完全根据中国经书的意义，1704 年，教皇格来孟十一世认为中国教徒一面奉教一面拜孔孟、拜祖先是破坏教规，遂派铎罗（Tourmon）来华，令凡不遵教规之教士一律退出中国。清圣祖因之大怒，下令逮捕铎罗并送至澳门，且令凡不尊利玛窦教法的教士一律出境。②可见利氏传教之法在中国影响之深。

1598 年，利玛窦来到明朝的陪都南京。除了继续传播西方教义和科学技术外，在这里又结交了一大批社会名流和学者，其中包括进步思想家李贽。利氏与李贽关系甚为密切，给李贽留下很深的印象。李贽称他为"一极标致人也"③，并赠扇题诗，推崇备至。

利玛窦在中国的名声日噪，影响渐广。其实他最大的希望还是接近中国的皇帝，并且使皇帝信教。他认为中国这样一个封建制国家，如果皇帝皈依了基督教，那么全国的百姓也就会成为罗马教皇的臣民。所以自 1594 年起他就开始筹备给明朝皇帝神宗的贡物，并多次通过总督、尚书、侍郎以至藩王、太监的门路，企图进入北京，用心可谓良苦。终于，1601 年神宗下诏，"令方物解进，玛窦伴送进京"。④利玛窦到北京后，立即通过太监马堂向神宗进献了贡物，主要有：天主圣像和圣母像、自鸣钟二架、西洋琴一

---

① 徐宗泽：《明清耶稣会士译著提要》，中华书局 1949 年版，第 143 页。

② 杨东莼：《中国学术史讲话》，北新书局，第 135 页。

③ 李贽：《续焚书》卷 1。

④ 《神宗实录》卷 354。

张、世界地图一册及玻璃器皿、仪器、西洋布等。① 不久，一架自鸣钟停摆，他被召进宫去修理。他有幸成为第一个进入明朝皇宫的外国人。在宫中三天，他向宫中的官员、太监详细解释了钟的工作原理。神宗没有召见利氏，但却通过内侍不断向利氏详细询问各种问题，诸如西方的民俗国情、土地之肥瘠、人民服饰、建筑风格、珍宝奇物、婚丧礼仪等等。② 神宗还特许利氏"安居顺天府，禁绝一切遣回南方和大西洋之言"③，并派专役定期供给生活物品和薪俸。④ 由此可见利氏至少已经在形式上取得了皇帝的好感，这是他得以在京布教授业并有所成就的政治保障。

由于得到皇帝的青睐和赞许，利玛窦在北京的传教和其他社会活动越来越顺利，他在朝廷要员和知识名流中发展了数以千计的教徒，并且借此影响到全国。

他在学术上取得的成就也以此时最为丰硕。《几何原本》（前六卷）和《同文算指》是他将西方数学传入中国的两部重要著作。《几何原本》是根据德国数学家克拉维斯（Clavius，1537—1612）注释的欧几里得《原本》译出，卷首题："利玛窦口译，徐光启笔受"。徐光启并且作序于全书之首，其中说："此书为益，能令学理者祛其浮气，练其精心；学事者资其定法，发其巧思，故举世无一人不当学。"又说："窃意百年之后，必人人习之，即又以为习之晚也。"⑤ 中国古代数学一直缺乏演绎推理的方法，对于几何图形的讨论则更为稀少，几何学上的成就，在《几何原本》译出之前，一直没有达到欧氏几何的水平。这部译著在明代学术界引起很大的震动，在中国数学史上占有十分重要的地位。

《同文算指》8卷，根据克拉维斯的《算法练习概要》（*Epitome Arithmeticae Practicae*）一书译出，利玛窦授，李之藻演。书前有李之藻、徐光

① Nigel Cameron，*Barbarians and Mandarines*，The University of Chicago Press，1976，p.150.
② Nigel Cameron，*Barbarians and Mandarines*，The University of Chicago Press，1976，p.181.
③ Louis J.Gallagher. G.J.，*China in the Tenth Century：The Journals of Matteo. Ricci*，1583-1610，New York：Random House，1953，pp.387-389.
④ Nigel Cameron，*Barbarians and Mandarines*，The University of Chicago Press，1976，p.186.
⑤ 《徐光启集》，中华书局1963年版，第76—77页。

启序。书中详细介绍了西方笔算之法，自加减乘除乘方开方，到比例、级数等等，并附有练习题，不但弥补了中国传统筹算、珠算之不足，而且这种笔算法一直沿用到今天。

利氏的天文学著作有《乾坤体义》一书。书中论述天象、地园、九重天、日大于地、地大于月等新说。他还利用地理发现的成果，说明地球的形状和日食、月食的成因。他还将西方已经测量确知的恒星编成口诀，使中国观察天象的人易于记忆。他介绍的西洋历法，引起当时知识界的广泛注意，尽管当时守旧派以"祖制不可改"为理由抵制西历，却阻止不了西方先进科学思想的传播。至清初，这种西方历法终于取代了落后的"回回历"和"大统历"而立足中国。

同时，利玛窦在音韵学上亦有建树。他在长期深入研究汉语的基础上提出用罗马字为汉字注音的方法，解决了汉语音韵学中传统的反切法繁惑之难。我国在20世纪50年代还再版了利玛窦的《明末罗马字注音文章》一书，称之为"中国第一个拉丁字母的拼音方案"①。

利玛窦不仅将西方宗教和文化引入中国，同时还注意把中国经典的思想和文明传到西方。他的《关于耶稣会的进入中国》一书，便以此为主旨，向欧洲详细介绍了中国的儒学思想。他还将中国的四书译为拉丁文，更是对欧洲的哲学、文学、宗教等各方面都产生极大影响。利玛窦死后，他的日记即由金尼阁教士（Nicolas Trigault）带回欧洲并译为拉丁文出版，之后不久，又转译为法、西班牙、日耳曼文，最后以意大利文出版。1625年英格兰也出版了这个日记的节选本，名为《朝觐之路》（*Purchas His Pilgrims*）②。虽然在此之前欧洲已有关于中国情况的书籍，如曼多兹（Mendoza）根据西班牙和葡萄牙方面的材料③写成的《历史》一书，但利玛窦的日记却不愧为第一

---

① 文字改革委员会编，金尼阁著：《拼音文字史料丛书·西儒耳目资》，文字改革出版社1957年版。

② Nigel Cameron，*Barbarians and Mandarines*，The University of Chicago Press，1976，p.189.

③ C.R. Boxer，*South China in the Sixteenth Century*，*Being the Narratives of Galeote Peria*，London，Harkluyt Society，1953.

部向西方翔实可靠地介绍中国高度发达的伟大文明的著述。13世纪意大利旅行家马可·波罗游历中国返回意大利后，口述了一本脍炙人口的《游记》，成为"世界一大奇书"，使西方人民大开眼界。但是马可·波罗毕竟是一个旅行家和贸易商人，在他的《游记》中，只描写了到中国途经国度和地区的风土人情，记载了中国当时的政绩、战事、物产、商情等静态的表面现象，而对中国的文化、思想等却缺乏关注，书中既未提及中国雄伟的古代建筑长城，也没介绍精绝于世的重大发明印刷术，这显然与利玛窦对中国传统的精神文化的生动了解大不相同。利氏将自己投入中国思想文化的主流之中，博览群书，精通儒家经典，以科学的方法使各具独到的中西文明得以沟通。如果说在向西方介绍中国的文化风情方面利玛窦可与马可·波罗齐名的话，那么在使西方科学技术和文化传入中国及由此产生的影响上，利玛窦起的作用当在马可·波罗之上。

利玛窦死后的百多年间，有数十名西方传教士循迹来华，其中较著名者有艾儒略、罗雅各、汤若望、南怀仁等。他们基本上都是仿效利玛窦以学术收揽人心、传教杂于其中的方法，来扩大基督教在华的影响。

关于明末清初耶稣会士来华传教这一历史现象，应该看到它的两面性。

首先，尽管这些传教士的来华是受欧洲耶稣会的派遣，从而带有某种文化侵略的性质，但从政治上看，他们在中国从事的是正当的宗教活动，并未触犯中国法度；从中西文化交流上看，他们起了重要的媒介作用。这与鸦片战争后以西方大炮作后盾来华活动的传教士不可相提并论。

其次，我们亦应看到，虽然利玛窦等教士对当时的西学东渐作出了重要贡献，但传播科学、交流文明本不是他们的宗旨和目的。恰恰相反，他们的一切社会活动和科学活动，都是为了减少其扎根于中国社会所遇到的阻力，是他们传播宗教的润滑剂。利氏身披儒装，猎誉"西儒"，决非真心信服孔孟，却是以"合儒""补儒""超儒"为宗旨以自己的身心对基督神学作虔诚的奉献。社会活动姑且不论，他所有的学术性活动几乎都没离开过"传播福音"这个主题。克拉维斯的欧氏几何原本，全书共15卷，译文只有前6卷。徐光启要求全部译完，但利玛窦却以"适可而止"为由拒绝全译。清代数学家梅文鼎说："言西学者，以几何为第一义，而传只六卷，其有所秘耶？抑为义理渊深翻译不易而始有所待耶？"[①] 其实并不是翻译有什么困难，也不是等待什么帮助。秘密倒是有的，那便是利氏的本意不是传授和介绍西方数学。《几何原本》的翻译，从公元 1603 年开始筹划，1606 年开始翻译，次年 5 月译完前 6 卷。就在这筹备译书的过程中，利氏于 1605 年 5 月 10 日向罗马写去的报告中称：现在只好用数学来笼络中国的人心。[②] 事实表明，这些传教士的宗教热情总是高于科学热情，后者总是以前者的需要为转移的。所以我们认为，尽管像利玛窦这样对中国与西方的科学文化交流在客观上起过重要作用的人物，也无法以思想家、科学家或社会活动家的身份被载入中外关系的史册。

（原载于《历史教学》1985 年第 6 期）

---

① 梅文鼎：《几何通解》。

② 《利玛窦通讯集》第 3 卷，1911 年玛塞来塔（Macratta）印本，第 275—276 页，转引自钱宝琮《中国数学史》，科学出版社 1964 年版。

殖民主义时期的菲律宾教育之比较研究

本文试就菲律宾在西班牙统治时期和美国统治时期的教育作一简单论述，目的在于以此一斑比较西、美两国殖民统治在菲律宾社会发展中所起的作用，不管这是一种在多大程度上的消滞作用或是促进作用。

西班牙统治时期的菲律宾教育

一、西班牙殖民统治的本质和弊端

在考察西班牙统治下的菲律宾教育状况之前，不能不先略述一下这个长达三个世纪的黑暗时期菲律宾的社会背景。

众所周知，西班牙统治者在 16 世纪中期赤裸裸地打着殖民主义的旗号强占了菲律宾群岛。关于西班牙侵占菲律宾的目的，史学界已多有论述。菲律宾著名历史学家赛义德这样认为："西班牙殖民事业的首要目的是传播基督教。"[①] 显然，这一说法不尽完善，麦哲伦船队经菲律宾群岛完成了人类第一次环球航行这一"史诗般的成就"[②] 的意义决不仅限于地理知识的飞跃，

---

① ［菲］赛义德：《菲律宾共和国：历史、政府与文明》上，商务印书馆 1979 年版，第 170 页。
② ［菲］赛义德：《菲律宾共和国：历史、政府与文明》上，商务印书馆 1979 年版，第 126 页。

在当时使西班牙王室更加动心的却是"新世界"的财富。其次，作为西班牙驻菲律宾首任总督，黎牙实比这个世界殖民史上少有的野心家，变卖家业，破釜沉舟，将全部赌注押在对菲律宾的入侵上。因此，菲律宾的被征服，用殖民主义掠夺来解释，当然是恰如其分的。

然而，历史演进的多样性和复杂性告诉我们，西班牙对菲律宾物质利益的掠夺很快便退到次要地位上去了，因为事实是，它的拓殖菲律宾被证明是一场赔本的买卖。攫取物质利益的目的没有成为现实，代之而起的政治目的便占了首位，即：为了王室的荣誉，为了让菲利浦夸耀"在他的领土上太阳永不落下去"[①] 而拼凑一个广袤的世界帝国的版图。这使西班牙宁可连年补偿菲律宾殖民政府的亏损，也丝毫不考虑放弃这块它鞭长莫及的不毛之地。

在西班牙殖民统治时期的菲律宾，教权一直占有特殊的重要地位。从黎牙实比起，每一个到达菲律宾的西班牙远征队都几无例外地带着传教士，他们帮助殖民军队占领绥靖菲律宾。"西班牙在菲律宾的殖民地是用传教士来占领的"[②] 这一说法并不过分。此外，既然西班牙侵占菲律宾没有捞到什么物质利益，这就必然给宗教事业的发展留出了大量空隙。所以殖民政府中的政教合一不是偶然的，教会在菲律宾政治上乃至军事上都有着极大的权力和影响，"每一个城镇的真正政权在教区的牧师手中……他们是西班牙国王的特务"[③]。17世纪以前，神父仅仅为军队的出征进行祈祷或辩护，而到了19世纪，军队的每次行动都要事先请示神父的意见，看看是应该出征，还是应该克制。[④] 教会地位如此高涨，在世界殖民史上也是罕见的。

此外，殖民主义者与菲律宾人的婚姻也成为菲律宾殖民史上的独特色彩。自从随同黎牙实比来到菲律宾的欧顿达神甫使宿务公主受洗并与西班牙船员结婚之后，殖民政府和教会一直鼓励在菲的西方人（多为墨西哥人）与

---

① ［菲］赛义德：《菲律宾共和国：历史、政府与文明》上，商务印书馆1979年版，第151页。

② J.R.M. Tayler, *The Philippine Insurrection Against the United States*, Vol.1, Pasay City, 1971, p.307.

③ ［菲］赛义德：《菲律宾共和国：历史、政府与文明》上，商务印书馆1979年版，第170页。

④ Alfred W. MeCoy, *Philippine Social History*, *Global Trade and LocalTransformations*, Quezon City, 1982, p.43.

当地人（多为上层大户）联姻。这样做的结果，对于稳固西班牙的统治和天主教的传播是有利无弊的。

赛义德在他的书中认为"西班牙殖民政策受三个 G 字的指导：上帝（God）、黄金（Gold）、荣誉（Glory）"①，那么我们可以说，西班牙殖民者征服和统治菲律宾的具体手法则不出三个"C"字的范围：屠刀（Chopper）、十字架（Cross）及与当地人的联姻（Conjugation）。三个"G"和三个"C"，就是西班牙在菲律宾殖民统治的缩影。

然而，上帝与西班牙王室并不能友善相处，屠刀与十字架之间的斗争——政教冲突成了殖民统治的一大特有弊端。军政一方为了创造资本和掠夺财富，对菲律宾人民采取杀鸡取卵式的剥削；而教会一方则以怀柔为上，以传教为本，尽量多地收揽人心，从长计议，以期达到最终在精神上统治菲律宾人民的目的。此二势力，各自为政，互不相让，争执冲突，频频发生。② 政教之争，起于 1574 年，迄至西班牙完全退出菲律宾之日，凡三百余年，一直未获解决。双方互相嫉恨仇视，教阻政之施行，政妨教之"迁善"，使整个菲律宾各项事业难以发展，人民因之受害，莫此为甚。

上述西班牙殖民统治的本质及其种种弊端，构成了这一时期菲律宾教育事业的基本社会背景。

二、这一时期菲律宾的教育概貌

让我们先看看在西班牙人未抵菲律宾时这个岛国的文化粗况。

通过海路，菲律宾人很早就与外国发生了广泛的接触。由于地理上的接近，与中国的关系最为紧密③，许多中国商旅常常往来于两国之间进行民

---

① ［菲］赛义德：《菲律宾共和国：历史、政府与文明》上，商务印书馆 1979 年版，第 171 页。
② 详见：F.C.Laubach, *The People of the Philippines*, New York, 1925, pp.85-87.
③ 中山大学东南亚历史研究所：《中国古籍中有关菲律宾资料汇编》，中华书局 1980 年版，第 1 页。

间贸易，有的则定居为华侨。1570年，西班牙军元帅德·戈提来到马尼拉时，已见有日本人20，华人则达150人之多。[①] 菲律宾的文化自古以来受中国的影响，如当地的大督、贵族皆衣黄色棉丝官服，民间男女亦皆喜以金镯金环为饰，中国的食具及陶器等更是广泛使用于民间，甚至还有中国传入的钟、铃等乐器。菲律宾人早已有自己的文字，但因受外来影响不同，各部族的文字亦不尽一致，然多属字母拼写，字母数自14—17不等。初无纸笔，以竹片及梭叶代纸，铁箸为笔，以记载牲畜头数及书写简单信件。[②] 据认为，泰加洛语是世界上词汇最丰富的语言之一，拥有"300万字的潜在语汇"。[③] 不难估计，若无殖民主义的入侵和统治，菲律宾人民本来有能力、有条件发展自己独特的传统文化。

诚然，在西班牙人入侵之前，菲律宾的社会经济和文化十分落后，更谈不上什么教育事业。但是西班牙对菲律宾三百余年的殖民统治，对于当地社会经济之改革，收效甚微。大都市如马尼拉，固然建设了西式的宫殿、房屋、教堂等，但内地、边区却多依然如故。至于教育事业，在西班牙统治地区不能说没有发展，但那仅仅是纯粹的、极其露骨的殖民主义奴化教育和彻底的宗教传播。

西班牙统治的前半期，菲律宾的教育完全掌握于教会手中[④]，教会学校的办学方针仅在使受教育者皈依圣教，成为上帝的选民，并不指望他们知道比上帝的"圣示"更多的东西。而且除了少数例外，有权接受这种教育的仅限于在菲律宾的西班牙人子弟、混血的贵族上层人物子弟及少数当地富豪子弟，教会并不愿意将统治阶级的语言和文化知识教给一般的市民和工人农民。

这一时期，根据西班牙政府的训令，大部分学校用西班牙语教授圣典。

① 李长傅：《菲律宾史》，商务印书馆1936年版，第37页。

② 李长傅：《菲律宾史》，商务印书馆1936年版，第38页。

③ ［菲］赛义德：《菲律宾共和国：历史、政府与文明》上，商务印书馆1979年版，第33—34页。

④ T.A.Agoncil and M.Alfonso，*History of the Filipino People*，Quezon City，1967，pp.102-103.

但也不尽然，在小城镇和边远地区，教士亦有采用土语进行教学，不过这样做的目的与发展其民族文化传统毫无干系，只不过是因为"他们害怕一种共同的语言会激起菲律宾人的民族主义精神"①。此外，他们还相信使用方言能把基督教义传播得更快。②

自西班牙殖民军占领菲律宾至 1863 年这两个多世纪中，学校均由教会一手操办，各教区的副牧师决定课程设置和教学方法，教师亦可由教会训练出来的菲律宾人担任，经费则全由教会发给，课程无疑全是宗教典籍及其附属产品了。

19 世纪中叶以后，欧洲资产阶级自由民主思想浪潮冲击了菲律宾社会，举办国家教育以代替教会教育的呼声和要求已势不可挡。1863 年，西班牙国王终于敕定教育法令，于是菲律宾开始建立起公立学校的体系，各城镇相继办起了公立的男校和女校，马尼拉则设立师范学校。但从公立学校的教学纲领上看，其宗教色彩依然是十分浓厚的。公立学校的规定课程如下：

1. 道德、大义，圣史；

2. 读；

3. 写；

4. 西班牙语；

5. 初级算术；

6. 西班牙初级地理及历史；

7. 菲律宾农业；

8. 仪礼；

9. 唱歌。

而对女子则不教授其中的地理、历史及农业等课程。③

值得注意的是，即使是在 1863 年所谓"改革"之后，管理公立学校的

---

① George E. Taylor, *The Philippines and the United States: Problems of Partnership*, New York, 1964, p.72.

② ［菲］赛义德：《菲律宾共和国：历史、政府与文明》上，商务印书馆 1979 年版，第 304 页。

③ 李长傅：《菲律宾史》，商务印书馆 1936 年版，第 45 页。

全国及各地方的教育委员会中，大主教及各地最高牧师均占有重要席位，这使得公立教育体系仍无法摆脱政教冲突的影响。持反对态度的各级牧师对于奉行政府的教育法令并不感兴趣，修道士尤其仇恨受过教育的菲律宾人，他们咒骂"离开水牛的菲律宾人是上帝和西班牙国王的仇敌。"① 地方当局也因种种内忧外患而对教育极少关注，尽管相继建立了一些公立的职业学校，如菲律宾师范学校、菲律宾艺术及贸易学校及航海、会计学校以及各省立中学等，但无从确立一个统一的、系统的教育方针，而是各校独自为政，从未执行过任何政府的教学计划，这种混乱状况一直维持到西班牙统治的终结为止。至于学校的数目和学童人数，1867 年全国有 593 所小学，学生 12 万余人；到 1898 年，小学增至 2150 所，注册学生为 20 万人。②

也只是在这一时期，菲律宾的教育事业才算是稍有发展。一些边远地区，如：中吕宋山区，土著人的大户开始送子弟入学，甚至到西班牙去求学，不过所学的大多仍是迂腐的教义之类课程。这些子弟学成返国后，便获得一种非正式的头衔：开化民。政府也愿意吸收这样的人担任一些地方官职，这甚至扩大到经商的中国侨民子弟。在宿务，华侨子弟相对而言较早地开始受教育，一些人送子弟入当地学校，还有的到马尼拉求学。③ 这在当时，已非易事。

殖民当局对大学教育较多重视，因为这是他们培养上层人物的直接工具。当然，在大学教育中的殖民主义色彩更是极其浓厚。17 世纪初期创办的圣约瑟大学和圣汤玛斯大学，当初只供西班牙人子弟就读。④

总之，无论是西班牙统治的初期或是其末期，也无论是从全局上看还是从细节上看，这一时期的菲律宾教育的主要特色都是殖民主义的奴化教育。19 世纪末期菲律宾资产阶级宣传运动的著名领袖、菲律宾民族英雄何

---

① M.H del Pilar, *Monastic Supremacy in the Philippines*, Quezon City, 1958, p.23.

② ［菲］赛义德：《菲律宾共和国：历史、政府与文明》上，商务印书馆 1979 年版，第 313 页。

③ Alfred W. MeCoy, *Philippine Social History*, *Global Trade and LocalTransformations*, Quezon City, 1982, p.98., p.259.

④ Dean C. Worcester, *The Philippines-Past and Present*, Vol. II, chapt.XIX, New York, 1914.

塞·黎撒，被认为是一位精通22种语言的博学多才的医生、诗人、作家和学者，他从小学到大学的教育都是在马尼拉完成的，堪称是菲律宾教育培养出来的翘楚。可是，正是这位黎撒，在1887年马德里举办的"依哥洛村"①展览会上，用6种语言与欧洲的上流人物侃侃而谈、开怀畅饮时，菲律宾的山民们却正和土生的动植物一起在旁边被当作展品展出。② 宣传运动的另一位首领洛佩斯·哈埃纳所接受的也是菲律宾的神学教育，尽管我们不否认他的大声疾呼和雄辩的演说为菲律宾的民主运动起了重要作用，但他的才华和优美的散文作品却只能用以装饰西班牙的出版业。③ 正如列宁在揭露资产阶级办教育的虚伪性一样，菲律宾人在学校中"与其说是受教育，倒不如说是受资产阶级奴化。旧学校教育他们，是为了替资产阶级训练称心如意的奴仆，既能给他们创造利润，又不惊扰他们的安宁。"④

现在似乎可以对这一时期的菲律宾教育作一简单的归结了。马克思和恩格斯在《共产党宣言》中曾以犀利的语言指出教育是社会关系所决定的，教育的目的、任务、内容和方法总是符合统治阶级的时代要求的。事实的确如此。在西班牙殖民统治开始之前，菲律宾愚昧、落后、闹饥荒、被征服这一切的灾难和不幸，无论对岛国的人民是多么不利，多么痛苦，与世界其他民族发展进程相比，却只是一种呈现在表面的非同寻常；而西班牙三百余年的统治却破坏了它的社会根基，使它失去了自己的旧世界却未获得一个新世界，使得它的人民所遭受的苦难更蒙上了一层特殊的悲惨色调，使它"同自己的全部古代传统、同自己的全部历史断绝了联系。"⑤ 在基督教外衣罩蔽之下的教育，教给菲律宾人的只是如何更虔诚地在奴役者们面前叩拜。

---

① 北吕宋科迪勒拉山区的土著社会村落。他们顽强地抵抗西班牙对山区的军事和宗教入侵，始终未被征服。

② Alfred W. MeCoy，*Philippine Social History*，*Global Trade and LocalTransformations*，Quezon City，1982，p.55.

③ Alfred W. MeCoy，*Philippine Social History*，*Global Trade and LocalTransformations*，Quezon City，1982，p.55.

④ 《列宁全集》第28卷，人民出版社1956年版，第69页。

⑤ 《马克思恩格斯全集》第9卷，人民出版社1961版，第145页。

　　让我们参考一位美国资产阶级作家的有关言论，他认为："西班牙殖民教育体制达到了它的目标，即传播天主教，然而这种教育在使菲律宾人民进入现代化世界的准备方面，却几乎是毫无建树的。"① 他的结论的前半部分是符合事实的，因为在当今菲律宾，天主教已成为最主要的宗教，"天主教是西班牙留给菲律宾民族的最大遗产。"② 然而这个结论的后半部分却至少有含义上的失当。纵观西班牙统治菲律宾三个多世纪的漫长历史，对西班牙殖民主义者来说，无论其目的还是其行动，无论其主观愿望还是其客观效果，都看不出它有帮助菲律宾人民进入"现代世界"的任何良好愿望。尽管西班牙式的教育在客观上为菲律宾的教育事业打下了一定的基础，但是我们不难发现，这种效果从根本上说是附带的、消极的、被动的，对于西班牙统治者来说是一种违背其本身利益的异化表现。因而从客观上来看，西班牙时期的殖民主义教育对菲律宾的社会、政治、经济、文化发展没有起到积极的促进作用，相反，它只是通过传布宗教毒素和施行奴化教育，使菲律宾更深地陷在殖民地的泥淖之中。

美国统治时期的教育状况

　　1898 年的美西战争中美国击毁了在马尼拉湾的西班牙舰队，扫清了美国入踞菲律宾的主要障碍，紧接着的所谓"马尼拉战争"是一场有史以来进行得最"斯文"的战争，它在默契之中使美国轻而易举地从西班牙手中接管了菲律宾，并且借口菲律宾人民"对独立还没有准备"开始了对这个国家的新的殖民统治。

　　由于菲律宾民主革命运动的高涨和世界文明程度的提高，与西班牙殖民主义相比，美国的统治要显得"开明"得多，至少在口头上美国公开宣称

---

① George E. Taylor, *The Philippines and the United States: Problems of Partnership*, New York, 1964, p.31.

② ［菲］赛义德:《菲律宾共和国: 历史、政府与文明》上，商务印书馆 1979 年版，第 31 页。

"菲律宾是我们的，不是为剥削，而是为发展、开化、教育，在自治的科学上加以训练"①。"不是为剥削"显然是一条言不由衷的谎言。列宁说过："资产阶级国家愈文明，它就愈会撒谎，说学校可以不问政治而为整个社会服务。"② 但从这一时期美国主办的教育对以后菲律宾社会及教育事业的发展所造成的影响上来看，有许多与旧殖民主义时期不同的特点是值得注目的。

美国的统治在一开始就将教育放在一个特殊的地位上。1899 年，为了决定对菲律宾的施政，美国政府派出了以康奈尔大学校长舒曼为首的第一委员会到菲律宾进行调查。这个五人委员会中有两位是教育家，除舒曼外，还有后来以研究菲律宾社会著名的沃斯特，他是密西根大学的教授。

舒曼委员会在向美国政府提出的施政报告中，认为菲律宾当时最需要的是取消教区的西班牙修士，代以菲籍修士，并且认为不得以任何形式向人民强加任何宗教，强调教会和国家应完全分开，互不干涉。这份报告的另一项重要内容便是建议开设免费的公立学校以普及教育。

次年，美国又派出以塔夫脱为首的第二委员会。这是个五人委员会，其中也有三位是教育家：赖特教授、摩西教授和沃斯特教授。这个拥有立法权和行政权的委员会制定了一系列法令，其中包括建公立学校制度。

早在 1901 年 7 月 4 日菲律宾成立文官殖民政府之前，美国就开始着手改革菲律宾的教育了。1898 年 5 月，即马尼拉湾海战后几天，美国人就在科雷希多尔建立了他们的第一所学校。③ 8 月，美国占领马尼拉后，立即办了 7 所学校。④ 随后，大量的美国军人转而成为各地学校的英文教师，但这显然是临时性的应急措施，因为他们大部分都是农民出身，并未受过职业训练。⑤ 首批来自美国 44 个州的职业教师 600 人于 1901 年 8 月抵菲律宾，这在菲律宾教育史上是一件大事，他们成为传播美国文化的先驱。

---

① ［菲］赛义德：《菲律宾共和国：历史、政府与文明》下，商务印书馆 1979 年版，第 423 页。

② 《列宁全集》第 28 卷，人民出版社 1956 年版，第 69 页。

③ *Filipino Heritage*，vol.10，Lahing Filipino Publishing Inc，1978，p.2578.

④ Celia Bocobo Oliver，*History of Physical Education in the Philippines*，Manila，1954，p.39.

⑤ *Filipino Heritage*，vol.10，Lahing Filipino Publishing Inc，1978，pp.2578-2579.

　　根据第一委员会的建议，菲律宾各地很快办起了公立学校，实行了免费教育，英语则成了第一教学语言。在马尼拉及全国许多地方还办起了夜校和各种类型的师资培训班（aspir-ante）。这种师资培训工作的效果是显著的，到 1939 年，菲律宾全国 38000 余名教育职员中，只有 80 名美国人，而且其中半数是担任行政职务的。① 这与西班牙宗教垄断的、封闭式的教育体制形成了对照。同时也可看出，虽然这一时期依旧是美国的殖民统治，但随着政教的分离，教育者和受教育者的绝大多数都是菲律宾人，种族、贫富、男女等等的隔离和界限在很大程度上被打破了，迂腐狭隘的宗教传播逐渐变成了基础的、启蒙式的、带有一定民主色彩的开放式教育。学校、教员和学童的数目空前增加。1935 年已经有了 7330 所公立学校，1220212 名注册学生（当然其中有不少学生因经济等条件限制中途辍学而未能完成学业），教职员有28855 人。同时还有 400 所私立学校，注册学生为 10 万人。② 这与 1898 年和 1867 年的数字相比，增加的幅度是可观的。

　　当然，美国和菲律宾的资产阶级学者对这一时期的菲律宾教育事业的评述往往偏颇于溢美，但仍不可否认其中确有一些长处。我们可以举出几个事实来说明这一点。

　　首先，美国统治时期不仅注意在中心城市扩展教育，而且也未放松对僻远地区的教育开发工作。例如棉兰老北部的布基农一直是经济文化十分落后的山区，1907 年政府开始在这里推行以教育为中心的改革运动，以使布基农人提高文化水准，迅速摆脱受平川发达地区控制的被动境地。这项运动的领导人便是沃斯特。美国人在这里采取了八项重大措施，其中较主要的是指派当地人士担任首领、推广公共教育事业及向人民教授先进地区的农业技术等。③ 布基农人的教育状况因之发展迅速，例如，1908 年这里仅有 4 所小学，9 位当地教师和一位美国监督；1911 年小学增至 14 所，新添一所农

①　美国新闻处编：《菲律宾的过去、现在和将来》，（重庆版，年代轶），第 56 页。

②　［菲］赛义德：《菲律宾共和国：历史、政府与文明》下，商务印书馆 1979 年版，第 471 页。

③　Alfred W. McCoy，*Philippine Social History*，*Global Trade and Local Transformations*，Quezon City，1982，p.370.

业高中；1916 年有学校 22 所，学生愈 2000 人。这里的学校具有地方特色，重视职业教育，如农业技术、木材加工、农具制造等，学生则多实行半工半读。① 这一系列措施对布基农山区的经济文化发展起了很大作用。

此外，西班牙时期菲律宾妇女在社会生活中倍受束缚的境况也在这时得到明显改变，她们不再隐身于狭小的家庭范围内，而是开始广泛地参加社会经济活动。而教育的开放，不可不谓一重要的诱导因素。各类学校的大门都对妇女敞开了，她们几乎进入了所有的专业学习②，就连专门的体育教育，妇女也得到了应有的地位，这在当时简直是一件了不起的大事，而且对菲律宾体育事业的发展有着十分突出的影响。③

当局对职业教育的重视也是值得一提的。各地兴办起许多职业学校。一般的学校也十分重视生产技能的训练，学生们课余时间在分配的园地上种菜，这种情况在当时是如此的普及，以至于如今已经在菲律宾形成一个传统：一般的家庭都有一个小小的种植园。在马尼拉还建立了盲哑人学校。家庭工艺学校则专门教授妇女从事家庭手工业的技能，如绣、织、缝、家务、护理等。④

我们再看看语言问题。

由于菲律宾原始社会延续长久，加之西班牙殖民统治者施行的愚民政策，使菲律宾长期处于与世界隔绝的状况。菲律宾的语言十分混乱，有 9 种不同的语言和 80 余种方言。据一位美国作者说，在 19 世纪末期，一个马尼拉人走出市区几十里便听不懂那里的土语。⑤

无论从什么角度来说，一个国家要立足于世界民族之林，起码的一个

---

① Alfred W. McCoy，*Philippine Social History*，*Global Trade and Local Transformations*，Quezon City，1982，p.373.

② [菲] 赛义德：《菲律宾共和国：历史、政府与文明》下，商务印书馆 1979 年版，第 469 页。

③ Celia Bocobo Oliver，*History of Physical Education in the Philippines*，Manila，1954，pp.37-43.

④ Dean C. Worcester，*The Philippines-Past and Present*，vol. II，chapt.XIX，New York，1914.

⑤ Hans Ostelius，*Islands of Pleasure*，London，1963，p.88.

条件便是至少自己要有一个统一的通用的语言。而在西班牙统治时期的菲律宾却没有做到这一点。实际上西班牙也根本不希望做到这一点。他们只要让西班牙语在殖民政府和上层机构中成为官方语言便足够了，平民百姓掌握西班牙语对他们的统治是弊多利微的。因此，菲律宾的语言直到19世纪末还处于十分落后而且极其混乱的局面。

美国在菲律宾开展教育所遇到的第一个问题也是语言问题。开始时，没有教师，没有设备，但更主要的是在菲律宾几乎没有任何地方语言可以成为文学艺术和思想交流的载体。在这以前，西班牙人并不鼓励菲律宾民族文学的诞生，黎撒的作品只能在海外出版再悄悄地偷运回国。

如是情况之下，英语成了美国在菲律宾发展教育的第一选择。实际上，英语在菲普及得很快。从客观上看，这当然与教育制度的改良和美国的大力推行有关。可是从其内因上分析，当时菲律宾的社会发展已经迫不及待地需要一种较科学、能够迅速传播当代世界先进思想和文化的、易于学习和掌握的、便于各阶层人民互相交往的语言媒介。而英语恰恰顺应了这种要求，正如法文随着18世纪法国殖民主义入侵被介绍到越南，并迅速取代了当地极其繁琐、极不科学的"喃字"而为越南广泛接受并加以改造利用一样。

对菲律宾来说，英语毕竟是一种外来语，在学校的课堂上固然可以教授并使用英语，但是在家庭和农村等基层社会中英语一开始并不通行。为此，菲律宾的公立学校也选择了泰加洛语作为教学语言之一，因为这种语言被认为是在一切菲律宾语言中最富于语汇和文学气味的。[1] 而且，教授泰加洛语的目的也在于希望它能够成为菲律宾的国语。

事实上，从菲律宾现在的三种主要语言——英语、西班牙语和泰加洛语中也可以看出这一时期语言教育的效果。目前菲律宾人中约有60%以上说英语，37%说泰加洛语，西班牙语则日渐衰微了。[2] 而且在所有亚洲人的英语中，菲律宾的英语是最地道的。从许多资料和大量的社会现象中还可以

---

[1]　美国新闻处编：《菲律宾的过去、现在和将来》，（重庆版，年代铁），第58页。

[2]　Hans Ostelius，*Islands of Pleasure*，London，1963，p.88.

看出，英语的使用和普及的确解决了许多社会问题。它向菲律宾人打开了西方世界的大门，使菲律宾政府、商业、外交及其他各部门、行业有了一个共同的语言，它并且成了菲律宾"群众的普通话"。这一切仅仅发生在短短的几十年内。显然，这样的社会效果绝不是单凭任何教育制度所能达到的。我们不难看出，正是当时菲律宾社会发展的客观需要给英语的移入提供了得天独厚的条件，反过来，英语的被广泛接纳也为美国式的教育在菲律宾顺利发展凿开了道路。可以说，语言状况的改变从特定的角度上刺激了僵硬了数百年之久的菲律宾社会，而对这种刺激最敏感、反应最强烈者乃与语言相辅相成而关系紧密的教育事业。从这一意义上说，英语和美国所推行的教育制度是一对被菲律宾社会变革的波涛高高涌起的幸运儿，它们一方面成了菲律宾社会发展中的醒目冠冕，同时却又妨碍了人们看到其后隐匿的实质因素：只有菲律宾人民革命和民族自强运动的高涨、社会生产力的迅速发展，才是语言、教育、文化等项社会上层事业发展和前进的根本动因。

同时，我们不能不看到英语地位提高也导致了其他一些问题的产生。

首先，英语的广泛使用使得泰加洛语的发展遇到的困难愈来愈大，而且也妨碍了传统民族文学的产生和发展。此外，在各级学校中，美国式的课程设置和教科书将菲律宾的青少年引入一个他们所不曾生活过的世界里，将那些异国风情和传统、西方的英雄人物和欧美的历史事件等等不分青红皂白统统塞进与之毫不相干的菲律宾人后代的头脑中；他们取了美国的名字，玩美国游戏，被教唱美国国歌，穿美式的服装，甚至过美国的节日。总之，美国的教育体制使菲律宾人头脑中浸透了美国的思想和观念[1]，而菲律宾人祖祖辈辈传下来的许多风俗习惯、家庭关系等等却在美国的浪潮冲击下悄悄地隐匿了。这对菲律宾人的民族气质带来了一系列不良的后果，它使得许多菲律宾人在美国的和本民族的传统面前产生了矛盾的心理，而无形之中，美国的殖民统治却逐渐得到巩固，这正是它的"高明"之处。因此我们认为，美国在菲律宾施行的一切，从本质上来说与英国在印度的行径并无二致，它

---

[1]　*Filipino Heritage*，vol.10，Lahing Filipino Publishing Inc，1978，p.2579.

们都是为着完成这样的双重使命："一个是破坏性的使命，即消灭旧的亚洲式的社会；另一个是建设性的使命，即在亚洲为西方式的社会奠定物质基础。"① 无论是西班牙腐朽的宗教传播，或是美国"开明的国家教育"，都"既不会给人民群众带来自由，也不会根本改善他们的社会状况，因为这两者都不仅决定于生产力的发展，而且还决定于生产力是否归人民所有。"②

综上所论，西班牙统治时期的菲律宾教育，无论是其最初二百年的纯粹教会教育，还是 1863 年以后的有限的国民教育，本质上都是维护其殖民统治的工具，形式上都是殖民主义内部政教冲突的反映和斗争的手段，社会效果上则成为麻痹菲律宾人民的精神枷锁。这一时期的教育对于菲律宾的历史发展、社会经济的开发、文化思想的进步，除了制造大量的屏障和宗教烟幕外，几乎没起到什么积极作用。

在生产力并不属于人民的条件下，美国殖民主义主持的教育的主要目的，按马克思的话来说，当然还是"灌输资产阶级的原则"③，这便是这一时期菲律宾教育的实质。因为"当我们把自己的目光从资产阶级文明的故乡转向殖民地的时候，资产阶级文明的极端伪善和他的野蛮本性就赤裸裸地呈现在我们面前，因为它在故乡还装出一副很有体面的样子，而一到殖民地它就丝毫不加掩饰了。"④

然而，尽管这一时期的教育没有摆脱殖民主义的羁绊，但由于它至少在形式上顺应了菲律宾民族主义上升的趋势，并被卷入社会经济和思想文化的发展渐渐与世界文明取得同步的总潮流，加之其教育的主体（教育者和受教育者）是菲律宾人，这一切便构成了它的重要社会基础。此外，英语的使用这一偶然性因素，在统一语言的社会发展必然性决定之下起了重要作用，为美国教育体制的传播提供了强大的助推力。因此，这一时期的教育产生了一些有利于菲律宾社会发展的积极效果，并且为菲律宾以后的国家教育事业

---

① 《马克思恩格斯全集》第 9 卷，人民出版社 1961 版，第 247 页。
② 《马克思恩格斯全集》第 9 卷，人民出版社 1961 版，第 250 页。
③ 《马克思恩格斯全集》第 6 卷，人民出版社 1961 版，第 648 页。
④ 《马克思恩格斯全集》第 9 卷，人民出版社 1961 版，第 251 页。

打下了一定的基础，这是其不容忽视的一面。

当然，美国统治下的教育也有其多种弊端，有的甚至是十分严重的，如出于它殖民主义之本质而必然要为美国统治菲律宾培养和罗织社会基础，它也相对压抑了菲律宾本土文化传统的发展等等。不过我们应该看到，带有全民性质的教育事业可以是统治阶级意志的反映，但毕竟与殖民统治本身不完全是一回事，更不可因为有了这些弊端而全盘否定这一时期的教育事业。有的学者认为：美国统治下的"公立学校体系的普遍建立和采用英文作为教学语言……总的说来也有助于使本地人的口味适应美国商品。这种做法还直接为美国教育器材开辟了市场。"甚至认为"开展公共卫生保健运动，也是加速推销美国垄断的药品、化学品和医疗设备的一种手段"。[1] 如是将凡与美国有关的一切有助于社会进步的措施都不加分析地加以贬损，是难以令人信服的。

（原载于暨南大学《研究生学报》1985 年第 1 期）

---

[1]　[菲] 阿马多·格雷罗：《菲律宾社会与革命》，陈锡标译，人民出版社 1972 版，第 39 页。

关于汉代丝绸国际贸易的几个问题

中国是世界上文明最早发达的国家之一，"丝绸之路"的开辟和发展是古代亚欧各国人民的众望所归，也是沿途各民族群力所成；而古代中国人民为之付出的巨大代价、作出的卓绝贡献却始终是这条洲际道路的主要构成。

丝绸的织造，是中国远古劳动人民创造出的光辉成就，是对世界文明的一大贡献。它不仅自古至今一直是人们生活中的必需品，而且在人类历史发展进程中占有极重要的地位。恩格斯在论述人类文明时代的工业成就时，认为"特别重要的有两种，第一是织布机，第二是矿石冶炼和金属加工"[①]。而事实上，中国的丝绸织造技术的发明和完善远比欧洲织布机的发明早得多。以丝绸贸易为先导的中西交通则更成为世界古代史上规模最大、影响最深远的国际经济活动。

本文拟就这一国际经济活动早期（汉代）形态中的几个有关问题略申己见，以期对于系统地认识"丝绸之路"的全貌有所助益。

一、汉代丝织业的辉煌成就及其社会作用的扩大

我国的丝织业渊源久长。秦碣石《石刻辞》："男乐其畴（耕种），女

---

① 《马克思恩格斯选集》第 4 卷，人民出版社 1958 年版，第 157 页。

修其业（纺织）。"这远不是最早的记载。《淮南子》："禹合诸侯于涂山，执玉帛者万国。"可见禹时丝帛已成为氏族朝见的贡物了。[①] 考古发现的丝织物的年代当然比丝织业的起源晚得多。1949 年长沙发掘的楚墓中，有一幅 30×20 厘米的丝织物，上绘有一古代妇女的图画，这是公元前 3 世纪江南一带产丝绸的实证。[②] 到了汉代，我国织造丝绸的历史至少已有 1000 多年了。[③] 由于汉代农业生产力的大大提高，极大地刺激了纺织业的发展。官营、私营纺织业这时都已颇具规模。西汉时，在未央宫设有织室。又有东、西两织室[④]，俱属少府管辖，每年生产费用高达 5000 万钱。[⑤] 这个直属中央的官办手工业企业到东汉时仍占有重要的地位，并设有织室丞之官。[⑥] 汉代官家所使用的奴隶及罪犯，其女性多半安排在织室劳作。汉又在以织技闻名的齐郡临淄设服官之所，专为皇室制作春冬夏三服。《汉书·贡禹传》："齐三服官输物不过十笥，方今齐三服官作工各数千人，一岁费数巨万……东西织室亦然。"可见制造这种精细的织物多么费工费时费钱，又多么受到政府的重视。

在民间，纺织业更是十分普及。古语云："一夫不耕或受之饥，一女不织或受之寒。"在汉代已经没有不知纺织的妇女了。汉时个体纺织业常常可以发展成为分工精细的作坊。例如西汉时善于"内治产业、累积纤微"的张安世，便拥有一个相当大的私家作坊，其"夫人自纺绩，家童七百人，皆有手技作事。"他家因之殖生生产业，竟比大将军霍光还富庶。[⑦] 又，《西京杂记》载，巨鹿陈宝光家出品的散花绫，一匹值万钱，驰名全国。

汉朝皇后每年亲自举行养蚕仪式，以作示范。而养蚕缫丝业的重心早

---

① 《淮南子·原道训》；《左传·哀公七年》亦有此记载。
② 《北京日报》1953 年 6 月 8 日。
③ 夏鼐：《我国古代蚕、桑、丝绸的历史》，《考古》1972 年第 2 期。
④ 《三辅黄图》："织室，在未央宫。又有东西织室，织作文绣郊庙之服，有令史"。见陈直《三辅黄图校证》，陕西人民出版社 1980 年版，第 60 页。
⑤ 《汉书·贡禹传》："三工官官费五千万，东西织室亦然。"
⑥ 《续汉书·百官志》。
⑦ 《汉书·张汤传》。

已不局限于北方，而是遍及长江南北。值得注意的是，当时的四川，不仅是"蜀布"①的产销中心，而且蚕桑之利也极有发展。最早记载蜀锦的西汉扬雄《蜀都赋》中云："其人自造奇锦"。四川汉墓出土物中亦见"桑园"图砖。②又据《华阳国志·蜀志》，成都设筑锦官城③，专管织锦生产，其地位已与盐官、铁官平起平坐。成都作为蜀锦主要产地，规模堪与襄邑并驾齐驱。如果说宫廷的东西织室所造之绫罗是专供皇族消费，并不在市场流通的话，那么蜀锦则多作为商品而外销了。特别是到东汉、三国年间，蜀锦生产更上升为政府的主要财政来源，以至于"今民贫国虚，决敌之资，惟仰锦耳"④。在这一时期，远至西北地区的蚕丝业也在迅速发展。1971年呼和浩特发掘的汉壁画墓便有女子采桑图。1972年，嘉峪关东40里发掘的东汉砖墓内亦有大量反映蚕桑、丝绢及纺织工具的彩绘壁画等⑤，可见河西走廊这时不仅是传播丝绸的通道，而且也是农桑茂盛，丝业发达的经济重地了。⑥

由于政府对农桑的重视和民间丝织业的急速发展，汉初丝绸的产量和质量就已经比前代有了极大的提高。

布帛是汉代国家财政的一项主要收入，各地的贡赋以纺织品为多。《史记·平准书》载，仅在元封四年（公元前101年），政府诛求民间输帛达500余万匹，当时全国人口估数为3500万，人均上纳约0.16匹，合今0.8平方米，这不是一个小数目。元封元年，武帝到四方巡视，"所过赏赐，用帛百余万匹，钱金以巨万计，皆取足大农"，也是一斑。

由于桑织之业较之农业更少受气候的影响，故布帛便成为更加经常的租贡形式和俸禄形式。《汉书·王莽传》中有"一月之禄，十稷布二匹"之说。公元78年，章帝干脆下诏以布帛为租，因为"时谷贵，县官给用不足，尚书上林上言，谷所以贵，由钱贱故也。可尽封钱，一取布帛为租，以通

---

① 据武敏《吐鲁番出土的蜀锦研究》，张骞在西域看到的"蜀布"，极可能是丝布。
② 刘志远：《四川汉代画像砖反映的社会生活》，《文物》1975年第4期。
③ 刘琳：《华阳国志校注》，巴蜀书社1984年版，第235页。
④ 《太平御览》卷八一五引诸葛亮语。
⑤ 《嘉峪关汉画像砖墓》，《文物》1972年第12期。
⑥ 吴荣曾：《和林格尔汉墓壁画中反映的东汉社会生活》，《文物》1974年第1期。

天下之用。从之。"① 在西南边远的蛮夷地区，则"岁令大人输布一匹，小口二丈"②。这个人均数目已经远远超过西汉元封四年的0.16匹，而且是在西南少数民族地区。不难推测，纺织业的发展比农业要快得多。由于政府收入支出多用布帛，使得黄金也因之贬值。我们知道，西汉时皇帝施行赏赐还常用黄金，由于丝织业的加速发展，到了东汉时，皇帝赏赐已大多用布帛。这不仅是因为黄金的社会储量之不足③，也不光是因为民间盗铸劣币致使货币贬值④，实在的主要原因是丝织业的发展已经远超出当时社会其他各项经济事业而跃居首位，丝绸已成为国内外贸易中的最主要的商品，货币在商品经济中的特殊地位竟已为丝绸所取代。这是东汉经济的一大特点。从另一角度看，也正因如此，以丝绸贸易为主要构成的汉代中西交通才会在东西方文明交往、影响的过程中发生着某种特殊的作用。有关这方面的问题，笔者有另文阐述。

　　汉代织造业不仅产量大，而且各种丝绢的花色品种也极繁多。仅仅在"缯"的总称之下，便有纨、绮、缣、绨、绌、缦、素、练、绫、绢、縠、缟以及锦、绣、纱、罗、缎等。《说文》对以上各名大多有解释，例如纨为素缯，绮为文缯，缣为并丝缯等。当然，汉代丝绸织物的实际品种不可能比现代更多，任大椿在《释缯》⑤一文中对各种缯帛作了考证，不胜其详，其实当时之所以有如此之多的品种，无非因为分类的标准不同于今罢了。不过我们仍可以认为，现代主要的丝织物的品种，在汉代已经基本齐备。⑥仅仅在马王堆汉墓出土的丝织物中，就可以看到既有轻如蝉翅的素纱，也有多重纺织的绒锦。⑦从价格上看，汉代丝绸的质量等级也十分复杂。据王国维《流沙坠简考释·器物类》，有任城谦题字云："任城国

①　《后汉书·朱晖传》。

②　《后汉书·南蛮传》。

③　赵翼：《二十二史札记》卷三《汉多黄金》。

④　翦伯赞：《秦汉史》，北京大学出版社1983年版，第411页。

⑤　见《皇清经解》卷五〇三。

⑥　李仁溥：《中国古代纺织史稿》，岳麓书社1983年版，第42页。

⑦　《长沙马王堆一号汉墓发掘报告》，文物出版社1973年版，第46—65页。

亢父（今山东济宁）缣一匹，幅广二尺二寸，长四丈，重二十五两，直钱六百十八。"还有《居延汉简释文》卷三载："河内廿两帛八匹三尺四寸大半寸，二千九百七十八。"后者每匹重 20 两，较之亢父缣薄了百分之二十，但每匹值约合 367 钱，较前者价廉近半。据同上卷三载："赍卖校布一匹，直二百九十"，故知帛与布[①] 价几等。

从当时的文献记载可以看出，汉代丝帛的价格因质地不同而相差甚巨。上述河内帛是较廉价的一种。一般的丝织品，一斤丝值 300 钱，一匹缣值600 余，一匹上等白素约 800。[②] 那么，汉代的平民是否穿用得起这些丝织品呢？这主要决定于当时的社会经济状况。一般来说，只要政治升平，风调雨顺，民用饶足，丝帛是完全可以进入寻常百姓家的。汉代米价，正常年景通常在每石几十到 200 钱左右。[③] 做一件长袍，用料约一匹，若以缣为料，仅需 6—10 石米价。据《汉书·地理志》，汉代平均每户（五口）可占田亩数为 70，多可达百亩；又依晁错《贵粟疏》，公元前 168 年"百亩之收，不过百石"，则当时平均每人可有近 25 石的粟粮收入，这未包含以后农业生产力提高使产量不断增加，纺织品的价格也在逐渐下降，也未考虑一般农户收入中多有自纺布帛一项。此外，《汉书·沟洫志》记载修治何渠的情况中，可以看出更赋代役的价钱约为每月 2000 钱。[④] 这样一比较，可知只要社会稳定，百姓平均每年 20 石粮食（或每月千钱）的收入是大致可以保证的，这也反映出丝帛的价格与劳动人民的正常生活水准是相适应的，或者说，当时丝织品的产量是相当可观的。

上面说的是普及型的丝帛。汉代还具有生产中、高级丝织品的能

---

① 汉代的"布"，一般皆指麻布，尤其是在与帛相较并提时，一定如此。吴承仕《布帛名物》："上古之时，未有麻丝，食鸟兽之肉而衣其羽皮。后圣有作，然后制其麻丝以为布帛。""布，绩麻草之缕为之。""布以麻为主。麻为布，丝为帛，故丝麻对文。"

② 以上帛价，根据《九章算术》（卷二），《范子计然书》卷下，劳幹：《居延汉简考释》，重庆 1933 年版，及《流沙坠简考释·器物类》等资料得出。

③ 吕思勉：《秦汉史》，上海古籍出版社 1983 年版，第 532 页；马大英：《汉代财政史》，中国财经出版社 1983 年版，第 359—360 页。

④ 《汉书·沟洫志》："治河卒非受平贾者"下注曰："律说，平贾，一月得钱二千。"

力。《居延汉简释文》卷三中有"帛千九十匹三尺五寸大半寸，值钱卅五万四千二百"，合每匹3931钱，是为中档价格。《范子计然书》卷下云"能绣细文出齐上价匹二万，中万，下五千"。《西京杂记》卷一说："巨鹿陈宝光家所织散花绫，一匹值万钱。"尽管工艺复杂，须60日方成1匹，但生产规模宏大，产量也不小，该书载霍光妻一次便以25匹送礼。这类绫罗锦绣，自然多属王宫贵族专利享受，而且在高帝时还下令"贾人毋得衣锦绣绮縠絺纻罽"①。桓宽《盐铁论·散不足篇》也称"夫罗纨文绣者，人君后妃之服也；茧绸缣练者，婚姻之嘉饰也"，但这并没有阻止高级纺织品的生产量逐年递增和社会使用量愈来愈大。《西京杂记》中说赵飞燕之妹给赵飞燕送礼，其中便有"金华紫轮帽，金华紫罗衣，织成上襦，织成下裳，五色文绶，鸳鸯襦，鸳鸯被，鸳鸯褥，金错绣绚，七宝綦履……"是否确有其事，固可怀疑，但至少反映出当时一种社会现象。富户人家常常"绣衣戏弄"，"素绨锦冰"，"罽衣金缕，燕貉代黄"，甚至他们的犬马也竟可以"衣文绣"。② 当时富户贩卖奴隶，要"为之绣衣丝履偏诸缘"③，贵族家奴也"皆服文组彩牒，锦绣绮纨"④，哀帝的宠臣董贤修建住宅，竟然"柱槛衣以绨锦"⑤。若无巨大的丝绸产量的社会基础，即使是皇族富豪，如此之铺张，也是不堪设想的。

在汉代的国内市场上，丝织品的交易量也远超过其他商品的市场流通量。以下两例足见当时丝绸市场贸易的盛况。《史记·货殖列传》："通都大邑，酤一岁……其帛、絮、细布千钧，文采千匹，荅布、皮革千石"，这是一庄大型的纺织品商店。又，《后汉书·朱儁传》："朱儁少孤，毋以贩缯为业。同郡周起，负官债百万，县催责之。儁窃母帛为起解债。"朱儁偷其母店中丝帛为其友还债，数达百万之巨，足见其母家店，也不会小的。

由于丝织业发达，政府对丝绸的拥有量剧增，以致帛絮之物渐渐成为

① 《汉书·高帝记》。

② 《盐铁论》：《国病篇》《散不足篇》。

③ 《汉书·贾谊传》。

④ 《后汉书·王符传》。

⑤ 《汉书·佞幸传》。

帝王统治国家的政治工具。

　　文帝元年，赐年九十以上老人"帛人二匹、絮三斤"。十二年，又"赐三老、孝者帛人五匹，悌者、力田二匹，廉吏二百石以上率百石者三匹"①。文帝以后，历代皇帝都有以布帛赏赐民间及下属的记载留下。② 从这些书录中不难看出，这种赏赐的范围是广大的。难道是历代帝王突然在穿衣问题上对其臣下特别慷慨或对黎民起了恻隐之心吗？当然非是。只不过由于民间、官方布帛的产量大了，向政府输缴得多了，久积府库，陈陈相因，必朽而不可衣。而当作官禄发放，则可以减轻国家财政压力；赏赐鳏寡孤老，则可以笼络民心。应指出，自汉文帝伊始，丝绸在帝王手中的这种功用，对当时和以后两汉国家政治、经济和思想发展都有很大影响。丝帛作为官禄发放，在一定程度上取代了货币的某些功能，这大大刺激了丝织业的发展，以致在历次社会动乱、币制不定的局面中，丝绸一直成为物质交换的实物化经济结构中的主要成分；特别是在两汉的国际贸易中，货币的作用远不及丝绸重要。汉代经济上的这种特点，不能不说是在一开始就受到丝绸官禄的微妙影响。同时，以丝绸赏赐民间三老孝悌，并使之蔚然成风，这对以儒家伦常规范为立国之本的治国思想，有着不容低估的社会作用。

　　丝绸在汉代所起社会作用的扩大，还体现在政府的外交政策上。汉代的中外关系主要是与匈奴的关系，而"丝绸外交"则贯穿于这种关系的始终，而且表现出其独特的色彩。

　　《史记·匈奴传》中，记载高帝使刘敬奉宗室女公主为单于阏氏，且

---

① 《汉书·文帝纪》。

② 《汉书·武帝纪》：元狩元年"赐三老、孝者帛人五匹。"又"赐三老、弟者、力田帛人三匹，年九十以上鳏寡孤独帛人二匹，絮三斤。"六年"赐千石以下至乘从者帛，蛮夷锦各有差。"元封六年"赐天下贫民布帛人一匹。"《昭帝纪》：元凤元年"赐郡国所选有行义者涿郡韩福等五人帛人五十匹"。二年"吏民献牛酒者帛人一匹"。《宣帝纪》：地节三年及元康三年皆"赐鳏寡孤独高年帛"。元康四年"赐三老、孝悌、力田帛人二匹，鳏寡孤独各一匹。"神爵元年、四年先后"赐鳏寡孤独高年帛。"五凤元年"皇太后赐丞相、将军，列侯、中二千石帛人百匹，大夫人八十匹，夫人六十匹。"甘露二年"赐鳏寡孤独高年帛。"三年"赐汝南，太守帛百匹，新蔡长吏、三老、孝悌、力田，鳏寡孤独各有差。"此外，《汉书》载元帝、成帝、平帝时皆有以赏赐民间及臣下之事迹。

"岁奉匈奴絮缯酒米食物各有数"。继而，文帝六年（前 174 年），给匈奴"服绣袷绮衣、绣裌长襦、锦裌各一，比余一，黄金饰具带一，黄金胥纰一，绣十匹，锦三十匹，赤绨、绿缯各四十匹……"自是以后，西汉政府经常以各种名义向匈奴输送丝织物，除了双方交战之时和王莽"新政"期间，几乎未曾中断，而且数量依次递增。降至东汉，自重与匈奴通聘之后，亦大体沿袭西汉对匈政策，尤其是对归附汉朝的南匈奴，不仅待以侯王之礼，而且侍以大量器物钱财，其中以缯帛锦绣为大宗，每年竟达 1.9 亿余万[①] 之巨。

汉朝向匈奴输送丝帛，其意图先后迥异。

西汉初年，西汉政府不得不年年向匈奴奉送钱财丝絮，以图"匈奴无入塞，可以久亲"。丝绸外交代表了一种消极的和亲政策。然而，汉帝国虽已忍痛求安，尽了最大的努力，但并未就此满足匈奴的欲望，更未能换来边境的和平安定。

经过文景两代的休养生息，民间生产力得以恢复提高，特别是纺织业的发展更为突出。武帝初年，国力已经充实，足以扩张图强了。自公元前 133 年武帝发动对匈奴的战争，到前 71 年基本解除了匈奴的威胁，在 60 余年的时间里，汉帝国付出"海内虚耗、户口减半"的巨大代价，终于使汉匈关系由被动求和转为积极安抚。而在此后（包括东汉与匈奴的交往关系）汉朝廷向匈奴拨赠的物资依然有增无已，特别是高档的丝织物和制成品成倍增加，竟至万匹之巨。以下仅略举数例，以概其要。

（一）《汉书·匈奴传》：宣帝"甘露三年（前 51 年），单于正月朝天子于甘泉宫，汉宠以殊礼，位在诸侯王上，赞谒称臣而不名，赐以冠带衣、裳黄金玺绶……衣被七十七袭，锦绣绮縠杂、帛八千匹，絮六千斤"。

（二）同上传，"明年（前 50 年），两单于俱遣使朝献，汉待呼韩邪使有加"。

（三）同上传，"明年，呼韩邪单于复入朝，礼赐如初，加衣百一十袭，

---

① 《后汉书·袁安传》作一亿九十余万，据袁宏《后汉纪·和帝纪》，应为一亿九千余万。前者"十"显为"千"之误笔。

锦帛九千匹，絮八千斤。"

（四）河平四年（前25年），单于入朝，"加赐锦绣缯帛二万匹，絮二万斤，它如竟宁时"。

（五）"元寿二年（前1年），单于来朝……加赐衣三百七十袭，锦绣缯帛三万匹，絮三万斤，它如河平时"。

（六）《后汉书·南匈奴传》：光武帝建武二十六年（公元50年），"秋南单于遣子入侍奉……诏赐单于冠带衣裳黄金玺绶绢绶……黄金锦绣缯布万匹，絮万斤。"又"送赐彩缯千匹，锦四端"等物，"缯彩合万匹，岁以为常"。

"岁以为常"之外，公元52年、55年、143年等东汉政府均以巨量丝织品赐赠匈奴。

由上述观之，在后期的汉匈关系中，丝绸外交已一改前期妥协求安的软弱性质，而成为汉匈之君臣关系的象征和双方人民之间友好相处的写照。

总起来说，汉代的商品生产，丝绸织造占了极大比重，是国家经济结构的一大支柱。斑斓多姿的中国丝绸，大大改善了古代中国人的生活条件，提高了中华文明的程度，不仅如此，它还在经济以外的领域里发挥着其他经济因素所无法比拟的重要作用，也在这方面给我们留下了许多有意义的研究课题。

二、张骞"凿空"标志着中西交往的真正开始

在汉代充斥了国内市场的丝织品，这时开始迅速地向相邻的四邦八方溃散、漫溢。对此我们可以找到许多考古的实证，这里仅略举数则。

在平壤附近的乐浪王旴于的墓中，曾发现菱形纹绢残片、罗、纚、绢组纽及组繸纽等，颜色美丽，织造精巧。据考证，此皆东汉建武、永平年时之丝织物。[1]

---

① [日] 木宫泰彦：《中日交通史》上，陈捷译，商务印书馆1932年版，第15页注（6）：白鸟、箭内两博士：《汉代之朝鲜》。

蒙古诺颜乌兰古墓中曾发掘到西汉建平时的绢布，上绣有彩色山云鸟兽神仙等，在流云与天神之间织有"祈神灵广成寿万年"的吉祥文字。又，在蒙古通瓦拉古墓出上过大量汉代丝织物，上亦织有"云昌万岁宜子孙"等语及"群鹤""交龙""登高"等释图的文字。①

丝绸及其制成品向西或经东南亚向西流散的物证及历史记载也十分翔实。

我们知道，唐代以前的西域并不产丝②，东南亚及印度等地方亦不知这种纺织技术。中国古籍中关于西域产丝的记载首见于玄奘的《大唐西域记》中。据姚宝猷考证，西域得蚕种，约在玄奘西游之前一二百年间③，传到欧洲的时间就更晚④，但那些地方并非没有丝绸。工艺精湛、瑰丽多彩的丝料，对于当时只知道织造粗麻布或披挂兽皮的西方世界和南北四夷来说，有着无法抗拒的吸引力，因为民间的小规模交往很早就将这种萌生和发展于华夏大地的物质文明之果传送到它故乡的创造者和统治者所不曾听闻的远方。

《汉书·地理志》中有一段著名的记叙："自日南南障塞徐闻合浦船可行五月……赍黄金杂缯而往……"，商人从中国将黄金丝缯装船运往东南亚和南亚诸国，开辟了海上丝绸贸易之路，但在海运远未成为中西贸易的干线的汉代，中国的丝绸主要是仰赖陆路交通辗转西去的。

古代东南亚地区的丝绸，大多来自今四川。《禹贡》记载，蜀不仅是养蚕的起源地之一，而且也是丝织品的盛产地。汉代的蜀锦是人们交口称赞的上品。⑤《史记·西南夷列传》："夜郎旁小邑皆贪汉缯帛"，因而与唐蒙缔结友好。⑥蜀产丝帛绫锦一直在云贵地区流传，更值得注意的是丝绸由西南地区逐渐经由缅甸向印度、阿富汗流去。根据哈威之说："自纪元前二世纪以

① ［日］小沼胜卫：《东洋文化史大系·汉魏六朝时代》，诚文堂新光社1941年版，第342页。

② 《史记·大宛传》："自大宛以西至安息……其地无丝漆。"

③ 姚宝猷：《中国丝绢西传史》，商务印书馆1944年版，第56页。

④ ［英］G. F. Hudson，*Europe and China-A Survay of Their*，*Relations from the Earlist Time to 1800*，Vol.I，London，1931，p.91.

⑤ 余涛：《蜀锦对丝绸之路的贡献》，载《丝绸史研究》1984年1卷2期。

⑥ 此类记载又见于常琚《华阳国志·南中志》。

来，中国已以缅甸为商业通道，这条道路有三条路径，丽江为一道，怒江为一道，尚有一道乃循弥诺江而下，经曼尼浦耳，乘马需三月乃至阿富汗，商人在其地以中国丝绸换取欧洲黄金。"① 公元1世纪初希腊地理学家托勒密在其《地理书》中也述及上缅甸的土格摩京都（即太公城）为交通要道。可见早在张骞通西域之前，至少在秦末汉初，我国和缅甸、印度之间的贸易往来已经开始了，而丝绸和黄金乃其中西去东来的主要物品。

然而，丝绸西传的主流，最早还是从中国西域开辟的道路。

在汉武帝以前，中国对外部世界完全是处在锁闭的状况之中，丝绸贸易也不过是维持在民间贩运的初级阶段。中西交通所呈现的仅仅是一种半隐半显的状态。即使以前也有几条通向外域的路段，但都好似一些纤细而且微弱的脉动，它们不仅受路途遥远、地形复杂、气候多变等自然环境的限制，而且受到沿途蛮夷部落和流寇的梗阻和破坏，因而是极不稳定的，很难说在多大程度上给中国的政治、经济及其他方面的发展进步带来过什么影响。

张骞的西使，无意之中一举揭开了长期笼罩在中西交往道路上的帷幕，从而将它的真面貌显现在中国上自皇帝大臣下至平民商贾们的眼前，中西贸易开始了突变性的发展，不仅使微型的民间短程转运贩卖变为规模宏大的国际商业交往，而且成为政府越来越重要的外交手段。直到这时，中西交通的形态才基本稳固，其发展才开始加速。正是在这时，丝绸为代表的中国文明才彻底冲破大漠冰峰、火洲风库的地理阻隔，开始大规模地、有意识地向相对落后、贫困或未开化的中亚、北亚、西亚，特别是向追求奢侈生活和远方珍品的罗马帝国冲击。

张骞壮游西域，不仅导致丝绸大规模外流，而且带回种种海外奇谈，扩大了中原人民的眼界，为西汉政府征服、控制西域探明了道路，并为进一步地开疆拓土打下基础。与此同时，中西交通孔道的迅速打开使丝绸国际贸易逐渐成为西汉直至唐代政府所热衷于经营、保护和利用的重要经济方式，

---

① ［英］哈威：《缅甸史》上卷，姚枬译，商务印书馆1948年版，第29页。

在丝绸的夺目光彩辉映之下，这条道路上还进行着广泛的中西政治、思想、文化等方面的交流，张骞开凿之后而蓬勃发展起来的中西交通，是一种以中国为本体、对东方和西方都产生着重要影响的独特的经济形态。它是中国历史上第一次实行的卓有成效的开放政策，它标志着严格意义上的中西交往的真正开始，在某种意义上说，它称得上中国文明与世界文明开始了统一进程进发出的第一道曙光。

三、丝绸是古代中西交往的主要媒介

自德国李希霍芬 1877 年首次提出"丝绸之路"以来，"丝路"几乎成了古代中西交通的代名词。丝绸是否确是这条交通线上的主要交往媒介，这在中国古书中并没有明显的定论，有关的记载多是一笔带过，显得有些语焉不详。因此，对这个问题似仍有略加考究的必要。

首先，丝绸在古代西域各城邦部族享有盛誉，成为人民珍视和追求的稀世佳品。以下几例考古发现和史籍记载的旁证，可以说明这一点。

我们知道，楼兰（即以后的鄯善）是中西交通线上的第一站。[①] 那里的人民十分喜爱中原的丝织品，尤其是五彩夺目的锦绮。1959 年在楼兰西境今民丰县发掘一东汉夫妻合葬墓，见许多汉代锦绸服饰，死者的衣被均以丝绸、织锦和刺绣为主，布类极少，有的锦上织有"万世如意""延年益寿宜子孙"等隶书字样和图案。所有这些绸锦绣品无疑都是内地产品，这也说明楼兰人民对中原丝织物喜爱、重视的程度。[②]

丝绸在西域不仅可作衣被、装饰之物，而且成为交换其他必需品的万能商品。据汉代西域木简的研究，有云"水槽椽左朗白前府椽所食诸郭瓜菜

---

① 有关的考证，参见张荣芳《论汉晋时楼兰的丝绸贸易》（打印稿，中山大学，1985 年 3 月）。

② 详见新疆博物馆《新疆民丰县大沙漠中古遗址墓葬区东汉合葬墓清理简报》，《文物》1960 年第 6 期。

贾丝一匹付客曹"者①，知当时客商以丝绸购买瓜菜。在佉卢文书残卷中还发现有以丝绸作价购买妇女及进行罚款等情况②。楼兰各地政府还普遍设置丝绸仓库，以足支用③。同时，史书记载也告诉我们，汉朝使臣和远足的商贾，每到大宛等西域国家，无论是公务还是做生意，绸帛之物是必须要带的，因为那里"非出，帛不得食，不市畜，不得骑用。所以然，远汉，而汉多财物，故必市，乃得所欲。"④

丝绸在中亚西部地区及西亚、北亚草原和斯基泰部族地区的交通线上，同样也是极活跃的因素。丝绸通过上述地区到达"罗马世界"以后的情况，略述如下，因为丝绸在中西交通各线的终到地区影响的大小，与"丝绸之路"本身的意义是有紧密关系的。

罗马世界之得见丝绸，一般认为是在公元前1世纪中，即前53年克拉苏率罗马军东犯帕提亚，在卡雷（Carrie）战役中罗马军士第一次见到帕提亚军队颜色灿烂的丝绸军旗并且因之眼花缭乱而败北。⑤更在此10年之后，未曾到过东方的罗马人才在恺撒的祝捷会上吃惊地看到由凯旋将军带回的东方奇迹———一批丝织物。当时的西方只知道创造这种轻盈华丽的产品的是一个叫"赛里斯"（Seres）的东方民族⑥，这个民族居住在亚历山大所征服过的领地以东的地方。这无疑指出，第一批到达罗马的丝绸，是由中国经巴克特里亚、帕提亚这条陆上交通线转辗而至的。

以贪图享乐、追求时髦为第一需要的罗马人对这种新颖的异国产品的占有欲是无穷止的。丝绸刚传入罗马之初，连凯撒大帝穿着丝的长袍去看戏都引起舆论大哗，认为是奢侈之极，但不久，这种"赛里斯"绢纱已经变成

---

① 张凤：《汉晋西陲木简汇编》，上海，1931年。
② 王广智译：《新疆出土佉卢文残卷译文集》，新疆民族研究所印书第3号、第489号文卷；汪宁生：《汉晋西域与祖国文明》，《考古学报》1977年第1期。
③ 张荣芳：《论汉晋时楼兰的丝绸贸易》，打印稿，中山大学，1985年3月，第18页。
④ 《史记·大宛列传》。
⑤ ［法］L. 布尔努瓦：《丝绸之路》，耿昇译，新疆人民出版社1982年版，第3、30页引Florus的记载。
⑥ Henry Yule, *Cathay and the Way Thither*, Vol. Ⅰ，北京1942年影印本，p.150.

罗马官宦大户所不可不有的富贵的象征了。普林尼笔下的罗马贵族、商人们争相用丝绸作装饰品，嵌饰在外衣上。① 丝绸拥入罗马社会的数量几乎是与年俱增的。普林尼在《自然史》中记述了在他的时代（公元23—79年）罗马的妇女们每年从印度购进的纺织品达5500多万塞斯特提（Sestertius），合19世纪的1亿多金法郎②，这些奢侈品的价格比在印度高出一百倍。而当时罗马购进的印度产品不过是一些棉麻织物而已，和中国的丝绸比起来，自然相形见绌，难怪丝绸运到罗马市场上已经与黄金等价，即每磅丝值金12两③，同在普林尼的著作中，说到罗马每年从印度阿拉伯与中国共输入值1亿塞斯特提的商品，除去上述5500万的印度货，剩下4500万值的便是中国货和阿拉伯货。至于阿拉伯向罗马提供些什么产品，史料未见单独记载，但从有关的论著中可以看到这样一件事实：公元前55年，掌管埃及财政的拉流斯派了一支舰队，载着埃及和东方的货物——草纸、布匹、玻璃器皿，到浦泰俄利港去。④ 在吉本的《罗马帝国衰亡史》中，也笼统提到受罗马欢迎的东方货物是丝绸、宝石、珍珠、香料等⑤，其中香料产自印度，主要供宗教和殉葬之用，地毯产自巴比伦。阿拉伯承担的主要作用不过是将南印度海运来的商品（其中仍有大量从贵霜南运至印度的中国丝绸）转运到罗马。因此，实际上"价不比黄金便宜的丝绸"在罗马贸易总额中占了很大的分量。希腊、罗马史家慨叹中国"人民开化文明，性情温和、俭朴，行政公平，不喜与邻国争战。丝为大宗贸易，远贩至罗马也"⑥，是符合当时实情的。

　　西方对中国的丝绸固然有无限的需求，而中国也利用了这种得天独厚的优势换来了自己所需的外国物品。据史书记载，中国进口的多为西部各国

---

① Gaius Pliny the Elder, *Natural History*, Vol. XII, p.84.

② ［法］L. 布尔努瓦：《丝绸之路》，耿昇译，新疆人民出版社1982年版，第56页。

③ 姚宝猷：《中国丝绢西传史》，商务印书馆1944年版，第80页。

④ Tenny Frank, *An Economic History of Rome to the End of the Republic*, Baltimore, 1920, p.227.

⑤ Edward Gibbon, *The Decline and Fall of the Roman Empire*, vol. I, New York, p.49.

⑥ 张星烺：《中西交通史料汇编·古代中国与欧洲之交通》，辅仁大学丛书1930年版，第6页。

的农牧特产。为了政治和国防的需要，首先引起汉朝重视的是西域的马匹，尤其是大宛汗血马和乌孙天马。汉初承多年战乱，马十分稀缺，以至于"天子不能具钧驷，而将相或乘牛车"，故马政在当时已上升到战略高度。景帝时，"牧师诸苑三十六所，分置西北边，分养马三十万头"①，这显然就有吸收西域良马的用意。武帝派重兵到大宛取回良马三千，花了沉重的代价，不过汉朝的马匹数目也确有剧增，很快便达到"农夫以耕载，而民莫不骑乘"和"阡陌之间成群"的密度。《汉书·张骞传》云："天子好宛马，使者相望于道，一辈大者数百，少者百余人，所赍操，大放博望侯时。"（博望侯时"赍金币帛值数千巨万"）我们虽然不能就此认为汉代的马匹多是依靠丝绸换来的，也不以为武帝向西拓展的主要目的是招觅良马，"而与罗马的丝贸易因此得以建立"②，但至少不能否认丝绸国际贸易的开展为汉政府利用西域的天然条件成功地经营马政打开了新局面。东汉时，西部兵事亦多，故马的需求量绝不亚于西汉，而且有明确的史料记载说明，这时的民间用马已在很大程度上依靠用丝绢到西域去交贸。班固在给班超的信中便透露出这一事实，他写道："窦侍中宪令载杂彩七百匹，市月支马、苏合香"；③ 又，"令赍白素三百匹，欲以市月支马、苏合香……"④

除马外，丝绸贸易还为中原人民带来了内地空缺的物品。上文提到的苏合香，是汉人颇喜用的一种开窍醒脑的奇药。氍毹又称毛毡，即产于西方游牧民族的毛毡。还有其他许多殊方异物，都与丝绸反方向地流入中国，以至于"明珠、文甲、通犀、翠羽之珍，盈于后宫；蒲梢、龙文、鱼目、血之马充于黄门；巨象、狮子、猛犬、大雀之群，食于外圃。"⑤《盐铁论》中还指出，中国人仅用两丈素帛，便可换回值几万钱的西方货品，这与国内素帛的价格每匹或四丈值300—500钱相比，获利可达百倍。无独有偶，史书中也

---

① 《盐铁论》卷三；及《汉官仪》。

② 此为 E.Ainger 提出的论点，见龚骏《武帝经营西域的用意和影响》，《文史杂志》1942 年第二卷，五、六期。

③ 张鹏一：《关陇丛书·班氏遗书·兰台集·班固与班超书》，载《太平御览》卷816。

④ 《太平御览》卷814。

⑤ 《汉书·西域传》。

留下了欧洲商人"与安息天竺交市于海中利有十倍"① 和"安息天竺人与之交市于海中，其利百倍"② 的记载。正因丝绸贸易能给中国和罗马双方都带来如此丰厚的利益，才在这条国际交往的道路上形成了"驰命走驿，不绝于时月；商胡贩客，日款于塞下"的繁荣景象。

我们不难想象，只要社会安定承平，不发生战争和其他大的灾难，从中国西域到罗马帝国的东疆，在这片广大的土地上经常有中外商人、使驿进行着各种形式的贸易和交往，而这一切活动，都是围绕着丝绸这个中心因素。斯坦因在尼雅旧址发现的汉代遗物中，竟找到保存完好的成捆的黄绢，这被认为是当年运销西方的中国丝绸的真正形式。③ 在这条包括南北数条干线的万里交通上，实在找不到任何别的商品曾像丝绸这样，对沿途各国家和地区人民起到如此重大的作用，甚至成为各国经济结构中的一项重要内容。

四、丝绸贸易出中国西境之后的三个走向

中西之间的古代交通，不可能被设想为有一条或数条贯穿其间的坦荡大道，甚至也不可能有若干条连绵不断、长期稳定的通衢。历史的事实是，当今所谓的"中西交通"，只不过是当时从事前述贸易交往的使臣和商贩的全部活动及其结果的总称。可能没有一个商人从东到西走完过这条"道路"的全程，也可能根本找不到一节恒定的古代道路能与今世任何一幅描绘当时中西交通的地图相吻合。因为在古代的社会生产条件下，人们的活动极大程度地受到地理、气候、战争、移民、饥荒、瘟疫等多种因素的制约，而所谓"道路"，不过是行旅脚印的汇集而已。可想而知，这样的道路，其走向是曲折的，其状况是恶劣的，其经历是多灾多难的，其发展也是畸形的和不稳定的。

---

① 《后汉书·西域传》。

② 《晋书·四夷传》。

③ Aurel Stein，*On Ancient Central Asia Tracks*，（1941 年影印本），p.121.

关于丝绸向西方传播的途径，在中外众多的研究专著和文献中已经有了大量而深刻的揭示，其大致的方向和路线也已比较清晰了。下面仅结合自己对"丝路"历史状况的一些思考和理解，将汉代丝绸贸易在中国境外的几条主要路径作一简单的疏理。

这三个走向分别是：

（一）中路：由疏勒越葱岭到大宛，经康居西南行入大月氏（即古巴克特里亚，东仅初年起为贵霜），西至帕提亚，过亚美尼亚及叙利亚，到达罗马帝国东境。

（二）南路：自大宛，向南穿过大月氏或贵霜全境，入北印度，沿印度西海岸到各港口，由海路至阿拉伯，再北行抵罗马本土。

（三）北路：这条路线主要是在"丝路"国内部分的"北新道"开辟之后，从中亚的北部地区继续向西北方向延伸而去的，它过阿尔泰山后，沿额尔齐斯河、鄂毕河，越乌拉尔山北麓，顺卡马河西南行，穿过第聂伯河和多瑙河流域，从而抵达罗马北疆。

以下分别叙述之。

中路

疏勒是丝绸之路国内部分南北道的一个主要交汇点，由此西度葱岭，便到大宛，这是丝绸贸易离开中国辖境之后遇到的第一个强大的政权国家。据张骞的考察，该国位于"匈奴西南，在汉正西，去汉可万里"。这是个农牧业国，田稻麦，产蒲桃，多善马，但不见有什么手工业的记载，故而特别贵重中国丝绢等产品，以致中国使臣到这里"非出币帛不得食"。从地理上看，大宛不仅东邻中国，西接大夏，是东西交通的要冲，而且其西北紧毗昭武各邦，与之联络密切，南则有大月氏辖地，进而可达北印度境，因此它是一个扼东西南北交通的咽喉之地。从经济上看，它出产汉朝所稀缺或根本没有的东西，如汗血马及各种农作物，但又仰赖中国的丝绸铁器等手工业品，这种自然形成的比较优势是开展互惠贸易的优越条件。大宛成为丝绸贸易的一个汇合点，绝不是偶然的。

大宛西是康居，其国人极善经商，是"丝路"上最活跃的一部分居民①，这也与它所处的优越地理位置有密切关系。

大宛、康居西南，是具有强烈希腊文明色彩的古老国家巴克特里亚（大夏）②，及至公元 1 世纪，这里又出现了强盛的贵霜帝国。两汉时期，在这一地域上的政权为了争夺商路控制权而进行的斗争十分激烈。从经济上看，无论是占据巴克特里亚的大月氏国，还是后来崛起的贵霜帝国，这块地方都没有什么吸引中国的产品。从历史上看，除了农牧业外，巴克特里亚一直是以中转贸易作为其生计的主要内容的。著名的亚历山大城就是一个控制通向印度和帕提亚商路的中心，仅仅从 1936 年对该城遗迹的发掘中便可证实这一点：在城堡中发现许多古物，既有中国的丝织品，也有地方风格的雕塑，还有产于叙利亚和希腊的罗马器物。在这一基础之上，贵霜的国际贸易经济比其前身的巴克特里亚时期更加兴盛，希腊史学家托勒密根据马利奴斯（Marinus）的叙述，记载马其顿商人梅斯（Maes）曾沿一条由西方到中国来的贸易路径到"赛里斯"考察，从叙利亚的大商埠安都（Antioch）出发，经帕提亚境到大月氏的拔底延（Bahlika），并称帕米尔的山谷某地有一"石塔"（Stone Tower），即称 Lithinos Pyrgos 的地方，地中海来的商人和"赛里斯"的丝绸商就在这里交换货物，成为一大贸易集散地。③

此外，我们知道，在中亚分布极广的贵霜钱币是研究其社会状况极重要的材料。这种铸币在当时是罗马、帕提亚和中亚各行国与中国进行丝绸贸易为通用货币之一。④贵霜的金币在外形上与古罗马的极相似⑤，而阎膏珍（Kujula kadphises）时期铸造的奥里（aurei）金币与罗马金币纯度相同，重量亦相等，并以这种金币大量购买丝绸和香料、珠宝等，然后进行转手贸

① 杨建新、卢苇：《丝绸之路》，甘肃人民出版社 1981 年版，第 85 页。

② 王治来：《中亚史》第一卷，中国社会科学出版社 1980 年版，第 60 页。

③ 张星烺：《中西交通史料汇编·古代中国与欧洲之交通》，辅仁大学丛书 1930 年版，第 47—51 页。

④ V. A. Smith, *Oxford History of India*，XVII.

⑤ A. L. Basham, *Papers on the Date of Kaniska*，Leidon，1968，p.104 中 之 R.Gobl 文：*Numis-matic Evidence Relating to the Date of Kaniska.*

易。① 这些贵霜铸币所需的黄金主要得自罗马。② 同时期，特别是在公元 1 世纪中继阎膏珍为王的迦腻色迦（Kaniska）时代（与班超经营西域大约同时）的贵霜铜币几乎又与汉代铸币具有相同的金属成分和重量。③ 这只能说明贵霜与罗马和中国都保持着广泛的贸易和金融往来，处于中西交通重要的居间位置上。或者说，缺乏资源和生产技能的农牧业国贵霜，只能利用它的地理优势来大量吸收东方商品，通过与西方的贸易来维系其经济结构。印度的货物如"细布、好髭毲、诸香"等，及中国的丝绸，当时都是获利最丰的高档商品。贵霜的商业已在其经济上占有主要地位，全国到处都是贸易和交通的中转站，帕提亚的商人向贵霜购买成匹的丝绸和成捆的生丝④，也正是如此，"高附"即贵霜人的"善贾贩、内富于财"⑤，才给中国的史家留下极深刻的印象，穿过帕米尔高原的商路要道受到贵霜的强大吸引才汇集于此。⑥ 可以说，贵霜帝国充当了丝绸流出中国继而西渐的第一个加压站。

贵霜以西的帕提亚帝国，是中西交通线上最重要的居间国。公元前后的百年间，也是该帝国最强大的时期，其地领有东至印度河、南达埃及、西括中东两河流域的美索不达米亚、北抵咸海、里海和黑海的广阔区域。史籍中首次提到帕提亚与中国的正式交往发生于汉武帝年间："初汉使至安息，安息王令将二万骑迎于东界……而复发使随汉使来观汉广大。"⑦ 自此以后，帕提亚的商业操纵者似乎突然发现了自己得天独厚的优越条件，他们可以方便地利用种种手段来壅遏罗马与中国的直接沟通，将丝绸贸易的好处紧紧地控制在自己手中。中国史书中揭示了帕提亚在这方面表现出的

---

① ［英］珀西·塞克斯：《阿富汗史》上册，商务印书馆 1972 年版，第 196 页。

② A. L. Basham, *The Wonder That Mas India*, London, 1955, pp.220-221.

③ F. R. Auchin, *Archaeology of Afghanistan*, London, 1978, pp.245-247.

④ ［法］L. 布尔努瓦：《丝绸之路》，耿昇译，新疆人民出版社 1982 年版，第 64、77 页。

⑤ 《后汉书·西域传》。

⑥ ［俄］A. H. 泽林斯基：《帕米尔和伟大的丝绸之路》，筱绿译，《中国史研究动态》1979 年第 12 期。

⑦ 《史记·大宛列传》。

霸权主义："其（大秦，即罗马）王常欲通使于汉。而安息欲以汉缯彩与之交市，故遮阂不得自达"①，大秦"常欲通使于中国，而安息图其利，不能得过"②。

帕提亚的商业经济和国际贸易也是十分发达的。《史记·大宛传》记其国曰："有市，民商贾，用车及船行旁国，或数千里。"在帕提亚的东、西部，各有一大重要的商业中心，即东部的马尔吉安（Margian）③ 的安条克（Antioch）和西部的泰西封（Ctesiphone）④。此两城之间是一商业要道，帕提亚的丝绸商人经此西行，渡 Tigris 河，然后分两路西进。一为海路，经于罗（Hira）⑤ 入波斯湾，绕道亚丁入隶属罗马的埃及与叙利亚地；一为陆路，由泰西封西北行，过 Euphrates 河到罗马东境的佐格马（Zeugma），再到安都（Antakia）⑥，其时为叙利亚首府，亦为最大商港，并由此渡地中海即达罗马本土。此外，还应提到著名的贸易城市特拉布松（Trapezus），它在今土耳其北部黑海南岸，由安都北上可通至此。这是一个汇集了贯穿亚美尼亚、密底亚、帕提亚到中亚的重要通道上的许多商品的大都市，"巴克特里亚来的骆驼商队在街上川流不息……来自亚洲和欧洲各地的人们在市场上接头交易"⑦。当然，由特拉布松渡黑海，就是罗马帝国的东境了。

南路

巴克特里亚和贵霜不仅向西部的帕提亚转运丝绸，而且十分便当地从南面换来印度的产品以满足自己的需求，这便使丝绸贸易向南方辟开了另一

---

① 《后汉书·西域传》。

② 《三国志》卷三十引《魏略》。

③ Margian 亦称 khorasan（呼罗珊），今伊朗北。

④ 《后汉书》中称斯宾国，今巴格达东南，Tigris 河东岸，与西岸的 Seleucia 隔河相望，参见 [德] 夏德《大秦国全录》，朱杰勤译，商务印书馆 1964 年版，第 52 页。

⑤ 今 Najaf 东南，邻波斯湾。夏德以为此即甘英所到安息西界的条支域。见 [德] 夏德《大秦国全录》，朱杰勤译，商务印书馆 1964 年版，第 49—50 页。

⑥ 《魏书·大秦传》，疑为今拉塔基亚。

⑦ H. F. B. Lynch, *Armenia*, I, London, 1901, p.32.

条西去的道路。它的大致路径是，经瓦羊，过兴都库什山，再经阿富汗经济纳巴德和巴基斯坦的白沙瓦、向东南至罽宾，再到印度西南各地。[1]

从贵霜故地今印度旁遮普起，沿拉贾斯坦邦、古吉拉特邦、马哈拉施特拉邦、卡拉塔克邦至印度南端的喀拉拉邦，到处都发现了这种古代交通的证据。据记载，贵霜王米南德（Menander）的钱币曾在《红海航行记》（*The Puriplus of the Erythraean Sea*）的作者漫游东方的年代（公元 1 世纪）通用于印度各港口[2]，仅仅在印度西部的古吉特拉都，就有摩利怙、格奇、苏拉特、索姆拉特、杜阿尔迦等港口与罗马有贸易关系。[3] 班加罗尔发现过公元前 51—前 21 年间的罗马钱币，而喀拉拉邦则出土过罗马各朝的钱币。这些地方在公元前后两百年间——准确地说，实际也就是在汉朝开通西域并着力发展丝绸的国际交往期间——一直是罗马商人获取香料和丝绸的重要基地之一。[4] 罗马人从这条交通线上捞取了不少好处，公元 2 世纪印度商品在罗马的价格比前一世纪大大跌落了[5]，这一事实说明了丝绸国际贸易在南路方面发展的迅速。

北路

早在远古时期，欧亚大陆的北部就有一条横贯东西的通道，像一条蜿蜒于草莽之中的纽带将东欧、南俄罗斯游牧部族和亚洲中部、北部连通起来。这便是斯基泰人[6] 的草原之路。在希罗多德的《历史》[7] 中，曾引用了公元前 7 世纪一位希腊传奇人物阿里斯坦（Aristeas）的长篇纪事诗《阿里马斯帕娅》（*Arimaspea*）中的一段文字，记载了他从黑海口（Pontus Euxinus）出发，经顿河东北，越乌拉尔山，过鄂毕河支流鄂尔齐斯河，到达天山与阿

---

① 杨建新、卢苇：《丝绸之路》，甘肃人民出版社 1981 年版，第 85 页。

② ［印度］N. K. 辛哈：《印度通史》第一册，张若达译，商务印书馆 1973 年版，第 174 页。

③ 刘国楠：《印度各邦历史义化》，中国社会科学出版社 1982 年版，第 62 页。

④ 刘国楠：《印度各邦历史义化》，中国社会科学出版社 1982 年版，第 238、217 页。

⑤ ［苏］科瓦略夫：《古代罗马史》，王以铸译，三联书店 1957 年版，第 793 页。

⑥ 即西徐亚人，是 Sarmatian 及 Scythian 等游牧部落的最早总称。

⑦ ［古希腊］希罗多德：《历史》，王以铸译，商务印书馆 1959 年版，第 476 页。

尔泰山之间某地的这样一条"东方商路"。① 对希氏描述的有关这条道路的情况，史学界有许多解释，有的认为该线路东段可能经南乌拉尔山到达塔城山脉；有人则认为更可能是继续穿过布迪尼人之地到卡马河，再到鄂尔齐斯河上的鄂木斯克（Omsk），沿河而上到达塞米巴拉金斯克（Semipalatinsk）。② 李约瑟则以为希罗多德记载的东方商路是经斯基泰地区即由克里米亚和亚速海沿乌拉尔山南部到黑海北，再向东延伸。③ 不管哪一种说法更接近实际，它们有一点是共同的，即商路的目的地都是在阿尔泰山下。从托勒密的《地理》一书中也可以找到一条著名的"东方道路"，它由北乌拉山经伊尔比特（Irbit）、秋明（Tyumen）、伊施姆（Ishim）通往鄂木斯克。④ 此外，在苏联彼尔姆（Perm）、托博尔斯克（Tobolsk）和巴尔瑙尔（Barnaud），在卡坦河及具莱河（鄂尔齐斯一支流）和塞米巴拉金斯克以东的许多地方，都发现了特征相同的铁器文化。⑤ 足见鄂尔齐斯河一直就是联系上伏尔加河、卡马河、乌拉尔山脉和中亚的天山、阿尔泰山的主干通道。但随着斯基泰人草原游牧社会形态的衰落及其部落的分解、离析、归并和融化，这条道路有若干世纪之中处于被人们遗忘的萧瑟状态，至少没有什么明确的记载提到它的详细路线和枯荣盛衰的景况。

似乎是由于什么力量的驱动，这条在北方沉睡了几百年的古老商路在公元前后又苏醒了。古希腊地理学家斯特拉波（Strabo，前 63—20 年）记载了他当时的一条从中亚到亚速悔的重要商业交往道路的存在情况。⑥ 我们同时也注意到，1924 年苏联科兹洛夫探险队在外蒙古北部之库伦发掘的 10

① G. F. Hudson, *Europe and China*, London, 1931, p.27；and map on p.37.

② 有关希罗多德的路线走向，可参阅 a) Alexander Von, *Humboldt Asia Central*, vol.I, Paris 1843, pp.389-411.b) Andre Berthelot, *L'Asia Ancient Central at Sudoriental Dapress Ptolemee*, Paris, 1930, pp.34-51.c) G. F. Hudson, *Europe and China*, London, 1931, pp.27-52.d) E. H. Minns, *Scythians and Geeks*, Cambridge, 1913, pp.106-114.

③ ［英］李约瑟：《中国科学技术史》第一卷第二分册，《中国科学技术史》翻译小组译，科学出版社 1975 年版，第 368 页及地图。

④ F. J. Teggart, *Rome and China*, California, 1939, p.209.

⑤ E. H. Minns, *Scythians and Geeks*, Cambridge, 1913, pp.248-253.

⑥ G. F. Hudson, *Europe and China*, London, 1931, p.95.

个古墓证明了公元前 1 世纪匈奴文化与斯基泰文化有密切关系，而且与西方发生着贸易上的联系。① 墓中的许多副葬品如朱漆耳杯、盘等都是夹纻制造的，其上的绘画，与朝鲜乐浪王旴墓中的漆器绘画及画像石之风格毫无二致，有的还有汉代铭文。② 1929 年在苏联卡通河和比亚河上游发现的巴泽雷克古墓，亦证明这里在公元前 2 世纪左右是位于一条通往欧洲的商路上。③ 近代在西伯利亚叶尼塞河域直至高加索一线均发现汉镜等文物，分别藏于托姆斯克博物馆、莫斯科历史博物馆、乌拉底加夫斯加博物馆、伦敦不列颠博物馆及巴黎桑察尔曼考古博物馆。④ 上述线路各地都有属于汉代的中国丝绸及其他物品发现。汉代丝绸的向北传输，我们认为有两方面的原因，一是汉朝对匈奴和其他民族、部落的赐赠，二是这条古老的交通线路上发生着民间的贸易交往。

《汉书·匈奴传》中记公元前 49 年郅支单于率部西遁，先破乌孙，又趁势北击乌揭，克坚昆，降丁令⑤，将北方三国置于他的庇护之下。这一局面也为北路交通的进一步形成和发展奠定了政治基础。乌揭在今塔城列塞米也拉金斯克一带。坚昆"东去单于庭七千里，南去车师五千里"，即吉尔吉斯叶尼塞河西域。丁令在康居北，即鄂尔齐斯何流域一带。⑥《史记》《魏略》中又记有奄蔡，乃居住于高加索山以北、顿河下游一带的突厥系民族⑦，《后

---

① ［英］斯坦因：《斯坦因西域考古记》，向达译，中华书局 1946 年版，附录三，第 276—279 页 引 W. P. Yetts, *Discoveries of the Kozlov Expedition*, *Vol.48*, Burlinton Magazine, 1926, pp.168-185.

② ［苏］苏联科学院：《世界通史》第二卷上册，北京编译社译，三联书店 1960 年版，第 625—626 页。

③ ［苏］鲁金科：《论中国与阿尔泰部落的古代关系》，潘孟陶译，《考古学报》1957 年第 2 期。

④ 以上参见（a）贺昌群《古代西域交通与法显印度巡礼》，湖北人民出版社 1956 年版，第 3 页；（b）［苏］苏联科学院《世界通史》第二卷上，北京编译社译，第 635 页及图；（c）［苏］潘克拉托伐主编《苏联上古中古史》，省微译，中华书局 1950 年版，第 36 页。

⑤ 《汉书·匈奴传》。

⑥ 此时之丁令分为东西二部，东部游收于见加尔湖以南，西部则驻鄂毕河、额尔齐斯河至巴尔喀什湖一带地方。郅支所控即为西部丁令。

⑦ 参见冯承钧原编，陆峻岭增订《西域地名》，中华书局 1980 年版，第 5 页。

汉书》记奄蔡在公元 50 年左右改称阿兰聊。以上这些北方部族的地理位置均与西方史料记载相吻合，例如丁令是阿兰诺西（Alanosi），坚昆为塞比（Syeib），奄蔡则是希腊的阿布佐阿（the Grevk Abzoae）或奥尔西（the Aorsi）。① 又据白鸟库吉等学者考证②，奄蔡北部的岩国古音为 Kam，此与伏尔加河支流的卡马河不无联系，亦在今之彼尔姆地方。流入里海的恩巴河直到 19 世纪中期的地图上还是以 Yem、Hyan、Djem、Iemm 或 Iemba 为名的。西方史家因之分析，第聂伯河、卡马河、叶尼塞河和黄河这一线构成了具有连续性特征的所谓"斯基泰文化"（the Seythian Culture）。③ 如果说上述理论缺乏足够的证据而难以确立的话，至少它可以表达自古以来沿这条线路各部族之间存在的某种有机的联系，这种联系已经不自觉地将东西世界双方的古典物质文明和精神文明沟通了。从这一思考出发，外蒙古西北部及南俄罗斯草原上发现的匈奴遗物"既有古希腊、伊朗、美索不达米亚的特点，又有中国和当地的风格"④ 的现象，也就很容易理解了。

中国史籍对古代中西交通状况的记载对今天的研究起着决定性的作用。《三国志》引《魏略·西戎传》中，有一段文字井然有序地将这条由中国西北部伸向欧洲的弧形道路勾勒了出来。其中说到："北新道西行……转西北，则乌孙、康居，本国无增损也。北乌伊别在康居北。又有柳柳国，又有岩国，又有奄蔡国，一名阿兰，皆与康居同俗。西与大秦接，东南与康居接。""又有短人国，在康居西北……去奄蔡诸国甚远。康居长老传闻，常有商度此国，去康居可万里。"从这一节记述中可以看出，"短人国"肯定是在极西之欧洲境内（张星烺亦主此说，见上注）；第二，"短人国"既然是三国时期康居长老的"传闻"，那么不远万里前往该国经商的活动自然是汉代的事情了。

① 参见 F.J.Teggart，*Rome and China*，California，1939，第 203 页对托勒密记载的考证。

② ［日］白鸟库吉：《西域史研究》上，塞民族考，岩波书店 1941 年版，第 463 页。

③ J. G. Anderson，*The Highway of Europe and Asia*，Journal of the Royal Asiatic Society，1929，pp.422-425，Anderson 将此四地区称为 Euxine，Ananino，Minsinsk，Sui-yuan.

④ W. P. Yetts，*Discoveries of the Kozlov Expedition*，Berlington Magazine，48（1926），p.173. 以上论述参考了郭庆昌《中古时期中国与乌兹别克的关系》，《复旦学报》1959 年第 9 期。

如是，我们可以不无把握地这样认为，远古时代的欧亚北部莽原上的朦胧交通，到汉代又得以发展并初具规模了。它继"丝路"国内部分的北路，在西北出境后的第一个重要的商业集散中心是位于叶尼塞河上游到鄂毕河上游区域间的匈奴各主要部落的贵族和王庭的所在地。由此向西北而去，可沿上古的草原之路旧迹，顺鄂毕河中游，渡卡马河、顿河、奥卡河、第聂伯河而到达中欧北部的多瑙河北岸各部族（颇合于"短人国"之所在），从而与罗马帝国发生接触。

公元前 2 世纪末以后，随着中西交通的大发展，在上述草原之路的南部又被踏出一条由中亚直接通到东欧去的捷径，即"越兴都库什山和中亚细亚到咸海，进而至里海，然后再经过黑海到希腊的领域"①。它的基本路线是：由中亚西北行，过咸海北岸、恩巴河、伏尔加河、亚速海北岸、黑海北岸，转而南至君士坦丁堡。② 一般将这条线路看作是经中亚贵霜帝国到帕提亚道路的一条北支。但我们认为，无论从历史、文化的渊源上，还是从地理形态上看，它在更大程度上受到匈奴—斯基泰文化交流的启发和影响，在地理上也更接近于上述的北路。因此这条道路在理论上应该属于中西交通北路的南支。

（原载于《新疆社会科学》1987 年第 2 期）

---

① 白寿彝：《中国交通史》（秦汉部分），河南人民出版社 1987 年版。亦可参见寇瑟《中世纪时期阿塞拜疆与中国的经济文化关系》，《历史研究》1958 年第 2 期。
② 杨建新、卢苇：《丝绸之路》，甘肃人民出版社 1981 年版，第 89 页。

论汉武帝时期的交通建设

汉武帝是我国封建社会前期的一位杰出帝王。就时间而言，他在位54年（公元前140—前87年），占据西汉王朝国祚四分之一。就发展经济而言，他对内兴作，修治水利，使农耕日精，鼓励了手工业的振发及商业之勃兴；又对外开放，引进西域优良农牧品种，大大提高了国内生产力的水准。就开疆拓土而言，他勤远略，通西域，西荡河源而愈葱岭，东澹海潘而服朝鲜，北动幽崖而平胡夷，南耀朱垠而收安南。中原地区长期凝聚的民族核心在这时开始了空前的历史膨胀，奠定了我国民族众多、地大物阜之基础。就思想文化而言，武帝承袭远古仁学，独尊儒术，提倡孝道，尤重宗法，又兼容各家，形成中国独特的文化—心理结构体系。以上种种，已多有专文巨制论述，不胜其详。本文仅就汉武帝时期的另一大成就——交通事业之发展作一概述。

武帝时期，战争频仍，规模宏大，调兵遣将，传达军令，尤贵神速。同在此一时期内中原经济日渐繁荣，贸易活动十分热烈。国内外交通，亦力求远近无阻，传输便利。这战争与和平两方面的因素，便是促使汉武帝有意无意特别加强交通建设的客观动因。以下从几个方面分述这一时期在交通方面的主要成绩。

一、联络月氏乌孙，首开中西陆路交通

公元前 139 年是中国交通史上具有重大意义的一年。是年武帝遣张骞使西域，以联盟月氏夹击匈奴，成为中西陆路交通的先声。

在当时，遣使西域堪称奇闻；这不仅因为当时中原对西部地区的地理状况一无所知，而且对西去的道路（实际上是无路可循）也不甚了解。如果这时我们立于天山之巅，便可清楚地发现交通状况之艰难：起自长安、溯渭河而西，便有黄河、秦岭之阻。甘肃东境、则有河流纵横，山岭连绵，行旅之难，不亚蜀道。唯有河西走廊，是一狭长谷地，虽也多沙碛戈壁，但毕竟有绿洲间或相连，又赖雪水、河流灌溉，故牧草丰茂，颇显生气，自远古便是游牧民族生息繁衍之地，也是连接中原与西疆的唯一便捷之衢，但这里早已为匈奴人占据，成为其与汉帝国抗衡的西部大本营。此外，出河西走廊后，即入极目荒旷的三千里塔里木盆地，这里无人烟鸟兽，却多"恶鬼热风"，一路过去，时而是大小沙漠戈壁，时而是冰雪终年的崇山峻岭，呈现出一幅幅凶险的图画。但张骞是一位气度非凡、胆智超人的探险家，他经历了 13 年的艰苦奋斗，终于完成了这次西行壮举，揭开了中西交通史上辉煌的第一页。

诚然，早在秦代以远，随着我国少数民族的迁徙，中原与西域就存在朴素自然的物质交往关系，如出于昆仑山和帕米尔的宝玉，素为中原王公贵族所钟爱，西域良马及牛羊骆驼也不断引入内地。同时，中原手工业品如铜、铁器具、陶土制品，尤其是名噪域外丝绸锦绣，一直在战乱的空隙中通过民间小规模贩卖、转运西输而去。但如上种种交往通商，毕竟只不过是处于原始的、散乱无章的或然性状态。塔克拉玛干荒漠两方的民族互不了解，也不存在任何直接的接触，更谈不上贯穿东西的交通和官方组织的国际贸易了。

尽管张骞西使的目的和经过不是本文论述的主题，但我们知道这条长期处于混沌状态之中的道路毕竟突然地开通了，而且开通得那么准确，那么完整。根据张骞向武帝的报告写成的《史记·大宛列传》和《汉书·西域传》，详细地描述了通往西域的南北两条干线的具体路经。事实证明，自张骞以后，繁荣千年的丝绸之路，虽然历经沧桑，颇多变迁，却始终以张骞所行路线为基本。仅从此观，就足以构成中国国际交通史上最重大的贡献和最卓绝的建树。

公元前 119 年，为联合乌孙招属大夏，以结成抗匈统一战线，张骞奉使二通西域。因有首功在先，路径熟悉，又加之平灭了沿途的匈奴障碍，此行已远非昔日可比。张骞率领随从 300 人，马各 2 匹，牛羊万数，所携金币丝帛，价值近亿，还有不少"持节"副使，以便随时派往旁国。这是一个级别很高的国家使团，又是一支规模庞大的贸易商队。虽然此行的外交宗旨未得妥善完成，但在经济上却有十分重大的意义。它向当时的东西世界正式宣告，一条联结中原王朝和葱岭以西各国的经济交往的通衢大道业已建成；同时也向中国的官私商贾们宣告，金银之地不在日出之处的海中三岛，而在日落之西的大宛、大夏和安息、大秦。

此时之后，朝廷内外，争求西方宝物，而汉帝则一律允准，以广其道。以致一时之间，"使者"竞相望于道，商贾贩运至葱岭以西，远者八九岁才返。① 古代西域诸国，素以商业贸易为经济主干②，在此西域交通开辟之前，只能从印度等地转辗贩运东方货物，周期长而资费多。现得益于这条直线交通之完成，西域商人皆知汉朝广大富庶，顿时趋之若鹜，踏着张骞的脚印，东往西来，不绝于时月。③

自张骞二使西域开辟并稳固了中西交通起，至公元 23 年（王莽新政末年）都护李崇死于西域止，这条道路连续繁盛了百余年，对中西政治经济文

① 《史记·大宛列传》。

② 《史记》《汉书》中多有这类记载，如"大宛以西至安息国……善贾市，争分铢"；安息"商贾车船行旁国"；大月氏"所有民俗钱货与安息同"；高附"善贾贩"；大秦则"与安息、天竺交市于海中，其利十倍"；等等。

③ 《史记·大宛列传》："驰命走驿，不绝于时月。商胡贩客，日款于塞下。"

化交往起的作用是难以估量的。

二、开辟联通西南少数部族的道路

对西南夷的开发，秦时已曾致力。为了巩固后方，发展与西南边塞之地的联系，蜀郡太守李冰建议以"积薪烧岩"之法开山筑路。《史记·西南夷传》："始楚威王时，使将军庄蹻将兵循江上，略巴、黔中以西……以兵威定属楚，欲归报。会秦击夺巴、黔中郡，道塞不通，因还……秦时常頞略通五尺道，诸此国颇置使焉。"这里说的五尺道，就是秦时通西南夷的道路，当时已修通至今云南曲靖地。颜师古解释："其处险院，故道才广五尺。"而汉高祖所修之斜谷栈道，也正是其中一部分。

汉武帝时，对西南地区的重新开通和联系，源于番阳令唐蒙的提议。唐蒙出使南粤，得食蜀产之枸酱，"蒙问所从来，曰：'道西牂牁江，江广数量，出番禺城下。'蒙归至长安，问蜀贾人，独蜀出枸酱，多持窃出市夜郎。夜郎者，临牂牁江，江广百余步，足以行船。"唐蒙乃上书武帝："南粤王黄屋左纛，地东西万余里，名为外臣，实一州之主，今以长沙、豫章往，水道多绝难行。窃闻夜道，为置吏，甚易。"[1] 武帝遂派唐蒙为郎中将，将千人，携万余人之食粮衣物，往见夜郎侯多同，厚礼以赠，又谕以威德，终于达成归属协议，以夜郎为犍为郡。又发巴蜀兵卒治建道路，"自僰道指牂牁江。"[2]

这次兴建西南交通，客观条件过于险恶。"当是时，巴蜀四郡通西南夷道，载转相馈。数岁，道不通，士罢饿矮，离暑湿，死者甚众。西南夷又数反，发兵兴末，耗费无功。"[3] 御史大夫公孙弘认为，在此不利形势之下，硬性打通西南道路损害太大。武帝乃采纳其意见，暂时停工，集中力量抵御北疆匈奴之患。

---

① 《汉书·西南夷传》。
② 《汉书·西南夷传》。
③ 《汉书·西南夷传》。

汉元狩元年（前122年），张骞向武帝汇报，他出使西域时曾在大夏"见蜀布、邛竹杖，问所从来，曰从东南身毒国，可数千里，得蜀贾人市。"张骞据此推断经西南夷、身毒国通往西域，或许更为近便安全。这又引起武帝下决心打通西南道路，乃令王然等十余批将士出西南夷，接连四年，以求通此身毒道路。又"以司马相如为中郎将。建节往使……略定西南夷，邛、笮、并、驼、斯榆之君皆请为内臣。除边关，关益斥，西至诛、若水，南至牂牁为徼，通零关道，桥孙水以通邛都。"① 由于司马相如的使命顺应了当时形势发展的趋势，受到当地君长和人民的欢迎，各部族首领自请为汉臣，纷纷拆关架桥，与汉交通。

武帝时对西南地区的经营，对于我国疆域开拓具有重要意义，虽然未能彻底沟通身毒，但凡交通所到之处，便有少数部族对汉的入朝称臣，不仅"夜郎自大"成为过去，而且沟通了中原、巴蜀与西南各部族之间的经济交往，对中国历史的发展堪称一项巨大贡献。

三、河西交通的扩建

黄河以东至陇西、北地（今甘肃以北地方），直至回中（今宁夏固原）一线，秦始皇出巡时曾经由此路，可见这条路线在当时已有根基。② 公元前166年"匈奴单于十四万骑入朝那、萧关。杀北地都尉邛……使奇兵入烧回中宫，候骑至雍、甘"③。朝那城"在原州百泉县西七十里，属安定郡"④，萧关为关中四塞之一，自关中逾陇经此可通高平，再北行至塞上。因此可见这一线素为匈奴与秦汉战争中双方进退的要径之一。《汉书·武帝纪》："西踰

---

① 《史记·司马相如列传》。
② 《史记·秦始皇本纪》："二十七年（公元前220年）始皇巡陇西、北地，出鸡头山，过回中。"
③ 《史记·匈奴列传》。
④ 《史记·匈奴列传》。

陇，登空同，临祖历河而还。"顾祖禹《读史方兴纪要》说："崆峒山在平凉府三十里。"这也说明汉初以前在河西已有通道。

汉武帝元狩二年（前 121 年）秋，匈奴浑邪王杀休屠王并其众共 4 万余人降汉，旋分徙匈奴前后降者于陇西、北地、上郡、朔方、元中等五郡。五年后，张骞使西域还，西域始通于汉。武帝于匈奴浑邪王故地置酒泉郡，后又以匈奴休屠王故地置武威郡，徙民实之，以绝匈奴与羌之通路。此时西域政治形势大为改观，与西域交往已成不可阻挡之潮流。而甘肃境内黄河以东的交通是中原对西方开放的首要环节，即使该段道路已有一定历史基础，但显然已经不敷新形势之要求，故在酒泉、武威置郡的政治保障之下，开始了对河西大道的兴建、扩建和保护。

（一）元狩四年（前 199 年），卫青、霍去病大败匈奴，"是后匈奴远遁，而幕（漠）南无王庭，汉度河自溯方以西至令居，往通渠，置田官，吏率五六万人。"① 元鼎六年（前 111 年），武帝"分武威、酒泉地，置张掖、敦煌郡，徙民以实之。"② 《食货志》也有记载："……数万人渡河筑令居。初置张掖、酒泉郡，而上郡朔方、西河、河西开田官，斥塞卒六十万人戍田之。中国缮道、馈粮，远者三千里，近者千余里，皆仰给大农。"从此以后，自皋兰越黄河，入河西四郡，出玉门、阳关赴西域，皆由此线。它西接边陲，东引关中，汉唐数百年间，这是中原到西域去的主要交通干道。

（二）武帝置河西四郡，拓通道路，积极西进，同时又注意到对这条重要交通线路的保护，其主要措施是在保持军事威慑力量之同时，沿途修筑长城和哨所。公元前 108 年，武帝暴兵"威从乌孙大宛之属……列亭障至玉门矣。"③ 可见已将长城由令居筑至玉门，而且于敦煌置酒泉都尉，西至盐水，一路有亭。此后、武帝又于"太初元年（公元前 104 年）夏五月，遣将军公孙敖筑塞外受降城。三年夏，遣光禄勋徐自为筑五原塞外列城，西北至卢

① 《史记·匈奴列传》。

② 《史记·武帝纪》。

③ 《汉书·西域传》。

胸……强弩都尉路博德筑令居。"① 是年，李广利伐大宛，"西域震惧，多遣使来贡献，汉使西域者益得职。于是自敦煌西至盐泽往往起亭。"② 如是，在河西走廊一线不仅拓展了通往西域及各要塞据点的道路，而且形成了一个由中央王朝统治的军政一体的庞大扇面，这对防止匈奴的南侵，维护东西交通的畅通起了重要的作用。值得注意的是，当时欧洲的交通状况也有与此相似之处，最典型的就是要罗马人在帝国北部建造的长城（Limes），使之成为帝国通往边陲地区交通系统的一部分。

（三）据斯坦因考察，武帝时期建造的长城虽经千年风雨剥蚀，但仍有几处高达 12 英尺左右。③ 在当时的技术水平和恶劣的自然条件下，在短短的几十年时间里筑起如此坚固的千里长城（合 650 多公里），是不能不令人赞叹的。

我们还应注意到汉代修筑这一复杂艰巨的工程的另一作用，即它的通讯功能。所谓"亭"，既是瞭望台，也是烽火台，它们可以作为长城间隔和连接的特殊构成，也可以独立于长城之内外，借以传呼信号。亭的作用，《汉书·贾谊传》有如下说明："边方备胡寇，作高土橹，橹上作桔棒，桔棒头兜零，以薪草置其中，常低之，有寇即燃，举之以告，曰烽；又多积薪，寇至即燃之，以望其烟，曰燧。"师古注曰："昼则燔燧，夜则举烽。"这便是古代的烽火通讯。这种通讯方法虽在周朝便有了记载，但河西长城的亭障制显然已达成熟形态，它不仅将军事防御与通讯联络结合起来，而且与西去东来的交通道路网有机地联成一体，在中西经济文化交流中发挥着独特的作用。

四、发展水运和建造楼船

水运之功，省于陆运，自古皆然。汉代通沟渠兴漕运，《汉书·沟洫志》

---

① 《汉书·武帝纪》。

② 《汉书·西域传》。

③ ［英］斯坦因：《斯坦因西域考古记》，向达译，中华书局 1946 年版，第 118 页。

颇有记载，武帝时尤重此项事业。元光六年（公元前 129 年），"穿漕运通渭"①，可谓盛举。

武帝时期在水运交通发展上最大的功绩之一，是发明并建造宏伟的楼船。《越绝书·逸文》中记曰："……楼船者当陵军之行楼车。"有人据此认为楼船出现于春秋时期。其实《越绝书》中的楼船与汉代完全不同。上文所说"楼船"相当于陆上部队使用的"行楼车"。行楼车即楼车，是古代战车，上设望楼，用以远眺敌情。《左传·宣公十五年》："（解扬）登诸楼车，使呼宋而告之，遂致其君命。"后世将楼车发展成为一种攻城器具。《宋书·沈庆之传》："……庆之塞堑，造攻道，立行楼、土山亚诸攻具。"《梁书·侯景传》："景又攻东府城、设百尺楼车……城遂陷。"可见楼车不过是云梯、飞梯之类，并非有迭层的大车。吴越时的"楼船"，当然也只是带有某种登高设备的战船，与汉武帝时的楼船不可同日而语。

楼船的建造，主要起因于战争之需要。当时"越欲与汉用船战逐，乃大修昆明池，列观环之，治楼船，高十余丈，旗帜加其上，甚壮。"②元鼎五年（公元前 112 年），"遣……楼船将军杨仆出豫章，下浈水；归义越侯严为戈船将军，出零陵，下离水……江淮以南楼船十万人。"③应邵注曰："楼船者，时欲击越，非水不至，故作大船，上施楼也。"戈船者，据张晏注，"越人于水中负人船，又有蛟龙之害，故置戈于船下，因以为名也。"巨瓒则以为"伍子胥书有戈船，以载二戈，因谓之戈船也。"总之，戈船是一种武装的军用船舰，而且规模大，数量多，使用广。

楼船又被用作游船。武帝出巡乘楼船泛舟汾河，作秋风辞，歌曰："汛楼船兮济汾河，横中流兮扬素波。"④

值得注意的是，楼船不仅被用于战争和巡游，而且很快在民间漕运事业上得以推广和发展。据《汉书·食货志》，武帝时为限制商贾逐利，苛加

---

① 《汉书·武帝纪》。
② 《史记·平准书》。
③ 《汉书·武帝纪》。
④ 《文选·汉武帝》秋风辞。

算缗，"……轺车一算，商贾人轺车二算；船五丈以上一算……"可见五丈以上的大船只不过与一辆普通的轺车纳同样的税，十丈楼船，自然也在其例。此外，在水运交通发达的地区，还首次设置了楼船官①，可见楼船已成为官方和民间广泛采用的运输工具，而且在国民经济中占有独特的地位。

最后谈谈有关舵的问题。舵发明的时间尚未定论，但至迟在东汉初年或西汉末年已经出现。东汉刘熙详细介绍了舵的形状和作用。② 1955 年广州东汉墓中出土陶制船模，便有舵，而且据认为这种舵的结构、功能已达到相当成熟的程度，显然不是舵的初期形态。③

新中国成立初期，在长沙曾出土一只西汉时期的木船模（现存中国历史博物馆），船尾有代舵之桨。

1956 年，广州西汉墓中出土一木质船模，有木俑坐在船尾，持桨以代舵。1973 年，湖北江陵凤凰山出土西汉墓中有一木质船模，尾部正中有后梢一支，专司代舵职能，以"弼正"船的航向。这与上述广州西汉木船颇似。可见早在西汉时期，舵或代舵的桨、梢等已经在航运中得以广泛实施。

《太平御览》记，汉武帝在长安造豫章大船，可载万人，非确。《酉阳杂俎》则记为可载千人，较合实际。这样大的船，没有相辅佐的桨、帆、舵等航行系统，是难以驾驭并付诸实际运行的。既然武帝时期以楼船为主的航运业有如此长足的发展，那么不难想见，舵的产生和进化也必然在此时期经历了一个重要的发展阶段。可以预料，今后的考古发掘中一定可以找到更加确凿的实证。

（原载于《佛山大学学报》1988 年第 1 期）

---

① 《汉书·地理志》：庐江郡设楼船官。
② 刘熙：《释名·释船》："……其尾曰施。施，拖也，在后见拖曳也，且言弼正船使顺流他戾也。"
③ 金秋鹏：《中国古代的造船和航海》，中国青年出版社 1985 年版，第 19 页。

汉代中西交往与社会开放

一

在上古时期，旷远的亚欧大陆（包括西亚毗邻的非洲东北角）出现了人类历史上最杰出的几个古代文明。但由于自然及社会条件之限制，这些古典文明几乎是相对独立地发生、发展着，尤其是分处于大陆东西两端的古代希腊、罗马和秦汉以前的中国，基本上处于相互隔绝的状态之中。

到了公元前的最后两个世纪，这一情况发生了变化。无论是在欧洲的意大利、莱茵河和多瑙河地区，在西亚的两河流域和伊朗高原，在中亚的巴克特里亚和北印度，还是在中国的西北部地区，都发生了较大的社会动荡。回顾当时，可以看到罗马军团对北方蛮族的洗劫和镇压，帕西亚骑兵的东征和西进，中亚希腊人王国的崩溃及月氏部族的南迁称雄，匈奴与汉朝的连年交战。但正是在这些战争的缝隙之中，在中亚、西亚到东欧之间，出现了颇具规模的陆路交通和国际贸易，从中国南海到印度的海上交通也进入初创阶段。值得注意的是，在这些战争动荡与和平交往之中，中国社会开始由相对的封闭走向比较全面的开放，使东西古代文明有了日渐频繁的接触。

汉代中西文明之交流，有其深刻的社会原因，特别是与中国社会经济结构的一系列变化有密切关系。首先，农业生产力的提高对于中外交通的影响是决定性的，文景治后，"吏安其官，民乐其业，畜积岁增，户口寝息"，"农人纳其获，女工效其功"①，这是当时保障社会安定，民生富足的一项基本国策。农业的发展也促进纺织业取得卓越的成就。汉代丝绸不仅产量大、质量高，其社会功能也在不断地扩大，它不但基本满足了中国市场之需，还成为国内外贸易中地位最显赫的一种商品，甚至成为政府外交的特殊手段。② 与此同时，汉代商业亦打破了以往封闭社会的平静和重农主义的风尚，形成一个"天下熙熙，皆为利来，天下攘攘，皆为利往"的逐利图景。汉武帝时期，政府对于交通事业予以着力经营，取得卓著成绩，这为中原与外界的交往提供了良好的客观条件。这一切使汉帝国终于突破了四周的地理屏障，迅速地开辟疆域，并为进一步扩大多民族的统一，为中西文明的互相交流、融合，促进社会的发展奠下了基础。

汉代对西域开拓的一个重要契机是抗击匈奴。它反映了汉代社会系统由内部稳定走向对外开拓的重大演变，使中国的社会、经济、文化呈现出一种前所未有的外向性。主要可见于以下几方面。

（一）外族人员来汉频度、数量激增。首当其冲的是匈奴人开始大批南下居住。武帝时匈奴休屠五金日禅附汉，甚得皇帝亲信，其宗世子孙亦贵显建功，影响极大。塔里木盆地周邻地区各少数部族及中亚北部之塞种民族，也在此时纷纷来到中原，或通聘纳贡，或入朝为质，或经商贸易，或修习汉文。此外，又有许多中亚西部和印度的僧侣，步商旅之后尘，相继东来，从事传译梵典的工作。他们到一处辄止，成为移民，留下后裔，并与汉族渐渐同化。汉政府对于来华人员，一律采取欢迎态度。长安城内藁街有"蛮夷邸"，专为外国人居住而设，类似今世之使馆区。一些西亚和欧洲国家的客人也不远万里来到中国，交易方物，诣阙朝贺，献乐玩艺，增进友好。

汉代来中国的西方人员，无论在数量上，还是涉及的国家与地区上，都是前世无可比拟的。至于到西域去作战、驻屯、出使、经商、旅行的中国人，则是更不可胜数。此种情况，说明中外社会交往在汉代发生了一个质的变化。

---

① 《汉书·食货志》。
② 丘进：《关于汉代丝绸国际贸易的几个问题》，《新疆社会科学》1987 年第 2 期。

（二）西方"宝物"大量传入中原。在春秋战国之前，虽有昆仑之玉闻名遐迩，但其他西方物产极少传入内地。西汉以后，交通畅达，藏山隐海之灵物，湜沙栖陆之瑰宝，莫不流向中原，给商贾带来了巨利，更为皇室豪门增添了前代不曾见闻的稀世之珍。除了珊瑚、琉璃、象牙之类奢侈品外，许多动植物新品种也源源不断地输入，并对中国社会经济产生明显的效益。如原产于大宛以西的苜蓿，是很好的绿肥，又是营养丰富的饲料，传入汉朝后，"离宫别馆旁"种植极望，并迅速普及于各地。葡萄也是出使西域的商人携回其种苗，始在中原推广，又学习了西方果酒酿造技术，制出甘醇的葡萄美酒。此外，石榴、芝麻、胡桃、胡豆、胡瓜、胡萝卜、菠菜等，皆为汉代以后由西方传入，是当时中西交往的重要收获。畜产品方面，则有良种马匹（如乌孙马、大宛汗血马）、驴①、骡②、罽宾封牛（水牛）的引进，各种西方的观赏动物如狮子、犀牛、大雀（鸵鸟）、桃拔等也随使臣商旅输入内地，为中国人民的生产和生活增添了新的内容。

（三）在汉代，中国科技水平一般稍高于外国，但在与西方各国的阻隔打开以后，中国也吸收了外国科技方面的许多先进成分。例如，毛纺织技术素为西方游牧民族所擅长，汉代由于大量输进西胡毳布、氍毹毲毰等产品，也学习纺制出辫扣织金银毯、栽绒毯及丝、毛、棉混纺毯等，使中西纺织工艺之精华得以结合并提高。佛教传入后，中国传统医学受到冲击，印度古代医疗思想开始植根中国本土，对东汉魏晋时代的解剖学、外科术、金针针灸法及切脉法的发展起了极大的促进作用。汉魏医术中还开始使用不少西域传入的药物，如胡麻、姜活、红花、蒜、酒杯藤等。

汉代染料化工之业的发展也与异域植物、矿产的引进不无关系。生长于漠北的染料植物胭脂是匈奴人传入的③，藤黄、淀蓝均来自西亚之地。汉

---

① 顾亭林《日知录》："自秦以上传记无言驴者"，为汉代传入无疑；陆贾《新语》中则将驴与"琥珀、珊瑚、翠玉、珠玉"等西方物产并列为宝。
② 《匈奴奇畜杂俎》："赢（骡也），不见于三代，汉时才有。"
③ 《古今注》："燕（胭）支，中国人谓之红蓝花"；张华《博物志》："红蓝花乃张骞得种于西域。"

朝史籍还记述了用"胡粉"（即铅粉）作化妆品及壁画颜料，也是当时一种重要的化学实验用品。

（四）西方各民族的语言、文学、艺术等对中国传统文化的感染极为显著，影响深远。西汉中期中西交通进入繁盛阶段之后，各类人员往来频繁，语言交流自然密切，不仅因之产生了"胡化"的汉字词语，而且出现外来宗教的词汇和梵文、佉卢文等音译的许多专门术语。特别是西方拼音文字的介入，促进了汉语音韵学中反切之法的形成和发展。印度佛教典籍中广泛采用的譬喻法亦为中国文人乐于吸收并加以广泛运用，这对于中国古典文学来说，无疑是灌输了新鲜血液。许多西域民族的乐器如琵琶、箜篌、觱篥、笳、胡角之类，也在此时纷纷加入中国民间的乐队，西部的民间歌舞音乐也传至中原，经中西结合改造而成新舞新乐。近年发现的汉代裸体俑则生动地表现出欧洲典型的雕刻风格，汉代画像石上还大量采用狮子、骆驼、大象、鸵鸟、长颈鹿等域外动物作素材，这些都表明汉代艺术家敢于冲破传统的束缚，大胆吸收外来优秀文化的开拓精神。

（五）两汉时期的西域交通线上，另一项交往活动便是佛教之东渐。公元前2世纪，佛学已在中亚盛行，并紧随中西交通的发展而向东渍渗。"哀帝元寿元年（公元前2年），博士弟子景庐受大月氏王使伊存口授《浮屠经》"[1]，这表明佛学在西汉末年已受到中国士大夫的注重。东汉初年，楚王英正式皈依佛门，并得到明帝的褒奖。明帝还派人赴西域求经，又在洛阳修寺以安置来华僧侣，兼作译经传教之所，为佛教扩大影响起了推波助澜的作用。

在汉代，佛教传播最主要的任务是典籍的翻译，因为这毕竟是一种外来思潮，有其独特的理论体系，许多教义玄秘深奥，晦涩难懂，经文则皆为古梵文、吐火罗文等写成，若不经翻译注解，是无人能够接受的。来华僧人，必须先研习汉文，方能从事翻译。而佛教三藏之经，帙卷浩繁，远非一人一世所能完成。所以自西汉末年起，译经是来华僧人最艰巨最重要的工

---

[1]　《三国志·魏志》裴松之注引《魏略·西戎传》。

作，也是佛教在中国进入大发展时期（魏晋南北朝）的准备阶段。

这个阶段的译经，在中国翻译史上有极重要的地位，这是中国最早的官方和民间并举的大规模文献翻译活动。此时涌现的翻译大师极多，较有代表性的是安清和支娄迦谶。安清的文体偏重意译，其风格比后世玄奘的译经影响还大。支谶译文则"审得本旨，了不加饰"，是典型的直译风格，代表了中国翻译文体上的一大进步。

如果说汉代西域文明对中国本土产生了一次思想和文化的冲击的话，那么汉代社会对于这样的冲击采取的不是封锁抵制，而是开放兼容的态度。一种本体文化能够充分吸收和消化外来文化，正是这种本体文化获得发展的促进因素，表现出一个冲击—开放—交流—进步的社会发展规律。

二

相对而言，汉朝的社会基础和政治经济体系比其他西方国家都更为稳固和完善，科学文化达到更高的水平。西方史家希特威尔坦率地指出："古代中国的文明是无与伦比的，这个国家的人们不得不离开他们的国土走出极远，才能见得到可以与之相比的其他文明。……在古代远东，中国同时发展了罗马一般强大的军事优势和希腊同样发达的高度文化。"[1] 正因如此，中国古代文明在世界历史的发展中才可能发挥出独到的作用，其中最重要者，就是发生在两汉时代中国文明西渐和对西方社会产生的许多重要影响。

汉军追逐匈奴的兵锋，远达天山南北的广大地区，张骞西使一举凿开西域交通南北干道上的历史帷幕，使中原文化通过古代新疆地区第一次直接与印度和中亚的希腊化社会发生接触。以汉朝使臣为领导的庞大商业团队，往往"一岁中使多者十余，少者五六辈，远者八九岁，近者数岁而返。"他们穿过塔里木盆地和中亚山岭谷地，直达伊朗高原，东汉甘英甚至足至地中

---

[1]　N.H.H. Sitwell, *The World of the Romans Knew*, London，1984，p.151.

海东岸。"丝绸之路"就是这一时期联络东西的主要渠道。

中亚地区首先受到中国文明西渐潮流的冲击。"丝路"开通之后，大月氏、乌孙等大部族在政治和文化上受中国影响最甚。贵霜帝国发行的铜币重量与汉代铜币全同（8.5 克和 2.1 克），班超经营西域时贵霜曾"求汉公主"，并"岁奉贡献"。[1] 在科技生产上也全直接受惠于中原文化的传播，如农耕技术、穿井灌溉术的推广改变了这里的经济结构。纸是汉代一项伟大发明，造纸技术很快由中原传入中亚地区，斯坦因在《亚洲极中部》中记录的汉代佉卢文、婆罗迷文、粟特文的纸片，即为例证。

贵霜之西是安息帝国。这是个以游牧业为主的国家，其领土广阔，民族复杂，经济落后。"安息国家财富全靠控制和盘剥经过其国内的商路而来，贸易交往所引起的作用如此之大，以至于由阿姆河到幼发拉底河一线的安宁完全依赖于中亚商路的正常经营；反之，这条道路上发生的任何骚乱和阻滞，却会导致足以动摇安息王位的大动荡。"[2] 足见当时中国对西亚政局及经济结构起到多么大的作用。除此之外，来到安息的"汉使亡卒"还将中原铸铁之法传入西亚地方，教铸兵器用具，这对于其生产力的进步有着特殊的意义。中原一些植物品种也在此时被介绍到西亚，如桃和杏。中国的姜、黄连、大黄等药用植物，也皆成为西亚商人的热门货物。

西汉初年以前，中国与欧洲几乎无直接交往。"丝路"的开通终于揭开了中国与罗马关系史上的第一章。自奥古斯都时代起，"赛里斯"（意"中国"）在罗马就成了中国丝绸和与东方开展贸易的象征，尽管这种贸易往往经过印度或安息的中介，而且到达罗马的丝绸多半经过西亚织造商的再加工，成为丝麻混纺的"胡绫"。古罗马史家也特别提到中国铁是"质量最佳的"，还有中国的大黄、桂皮等药物也是罗马人着力追求的商品。[3] 据普林尼记载，罗马每年因东方贸易而流入印度、中国和阿拉伯的货币至少达 1 亿

---

① 《后汉书·班超传》。

② F.J. Teggart，*Rome and China*，California，1959，p.120.

③ Warmington，*Commerce between The Roman Empire and India*，pp.190，207-208.

赛斯特斯（sesterces）①，约合 10 万盎司黄金。赫德森认为，"罗马人因大量购买丝绸而失去外贸平衡"。② 由以上观之，中国对于欧洲的影响，往往表现在宏观的政治和经济的局势上，因为双方的交往一般不对中国社会产生反馈，反之中国（特别是西域）的重大变化或动荡，则常会通过商路传递到西亚、欧洲。

总之，公元前 1 世纪以后，中亚、西亚地方发生的深刻的社会、文化变革，是以中西交通和经济文化往来空前繁荣为直接先导的。汉代社会之开放，对于亚欧世界的政治影响，为任何其他国家无法比拟。

三

中国文明历史悠久，独立发展，未见中断。但独立发展并非孤立发展，至少在公元前 2 世纪后，中国就不是一个孤立于世的国家。在它以后的发展过程中，一个重要的社会特点，就是对外接触和交流，乐于吸收和善于消化中原以外异质文化的优秀成分。中国古代几次较大规模引进和吸收外来文化的过程，除了汉代的中西交往外，主要的还有唐代国际交流的兴盛和宋元时期对外交通的发达，亦有人认为明末清初之"西学东渐"也是一次重要的中西文明交流，以整体上看，唐代的中西交通规模较之汉代更大，文化交流硕果累累，有丝绸、陶瓷、纸张、茶叶、钢铁等物品的大量外传，使中华民族创造的优秀文明在西方世界大放异彩，同时也兼收并蓄西方各种宗教、文化、艺术及殊方宝物、奇兽珍禽之属。唐朝的开放，在主要的陆路交通线上与汉代接近（唯其海路已显示出重要性，因而加强了与朝鲜、日本、东南亚国家的接触），交流的主要方面也与汉时相仿（由于政治、经济、文化已有更大进步，故在具体内容上唐代较之汉代要广泛得多）。如是观之，唐代的

---

① Pliny, *Natural History*, p.12, p.84.

② G.F. Hudson, *Europe and China*, London, 1951, p.95.

开放，基本上是汉代中西关系的继续和发展。宋代对外交通以海路为主，陆路则无甚可观，虽然当时沿海港口城市与东南亚地区的海上贸易有一定规模，但对于内地的影响不大，因而在中外关系史上的地位也较为有限。及至蒙元时期，地跨亚欧，东西陆路交通横亘万里，网罗密布，人员往来频繁，其鼎盛之状，可想而知。但由于其国家崇尚武功，尤重发展军威，又在国内实行种族主义统治，工商各业均以贵族消费为主旨，文化交流也多在上层进行，故元代社会在形式上虽是开放，却表现出某种畸形状态，其影响在广度和深度上反不如前代。至于明末清初的"西学东渐"，固然导致一些西方新技术新思想的传入，中国儒学亦借此被介绍到欧洲，但这次的中西交流与汉唐时期是不可相提并论的。因为明清时代西方文化东渐的主要媒介是少数欧洲教士，其宗旨在于宣扬教义，其对象是上层统治者和士大夫，传播范围不大，内容以西方数学天文等知识为主，学科支离局限，理论难成体系，正因如此，这时的文化交往未能持久。以后的年代，未见中国出现科技的飞跃和文化的繁荣，相反只是政治的黑暗，社会的封闭，国家经济的衰退和学术思想的沉寂。

　　经以上简单的比较可见，汉代的社会开放及中西文明的广泛接触和交融，非但规模宏伟，历时长久，而且对后代的影响极为深远。从世界历史发展的系统思想看，这次中外交往在形式上也十分典型：它起于北方游牧民族对定居帝国的入侵，产生于落后的生产关系与进步社会力量展开的激烈斗争之中，完成于交通网络的开通与扩大，发展于国际贸易的繁荣、东西文化的互补、思想交流的活跃和科学技术的进步之中。汉代中西关系得以如此深入地展开，归纳起来可有两方面的原因。第一是得到政府的鼓励和支持；第二，也是最重要的一面，即中国各民族各阶层的民众是中西交通的开拓者，同时也是文化交流的参与者，并且直接地从中受惠。此二方面，互为辅佐，不可缺一。这也正是完整意义上的国家对外开放和交往的一个基本特点。由此基点出发，便可更明确地观察中国古代社会究竟是封闭还是开放的问题。

　　在汉唐两代（及宋元的某些时期、某些地区），中外之间的文明交往不仅有其社会性的规模和历史性的效果，而且就历朝统治者对此方面的政策而言，也是明确的、积极的。认为中国数千年始终隔绝于世，或者只有交往现象而无开放政策的论点，显然不符合史实。明末清初之际，虽然不乏中外交往、海上贸易的一些具体例证，但与汉唐时期气势宏大的中外交往和经济文化交流相比，却显得极为狭隘、肤浅，甚至表现出衰落不振。因为明清时的中外贸易，几乎全为市舶司、十三行等少数官方机构所垄断，限制极严，民间不得进行。在有关史料记载中也难以发现当时的外贸有繁荣、发达的势头，更缺少开展于广泛领域、各个层次的中外文化交流。既然如此，"社会开放"又从何谈起？此外，明清政府之禁海限商，诚有防止外侵的动机，但在实施中却更多地表现出经济、文化上的与世隔绝，这对于整个中国社会的发展进步，不能不成为一大阻碍，更与开放社会的基本特征无相符之处。

关于这一问题，还应注意区分以下两种情况。首先，我们所说明清时代的闭关自守，只是与前代，特别是汉唐时期的开放社会相较而言，而并非绝对意义上的封锁国界。因为任何国家，无论大小强弱，一定会在不同程度上与外界有所接触往来，不可能不透丝毫气息，反言之，也不能仅仅因为某个国家与外界发生过一些交往，就简单地断定这是个开放性的国家。

其次，根据历史的经验，衡量中国社会是否开放的标准，不仅在于当届政府官方的涉外频度，更重要的应在于是否有广大民众主动而积极地参与，以及中外交往是否影响并深入到社会生产、人民生活及传统文化的进步和发展之中。这两条标准，前者是表象的，后者是本质的。纵观古今之中国，在几个为期不大长久，但十分黑暗、愚昧的动乱岁月里，虽然政府的外交活动或官方的对外经济联系并未终止，甚至还取得某些较为显赫的成就，但从全局来看，却是将整个中国关闭于一个与世界文明进步脱离的圈子里，实行的是自欺欺人的愚民政策，其结果，不是遭受外强的残酷入侵，就是把国家经济文化推向崩溃的边缘。

（原载于《学术研究》1988 年第 5 期）

海外竹枝词与中外文化交流

竹枝词本为乐府《近代曲》名，为当时巴渝一带的民歌。唐代大诗人刘禹锡独具慧眼，根据民歌改作新词，以咏巴蜀、长江风光和男女恋情，盛行于世。此后，历代迄今，诗家文人写竹枝词者甚众，也多以咏记当地风俗事物为主。竹枝都是七言绝句，且语言通俗，音调轻快，又少用典，创作不难，留传也易。然而也许正因如此，向来少为正统文学重视，各种文学史中难寻到它的踪迹。这种忽略，不能不是一大缺憾，因为这使人们只重于"诗言志"，而轻于"诗言事"。实际上，竹枝词中保存的大量史实，是其他文学、史学形式和典籍所无法替代的。这方面的问题，现在已有专家提出，也正在受到越来越多的关注。

早在 20 世纪 80 年代中期，我有幸成为著名历史学家朱杰勤教授的博士生，曾向他请教过有关竹枝词的问题，他也认为对竹枝词的整理、发掘甚有必要。近些年，我读到不少与中外关系史有联系的竹枝词，其涉及之广泛，记事之生动，史料价值之高，决不在正史、游记之下。尤其是清末时期，海禁渐开，中国与海外各国交往大增，许多文人或奉使出访，或到外国讲学游历，舟车所经，采风问俗，写下许多竹枝词，这对于改变当时中国相对封闭的社会观念，扩大人们的眼界，都有极重要的作用。这些海外竹枝词，即使今天读来，也感到有一种文化交流的清新气氛。较早者为尤侗的《外国的竹枝词》100 首，远及东南亚和欧洲数国，影响很大。继而，又有徐振的《朝鲜竹枝词》40 首。林麟焻的《琉球竹枝词》、徐葆光的《球阳竹枝词》、潘飞声的《柏林竹枝词》、"局中门外汉"的《伦敦竹枝词》、"寄所諕斋"的《海外竹枝词》、郭则沄的《江户竹枝词》、陈道华的《日京竹枝词》、郁达夫的《日本竹枝词》；黄遵宪的《日本杂事词》中亦自以为所作乃竹枝体。

本文仅采撷大量海外竹枝词中的少许，辅以简议，供同行参考，同时也是一种投石问路，希望得到各方的指教，以期从一个新的角度去探求中外文化交流史。

一、《外国竹枝词》

作者尤侗（1618—1704），字展成，晚号西堂老人，长洲（今南京）人。博闻强记，少有才名。康熙十八年举博学宏词，授检讨，分修《明史》。他在自撰年谱上说："予三载史局，纂列朝诸使臣传、外国传，共三百余篇，艺文志五卷，因撮其事可备鉴戒者拟《明史乐府》一百卷，《外国竹枝词》一百十首。"《外国竹枝词》100 首，另附土谣 10 首，故合称 110 首。序作于康熙辛酉（即 1681 年）腊月，《外国竹枝词》当作于是年。

《外国竹枝词》以朝鲜 4 首、日本 2 首、琉球 2 首、安南 2 首开其端，继而写到缅甸、占城、真腊、爪哇、暹罗、三佛齐、满刺加、东西竺、苏门答腊、天竺、勿斯里、欧罗巴，以上似为沿海路所经而记；又写哈密、赤斤蒙古、吐鲁番、于阗、撒马儿罕、哈烈、鲁迷、天方、拂林、默德那、速麻里儿等西域诸地，似为作者沿陆路西去所闻。

明代永乐至宣德年间，郑和率船队七下西洋，遍历 30 余国，最远至东非国家，其目的固在宣扬国威，招徕朝贡，同时也弘扬了中华文化，扩大了中外交流，而且对于海上"丝绸之路"和远洋交通也有重大贡献，是我国外交史、外贸史和航海史上的光辉业绩，也是世界航海史上公认的壮举。尤侗撰《明史·外国传》，多述郑和事迹，但疏于对船队所经各处风土人情之记叙，为弥补此缺憾，他特谱为竹枝词，以补正史之不足，并由其子尤珍为之注。

尤展成极富诗才，其《外国竹枝词》格调清新，所记奇风异俗，有如绝妙画图。如《占城》云："十更昼夜鼓冬冬，午起子眠风俗通。三尺竹竿输灌酒，满城歌舞月名中。"占城古称越裳，在今越南中部。这首诗把当地人民习俗及欢愉之景象描绘得非常生动。词后注云："其国昼夜分十更，用鼓打记，非午不起，非子不睡，见月则饮酒歌舞为乐，十人五人围坐，以竹条插入糟瓮中，轮次吸之。"据巩珍《西洋番国志》载，占城"婚姻，男子先至女家成亲，过十日或半月，男家父母及诸亲友以鼓迎回，饮酒作乐。其酒以药和饭封瓮中候熟，但饮时先数主客人数多少，以长节竹筒插入瓮中，人皆围坐，轮次而起，扶筒咂饮。"如此视之，尤侗所记，也许是一次占城的婚姻庆典。

又如《真腊》二首之一云："富贵无如真腊强，金盘银椀贮桑香。殿头百塔排仪卫，交拜君王七宝床。"真腊在占城南，船顺风三日可至，隋唐及宋时皆来华朝贡，万历后改名柬埔寨。上诗中叙述了其国举行盛大礼仪活动时的豪华景象。另一首则云："交易经营尽女商，针梳争买助红妆。家家夜夜燃灯火，十岁人呼新嫁娘。"这是描写当时中国船队到该地进行贸易活动的情形，那里从事商业的都是妇人，而且最贵中国的针梳漆器之类物品。那里的婚礼燃灯不熄，女 10 岁即嫁，也堪称奇俗。

《爪哇》一首云："新村市舶圣泉清，喜听番歌步月行。更爱彩禽能倒挂，闻香时向夜深鸣。"爪哇在占城西南，今印尼爪哇岛，《明史·外国传》云："永乐三年遣中官郑和使其国。六年，再遣郑和使其国。自后，比年一贡，或间岁一贡。"据费信《星槎胜览》载："其倒挂鸟身如雀大，被五色羽，日间焚香于其旁，夜则张羽翼而倒挂，张尾翅而放香。"在清代，北京隆福寺西口之雀儿市，还有这种倒挂鸟出售，这也许和明代的海外交通不无关系。

《暹罗》一首云："白布缠头青压腰，海贝买卖斛香烧。女儿断事男儿听，偏爱华人夜夜娇。"诗后注曰："行钱用贝，烧罗斛香，极清远。大小事悉决断于妇，其夫听命而已。遇中国男子爱之，必置酒欢饮、留宿，其夫恬不为怪，曰'吾妻美，中国人喜爱也'。"由此可见想见当时暹罗的社会状况及民俗。

《东西竺》一首云："东西两竺景幽幽，一棹还堪历九州。采得荃芜八九尺，飘飘疑与白云游。"这是描述印度的风景和物产。荃芜即沉香。注云："郑和遣官兵采之，有长七丈、径八九尺者。"这也从侧面证实郑和下西洋在宣昭国威之同时，十分注重对各地特有物产的采集。

《交栏山》一首显然与华侨历史有关。交栏山，即今印尼加里曼丹岛西南岸外的格兰岛，又作勾栏山。诗云："曾经元将造楼船，蓬箬桅樯出满山。留下羽林生口在，如何不挂片帆还。"注云："元将征阇婆，遭风，造船于山中丛林，藤竹、柁杆、桅樯、蓬箬必，毕备，有中国人杂处，当时病卒百余，留养不归，而传生育也。"

《忽鲁漠斯》一首之记载也十分生动："红土银朱白石灰，鸦姑青绿宝成堆。争把底那游戏去，铁牌络索牛羊来。"说的是波斯湾地区土质情况，转而又记当地钱币名为"底那"（即今的纳尔），人们喜欢在羊角上拴一铁牌，使之行动有声，养在家里，赌钱为戏。

《欧罗巴》一首介绍了欧洲的教育制度和文化传统，词云："三学相传有四科，历家今号小羲和。音声万变都成字，试作耶稣十字歌。"根据诗后注释，我们了解到诗中所云三学即指小学、中学和大学，四学为医、治、教、道，小羲和为当时使用的历法。文字则由 23 个字母互配组合而成，可写成各国语音，甚至鸟兽之声。另一首则曰："天主堂开灭籁齐，钟鸣琴响自高低。阜成门外玫瑰发，杯酒还浇利泰西。"这一首是在缅怀明末来华传教的耶稣会士利玛窦（Matto Ricci）。天主堂中有自鸣钟、风琴等器。利氏死于北京，赐葬阜成门外二里沟，因欧洲最重玫瑰，花酒同祭，表达了对这位文化大师的崇敬和怀念。

《外国竹枝词》中沿西域陆路而记的风土诗亦有 20 余首。兹采撷数首，以览其貌。

《哈密》二首之一唱曰："天山下马拜羌酋，故李将军岭上愁。旧是合罗公主宅，至今边调唱伊州。"这是在怀叙历代汉匈在西域的战和关系。秦汉之伊吾庐地，唐为伊州。匈奴过天山，此必下马拜。望乡岭有李陵题字，合罗川为回鹘公主旧居所在地。

《吐鲁番》词云："瀚海交河吐鲁番，千群六畜上祁连。不知重译何年至，风雅长存三百篇。"吐鲁番即汉车师前王庭所在地，隋为高昌国，唐灭高昌，置西州及交河县，宋复名高昌，为回鹘所据，岁入贡。元设万户府。诗中所提风雅文典数百篇经重译至彼，足见中华文化之影响已十分深厚。

汉族文化向西域的传播是全方位的。《于阗》一首从另一角度有所记叙，诗云："阿耨山前三玉河，月光盛处瑊瓃多。织成花蕊襴衫舞，半是彝歌半汉歌。"于阗以盛产三玉——白玉、绿玉、乌玉闻名，相传于月光盛处即可采得美玉。当地人善织花蕊布，且工歌舞，而其歌舞已颇富汉文化的色彩了。

此外，在这条横贯中西的古道上，西方物产之东来也极为频繁。如《撒马儿罕》一首曰："郁金香散佛头开，国宝长传照世杯。嘉峪关前旗鼓盛，中官迎得狻猊来。"撒马儿汗即汉罽宾之地，隋、唐皆易其名。元太祖荡平西域，易前代国名为蒙古语，始称撒马儿罕。郁金香、佛头花为该地所产名花，照世杯为其国宝，相传照之即可知世间之事。该国自汉起即通中国。明成化中贡二狮（狻猊），帝使迎之。

又有《麻林、鲁迷》一首曰："麻林曾见贡麒麟，师子西牛未足珍。能执干戈卫社稷，始知异国有忠臣。"说的是永乐中麻林贡麒麟、嘉靖中鲁迷贡狮子、犀牛之事。令人慨然的是，北狄入犯甘州，总兵杨信令鲁迷诸国贡使90余人御之，此诗赞亦阿力等9人战死，皇帝赐棺，并封职以彰其功。

《天方》二首介绍了阿拉伯世界的风貌、文物和富庶。其二云："无霜多露四时春，夜市归来拜月新。人在天堂极乐界，金钱撒漫不知贫。"诗注云："日落后乃为夜市，月初生，其王及民皆拜天。可佛画天堂图，称极乐界。以金铸钱，人无贫者。"

《拂林》一首云："珊瑚为棁水晶梁，十二金人立阙旁。珍重铸钱模异样，要将弥勒配君王。"佛林为古大秦国，考为罗马帝国之东部。传有金人立门，持十二丸，率一时落一丸。铸金银钱，面铸王像（作者误为弥勒佛像），背为王名。

尤展成在修正史之余，撰成《外国竹枝词》，此补正史记载之不足。但他本人并未亲历外国，只是依据故籍资料，加上自己的理解，创作而成。虽然其中大多符合事实，且有不少为后来考古所证实，但毕竟不可能完全真实可靠，有些记载甚至来自传闻或虚构。这些都需要我们认真地去分析和甄别。

二、《琉球竹枝词》

作者林麟焻，字石来，莆田人，康熙九年（1670 年）进士，为王渔洋门下士。康熙二十一年（1682 年），汪楫奉使琉球，封中山王世子尚贞为琉球中山王，林为副使。归装有《竹枝词》1 卷，《晚清簃诗汇》录其 14 首。

琉球居东南海中，明季始通中国，其王多次遣子弟来华，入太学读书，颇受中华文化影响。林麟焻以使臣身份出访，观风问俗，增进友好，其《琉球竹枝词》也就成为中琉交往的历史记录。

其首篇云："手持龙节渡沧溟，璀璨宸章护百灵。请比胡威臣所切，观风先到却金亭。"汪楫充任册封琉球王的正使，不受馈赠，国人筑却金亭志之。古时流传的蓬莱仙岛，究在何处，说法各异，其中也有不少认为是琉球的。林氏诗中有两首写海山风景，甚有气势，亦含此意："三十六峰瀛海环，怒潮日夜响潺湲。楼西一抹青林里，露出烟萝马齿山。""望仙楼阁倚崔嵬，日看银山十二回。笙鹤采云飞咫尺，不教弱水隔蓬莱。"

林诗中也有写村女赶集和赛神歌曲的。如"日斜沙市趁墟多，村妇青衿藉绿莎。莫惜筹花无酒盏，人归买得小红螺。""纤腰马上侧来骑，草圈银钗折柳枝。连臂哀歌上灵曲，月明齐赛女君祠。"

这些竹枝词都是作者在琉球的所见所闻，读起来别有一番清新之感。

三、《球阳竹枝词》

作者徐葆光，字亮直，长洲人，康熙五十一年（1712年）进士，授编修。据《清朝文献通考·四裔考》载："康熙五十一年二月，（琉球王）遣陪臣马献忠、阮璋来贡，且告曾祖尚贞，父尚益丧。六月，上命翰林院检讨海宝，编修徐葆光充正副使赍诏敕银印往封，并赐国王妃缎币如例。"《球阳竹枝词》便是此次出使时写下的，载于《奉使琉球诗》。8首皆写到当地民情风俗。

第一首是写候风。琉球与福建隔海相望，渔民常有来往。渡海之家，造一小木船，置蓬杆头，立庭中候风。南风起，则人归矣。词云："小船蠹起半天中，一尺樯悬五寸蓬。渡海归人当有信，竿头昨夜是南风。"

琉球以白露为大节，前后三日，闭门不语，静坐守候天孙，传说中的天孙是该国的开世祖。词云："中秋满月照空村，鸡犬无声昼掩门。八月灵辰唯白露，家家三日守天孙。"

当地风俗，每月初三夜焚香拜月，邻家儿女相约作伴。此云："小窗傍晚向西开，忽见纤纤落镜台。预算初三拜新月，隔墙先约小姑来。"

每月十五，妇女汲取潮水，敬献灶神。词云："海波日出静无垠，子午灵期又一新。银蟾今日团圆夜，汲取新潮献灶神。"

东海岛国，偏处一隅，其民间习俗少有记载。这些竹枝词不仅对于中国与琉球之间的关系有所丰富，而且对于日本研究琉球文化风俗也甚有参考价值。

四、《朝鲜竹枝词》

作者徐振，字白眉，华亭人，康熙四十四年（1705年）举人，有《山辉堂诗集》,《艺海珠尘》载其《朝鲜竹枝词》40首。他也是随使节前往朝鲜的官员。

首词言渡鸭绿江至朝鲜境,次而言箕子墓,以下记清廷使节所受礼敬。词云:"彩屋连云障国门,千管乌帽若云屯。龙旗前导人声静,方信天朝使者尊。"可见当时使节到达时朝鲜给予多么高的待遇。

朝鲜受中土文化影响很深,崇汉学,好唐诗。词云:"皂帽青袍缙绅,六曹三府属儒臣。就中亦有多才者,诗学唐人字晋人。"足见中国晋代书圣之典范在朝鲜也受到普遍的追求。

又云:"亦有人家聚族居,城门初日照蓬庐。马头怪道喧如沸,一路腥风市海鱼。"国中习俗,四月八日游春,行歌为乐。"阁门清夜烂星毬,联臂行歌杂沓游。四月上弦传旧俗,却疑灯火是扬州。"不难看出,这里人民的生活富庶,风俗多彩。

清太宗文皇帝(皇太极)尝以德绥朝鲜,中朝关系和睦友善,其君臣感化,曾建功德碑,以颂先皇之恩,并作亭护之。有词曰:"丰碑功德颂先皇,异石琅琅烂有光,锦砌玉阑红粉壁,到来罗拜一焚香。"徐振对这种友好睦邻是十分赞颂的,也使我们对当时的两国交往增加了解。

五、《柏林竹枝词》

作者潘飞声,字兰史(1858—1934年),番禺人,著有《说剑堂集》,曾加入南社。兰史才名之大,至为域外所慕。适德意志创办东文学会,嘱德国驻粤领事熙朴尔出资专聘兰史到柏林主其教习,光绪十三年(1887年)赴德,十六年返回。其《柏林竹枝词》24首,便是此时所得。

在柏林之四年间,潘飞声对那里的国情、民俗、文化等都有深刻之了解,词也写得十分真切,读来如临其境。如记圣诞节民风:"几日兰闺刺绣成,吴绫蛋盒载糖橙。却劳纤手亲相赠,佳节耶稣庆更生。"

又如写其街景:"层层楼阁白如霜,夹道新荫佛绿杨。最是浓香三月好,满城开放紫丁香。"

关于宗教信仰，词曰："经堂晨旨各携书，祷告低环向紫祇。博得玉人齐礼拜，欧洲艳福是耶稣。"作者注云："西国无拜跪礼，惟祷告耶稣则屈膝。"作者算是注意到了西方人对宗教信仰的笃诚，这也是中西文化一个极大的分歧。

有一首描写了广场军乐队演奏的盛况："芜亚坡前树郁苍，鹰旗招展出榆桑。朝凉爱听行军乐，一队游人过较场。"

还有几首介绍了德国女界风情。一曰："百锦氍毹贴地平，蛮娘腰细著衣轻。兰因舞作鸳鸯队，妒杀胡儿得目成。"作者注云："男女抱腰之舞名兰因。"另一曰："洒衣香露似花云，云影衣裳月色裙。恰是小乔初嫁服，莫将新寡误文君。"

关于战功纪念塔，词曰："高塔金棱出半空，强邻从此懔和戎。女儿也具英雄气，斜日登临数战功。"这个塔据作者介绍是德国威廉一世为战胜法国而建。

潘飞声对德国重视女子教育的做法十分赞赏，因为当时的中国正在废科举，建新学，更有贤达人士倡女学，作者显然对此持积极态度。词曰："蕊榜簪花女塾师，广栽桃李绛纱帷。怪他娇小垂髻女，也解看书也解诗。"原注云："德国幼女至七岁，无论贫富，必入塾读书，兼习歌调，故举国无不知书能歌者。塾中女师，亦须考授。"如此从正面介绍西方教育制度，对于中国摆脱传统的封建羁绊，发展近代教育，无疑是有积极意义的。

六、《伦敦竹枝词》

《观自得斋丛书》载有《伦敦竹枝词》一百首，署名"局中门外汉"，考为晚清上海四书家之首张祖翼。跋语署年为光绪甲申（1884年）秋九月，按光绪丁丑（1877）年清廷曾派一批留学生于英法，疑作者为其中之一。这百首竹枝词从不同角度描绘了伦敦的风情，包括民俗、气候、街道、电灯、地铁、博物馆、植物园、大饭店、医院等等，语句生动自然，时而夹杂英语谐音于其中，极为诙谐有趣。从作者的言辞之中，不难看出他对西方风俗基本上是反感的，带有许多贬斥、愤然、憎恶之意，但时而也流露出对欧洲某些科学、文明成果的钦羡和赞赏。这里选录数首，也可作为一种历史文化交流的参考。

关于市政建设和地铁："十丈宽衢百尺楼，并无城廓巩金瓯。但知地上繁华甚，更有飞车地底游。"词注云："泰西诸国皆无城，英亦如之，通衢之下皆镂空，砌成瓮洞，下置铁轨而行火车。"

关于雾都的空气污染，词曰："黄雾迷漫集黑烟，满城难得见青天。最怜九月重阳后，一直昏昏到过年。"词后注云："伦敦居民四百万户，家家烧煤，烟筒如林，一交冬令，闭塞不通，烟凝不散，日色无光，白昼如晦，不足为异。"此堪为国人对工业化造成环境污染最早提出的尖锐批评。

关于女王登基 50 年庆典，词曰："五十年前一美人，居然在位号魁阴。教堂高坐称朝贺，赢得编氓跪奉经。"词中"魁阴"，当为英语 Queen 之译音。当时在位的是维多利亚女王，她 1837 年即位，在位 50 周年应是 1887 年（丁亥年）。原词注云："今年为英女王在位五十年之期，举国大贺，张灯三日，四方来观者数百万人，邻邦来贺者十余国，有遣使臣者，有国王自至者。是日，女主临大礼拜堂，登座受贺，各国贺者皆往焉。教士环而奉经，礼毕，女主与其亲王宗戚人等接吻而散。"欢庆场面，历历在目。

作者对于英国的议会制度多有注意。词曰："国政全凭议院施，君王行事不便宜。党分公保相攻击，绝似分争蜀洛时。"注云："国有大政，由议院上之女主划诺。主曰不便，可再议，主不能独创一议也。院有二党，曰公党，曰保党，各不相下，此党执政，则尚书、宰相、部院大臣皆此党人为之，进则群进，退则群退。君主不得而黜陟之也。"

另有几首说到英国礼仪服饰，其一曰："短衣脱帽谒朝中，无复山呼但鞠躬。露膝更无臣子礼，何妨裸体入王宫。"这种情况，在中国封建王朝的臣子看来是有些不大习惯的，但讥讽的言辞之中又似乎流露出对其服饰和礼仪简洁、轻便的认同。

在一首介绍英国青年男女择偶习俗的词中，作者写道："十八娇娃赴会忙，谈心偏觅少年郎。自家原有终身计，何必高堂作主张。"注云："男女婚嫁，皆于茶会跳舞，会中自择之。或有门户资财不相称者，虽两情相投，年未满二十，父母犹得而主之，若逾二十，则各人皆有自主之权，父母不得过问矣。"这里显然包含了对中国父母包办子女婚姻这一传统旧俗的批判。

对当地婚俗，作者亦有见地，词曰："三十年前未娶时，任将花柳觅娇姿。一从赋得夭桃后，再踏章台便犯规。"词后注云："男子三十始娶，女子二十而嫁。男子未娶之前，或游冶，或姘聚，皆不在禁，亦有资财不丰不能娶者，即姘一妇以终身。若不相能中道而散。若名正言顺者，既娶之后，再有外遇，妻得赴诉公庭而于讼焉。"作者对英国婚姻法做了案例介绍。

对男女情欢，作者的观察也颇细微。词曰："风来阵阵乳花香，鸟语高冠时样妆。结伴来游大巴克，见人低语克门郎。""巴克"即英语"公园"（park）之译音，"克门郎"为英语"一块儿走"（come along）之译音。这里将娼妓招客的话描写的绘声绘色。另一首曰："握手相逢姑莫林，喃喃私语怕人听。订期后会郎休误，临别开司剧有声。""姑莫林"为英语"早上好"（good morning），"开司"则为英语"接吻"（Kiss）。再一首说的是水族馆里的男女艳事，词曰："销魂最是亚魁林，粉黛如梭看不清。一盏槐痕通款曲，低声温镑索黄金。""亚魁林"为英语"水族馆"（aquarium），"槐痕"为英语"酒"（wine），"温"则为英语量词"一"（one）。该词后作者详以注解，介绍水族馆内外的性交易情况，并引巴黎宫妓院与之比较，足见作者对此有深入之了解。

作者还谈到英国女子学习绘画的情况，词曰："石像阴阳裸体陈，画工静对细摹神。怪他学画皆娇女，画到腰间倍认真。"

作者也注意到在伦敦经商的日本侨民。词曰："东洋春色到西洋，尽学西洋时世装。倭女不知陵谷变，尚夸风月满村庄。"注云："伦敦有日本会场一处，名曰日本村庄，皆卖日本玩物，掌柜者皆日本女郎，韶秀多姿，别具妖媚。"

对于英国的医院，作者观察得极为认真，对英国的医保体系和医疗制度也十分赞赏。词曰："短榻纵横卧病躯，青衣小婢仗扶持。深情夜夜询安否，浃髓沦肌报得无。"注云："伦敦有施医养病院，上下楼房数百间，皆住病人。每间设榻十余座，轻重分类，如伤寒即聚伤寒于一处。医日三次诊视用药，病人床头各置一牌，记每日轻重寒热之候。扶持病人者，皆二十内外年轻女仆，一色号衣，日夜不离病榻……无不尽心竭力，较家人尤周到也……饮食药物，不费一文，贫者固为施治，富者亦可入院医治，惟病愈后富者须量力捐助公费耳……死于院者，若无亲人领葬，则必剖割，验其所以致死之故，俾学医者体察焉。若此者不下十余处。"

一首介绍邮政制度和信箱的词写道："草字人头白纸封，路旁到处有邮筒。不知何事通消息，半是私情半是公。"作者对英国邮递方式在注中加以详细说明："凡信札皆用白纸封套，无红签也。信内外皆以草字书之，信封左角贴粘一方块，上印其王之面，谓之斯单勃斯（即'邮票'之英文stamps 译音），此物乃彼国家所造，由信局卖，大小贵贱不等，量路之远近而粘方块之多寡。粘毕即投于接头信筒中，自有信局人按时收发，大街小巷皆有信筒，从无遗失耽误之事，至接信之家，不取分文。若寄物、寄银，则必送至信局……斯单勃斯有私造者科罪甚重。"

有一首介绍英国的消防体系，词曰："四马朱轮去若飞，黑衣人尽戴铜盔。若教项羽来西土，也作咸阳一炬灰。"注云："救火车极灵捷，何处火警一闻，电钟如飞而来。一车不过七八人，皆黑衣铜帽，以皮管插入自来水机头，则龙口水直喷不歇。火场严肃，无一人敢乘火抢劫者，即本家亦不携一物出门，盖有保险公司为之按价赔偿也。"此处提到了保险制度。

19 世纪末伦敦已在泰晤士河下凿建了过河隧道，作者对此赞不绝口。词曰："水底通衢南北连，往来不唤渡头船。灯光惨淡阴风起，未死先教赴九泉。"注云："玳米司（Times）江底辟路一条，往来可通，人行上为桥，中为水，水下又有隧道，真奇想也。"

当时英国已发明了闪光照相术。词曰："白日无光电气明，共夸新法善传神。可如照胆秦宫镜，照出心肠暧昧人。"注云："英国有新法照相者，不惜日光白昼，燃电灯于黑暗屋中照之，较日光尤显明。"

伦敦街头的大小钟堪称一景，作者一首关于伦敦钟的词写得十分有趣："相约今宵踏月行，抬头克落克分明。一杯浊酒黄昏后，哈甫怕司到乃恩。""克落克"为英语"钟"（clock）之译音，"哈甫怕司到乃恩"为英语"九点半"（half past nine）之译音，注云："满街皆大自鸣钟，高矗云际，半里之外可望见之，以议政院门口之钟与天文台之钟时刻最准。"

作者对天文知识也加以了解和介绍，词曰："高台百级测天文，寒暑阴阳度数分。日月五星皆世界，要知西学听奇闻。"注云："天文台有学堂，专习天文之事。西人谓日为最大，以金木水火土五星中皆有世界。五星之外，地球亦一星，又有所谓天王星、海王星，其大小亦如地球等，惟月最小。附地球者，只有一月，附他星有数月者，有无月者，谓皆用天文镜测得之。"

纵观百首竹枝词，从中不难看出作者对于西方的社会、景观、人文、建设以及各种科学技术成就，感到迷惑和反感的少，而欣赏和赞许之处则比比可见。最后，作者还就出洋留学的情况谈了自己的看法："堪笑今人爱出洋，出洋最易变心肠。未知防海筹边策，且效高冠短褐裳。"其中包含了对清朝腐朽没落统治的批评和失望，同时也反映出他对学习西方先进技术和思想以改变中国落后贫困面貌持消极悲观的态度，认为凡出洋者，不但学不到海防筹边之策，反而会背叛祖国，成为洋奴，有弊无利。这就显得相当消极和颓废了。

七、海外竹枝词

作者署名寄所托斋，生平未详。光绪二十年（1894年），俄皇（亚历山大三世）去世，清廷派湖北布政使王之春为唁慰使，作者为随行参赞，途径西贡、新加坡、锡兰、苏伊士运河、马塞、巴黎、柏林，而达俄京彼得堡，并至伦敦。其自序署名晟初，光绪二十一年三月作于巴黎使馆。序中称，出访途中，"有暇则信步游历，所过之境，如在目前，戏为竹枝，以纪一二，久之得百余首，为曩日出使参随之所未暇及不屑道者"。

西贡词 12 首。其一云："杂树沿是任意生，沙融水活午潮平。天然一幅江乡景，仿佛吴淞画不成。"其四云："长衫短袖嚼槟榔，齿黑唇朱阔口娘。远近看来都一律，蛮荒风景入斜阳"。其五云："梅江街外广东街，堤岸兴隆夹到回。烘托羊城蒸海市，自成风气不须猜。"其十一云："衣宜单袷不宜绵，地气常如五月天。洋伞遮头手挥扇，一生霜雪更无缘。"

星架坡 14 首。其一云："谁说炎荒地不毛，满山苍翠抱周遭。偏饶野景添生趣，不属中原也自豪。"其五云："买醉相邀上酒楼，唐人不与老番侔。开厅点菜须庖宰，半是潮州半广州。"其九云："船关批验势如梭，英警持平政不苛。除却潮嘉与广肇，猪船还算海南多。"词中真实记载了清末华工（时称猪仔）被贩卖到南洋的情况。

锡兰 10 首，多记其地佛事景观。其二云："棕榈杂树更桄榔，冬夏常青化日长。佛国只应春不老，可知我佛恋西方。"其六云："旧迹开南古寺传，二三罗比结因缘。此生稍胜唐三藏，买得真经不费钱。"

苏尼士河（即新开河）7 首。其一云："有心精卫计何迂，无恙龙门凿得无。缩地能通三百里，移山莫笑乃公愚。"其六云："毕竟番民善阜财，洋楼层迭傍堤开。二三更后灯光烂，曾到波斯海市来。"其七云："赠兰采芍已成风，嗜欲虽殊食色同。过客不皆游荡子，店门邀入买春宫。"

亚士撒德 8 首。其二云："屋半垂帘楼四层，玻璃洋罩有门灯。泰西最早开风气，雄长诸夷尚未能。"其五云："春风接座有番姑，阿剌伯音解得无。知是兴哇故尊敬，笑分糖果示招呼。"词中"兴哇"乃当地对中国人之称呼。其七云："紫红便帽黑绶垂，问俗先知土耳其。海接地中英法德，通商照例不相欺。"

马塞九首。其五云："海外徒闻有八鲜，盘餐近市广开筵。面包杂取鱼虾汁，准拟食单入锦笺。"词中"八鲜"为马塞名食，多为鱼虾海味。其八云："细腰箭步走如飞，中样皮包信手携。迎面撞来说巴洞，偏蒙不怒笑声微。"词中"巴洞"乃法语"对不起"（pardon）之音。

巴黎 15 首。其一云："离城百来远分防，兴废循环一战场。众志成城休自主，那须设险巩金汤。"这是在追忆当年普法战争的风云，而今已是民主立国，炮台工事皆成文物。其三云："劫灰飞尽了无痕，英武空怀拿破仑。贻误皆因王好战，山河如故愧伦敦。"其六以埃菲尔铁塔景观书怀，词云："高标铁塔自千古，雅集名园放万生。略比鸢鱼上下察，快如人意喜天成。"其九云："达克若恩一女流，村民亦自解同仇。至今犹作戎装样，为国捐躯铁像留。"达克若恩，即贞德（Jeanne d'Arc），为15世纪反对英国入侵时的民族英雄。其十五则描述法国妇女的装饰，词云："发松腰细眼横波，六幅罗裙贴地拖。人在镜中成幻影，客来海外有行窝。"

柏林9首。其一论其国王状况，词云："未必君无自主权，衣税食税本天然。一千五百虽论万，限制吾王不要钱。"德国每年供国王1500万马克，不能枉费，可谓高薪养王。其三云："非常勋业健精神，八十犹留退老身。举国愿为司马寿，三月初一是生辰。"这里指的是德王威廉一世（William I，1797.3—1888.3）。作者注意到德国的兵器工业发达，尤以制造大炮为长，其七云："天地为炉百炼钢，忍将利器使人伤。攻坚保险无长策，欲显神通便擅长。"

俄都比得堡16首，因为该地为出使之目的地，作者停留时日较长，作品亦多。其一云："鞑靼曾留旧世家，兵官资望属逄哇。比肩义奥随英德，怕作公孙井底蛙。"这里道出了俄国统治者的复杂心态。其七专述沙皇亚历山大三世葬礼情况，词云："十分交谊友邦联，唁赙前王不惜钱。毕竟周旋推法国，佛郎五万制花圈。"其八云："知否金龙出市茶，多年字号说中华。何期贸易无原主，别类分门有几家。"中国的金龙店在俄境已久，但逐渐已无华人经营，唯华字招牌尚存。其九云："温泉出浴忆华清，别有风光彼得堡。学得鸳鸯同戏水，偷闻成趣仿东瀛。"其十二云："最是熏蒸六月天，天光昼夜竟相连。探怀取出赤金表，不对时辰不了然。"彼得堡地处高纬区，夏季昼长，午夜时分，天亦不黑，昏暗而已。其十六云："裙屐生辉红白兰，踏歌成队兴初酣。珊边酒醉凭留恋，一刻千金尚自贪。"

英都伦敦10首，描写英伦岛屿的地理、环境和社会、经济状况。其一云："地横南北岛孤悬，英里量来逾二千。除却园林街市外，更无旷土与闲田。"其二云："每日阴霾不放晴，一冬常在雾中行。更兼远近炊烟起，电器无光蜃气争。"其四云："车路光分上下层，凌空穴地果精能。熙攘往来中同轨，税务年年几倍增。"其十云："此地方言作正声，通商口岸已通行。何期路接巴黎近，海面回风恶浪生。"

八、江户竹枝词

作者郭则沄，字啸麓，别号龙顾山人。光绪二十九年（1903 年）进士，著有《十朝诗乘》《龙顾山人集》。《江户竹枝词》54 首，作于光绪丁未年（1907 年）。前有序，骈四俪六，典雅工丽。说到竹枝词的内容曰："上则鳞晌楼观，刻画都京；下则燕衍芍兰，诋谐溱洧。铁岘峰岑之胜，风松露草之观，胥付平章，恣为歌讽。"

前几首主要说日本皇宫，如："樱田门接二重桥，凤阙峨峨倚碧霄。王会威仪今已改，凫旌空复话前期。"以下相继述及东京的名胜之地，如，比谷花园："池亭钟鼓盛如云，鹤喷泉边隔俗氛。月桂花时游骑集，人人指点说元勋"；靖国神社："靖国神祠哭国殇，铜仙兀兀立斜阳。梅林残雪花坛月，赚得游人尽断肠。"词后注曰："九段坂之靖国神社，俗名招魂社。合祀明治初年以来殉国志士及死绥之海陆军人，每岁夏秋两次致祭"云云；浅草寺："金龙山畔古禅林，座上莲花观世音。珍界繁华都阅偏，凌空高阁一登临"；植物园："杂花芳树自周遭，抱瓮村翁护惜劳。闲话药园当日事，白山御殿夕阳高。"词注曰："植物园在白山御殿町，即德川氏药园故址，遍植中外花卉"；博物馆："汉唐古镜宋丹青，考古人来见典型。别为禅林储秘本，蚕眠小字法华经"。注曰："帝室博物馆历史部，有中国历代古镜，宣和院本画，别有一楼，题曰海上禅林，中置佛像颇多，并有细字法华经，极为珍贵。"词记上野公园之景，有德川家庙，又有西乡铜像，句云："东照宫前闲吊古，更从遗像识西乡。"银座为东京最繁华之地区，词云："画栋珠帘十万家，黄金布地最繁华。绿杨影里娟娟月，银座街头走钿车。"注曰："……银座车马之繁盛，铺户之华丽，为东京全市冠。驰道两旁，皆种杨柳，较各区气象迥殊。相传此地以银一升易土一升，故有银座之名。"

最后几首谈到日本的学校教育。词云："矿冶专家见楷模，通风机与试金炉。花旗旧事谁能证，一幅砂山洗掘图。"注曰："帝国大学矿冶列车品室，列通风机、试金炉诸器，又有美国金砂山洗掘图。"词云："青山学院仿欧西，斜上旁行费品题。奇字佉卢今尽识，蛮音偶亦采勾骊。"注曰："青山学院，专授英语。东京外国语学校，则兼授清英德法俄西意韩等国语言文字。"

值得指出的是，作者是诗学名家，功力很深，但作为竹枝词，对日本的风土人情却很少道及，不能不是一个缺憾。

九、日京竹枝词

作者陈道华，字董堂，番禺人，生平未详。日京竹枝词共百首，作于光绪戊申（1908 年）。作者旅日两年，归而成诗。其诗工力较逊于郭作，但涉猎较广，对于日本人的生活习俗有细致刻画。

靖国神社词云："靖国军人旧日功，君王提酒酹英风。宫妃剑佩坛前立，都为忠魂泪眼红。"注曰："靖国神社在九段坂上，每岁春秋设坛，祀故军士，刻义勇忠魂四字于门。后及妃随从日皇，临风洒酒，一表感诚。时则笳鼓喧天，灯火连夜，洵盛典也。"

日人沐浴词云："硝子窗棂掩浴堂，水烟浮起蜜柑香。灯前嬉戏双鸿鸾，偷眼池边鹭一行。"硝子，乃指玻璃。当时日本人有男女同浴之俗，此处即述是类澡堂之况。

关于居室特点，词云："板屏六尺四遮风，隐隐春藏绿暗中。纸格窗棂花间槛，鸳鸯儿女屋如笼。"其注有进一步之描绘，如："屋小如笼……糊纸作窗，席地连床，去履就室，倭儿倭女如鸟依栖。"

作者注意到当时日本已兴协议离婚，词云："离婚一议总凄然，那忍生前话断弦，锦瑟有丝情可续，邻姬还弄坏柯连。"注曰："协议离婚对于裁判离婚而言。坏柯连西洋乐器，东京女子喜习之。"坏柯连似为小提琴，英文Violin，作者用广东方言词音译之。

樱花盛景，日本古已有之。词云："吾妻桥外树枒槎，雪意连江十里涯。堤畔画船堤上屐，春游人看水樱花。"注曰"樱花为日本独产，其普通者仅五六瓣，花时遥望，皎白如雪"。

日本文人学士多喜唐诗，且颇有名家名句。词云："文人嗜咏小篇章，感慨高歌学晚唐。帝国图书花外馆，旧藏诗话五山堂。"注曰："东京文学士辈喜为诗，尤喜为绝句，图无对仗之苦，自云学晚唐，首二句每多俚而不偕，三四时有佳句感慨。沈雄女菊池五山辈，世称七绝能手，著有五山堂诗话，今藏于帝国图书馆。"

当时日本不少青年的西欧留学回国，大力宣传西方文明，颇有声势。词云："志士东归故国程，千家村舍一欢迎。柳丝旗影新桥路，人语如潮万岁声。"又云："佛界于今说法差，海航人采柏林花。少年博士东归日，昂首高坛讲国家。"词注曰："日人维新，法律初效佛兰西，今则改采德意志，一时风靡。留学辈新得博士而归者，每开坛演说，趾高气扬。"

还有一首提到日本人的衣着、茶道和喜爱围棋，词云："客至香煎玉露园，篁纹楼阁夜灯昏。蒲园棋几如僧话，秃发宽袍火钵温。"注曰："日人装束，多效西洋服式，其或缓带宽袍者，谓之和服，即旧制也。发秃如僧，蒲团趺坐，冬时必设火炉，好围棋。玉露园，青茶名。"

最后一首则总结了日本风俗与中国相近，其语音由50字（假名）拼读而成，词云："日东风俗近支那，谐笔零星纪大和。市语未分清浊韵，哑咿随唱竹枝歌。"注曰："土音仅五十字，如哑、咿、呜、耶、阿等调，音有清浊之分。"

需要指出的是，当时正值日俄战争，清廷宣布局外中立，而划辽河以东为交战区，丧权辱国，日本遣东乡大将为统帅，攻占我旅顺，击溃俄海军，得胜归国，彼邦各界予以热烈欢迎，作为华人，应感痛心，但作者竟在词中谓"曾记东乡功定日，凯歌四市古琵琶"；又云："暮春神社放花烟，事记辽阳战伐军"，这里已经把爱国主义抛到九霄云外了。

十、日本竹枝词

作者郁达夫，载于周艾文编《郁达夫诗词抄》，共 12 首。词序云："明治初，黄公度有《日本杂事诗》之作，数千年万史风教网罗无遗，义至博也。然近年世变重繁，民风移易，迥非昔比。古有其传，今无其继，非法也，于是乎《日本谣》作矣。"

此词（即《日本谣》）系作者 1914 年在日本留学时作。黄公度的《日本杂事诗》多述日本史事，与竹枝之泛咏风土有别。郁词皆写日本当时风俗近事，甚有情趣。如："纨扇轻摇困倚床，歪鬟新竟赵家装。红绡汗透香微腻，试罢菖蒲辟疫汤。"此乃言端午饮菖蒲汤，以辟瘟疫。又如："黄昏好放看花船，樱满长堤月满川。远岸微风歌宛转，谁家篷底弄三弦。"樱花季节，月夜游川，读来如入画境。再如："纨扇秋来惹恨多，熏笼斜倚奈愁何。商音谱出西方曲，肠断新翻复活歌。"原注云："《复活》乃俄文豪托尔斯泰所著小说，有谱成歌曲，里巷争唱之。"

郁达夫创作小说多种，蜚声文坛，其诗亦极有风韵，但为其文名所掩。作者为爱国志士，日本侵华时，他在星洲侨居，任文化界抗日联合会主席。每年岁时，例作遗言，自营生圹，终遭日寇杀害。

余 言

以上所述，仅为清末或民初几位到海外去的作家通过竹枝词的形式记载下的外国社会风情，以及他们不同角度所观察到的异域城廓民俗。在当时而言，能够远涉重洋，到西方或日本去游历或留学者毕竟是极少数，但彼时彼处，天地之大，万物之变，通过这些有识之士的介绍，确实使更多的中国人体察到世界的多姿多彩，更使得在闭关自守环境下的这个泱泱大国开始发现自己已经在许多方面落后于过去"蛮夷之邦"。从这些流露出惊讶、疑惑、赞许、哀叹的诗句中，我们不难感觉到当时社会观念正在发生改变的脉动。也许这正是文化交流所特有的力量。它往往凭借朴实无华的语言，蕴含着丰富的思想讯息，推动着落伍的传统向进步的文明演进。

参考文献

丘良任等编著：《中华竹枝词全编》（第七册），北京出版社 2007 年版。

（原载于《海交史研究》1995 年第 2 期）

试述中华文化的特质与社会的和谐发展

关于中华文化的专著篇章，可谓汗牛充栋，大多从不同角度论述中华文化的发端、背景、特征、价值、传播、发展、影响等。本文拟从这一庞大文化体系的多样性根源出发，剖析它的几种与海外文化显呈不同的特质，并发现中华文化对海内外社会之平和与发展起到的独特作用。

一、中华文化是多民族、多宗教长期 并存、互融的历史产物

（一）酿育古代中华文化的地理环境

和世界其他民族文化一样，中国文化在产生的早期阶段，在很大程度上受到自然条件尤其是地理条件的约束和影响。从整体地理环境看，上古人类大致分为农业民族、游牧民族和海洋民族。在典型的海岛条件下，人们生活与生产的空间较小，而海洋交通则较为便利，所以商业、贸易较发达，且易产生向外拓殖的动机和条件，这一特点直至世界近代史仍在突出地表现着。而在远离海洋及大江大河的高纬度内陆地区，由于气候条件的限制，农作物品种少，产量低，唯有牧牛羊为生最为便捷，由此而产生的游牧民族逐水草而居，生产生活资料较贫乏，群体移动性大，往往成为民族冲突的主动

者。古代西欧罗马帝国和东亚的汉晋帝国在同一时期内遭受着相同程度的游牧民族的入侵，而且此种入侵被认为是导致两大帝国衰亡的重要原因，这视为震撼世界古代文明进程的一个悲壮的历史现象。与海洋民族和游牧民族迥异，拨动农业民族的地理杠杆则为较适中，例如，有广大面积的疆域，温和的气候，较多的江河湖泊和适于耕种的土地，等等。充分的考古证据表明，远古至史前期，我们这个星球上出现了若干大文明发源地——巴比伦、埃及、罗马、印度和中国。其中范围最大、人口最多、成就最丰、延绵最长者，当推中华文明。

我们可以这样扼要地分析古典中华文明所处的地理格局：

1. 中国大陆横亘万里，两大河流横贯东西，中部平原辽阔，没有天然的屏障阻隔其间，因此在政治、社会、经济、文化、军事上都较自然地趋于统一，虽时有分割，但毕竟以和为主，且愈合愈广，愈合愈紧，以致即使北方的游牧民族南侵，或轻扰自退，或在极短时期内自行融合于中原主体民族之中。其他几个古典农业民族，均先后沦于外族入侵，一蹶不振。而中国始终保持自己的文化传统和完整体系，延续千年而不曾中断，这在世界文明史上是独树一帜的。

2. 在中国大陆的四周，有着对原始人类难以逾越的天然屏障——东南海域万里，西北沙漠戈壁，西南高原深壑，北临冻土荒原。这种在大面积内与外部世界隔绝的环境，使在这里生息繁衍的民族专心经营，不谋拓殖，更养成和平温顺、消纳异端之秉性。

3. 东亚大陆季风性气候，也对这里的民族及其文明产生影响。中国大多数地区处于温带，四季分明，林木繁茂，物产丰富，加之矿藏资源较多，使中国人最早发现并使用石油和煤炭，且早在公元前就发展了对后世影响很大的冶炼术、炼丹术。

4. 由于以上原因，虽然中国有二万公里的海岸线，也有悠久的航海史和辉煌一时的造船业，但中国民族依然以大陆为本，以海内为家。这里的人们安守故土，勤奋劳作，生息繁衍，宗族亲和，进而在多个地域、各种层次上形成互相依存的强大凝聚力。

（二）中华文明的构成和融合

民族是一个历史范畴，其发展经历了漫长的过程，中华民族只是现代意义上反映中国境内多部族融合的整体概念，而不是国内任何一族（如汉族）的扩大和代称，但它亦可以包括这一民族移居海外的部分。考古及文献研究表明，在新石器时代，中国氏族林立，族类繁多，依《史记·五帝本纪》，除炎黄居于河洛、江汉之地外，又有四大少数民族集团，即共工氏（流于幽陵而变"北狄"）、驩兜氏（放于崇山而成"南蛮"）、三苗氏（迁于三危而变"西戎"）及鲧氏（趋羽山而变东夷）。这几个大集团经二三千年的交叉、发展，至秦汉之时，形成了整合强大的中华民族，紧接着，在两汉、三国、两晋时期，又结合了匈奴、羯、鲜卑、氐、羌诸西北、东北民族，拓宽了农业民族的边界，尤其是唐代汉藏联姻，更具深远意义。其后，直至当代，在中国大地上，各民族的融合从未停止过，而最早出现于太史公笔下的"中国人民"，更是自古迄今地包含着数十个民族的共同特征。

（三）中华文化中的宗教构成

宗教在中华文化中占有相当大的分量，但与西方文化极大不同，主要是中国文化中的宗教构成极为复杂，不像西方及其他主要外族文化那样多为单一宗教，前者的宗教情绪也远不如后者那样强烈。中国本土产生的主要宗教当属儒教，但儒教又不是彻底意义上的宗教，更多的却是中华民族在思想道德和社会生活准则的集中反映。另有道教，但影响范围十分有限。

历史上，外国宗教如佛教、天主教、基督教、回教、祆教、景教等，先后传入中国，也在不同范围内流行过，但都没有成为国教，也不曾有其中一种成为中华民族的主体宗教（尽管佛教的信徒人数比别的宗教信徒多得多）。这在世界其他国家、其他民族来看，也是相当鲜见的。究其原因，主要可归功于本土文化的包容性和中国各部族几乎是与生俱来的亲和性，这种文化对传入中国的各种宗教均不排异，以至于形成民间的多神信仰，而在政治上则始终是帝王至尊，甚至地方行政长官也可凌驾于宗教之上。中国封建统治的专制性十分严酷，却从不限制臣民的文化倾向和宗教信仰（即使皇帝成了某一教义的信徒，他或她也决不强迫统治下的人们改变原有的教义），历代王朝的开科取士，只要求应试者按先贤经义破题立论，并不介意其尊奉的是孔孟之道，是列祖列宗，还是释迦牟尼、耶稣基督、安拉真主。人们对所信仰的宗教之敬重，主要出于自觉皈依的程度，可以终身矢志不渝，坚守教义，也可以根据实际不断地改变，有许多"双重教籍""多重教籍"者，更有大量无教籍者（实际上是信仰上无定式的、更贴近世俗生活的无神论者和多神论者）。这里，笔者想起早在公元 15 世纪初叶开辟中国至西洋航线的伟大航海家郑和，他本是一位专一的回教徒，但中华民族的宗教宽容性在他身上有着典型的表现。他第二次西驶经过锡兰时，曾立一碑（现存于科伦坡国家博物馆，北京历史博物馆有拓片），即举世闻名的郑和碑，正面刻有汉、泰米尔、波斯三种文字，各自的意思是向佛祖、向婆罗门教神毗瑟奴、向伊斯兰教真主表示敬意，并祈求平安。

这反映了郑和及其所代表的中国政府、所象征的中国人民对多种宗教的尊重，希望他们所从事的中外经济文化及政治的交流活动在多种宗教的氛围中得以顺利开展。这也正是郑和以后的历代中国人谋生海外所遵循的历史原则。

二、中华文化的几种特质

文化的涵盖广泛，在不同场合有不同所指，例如梁漱溟认为文化是"吾人生活所依靠之一切"，钱穆则说文化指"人类生活多方面的综合体"，或曰物质文明与精神文明的总和。这个概念较多地用于考古学或历史学，这是广泛的。也有狭义的，多指人的知识水平或单指文学、艺术。这里，笔者在文化的中间阶段取其义，即一个民族基本的思想意识形态，及受之指导的共同的日常生活行为及方式。中国文化的基本思想意识，或其基本精神，按张岱年的说法①，主要有四点：其一，刚健有为，即"自强不息"和"富贵不能淫，贫贱不能移，威武不能屈"；其二，平和中庸，即"和实生物""中庸为法"；其三，崇尚道义，经世致用；其四，天人协调，既改造自然，又随附自然。还有其他要素，但主要可归为以上几点。囿于篇幅，有关基本意识形态问题，这里不展开讨论，下面简述在这些思想指导下的人们较为共同的行为方式。

（一）勤劳节用，质朴俭约

这是中国先民早在洪荒时代就突显的美德，如精卫填海、女娲补天、神农尝百草、大禹治水、愚公移山等，其故事为世代传颂，其精神一直感染、激励着后人，成为在艰苦环境下开创事业的精神基础，不仅各个时期、各个民族的中国人对此坚守不渝，最突出的反映便是近代中国人为生计所迫移民海外，在上无片瓦、下无立锥之地的恶劣条件下，其生存、发展的唯一动力，便是与生俱来、溶在血液中的这种精神。遍阅世界各国华侨史，其开篇无一不是赤贫如洗和血泪斑斑，而他们超出常人的勤奋、自强与节俭，最终都赢得了包括排他性极强的民族在内的当地社会的容纳、认同以至融合。这一点，在世界其他民族的移民史上亦是罕见的。

（二）仁爱与中和

这是中国固有的一种道德内涵。

仁为孔子学说之核心，儒学视为"全德"。孟子提出"亲亲而仁民，仁民而爱物"，即由己推人，由人及物。墨家进一步主张兼爱，"视人之国若视其国，视人之家若视其家，视人之身若视其身"。仁爱这一主体，经数千年之久，遍海内外之广，一直随中华文化而传播、而弘扬、而发展，更是中华民族与其他民族沟通、共处的主要准则。

《中庸》曰："中者天下之本也，和者天下之达道也。致中和，夫地位

---

① 见张岱年《中国文化集刊》第 1 集，复旦大学出版社 1984 年版。

焉，万物育焉。"中和乃人伦之道，简单地说，它要求人们坚守正道，行不偏激，情欲平和，兼顾各方。这一点，朱熹在其《朱子语类》卷六十二中说得平常易解："中庸，只是一个道理，以其不偏不倚，故谓之中，以其不差异可常行，故谓之庸。"实事求是地说，中庸不光是旧时中国封建统治者、士大夫执着推行，亦被当今各层明智的领导者、各界人士所渐多采纳；不仅在中国大地上得到传扬，更是海外华侨华人在陌生、复杂环境下生根、成长的行为法宝，甚至构造了他们中的精英在异域团结友族、建邦立国的基本方略。

（三）合群团结，以德处世

中华文化贵群体凝聚，倡道义相待。"天时不如地利，地利不如人和"之理，几乎每个中国人都详解能诵。亲仁善邻，德洽乡里，是中国的千年民风，也是维系这个多民族大家庭的社会纽带。当中国人远离故土谋生海外时，尤明此理。梁启超析之曰："人所以不能不群者，以一身之所需求、所欲望，非独立所能给也，以一身之痛苦、所急难，非独立所能捍也。于是乎必相引、相倚，然后可以自存。"[1] 章太炎洞察近代中国饱受俄英美等列强凌辱之根本，"惟不能合群以张吾学故"[2]，因而更有"合群分明，则是以御他族之侮"之呼吁。

合群团结，毕竟还是封闭的体系，而交友善邻，才可以共同进步发展，这也是中国独特的历史传统。作为一个泱泱大国，即使是在中世纪辉煌、强盛之时，中国从未侵略奴役过邻邦友族，郑和船队七下西洋，威震四海，除了联络友邦、交际经济之外，并未谋求一寸疆土。对此，西方历史家、政治家、军事家大惑不解。实际上，只要明了中国人的此种文化精髓，便也不足为怪了。明清之后，中国人移居海外者渐增，当然多数属寄人篱下，小心求存，但其中亦不乏成就卓越、超然出世之雄才和群体，而无德乱世之大局却

---

① 梁启超：《饮冰室合集》之四，中华书局1984年版。
② 汤志钧编：《章太炎政论选集》（上），中华书局1977年版，第9页。

从未出现。究其根源，莫非如此。

（四）改造自然，人定胜天；顺应自然，轻松随和

中国自远古就十分注意在人与自然之间寻找一种协调和平衡，既强调人对自然的了解、尊重"天地与我并生，而万物与我为一"①，又强调对自然的驾驭和改造"人强胜天"②："天之所能者，生万物也，人之所能者，治万物也"③。尽管在不同的历史时期中国的思想家、哲学家对这两者之间的关系侧重不同，或者更多的是潜心论证"天不变道亦不变"，但对于历代直接参与生产实践的劳动人民乃至科技人士来说，却并没有受到思想的约束和禁锢（这一点与西方中世纪宗教绝对统治时期形成鲜明对比），换言之，中国人对客观世界的认识与改造几千年来不曾停顿或滞缓过。这大概便是所谓"华人聪慧说"的历史基因。事实也证明了这一点。只要社会稳定，政治升平，无论在世界的哪个角落，中国人的才智和成就往往总是上流的。

在人与社会（或人与人相处）的关系上，中国文化则表现出一种特有的随和性，保持着"顺其自然"的宽松心境（这里"自然"指的是主观世界和人的思维与情感）。例如，中国人较其他民族更爱交友，热情好客。"四海之内皆兄弟""有朋自远方来不亦乐乎"是妇孺皆知的。朋友熟人之间不言利，讲究礼尚往来、人情世故，决无西方民族那种"人情如纸"的淡薄。由于互相交往较多，一般性的礼仪也就较为简洁、自然。此随和性就像一种润滑剂，消弭了冲突，增进了社会的和谐。

（五）淡己尊他，谦敬礼让

这也是中华文化区别于其他文化的一大特质。"贵人而贱己，先人而后己"，"宁人负我，无我负人"，"躬自厚而薄责于人"，"待人要丰，自奉要约，

---

① 《庄子·齐物论》。
② 《逸周书·文传》。
③ 刘禹锡：《天伦·上》。

责己要厚，责人要薄"，"己所不欲，勿施于人"，①这类名言警句充斥古今典籍，而为广大国人所遵循。在自谦与敬人方面，中华文化表现得尤为突出。中国人将谦虚视作美德，语言文字中谦词敬词甚多。如在提到自己时，总是很谨慎，不是"鄙人"，就是"拙作"，不把自己的观点说得太满，有成绩总是归于集体或领导；对别人则恭敬有加，问别人姓名用"贵姓""尊姓大名"，称对方父母用"令尊""令堂"，称对方单位总要冠以"贵"字。诸如此类，虽是不成文的约定俗成，看上去也似乎有点繁琐细微，但实际上在人群中默默地酿造出一种宽广豁达的美好人格和昌济和睦的社会正气。

（六）除淫崇孝

中华文化对淫十分禁忌，而对孝则最为崇尚。这一点又与西方文化有很大的不同。淫之所以为万恶之首，远在中国古代就有着人类学的科学成分，因为它带来的直接后果便是血缘关系的混乱。同时，也是破坏家庭结构、导致社会不安的最大祸根。因此，淫历来为华夏各族及其文化所不齿。而孝在中国古今的社会、家庭、伦理、思想等传统中居于主要的地位，被视为延续祖宗生命与传统的唯一形式，故有"不孝有三，无后为大"之训。儒学最高道德准则"天地君亲师"中，最核心的便是"亲"，即孝，其形式已不是简单的养亲，更在乎敬亲、爱亲、尊亲，而且由家庭扩至家族、宗族，再至社会的方方面面，所以对每一个中国人来说，几乎都有一个由亲属、族人、同宗、同乡、师长、朋友组成的密切的人际关系网，从而形成特有的社会关系基本模式。在中国语言中，表达亲属关系的词汇特别多，而且经常用家庭的称谓来称呼别人，用高一级称谓来称呼平级甚至低一辈的人，以表示尊敬、客气和热情，而且的确起到亲近、和善、尊重、爱护和扶持共事的积极作用。西方民族的成员，几乎在一切场合、对一切亲属（甚至父母）都可以直呼其名，这对中国人来说，最多可以理解，但却是难以吸纳的。

---

① 　分别见于《礼记·坊记》，《晋书》卷一二九，董仲舒《春秋繁露·仁义法》，吕坤《续小儿语》，《论语·卫灵公》。

（七）尊师重教

中国古代以德教为治国之本，重教也成为中国突出的文化传统，主要表现在两个方面：

其一，劝学。无论天子还是庶人，均以勤学修身为本，即所谓"建国君民，教学为先"[①]。苏秦发愤刺骨、匡衡凿壁偷光、车胤囊萤照读、王育折蒲学书等古人勤学的故事，几乎为每个中国儿童所必读能详。在中国文化圈中，家长为子女读书不惜破财弃家，孩童奋发求学辛苦万状，其历史之久远，其景象之壮观，堪称天下之最。无论其中可能有多少弊端，但对优秀传统之继承，对知识文化之昌明，对社会进步之作用，是应当大加肯定的。

其二，尊师。中华文化中"天地君亲师"[②]并提，将师放到极高的地位上。"师严然后道尊"这一道理，深植于每个中国人的思想中。韩愈的一篇《师说》，成千古佳作，不在其文采，而在其师道。在西方，最严肃的地方是教堂，在中国，最严肃的地方是课堂。这恐怕也是中西文化之大不同的一个典型表现。众所周知，教师所授之业，往往代表着一个民族、一个国家的文化主流和方向。因此，尊师重教，只能推进这个民族、这个国家的发展。从这个意义上看，尊师这一文化特质，在任何社会背景之下，都会是一种积极的因素。

（八）以言会友，以友辅仁

中国人较之其他民族，更重交友，也善于交友。比较特有的一点，反映在交友之初以及平时相会的话题上。中国人初次见面总是相互问对方的个人或家庭情况，与熟人见面也常问些私人的事情，而不是像许多外国民族通常只用固定的几句招呼语，交谈也局限于天气之类的话题。这里反映出完全不同的文化背景和民族特性。西方人无论初次还是熟人见面，使用着永恒不

① 《礼记·学记》。

② 《礼记·学记》。

变的那几句程式化的词语，纯粹是为了打招呼，毫无深入交谈或交友的意思。而中国人则不同，见面总是先根据对方的状况顺势发问，对方酌情回答，可简可繁，即使是一句"去哪儿"，也足以引出一个内容丰富的话题，用餐前后问一句"饭否"，表达的不仅是问候，更有一丝关怀和体贴。首次见面者，问一些轻松的个人情况，决无"管闲事"之嫌，其中的文化内涵却是深厚的，因为在交际时，总要以别人的情况与自己相映照、比较，例如了解对方的年龄、职业、家庭、教育程度等，以判断对方的兴趣所在，找到进一步交往的共同点。在西方人看来，中国人在一起，哪怕是旅途中的同路人，话总是比较多，而且越来越热情，越来越投入，是难以理解的。其实他们不理解的是这种映照性的文化特点，而不是这种现象本身。人们多交一个朋友，社会便多了一份仁爱。"四海之内，皆兄弟也"，反映出中国古代朴素的大同思想，其中交友的分量是极重的。以言会友，以友辅仁，不失为中华文化的一缕异彩。

三、中华文化在海外的传播及其贡献

随着人口的迁移，文化也在相应的范围内流动着，愈是优秀的文化，其流动性愈强；反之，比较落后的文化，或某种文化的糟粕、低劣部分，则往往局限于产生它的本土，难以外传。文化流动还有另一个条件，即受容民族的接受程度。文化之优劣并非单方所能决定，更主要的是受方的选择。强加于人的文化，是不可能久远的。同时，真正优秀的文化，也决非闭关锁国所能彻底排拒的。因此，只要回顾中国文化的传播及其对各地社会进步的影响，这种文化的价值也便不言而喻了。

（一）中华文化对欧洲的影响

中西交通的历史，可以追溯到秦汉之前，最为著名的便是陆上、海上的丝绸之路。公元 3 世纪，中国烧瓷技术已臻成熟，之后，丝绸之路又被称为陶瓷之路。至于中国四大发明的外传及其他生活、文化产品（如药品、矿物、真漆、茶叶、雨伞、风筝等）的西输，不断地改变着西人的社会生活。更重要的是中国文化的传播。较早的有马可波罗介绍其中国见闻，引起罗马世界的轰动。明清以后，西方传教士大量翻译中国四书五经在欧洲刊行，系统介绍中国儒家思想和文化特质。17世纪欧洲最博学最权威的哲学家莱布尼兹（Leibniz）几乎对中国哲学崇拜得五体投地，他惊叹地说："我们从前谁也不相信在这世界上还有比我们伦理更完善、立身处世之道更进步的民族存在，现在从东方的中国，竟使我们觉醒了。"他忠告欧洲社会："我们目前已处于道德沦落难以自拔之境，我甚至认为必须请中国派遣人员，前来教导我们关于自然神学的目的和实践"，他认为："中国是一个大国，它在版图上不次于文明的欧洲，并且在人数上和国家的治理上远胜于文明的欧洲。在中国，在某种意义上，有一个极其令人赞佩的道德"。他甚至承认，他的伟大发现——现代计算技术的基础二进制竟远落后于中国人几千年[1]，因而古代中国人不仅有忠孝道德的完满成就，而且在科学方面也早就超过了近代欧洲人。

18世纪法国著名思想家伏尔泰（Voltaire）对中国文化更加赞扬，他的自然神论的基本特征便是孔子的"己所不欲勿施于人"的道德规范。霍尔巴赫公然宣称："欧洲政府必须以中国为模范。"[2] 欧洲的哲学界普遍认为："如果中国的法律变为各国的法律，中国就可以为世界提供一个作为方向的美妙境界。"[3]

至于中国古代工艺、美术、文学在欧洲的传播和影响，内容更是博大，限于篇幅，此处不赘。总的来说，中国文化的许多基本构成及其产生的物质形式，对欧洲古代至近代社会发生的影响是广泛而深刻的。

---

[1]　[德] 莱布尼兹：《致德雷蒙先生的信：论中国哲学》，庞景仁译，《中国哲学史研究》1981年第3—4期。

[2]　沈福伟：《中西文化交流史》，上海人民出版社1985年版，第86页。

[3]　[德] 利奇温：《十八世纪中国与欧洲文化的接触》，朱杰勤译，商务印书馆1962年版，第82页。

（二）中华文化在东亚的传播和影响

朝鲜与中国接壤，文化的接触也较直接和便捷。中朝间的交流，在《战国策》《山海经》《史记》中早有记载。儒家学说的典籍几乎全都在朝鲜流传，甚至被定为"国学"，忠孝思想逐渐融入朝鲜民族的"新罗精神"，而且历代都发现了大量儒学师宗。实际上，朝鲜半岛的传统文明浸透了中华文化的精髓。

日本早在信史开端就大量吸取中国各种文化成就。公元 7 世纪的大化革新，实为全盘唐化，其政治制度、地方建制、农工赋税、文字学术、宗教信仰，甚至衣冠文物，尽以中国为典范，为日本后世社会发展打下了深厚基础。日本遣唐史的队伍延续 260 余年之久，这些硕学大师，不懈地倡导儒家忠孝仁爱、信义和平、纲常名教等思想观念，形成中外文化交流史上的壮观景象。

中华文化在朝、日等国的影响至深至远。1994 年，韩国著名学者安炳周教授在纪念孔子诞生 2545 年学术研讨会上说：儒家思想对韩国现代化和经济发展是起促进作用的，因为儒家思想对人的积极向上、奋发自强上进精神的养成，对人的道德修养、自我人格的完善起到了积极作用。日本沟口雄三教授认为：儒学的作用在于其强调对整体负责的精神，这是日本战后经济腾飞的一个重要原因。[①]

（三）中华文化在东南亚的传播及影响

中国古代与东南亚各国的交往虽不如朝鲜、日本那样直接，但亦相当密切、久远。

越南，中国古代文献中称越裳国、交趾，汉代在彼处置郡，两千年来与中国一直保持亲密关系，尤以文化互补为重，从典章制度、伦理思想、文字艺术，乃至风俗民情，莫不如此，儒家的礼义忠信孝悌等道德观、文化观

---

① 许肇琳：《海外华人与中华文化的传播》，《华侨与华人》1997 年第 1 期。

一直伴随着越南民族文化的发展。黎宪宗于景统二年（公元1499年）颁发诏书，博引中国经典，作为德治和正风俗的依据，历代王朝均强调以德治国，以忠孝为纲，提倡温良恭俭。

柬埔寨在中国古籍中称真腊、扶南，三国时朱应、康泰出使彼地，滞留多年，此后中国文化大量入传，对当地几乎起了移风易俗的作用，大大推动了该国的社会经济发展，两国交往频繁，关系一直友好无间。

泰国古称暹罗，历代与中国交往频繁友好。中国人至少在明代已大批流寓于此，主要从事商业活动，亦不乏以农业、渔业为生计者，他们带来的文化传统和生活习俗，深深地影响着当地土著民族，赢得暹罗人民和王廷的信任、尊重，不少华人被委为国家重臣，或担任各类地方长官。明清以来，暹罗赴华朝贡使团频频不断，其中大批要员（如贡使、副贡使、通事等）均为华人，可以说，他们在泰国的经济发展和对外贸易中占有特殊地位。特别值得一提的是，泰国将佛教的三宝与郑和联系在一起，设三宝庙，香火鼎盛，当为中国文化发扬于此的象征。

中国与菲律宾仅巴士海峡之隔，民间往来甚久，《宋史》中已有记载。据《岛夷志略》，元代时，菲岛居民到泉州贸易，因"习俗以其至唐（中国），故贵之也"，中菲两国政治、文化、经济关系历代保持密切，史不绝书。

马来西亚是中国古代航海家最早抵达的海外国家，也是中国西汉时期通往印度、西亚、非洲远洋航线的枢纽之地，成为历代东西经济文化交流的交通要道。明初郑和七下西洋，先后五次到访马六甲，此处更成中国丝绸、瓷器、布帛、药品及其他物资的集散地。同时，精神文化的传播也从这里向南洋各地展开，各种手工业和农业技术极大刺激并推进了当地的经济发展，有些地区的人民生活习惯、生活方式几乎与中国一样，语言中也大量借用汉语发音。据说，在印尼爪哇，有著名的三宝洞等郑和遗迹，三宝垅之地名，便由此而来。

正是由于这些历史的和文化的原因，明清以后，大量中国人移居到东南亚各地，上百年来，这些华侨华人有意地保存了中华文化，也无意地传播了中华文化。不可否认，在经历了漫长岁月的冲刷磨砺之后，这种局域的文化可能在适应所在地社会的过程中发生许多变化，吸收大量当地文化的内容，从而成为越华文化、菲华文化、马华文化，这既是文化的变异，也是文化的发展和进步。同样地，在中华文化所到之处，无不产生与当地文化自然嫁接的现象，随之可见中国农工技艺、建筑造船、医药卫生、饮食服饰、文字语言、思想伦理、生活习俗、天文历法等等对当地社会的发展进步起到的巨大作用，而且深受当地各族人民的欢迎。在当今的海外华侨华人社会中，不论其移民历史多么久远，我们仍可看到种种中华文化的特质，在承传，在发扬，在支撑着他们一代又一代后裔的文化精神，帮助他们在自立、自强的同时，与当地民族共同建设多元文化的家园。在这一点上，与以西方文化为代表的、以侵入歧视统治为目的的文化相比，中华文化从其主流和整体上说，堪称是世界最文明、最和谐、最具友谊和善和奉献精神的"融合性文化"。对于这样的文化，任何开明的社会，有什么理由不去张开双臂欢迎它呢？

（原载于《汉字文化》1998 年第 3 期）

从威宁石门坎现象看清末基督教入华的文化作用

2016年出差贵阳，与老同学会面时，谈到百年前在贵州威宁石门坎村的一个与英国传教士有关的事件和文化现象，我很有感触，可惜无暇前往，仅做了一点间接的了解。虽然自己并未取得田野调查的第一手资料，但激发了学术研究的一些兴趣。我觉得，把这种现象放在全球视野下，放在中外交往的历史长河中去观察，也许有更为深刻的意义。

一、石门坎和柏格理现象

石门坎位于贵州省西北角与云南昭通交界的高寒山区，离贵州最为贫困的威宁县城还有140公里，堪称是中国最为偏僻的山村。石门坎得名于"一夫当关，万夫莫开"的石门，这里有雄伟的层层山峰，有茫茫云海，有千奇百怪的悬岩和溶洞，有多姿多彩的初始苗族风情。这里是苗族世代生息之地。百年前，这里只有18户苗民，他们还处于结绳记事、与世隔绝的蛮荒时代。

光绪三十年的某一天，千百年平静如水的原始山庄突然来了一位眉清目秀、高鼻深目的洋人，他并非游客，亦非路人，而是到此安家落户的英国教士。不难想象，这在当地引起的轰动，不亚于见到外星动物。

第一次休假中的塞缪尔·柏格理

1910 年在石门坎举办的运动会，是西南地区最早的群众运动会

石门坎的历史文献这样记载这位不速之客：柏格理（Samuel Pollard，1864—1915）是英国基督教卫斯理公会循道公会的成员。①

据载，循道公会在中国提倡通过办文化教育和慈善事业来推动宗教的传播，提出"哪里有教堂，哪里就有学校"之主张。

柏格理在他弱冠之年（23 岁）受教会之派，东渡来华，先到云南昭通传教，后被邀请前往贵州境内的石门坎，时年 32 岁。从文献上看，他首先是牧师，但在石门坎承担得更多的是教师和医师的职责，这显然符合该教会的宗旨。

柏格理到石门坎后，即勘查地形，熟悉民情，融入苗社，学习苗语。次年，在他带领下，石门坎建起了教堂，创办学校，这是威宁县第一所新式教育的学校，取名"光华小学"，按全国统一课本教学，且首开男女同校之先河。他穿苗衣，说苗话，和气迎人，谦让恭敬，深受苗民爱戴。此后，石门坎连续建设了中学、游泳池、运动场、孤儿院、供水设施，药房等数十所不同功能的专门设施。石门苗寨的办学很有特色，每年学校举办体育运动会，深受民众欢迎，以致演变为当地民俗。

---

① 循道公会（Methodist Church），18 世纪产生于英国，基督教新教卫斯理 Wesleyans 宗教会之一，1851 年由英国传入中国。

从历史文献资料上看，石门坎地区苗族之所以很快脱离文盲境地，成为苗区文化教育的高地，主要得益于英国教士实施的平民教育。此后，石门坎这个名不见经传的小村，竟在全国最贫困的省份里最贫困的县份中最边缘的荒蛮之地，以鹤立鸡群之势，成为一个文化、教育的高地，而且人才辈出，经数十年而不衰。

二、在柏格理主持下，百年前石门坎在社会发展方面的主要成就

柏格理亲自创制了苗文，结束了苗族无母语文字的历史。这种文字以石门坎语音为滇东北方言区的标准音，在川滇黔苗族中广泛传播，至今在贵州苗乡还在使用。

100年前创办乌蒙山区第一所苗民小学，是贵州第一所六年制的新式学校。后来又兴建威宁县第一所中学，也是西南苗疆第一所中学。之后的四五十年间，这里走出了数百名苗族大学生、研究生，还有2名卓有成就的博士。值得我们刮目相看的是，

柏格理主持修建的光华学校旧址

这些土生土长的苗族知识分子，学成之后，并未留恋大城市，大多回到石门坎，继续前人的事业，培养出一代又一代的苗族人才。

中国第一个倡导和实践汉苗双语教学的学校，还在一定程度上推广了英语，该校当时用三种语言（苗文、中文、英文）命名。据说至今一些石门坎的苗族老人还能说几句伯格理时代的英语。该校甚至还出版了苗文报纸——《月月新》。

石门坎的小学和中学，堪称中国近代开男女同校先河之学校，这在百年前中国的大城市也难以想象。

石门坎被称为贵州足球的摇篮，后来贵州的足球运动员相当一部分出自石门坎。在柏格理倡导下，石门坎的端午节以全民运动会的形式来表达民族情结，此俗延续至今。

柏格理时代修建的学校足球场遗址，此为西南地区最早的足球场

柏格理夫妇在石门坎民间广泛接种牛痘疫苗，控制了乌蒙山区的天花病，这在当时中国大城市也未能实现。

创建乌蒙山区第一个西医医院，也是国内第一所苗民医院。柏格理的妻子埃玛·韩素音（Emma Hainge）是一名护士，她与柏格理一同来到云贵高原，定居生子。

韩素音在石门坎负责医护工作，他们家就是诊所和药房。她不分贵贱，不厌烦劳，爱民如亲，救死扶伤，在这极贫极寒的苗族地区，实施免费治疗，被誉为"爱的使者"。

在他们夫妇的感召下，1926 年，光华小学毕业生吴性纯从成都华西大学医学院获得医学博士学位，他毕业后立即回到石门坎从医，将柏格理夫妇的药房扩建为"石门坎平民医院"，其英文院名就叫"Pollard Memorial Hospital"。

中国境内首次发现和报告地氟病的地点在石门坎。这在中国流行病学领域里是一个奇迹。

创办中国最早的麻风病院，其意义不仅在于对这种疾病的治疗和预防，更具现代意义的，是提升广大民众的知识水平和博爱精神，动员社会给饱受摧残的患者以人道主义关怀。

柏格理亲自改造了苗民原始的三点式烧柴烹煮模式，石门坎人现在还普遍使用柏格理式的节能高效炉灶。

1907年，柏格理在石门坎召开了一次有关苗族社会改革的会议，参加会议的有各地苗族80多名代表。共同讨论了苗族宗教、婚姻、生活习俗等问题，并提出一些改革方案。如：大力提倡勤奋节俭，反对铺张，尊重自然，克制邪念。决定创立"节制会"，严格限制信徒抽烟酗酒；创建"改良会"，以西方基督文明的习俗为准绳，施行一夫一妻制；把结婚年龄从历史传统的十四五岁延迟到女18岁、男20岁；禁止多妻、纳妾，割除了抢婚、逃婚等诸多民族陋俗恶习。柏格理甚至具有先见之明地倡导互助合作性质的储蓄会、公益场，启动集市贸易，发展当地农村经济。

这次会议对石门坎的社会进步起到极大的推动作用。可以说，当地民族素质的迅速改变，与基督教信仰与纪律的约束有很大关系。

1915年秋，伤寒病（"黑病"）在石门坎肆虐，不少人外出躲避瘟疫，但柏格理却一直坚守在石门坎救护病人，不幸受到感染，救治不及，于当年9月15日逝世，时年仅51岁。消息传出，苗族民众均为之哀痛不已，石门千人痛哭，守灵多日不愿离去。柏格理被安葬在他生活了28年的中国

柏格理和高志华的墓，"文革"中被挖掘一空，墓碑幸存

异乡，他的英名在云贵山区苗民中传颂，几乎成了"孔子"的化身。在石门坎的西北角有用石条相砌的柏格理、高志华、杨雅各等教士墓，石条镶嵌的墓碑上，刻有中、英、苗三种文字。

柏格理和一批传教士的人格力量和献身精神，在当地产生巨大社会感召力，超越民族边界，导致川滇黔苗族、彝族和汉族大规模皈依基督教。据载，20世纪40年代，川滇黔边区约百分之七八十苗族信奉基督教。但并非所有的苗族都信仰基督教，大约20%至30%的苗族仍坚持信仰原始宗教不信基督教。苗族芦笙、芦笙舞蹈、苗族古歌、情歌便是由这部分不信教的苗族传承下来的。这也说明当时当地的宗教信仰是有相当宽容度的。

柏格理去世了，但石门坎改革、进步的脚步并未戛然而止，并且逐渐走向辉煌，被后世誉为20世纪初"西南苗区最高文化区"，一直延续到20世纪50年代初。

柏格理的事迹感召了整个英国循道教会，他因此与英国国教卫理宗（Methodism）的创始者约翰·卫斯理（John Wesley）齐名，被誉为圣公会的五名使徒之一。

三、后柏格理时期的石门坎

柏格理去世后，英国牧师张道惠（Rev. Henry Parsons）、王树德夫妇继承了他的事业。以后又有高志华、易理凡、穆博理、石崇德、邵泰清、张继乔等英国传教士在石门坎传教从业。张道惠主持了石门的实业教育和公益事业。这些英国教士们从提高苗民的教育程度入手，推动并实施了社会和经济改革，在当地成立了实业推广部，如：对苗族传统的纺织机进行改造，提高效率数十倍，民间沿用至今。还建立了试验农场，引进了西方的土豆、玉米、棉花、小麦和良种猪，在当地培养了大量的农业技术人员，把优良品种带回到自己的寨子推广。

还有一个值得注意的情况是，在20世纪初，石门坎与西方的联系是颇为频繁的，据说海外的邮件，只要写上"中国石门坎"字样，信函和包裹均能准确送达。这说明，当时石门坎的英国教士与欧洲国家的联系是颇为频繁的，不仅有普通信件往来，更有大量各种物资的交流和输送。从文献记载中知道，1949年后，英国教士相继离开中国，英国教会对石门坎教会、学校、医院、麻风院、孤儿院的津贴和各种资助随之中断。可见当时柏格理等人在石门坎的工作是得到英国教会的直接帮助的。

百年前的石门坎，俨然成为西南山区的教育中心、医疗中心、文化中心、商贸中心。当时的诸多改革成果至今还影响着石门坎人的生产和生活方式。

我们还注意到一个有趣的情况，柏格理及他的继任者扎根极其贫困落后的高原山区，给当地苗族社会的生产和生活方式带来了一系列重大改变和提升，如推广良种农业，兴建毛纺厂，筹建生产合作社，修建麻风病院、孤儿院，植树造林，修建乡村公路和赈灾救济。这些做法，与当今国际组织在欠发达国家推动的乡间发展计划如出一辙，也与我们现在各级政府实施的"扶贫脱困"计划十分雷同。区别在于，我们政府部门分派任务的扶贫，几乎没有一位干部能像伯格理那样在十余年如一日地驻守于斯，真心实意地与贫困农民融为一体，直至献出生命。在扶贫助困方面，石门坎不仅堪称先驱，而且这种机制上的区别也值得我们深思。

四、基督教来华传播的回观和思考

基督教来华传播的历史久远，学术界大致将其进程分为四个阶段。

1. 发端于唐朝来华的景教。叙利亚教士阿罗本于贞观年间抵达长安，太宗在宫中接见，详询教义，允其留住长安，研究中西教义。

之后的几位皇帝，皆对景教十分怀柔，以致各地纷纷建起了景教寺，发展教徒也较为顺利。此好景维持到9世纪中期，唐朝对外来文化失去了信心，公元845年，唐武宗灭佛，殃及景、祆等教。此后，基督教在中国消失了几百年。

大秦景教流行中国碑

1981 年在扬州发现的元代基都教忻都妻也里世八墓碑，碑文刻有汉文、古叙利亚文

2. 及至元初，也里可温教（蒙古人对基督徒的称呼）渐缓入华，1275年，马可波罗随其父兄抵达大都，受到元世祖高规格会见接待，同行的来使中，许多是基督徒，对该教传播起到推波助澜之作用。1294 年，方济各教廷特派教父孟德高维诺（Giovanni da Monte Corvino）抵达大都，成宗准其在大都自由宣教，"天主教"之名，即始于此时。

但囿于元朝的种姓等级制度，当时西教之传播仅限于上层蒙人圈子，而与处于最低阶层的汉人和广大中原、南方社会无缘。故至元亡，西教随即消失。

3. 以利玛窦为代表的天主教士入华，是明清西方宗教对中国影响最盛的时期。

1601 年，利玛窦携西洋历法、自鸣钟、万国图、西洋琴等异国巧物入京，令明神宗刮目相看，安排其在京定居。利氏以其丰富而新奇的西方学识，结交并影响了一大批中国士大夫，包括徐光启等朝廷高官，由此带动了中国传统产业与西方科学技术的真正结合，包括一些民本思想、平等理念，乃至西方医药、风俗习惯等，都通过教会或教育的途径，采取"与中国实际相结合"（"耶儒合流"）之方式，以及大量翻译西方思想、文化、学术、科技书籍，大范围、深层次地影响中国政界和民众，包括广大的乡村农民（本人甚至怀疑教会总部对中国传教有"农村包围城市"之战略）。

《几何原理》中的利玛窦与徐光启

当然，这为西方教会在中国的进一步传播、扩散奠定了社会基础。虽然清雍正有"禁教"之策，但天主教在中国已经根深蒂固，一直在民间坚持和发展。

4.第一次鸦片战争之后，中国与英、法、美、德等签订一系列不平等条约，这些条约大多与基督教传播有直接关联，也在很大程度上为西教在华扩张提供了更为便利的条件。

义和团运动后，罗马教廷汲取教训，研究中国社会实际，对在华传教士的活动

利玛窦（1552—1610）

做了一些规范，在策略上做了必要的调整，如要求传教士们要少管或不管教徒诉讼的事；1903 年 8 月 31 日英驻华公使馆根据英政府训令发出"通报"，禁止各地传教士直接到官府为教徒事进行干涉，避免再引起教案，如确有必要，须经由本国驻华领事与中国官府交涉。[1] 1907 年举行的基督教传教士

---

① 　顾长声：《传教士与近代中国》，上海人民出版社 1991 年版，第 251 页。

大会曾通过一项决议，要求传教士要经常告诫中国教徒做忠心的国民，要尊敬他们国家的统治者，要爱他们的国家，要按期纳税。[①] 之后，罗马教廷又多次发出通谕，要求教会不要干涉政治，传教士要尊重中国政府。应该说，这些重大的政策性变化，对在中国传教和推行西方文化是有积极意义的。

本人认为，清末至民国时期是基督教在华推进的又一个高潮期，似可视为第五个阶段。

清末至民国，基督教的传播在形式上渐渐地与殖民主义武力入侵分离。首先，西方教会对在中国传教的方式是教育和慈善活动先行，提出"哪里有教堂，哪里就有学校"的主旨。

笔者认为，光绪三十年（1904 年）是一个重要的转折点，是年，中国科举考试制度寿终正寝，而自身的教育体系来不及形成，这便为教会创办新学提供了宽松的社会空间和有利条件。各地教会的会士们纷纷把近代西方的教育体制和一些课程内容传到中国，一律推行西式教育体系，课程除了中国传统经义之学外，加入许多现代科学知识，教程涵盖数学、医学、天文、地理、宗教、伦理等。教育层次从小学开始，直至中学、大学。在此期间，基督教会在中国开办了 13 所大学，罗马天主教会办了 3 所，其他教会办了数百所中学和更多的小学，加上入学条件比较宽松，方便普罗大众子女入学。再以石门坎的光华小学为例，柏格理去世的那年，这所地处偏远的学校在校生竟达 400 人。研究表明，这些中西结合式的各类、各级学校，对中国的现代教育和科学技术的进步，产生了奠基性的重大影响。

学术界对这一历史现象的研究很多，但在政治观点上又多持批评态度。归纳起来，大致如下：近代以降，西方列强在以炮火轰开中国大门的同时，还力图通过传播西方宗教（尤其是基督教），在精神上征服中华民族，国人在精神上面临极大的痛苦、失落和摧残，中国文化受到巨大冲击，世界上不仅有孔夫子、皇帝天子，还有耶稣和上帝。受儒教熏陶两千多年的中国人，对西方文化由疑惑、抗拒转向接受，继而效仿、皈依，进而慢慢接受西方的

---

① 《基督教在华传教百年大会记录》，上海美华书馆 1907 年版，第 393—403 页。

价值观，逐渐地改变了自身的传统，自杀式地走上被奴役的不归之途。而西方传教士在这一历史性进程中起着推波助澜的作用。

诚然，西方教士来华传道布教，固有其自身利益和诉求，但如果简单地将其归结为对中国发动"精神战争"，侵占中国市场，刺探中国信息，或吞噬东方传统文化，最终达致奴役亿万中华民族之罪恶目的等等，显然是有失偏颇的，也是不科学的。

柏格理夫妇和其后的数名英国传教士，在短短的二三十年里，把一个处在世界边缘的、近乎原始的千年苗族村落，改变为一个文明进步、教育发达、秩序有度的社会，正如《贵州苗夷丛考初稿》里说："四十年来大花苗之进化一日千里"，这实在是一个文化史上的奇迹。

石门坎苗寨文化教育和社会发展的案例，较为典型地说明了当时欧洲基督文化在中国乡村传播和发展的过程，以及中西文化交流的实际效果。中国社会科学院社会人类学研究所沈红博士曾几度到石门坎调查研究，在她的书中提出了一些问题，是令人深思的。

有意思的是，胡锦涛在 20 世纪 80 年代任贵州省委书记时，曾特别调研和关注过石门坎现象，高度评价柏格理的事迹，以此来教育共产党的干部。[1] 2005 年，他任总书记后，还特别要求时任贵州省委书记的钱运录"一定要去石门看一看，给石门一些帮助"[2]。

我们希望有更多的学者以全球化的眼光和信息时代的技术，对近代基督教在中国的文化、教育活动再做一些考察和反思，对其中的规律，其本质所在，以及对中西文化交流的作用，开展更加深入的研究。

参考文献

[英] 柏格理、邰慕廉：《在未知的中国》，东人达译，云南民族出版社 2002 年版。

东人达：《滇黔川边基督教传播研究》，人民出版社 2004 年版。

---

① 李东升：《石门坎遗址拾零》，《威宁新闻》2005 年 1 月 14 日。
② 《威宁报》2006 年 11 月 12 日。

傅兰雅著，江南制造总局翻译《西书事略》，转自汪家熔《中国出版史料》（近代部分）第一卷，湖北教育出版社 2011 年版。

顾长声：《传教士与近代中国》，上海人民出版社 1991 年版。

李昌平：《柏格理留下的精神和遗产》，《中国民族》2007 年第 1 期。

李喜所：《两次鸦片战争时期传教士在华的文化活动》，《福建论坛》2001 年第 6 期。

秦和平：《基督宗教在西南少数民族中的传播史》，四川民族出版社 2003 年版。

沈红：《石门坎文化百年兴衰——中国西南一个山村的现代性经历》，沈阳万卷出版公司 2006 年版。

王大卫：《寻找那些灵魂》，香港文汇出版社 2010 年版。

魏源：《海国图志》，中州古籍出版社 1999 年版。

徐继畲：《瀛寰志略·凡例》，上海书店出版社 2002 年版。

于可主编：《当代基督新教》，东方出版社 1993 年版。

司德敷等编：《中华归主（上）——中国基督教事业统计》，段琦译，中国社会科学出版社 1985 年版。

张坦：《"窄门"前的石门坎》，云南教育出版社 1992 年版。

（本文为中国中外关系史学会 2014 年年会上做的专题报告）

清末中美关系与美国华人问题侧观

——基于崔国因《出使美日秘日记》之浅读

　　年前，在西安交大档案馆查阅资料，无意中翻到一部馆藏光绪二十年（1894）版旧籍——崔国因著《出使美日秘日记》（以下简称《日记》），因是第一手资料，而且以前专门研究甚少，故饶有兴趣，遂检阅之。粗读后，有不少感受，一是增加了对早年中美关系细节的了解，并非像以往历史教材中所宏观描述的那么简单；二是感觉最初华人赴美与美人来华，乃互动关系，在政府态度上基本对等（但人数是中国明显出超），中间出现障碍与美方苛例，原因复杂，应予区别、分析；三是尽管清末堕于积贫积弱之势，但与美国交往初期，对于若干重大国际问题，仍能坚持独立自主之立场，对强权、霸权并非无原则退让。缘此，略书心得，期待方家指教。

一、崔国因及《日记》简况

　　《日记》作者崔国因（1831—1909），字惠人，安徽太平人，同治十一年（1871）辛未进士，三年后授翰林院编修。光绪十五年（1889）迁翰林院侍读，当年奉旨接替前任公使张荫桓，任中国驻美国出使大臣（国际外交头衔为公使），兼任驻日斯巴尼亚（西班牙）和秘鲁公使。由于卓有勤功，于其任期之末，被朝廷补授右庶子①之职。

清政府驻美国使馆设立于 1878 年。同年 11 月，设驻旧金山领事馆，数年之后设驻纽约领事馆。从第一任驻美大臣陈兰彬（1878—1880，时副使为容闳）起直到清亡，继有郑藻如（1881—1885）、张荫桓（1885—1889）、崔国因（1889—1893）、杨儒（1893—1896）、伍廷芳（1896—1902）、梁诚（1902—1907）、伍廷芳（1907—1909）、张荫棠（1909—1912），九任驻美公使，基本都是广东人②，因早年赴美华人多源自广东，派粤籍大臣驻美，比较熟悉乡情，更为体查侨民，顺理成章。崔国因则为特例，从其籍贯，又曾在安庆李鸿章府中任过教职，谅为李鸿章所奏派。但除皖系之故外，是否还有其他因素？据梁碧莹研究，李鸿章就此有过解释："惠人（崔国因字）使美，若农（粤人李文田字）深避此差，实以华工一案不易措手。此缺向用粤人，今忽破例，亦粤人自致之也。"③此外，笔者还注意到，崔国因早在光绪九年（1883）就向朝廷上一奏折，提出"讲洋务、设议院"等 11 项革新主张（详见本文第三、四部分）。如此超前之开放意识，不能不给洋务派之当政者以强烈印象，从而成为受遣驻美公使中之非粤籍者，亦占其由。

作为驻美国公使，崔国因常驻华盛顿使馆，又兼任驻日斯巴尼亚（以下简称"日国"）和秘鲁公使，故需经常出行。他以年迈之体，无虑车舟劳顿，前往美国各地操劳。又多次搭舟漂洋，经法国抵日国，经古巴、巴拿马、墨西哥至秘鲁，行使公使职责。他几乎每日都忙于处理各种繁杂外交和领事公务。任职 4 年期间，从未间歇，堪称辛劳万状。其恪尽职守之精神，克己奉公之德尚，尽显于文案之中。

崔氏《日记》共 16 卷，所记时间，起于其抵达华盛顿就任公使之日，即光绪十五年（1889）九月初一，讫于其卸任后于美西旧金山登上返国"槎

---

① 清詹事府右春坊之主官。满、汉各 1 人，正五品。满员以四品顶戴食五品俸，汉员兼翰林侍讲衔、掌记注、撰文等事。

② 查杨儒为汉军正红旗人，籍贯辽宁铁岭，似非粤籍。

③ 参见梁碧莹《艰难的外交》，天津古籍出版社 2004 年版，第 220 页。

那"号轮船，即光绪十九年八月初二（以下皆为帝王纪年，正文省略年号），共 1447 日（任期整 4 年，含往返泊洋时日）。《日记》亦有 1447 篇，故每日必记，未见节假休歇，即使患疾不适，亦不曾间断。《日记》全文近 50 万字。在序中，崔国因书："日记者，记逐日所行之事，巨细不遗，以记实也。出使日记，与寻常日记不同，必取其有关交涉裨法戒，此外皆所略焉。"因此，作为就某一具体公案而作之日记，可谓洋洋大观。又因专门记载出使美、日、秘期间涉及外交与国际关系之诸多重要事件，而非日常琐碎之事，这部专著之历史意义和学术价值，便显得极为特殊。

首先，《日记》关注美国当时之政治、社会、经济、金融、法律、历史、地理、文化、教育、科技、军事、交通、宗教、民俗等几乎所有领域之状况，很多地方详细记载了美国和许多其他国家（如英、法、德、俄、西、意、荷、日、墨、秘、古、印、越、朝、檀香山等数十国）之关系，以及相关之军事、经济、交通等准确数据和最新一手情报。所录各种见闻、文案，虽属历史资料，但迄今仍弥足参考。

其二，作者是晚清进士，饱浸四书五经，诗文艺学，但对当时中国社会之各种弊端有深邃洞察，尤其在其驻美履职期间，开阔眼界，主动探究东西历史、社会、经济、文化之差异，发现其中极为重要的规律性差别，大胆提出独到己见，点出中国社会发展之关键所在，包括借鉴西方民主与政治制度，力主引进欧美国家治理之手段，强烈呼吁学习西方科学技术，分析国际多边外交之法律法规与规律，灵活运用成文法规，发挥案例作用，以保障中国海外利益。他坚信中国是个世界大国、强国，决不能因为自我封闭而失去历史机遇。当时之中国，眼界未开，朝野各界，乃至民间，对于西学东渐之风，仍十分抵制。崔氏《日记》中对此封闭落伍之时弊和行为持强烈批评态度，大力推扬"师夷长技以制夷"之维新思想。自强立国，是他明显的政治主张。

其三，作为驻美、日、秘三国公使，除了国家关系等重大政治事务外，崔国因最为关切并倾心竭力之事，便是保护在美（包括南美和欧洲国家）留居经营的华人，针对美国工党强烈排斥华人之苛行，崔国因毫不退让，每案必究，既不偏袒华人有违法规和当地习俗之行为，又为争取华人应有之合法权益而竭尽全力。在《日记》中，此类阐述占了大量篇幅，处理案情之过程相当详细。作为公使，他代表中国政府与美国政府外交机构频繁磋商，不断提出驳诘抗议，多次直达议会、总统，且屡屡成功，使得紧迫形势转危为安，有效地保护了旅美和南美华人。他的做法，为后期协调中美关系、处理海外华人问题留下极为重要的法律和外交依据，所载交涉文案和诸多经典案例，堪为后事之师。

其四，出使4年，崔国因奔波于美国南北东西，巡视各方；又亲至南美和欧洲行使公使职责。他出行途中多有不测，甚至所乘之船触礁遇险，他年过六旬，身患数疾，却从不畏缩。崔国因每日笔勤不辍，除了外交事务，还记载了沿途各地风貌，其所见所闻，涉及山川、海洋、气候、天象、生物、民俗、族裔、特产、文化，作者文笔精湛，所记皆有特色，丰富生动。此外，崔氏对各国财政、税收、经济、社情、军事、科技、教育等诸多领域之运作机制深入考察，数据准确；对政府机构设置、人员编制、薪酬待遇等重要情况，也都予以密切关注，详以具录，这也为后世研究有关国家政治、外交史提供难得的一手资料。

正因如此，梁启超将《出使美日秘日记》列入其推荐之《西学书目表》中，供朝廷官员和学界研读参考，足见此书之分量与价值。

学术界对崔国因之专门研究不多，一般认为崔驻美期间政绩不够彰显，显得"平庸"。若以本文所揭，如上评价略欠公允。又有研究者特别注意崔的某些个性，如事无巨细皆亲力亲为，公务活动过于节俭而有失大国威严，紧缩使馆开支，压低使馆官员薪俸，故而颇遭怨谤，甚至对其拒食洋餐、居家生活显得吝啬等"生活作风"予以批评。各种说法，固可见仁见智。但对"勤俭"二字，崔国因自有其见。十六年四月二十九日，有客认为崔之"俭为吝啬"，他有一番回应与自省："因之勤在黎明即起……阅世六十年，未敢以有用之锱铢，为无用之损耗，自奉俭矣。然在京都则施粥、施医药；宗族亲戚之贫乏者，因计年津贴焉；四代之祖未安葬者，因独力任之焉；十世之祠宇，典质百十年而坍塌者，因赎归而修之焉；家庙、义仓、义学之立者，因亦有捐助焉。节衣、耷食所余者，用之于此，是自奉虽俭，而自奉之外殊不能俭也。"如此健朴耐劳之本性，克己惠世之作风，何以厚非？

由于《日记》帙卷浩繁，内容广泛，囿于本文篇幅，难以一一分类研究，兹就其中有关中美关系、美国华人问题、多边外交、欧美国家重要国情等略作钩沉、梳理，撷其要领，以为史鉴。

二、伸张正义，灵活运用外交手段，斡旋多边国家关系，全力维护国家主权

作为朝廷大臣和公使，崔国因在尊重国际公法前提下，推进与发展中美（中西、中秘）关系，坚决以独立、平等、互尊、双赢为中外关系之基本原则，对一切反华政策、言论做针锋相对的斗争，绝不接受任何强权与非礼。

崔国因抵达华盛顿履职之初，便在《日记》中赫然写道："光绪四年二月，总理衙门咨称：自天津条约议定以来，中外交涉事件，无不照章办理……反复辩论，令告美国外部，可谓详尽"，"外国与他国交涉，无不好占便宜……一体均沾，即泰西报施之约，干预我之内政，此必不可行者"，"平等交涉，岂有有施而无报者？岂有不施而索报者？彼族习于我国之宽大，随处觊觎，诚宜有以限制之也"。这一外交原则，崔氏在其任期内，一直坚定奉行，从不偏倚。

崔国因任期，前往美国"外部"（即负责外交事务的国务院，下同）达五六十次之多，经历三任"外部大臣"（即国务卿，下同）——布连、科司达、葛礼山[①]，每次皆与大臣当面交涉，或直接递交照会，而且每当有重大事务，崔必与美外部大臣据理力争。如：十八年九月二十七日记，美国因中

---

① 查崔国因任期的美国三任国务卿为：1. James Gillespie Blaine（1889.5—1892.6）；2. John W. Foster（1892.6—1893.2）；3. Walter Quintin Gresham（1893.3—1895.5）。

国发生教案，美国教堂受损，美拟增派军舰前往中国相胁，崔国因奉命前往外部交涉，崔质问外部大臣："中国教案均已严办，美国商派兵船赴华，何也？"美外部大臣布连回应："前所派者已留纽顿一舰，不令开行且亦不再派矣，美国必不为难也。"

光绪十六年八月初二日记，华盛顿州西雅图附近鸦连埠（奥林匹亚）发生当地土人排华事件，驰电请援，使馆急照外部；初四日，美外部照复："已电鸦连埠巡抚，速为保护华人"；初六日，外部又就此案照复使馆云："已设法解散土人，保护华人矣。"《日记》中类似案情之处理甚多，但此处特应一提的是，当年华盛顿州是排华最为险恶之地区之一，郑藻如、张荫桓二公使就多次处理过此类事件（详见《张荫桓日记》），而且西雅图还出现一位通晓美国法律的华人领袖陈宜禧，在他的带领下，当地华人与美国地方排华势力展开不屈不挠的斗争，十二年（1886），陈联合当地律师，抗议对华侨的迫害，乃至美方不得不设"华商陈宜禧专案"。此案最终胜诉，美方赔偿华人 27 万余美元之损失。[1] 崔国因接任公使后，自然对华盛顿地方之华人密切关注，处理该地案情力度大，见效速。

光绪十七年初，美国拟派布莱尔任驻中国公使，三月初一日，崔国因赴外部见之，要求美方将"两国有益"四字存心，并告诫曰："中国向以仁厚待人，不为与人为难之事。我政府之于交涉之事，悉照公法、条约，无背约而行者。"十七、十八日又记，经查，布莱尔曾在议会"痛诋中国"，若来华，恐于邦交有碍，崔国因亲至外部会见其大臣，表示中国政府拒绝接受布莱尔出任驻华公使。美外部做了大量解释，认为布莱尔"人品甚优，能笃邦交"等，但崔国因义正词严，驳曰："布使前此所以诋华人者，其言已布之新闻，则其嫉华人可知。彼嫉华人，何必驻华？中国自有不接待之权。"此后，美总统、国会仍坚持拟派布莱尔驻华，崔国因根据国内指示，援引国际案例曰："美国卅年前派蒲安臣使奥，不纳；六年前派糙礼使义，不纳"，"照西例公法，中国亦未便接待"。义正词严，坚予抵制，维护了国家尊严。

---

[1]　戴永洁：《陈宜禧和新宁铁路》，中国华侨出版社 2007 年版，第 21 页。

光绪十八年十月初八日所记一事亦颇有代表性。初六日使馆接伦敦来电，言中国漕粮由沪运津，不准英船装运，以为有违中美 1880 年之约。① 崔记叙："美废约而禁华人，中国此约亦废。英廷遂询诸美外部，外部以为禁华人事，只废约中一款，并未废全约云。"对此，崔国因大义凛然地主张："此美外部欺饰之辞也。美废约中准华人来美一款，中国亦废准美船运粮一款，中国之理甚正也；且美首先废约，而中国即废全约，其理亦至正也！"这是何等的有理无惧，亦不乏大国气势！

同年十月二十日，崔国因就中美原定有关华工赴美之条约② 为美国单方所毁③，再次面见外部科司达，提出严肃交涉，严厉批驳美方有悖双方之约，话语激烈，令科司达"面赧"。次日，又发照会至外部。二十二日，崔再至外部，面驳科司达："前大臣布连许必有照复，而终食言。本年六月，贵大臣亦许交冬照复，至今尚未见到，故不能不再三催耳。"科司达尴尬回答："此次来文，语气太重，请带回修饰之。如久无照复，再递。"足见崔国因就此事给美国外部照会措辞之严厉。

光绪十八年十二月二十四日，中国使馆历年驳诘美国政府违约排斥华人所递交之照会、文案，美总统交予议会讨论，为了便于议员查阅，崔国因嘱使馆将有关资料印制二千份，送至议员及各州法院。可见崔氏不仅极为重视此事，而且充分尊重美国行政和司法体系，循规蹈矩，但毫不退让。

对于外国招募华人务工之政策，崔国因经过调查，有其大局策略，并非一律鼓励。崔国因于光绪十七年初到秘鲁就任公使之职，在秘鲁做了深入调研。二月初一日记，该国居民二百六十三万一千余，"外国工商七万八千余，内中国六万余人"，可见华人集中之况。而其国仍向中国提出招募华人

---

① 指 1880 年 11 月 17 日中美签订《北京续修条约》。

② 即光绪十四年（1888 年）驻美公使张荫桓与美国外部所签《限制华工条约》六条。

③ 此处的历史背景是，张荫桓与美国务卿拜亚签订的上述条约，虽对以后华工赴美作了限制，但对已经在美的华人提供保护，而且非工之华人赴美不受此限，等等。但此条约未获中美两国批准，不久后，美国单方面通过了一个"斯科特法案"，此法案极为苛刻，规定"凡华人无论以前、现时在美，一离美境，均不准复来居住，等等。"又见陈翰生《华工出国史料汇编》第一辑（四），中华书局 1985 年版，第 1386 页。

赴该国做工，崔国因（七月十一日）认为："华人出洋遭虐，未有如秘鲁之甚者。前此智、秘构兵，华人惨罹杀戮者四五千人，此外为寮东虐毙者不下万人。以后中秘虽立约保护华人，该国纲纪不立，上下相蒙，虽有约而不能行，徒托空言。迄今中国之民犹憔悴于虐政也。应俟该国能实力奉行保护华人之约，再由中国察看，方可相商。"如此决策，精准恰当，无懈可击。

当时与中国建交之国家不多，在未建交国，如发生对华人不利之事，崔国因往往主动商请美国外部，敦请外部指示美国驻有关国家之使领馆，代为主持正义，保护中国利益。较为有代表性之案例，《日记》对此多有载录。如：十六年八月十五日，巴拿马地方土人逼令华人出境，华人请求救援，崔国因获晓此情，但鉴于巴拿马与中国尚未建交，无从照会，遂立即前往该国驻美公使，托其致意巴拿马政府制止虐华行为，公使允之；崔又致照美国外部，转致美国驻巴国领事，向巴国政府转达中国意向。美方皆立即允办。不久，美驻秘鲁参赞驻巴拿马领事皆回函，告巴方政府已不准当地土人驱华，并拿获创乱者百人监禁。华商贸易得以如常进行。

崔国因经常与美国驻其他国家外交官保持工作联系，光绪十七年正月初一，崔从华盛顿启程前往秘鲁递交国书，并沿途访问南美洲国家，他一路拜访美国驻各国使领馆，尤其重视那些未与华建交之国的美领馆、领事，建立个人友谊，委托他们代办外交事务。在哥伦比亚，崔国因拜访总督，除了寒暄和日常公务外，崔专门委托该总督对接踵而至的华人提供保护，总督一概应允。崔氏又专函请中国驻英国公使薛福成敦促英国驻哥国等地领馆代为保护华民。其间，闻智利内乱，伤及华人，他立即前往拜会英国驻秘鲁公使，托其电驻智公使，代护华人，英公使允之照办，为旅智华人身家、财产开单登录，照智政府，如有损失，则要求赔偿，以致是次智利大乱而华人尚无亏者。此案堪称中国外交史上一次经典而成功的国际斡旋。

光绪十六年三月十一日，崔记荷兰属国苏里南有华人经营，总理衙门指示需予察访。崔即电札所属驻古巴张总领事查询，同时又"照美外部，乞为保护"。美外部遵此，即派员前往苏里南，后回复使馆："美驻该岛领事查明华民约千人，在甘蔗、谷寮为工者五百人，开店者二百人，余自行种植或开矿。工主相待尚优，华民无苦。"此案将苏里南华民情况基本摸清，以利保护。十六年九月初四日，接到巴拿马华商禀报该地土人议禁华人之情，崔国因立即前往会见其驻美公使，又托美国驻巴拿马领事代为转圜协调。此种外交途径屡屡奏效，巴国对华人转为保护。

光绪十八年正月初五，崔国因再次启程南美，专往古巴视察。十一日，古巴总督拜会崔国因，崔曰："华人在此经商佣工，皆有利于古巴，地方官所当保护。"又言"古巴各乡所欠华工工资，历久不给，应请设法"，此后数日，崔将此意告知古巴巡抚、府尹和美国驻古领事等相关官员，督其速办，为在古华工争取合法权益，利其生存。

崔国因善于利用中国与各国之关系，发挥驻外使领馆之作用，灵活协调其各种涉华事务。《日记》中多次提到美国驻巴拿马领事阿丹信，称其恪守中国使馆所托，着力体恤当地华人，令其安业无虞。又，光绪十八年十二月二十四日，崔国因谒外部科士达，告以美国驻闽葛领事办事公证、敦睦，商民安之。希美方准该领事蝉联，以于两国有益。

当时，檀香山乃独立国家，中国与之未有建交，而檀香山华人众多，当地政局不稳，频现乱世。崔国因利用多种机会，与檀驻美公使和美国驻檀公使保持密切接触。据《日记》，光绪十六年二月二十八日载，檀香山不过数万人，而华人已达二万，当地政府苛制华人，却因檀香山属"无约之国，无从照会"，崔国因"当即往见驻美檀香山公使。公使许为函致政府"；之后，崔多次会见檀国驻美公使，敦促其国对华人加惠以待十八年六月二十二日。九月二十三日，《日记》均载为护檀华，崔国因又亲至美外部照会，外部应允，行文檀岛，美使遵照执行，以令檀国华人晏然无恙。

此种根据国际公法和国际惯例展开的外交活动，对中国更好地维持与其他国家之友好关系，起到积极有效之作用。

除了驳诘、制止美方不良行为外，崔国因也代表中方对美方友善人士予以充分肯定。如，光绪十六年九月十五日至二十二日，崔国因在使馆多次会见丁韪良①，鉴于丁氏对华友好，且对美禁华人"颇持正论，因甚嘉之"，多次予以高规格接待。

如前所述，《日记》多次提到美国驻巴拿马领事阿丹信，严循外交法则，维护中外关系，平抑排华恶势，实心保护华人，阿丹信任满返美时，"中国商民扶老携幼，送行者数百人，多至泣下。"崔国因为此"咨请总署赏给宝星"②。该谏获朝廷批准，宝星于光绪十七年十月初七日颁到，崔亲送至外部，布连代为接收并甚悦，转至美国议会代授，阿丹信为此专门给崔国因致函，情深意切，感激悉如。此番事迹，记叙翔实，真切动人，堪称中美两国关系史中之美谈与佳话。

三、体恤在美华人疾苦，对美排华政策做坚决斗争，毫不留情，绝不退让，全力维护华人合法权益，有效地保障了中国海外利益

在《日记》中，涉及在美华人问题之记叙占了极为突出之篇幅。笔者大致统计，在1447篇日记中，约三分之一都涉及此方面内容。

晚清之中国，积贫积弱，战乱频仍，东南沿海的一些民众，为了生存发展，利用特殊地理环境和交通条件之便利，在某些特殊国际环境的激发下，走出国门，到海外谋生，已经是一种普遍现象。当时前往东南亚诸国的华人居多，已达数百万之众。正如崔国因所云："中国人数四百余兆③，甲于地球，商务未兴，谋生计拙，故华人足迹遍地球。所到之地，地主即征身税以为利，虽暹罗为中国之属地国，犹效尤焉。惟美国尚不因以为利，而又见

---

① 丁韪良（W. A. P. Martin，1827—1916），美国教士，早年来华传教，后参与国政，任同文馆总教习，参与起草《中美条约》。

② 清政府授予有功人士的纪念勋章，其上镶嵌宝石，以资表彰。宝星按不同层级，分为五等。

③ 古时兆为百万。

集于工党，限制綦严，则华人之不幸也。"及至 19 世纪 50 年代，美国加州发现金矿，急需廉价劳力，而美国本土人力贫乏，于是到东南亚招募华工，此即最早的一批美国华侨，但为数不多。

及后，美国为修筑贯穿东西之铁路，尤需大量劳力，美方着力招录华工，以资建造铁路，而克日成功。崔国因就此回顾："若以别国人为之，势必纡缓数年，虚耗资本，且加省湿下之地，俱结案华工填筑。洋工向不敢为者，乃竟藉资华工而成，加省受益多矣。窃以中华驰海禁，而与外国通商，原非出于本意，实由泰西各国强令通商，而美国亦与其例。"此段议论，道出美国华人问题之缘由及本质。这也是后来中国针对美国排华法案长期予以严厉驳诘之基本依据。

在美国华人问题上，《日记》所述主要有以下若干方面。

（一）谙熟美国（含美洲其他国家）华人历史和基本状况，重视海外华人对于国家之重要作用。

华人历经艰险，万里迢迢到美，其实并非主观志愿，其主要动因，多在于美方早期垦荒开拓对劳力之需。这是无可否认之事实。崔国因履职后，对华人状况十分关注。

对于华工到美历史，崔国因有透彻了解。崔到美之初，即对美国和其他相邻国家华人状况加以调查，正如他在光绪十六年七月十一日所记："每与美之绅、商相接，必询华工在美情形。"他引用美国资料记："自一千八百二十年至一千八百五十四年，华人至美甚稀，其年始闻金山有金穴，于是华人至美者一万三千人，此第一次至多之数，以后多寡不一，每年自四千至七千之间。至一千八百八十二年，华人至美者三万五千六百一十人，美国乃亟设例禁之。"崔国因驻美时，美国华人约有 10 万，大部分在西部各州，仅加州就有"七万一千六百八十一人"，东部则以纽约为主，约有 5000 人。

他注意到华人到美日多，而往往遭受阻碍和迫害，对此深感忧虑。他经常为此专询美国政界，如光绪十五年十月初一日，记载美国下议院议员布朗对华人之态度："华人在此受美人凌辱，美廷不为补救，殊属不公。华人素性勤慎，天资灵敏，谨遵国法，绝无滋扰作乱、营钻于官场等事。惟只好吸洋烟，然与美人饮飞时记（威士忌）酒无差焉。"这代表了当时美国政界对华人的正面看法。

十六年正月初九日，崔谒见美户部大臣（商务部长），曰："美国开辟仅百余年，易草莱为农桑者，铁路之力也"，并援美总统谕议院之言："美国太平洋铁路直接大西洋者，华人之力也。"三月二十一日，美上议院议员与崔国因谈及华工时，坦然承认："铁路之盛，华人之力居多，今美国苟禁华人，是忘本也。"崔经过长期细致调查，认为美国商人"无不爱华人者，为其工价廉而能耐劳苦也"。八月十四日，崔记曰："新金山（澳洲）草昧初开，人烟稀少，垦荒开矿，在在需人。其欲华人之至者，商人兴利之心也。"此类阐述，不绝于书，囿于篇幅，此处不赘。

崔国因也记载了当时其他国家华民人数，包括古巴（四万余）、巴拿马（四千余）、苏里南（千余）、智利（数千）、檀香山（二万）、新金山（澳大利亚，四万余）、纽西兰（新西兰，四万七千），以及打辣尾（四千）、白鸽尾（六千）等城市。这些详细数据，对于研究美国等国华侨史有重要学术价值。

对于海外华人之作用，崔国因一针见血地指出："中国民数之众，甲于地球，侨寓南洋各岛者，数过西人百倍。光绪十年尝疏陈矣。近至墨（美）洲，方知各国流寓华人，此洲又复不少。华人足迹遍天下，如海军强盛，有大力者扶持之，我国声威正未可量也。"

短短数言，振聋发聩。当时前往海外华人数量逐渐增多，在居住国之经济地位逐步稳固，并在社会与政治领域发挥作用愈来愈显现，崔氏此处高声疾呼，力倡全力扶持海外华人，认为此实乃中国自立自强之独特先机与有效捷径。我们也注意到，恰在此时前后，在崔国因、驻英公使薛福成等几位驻外使节强烈呼吁下，朝廷清政府开始迅速调整海外侨民政策，注意保护侨益，涵养侨力，制订侨政。而当今观之，崔氏上述预言，几近实现矣。

（二）注重考察，实事求是地研判在美华人遭受苛虐之起因及状况。

对于美国排华之根由，崔国因深有洞察。

首先，他认为美国人口增长迅猛，似为导致限制外来移民之诱因。

十六年正月二十五日记曰："同治十二年考外国民数表，美国只三十六兆人耳，以美国之地，处美国之人，五百年中不忧人满。乃至光绪十七年，中间仅十八年，而其民数已增至六十余兆。此非其民之生息繁衍，实客民之入籍者多也。美之深识者，遂隐隐有人满之虑，择其易禁者而禁之，遂与华人为难。夫禁华人而果不忧人满乎哉？"尽管进入美国之外国人呈剧增之势，但此并非美国排华之主要原因。

其二，美西各州以工党最为得势，而"金山之工党，皆欧洲各国之人，亦客民也，与华人之为客民同也。"工党妒忌华人勤奋而辛劳，且工价较廉，以致各公司弃用工党之人，故工党深恶华人。另，十六年九月初七日，崔记曰：（加州官员）"其升调，每以能苛虐华人者为先，以其能得工党投筹也。现任舌地美印判，久候本省总督之职，故屡出苛例，酷虐华人。刻总督缺出，该员巡游各埠，宣言于众，谓如得此缺，必立新章，以期益土人而制华人。工党燃炮相迎，待之尽礼。……美之在官者，无不以苛虐华人为富贵之阶，工党稔知之，亦即以此牢笼在官者，遂觉沆瀣一气，而华人益不聊生焉。"

其实，崔国因并不认为美国对移民剧增感到忧患，苛虐华人之重要原因是工党一己之利，十六年七月十三日，崔按曰："华人至美，较欧洲各国不过四十分之一耳，而美廷禁之者，则以招工党之忌，又以不入美籍而无援也。"工党尤妒华人与同业夺利，故此，"美国禁工苛例，凡有求于工党者，均附和之；凡无求于工党者，均诋訾之。惜无求于工党者，大抵皆无权者也，故理虽足而势不行焉"。

其三，华人入美后，有一点与欧洲国家移民殊为不同，即华人不愿加入美国国籍。崔国因考察了各国民至美人数，发现"华人至美不及英国百之一也。顾各国之民皆入美籍，而华人独不然。入美籍者，皆得操保举总统、议绅之权，而华人独否。是美国人望欲为总统、议绅者，举无求于华人。且各国民人之入美籍者，合为一党。不如美籍之华人，独为一党，其势孤矣，焉能安居于美哉？"

正是华人没有参政之权利与意识，缺乏自我保护之法律手段，致使美国各地迫害华工事件频发，崔国因记载了许多此类案情，仅"光绪十一年七月起至十二年二月止"，短短半年，就发生焚杀、驱逐华人之案件十宗。之后类似事件此伏彼起。究其根本，盖工党徇私，背信失约，恶待华人，肆行无忌。

其四，崔国因也注意到，华人在美亦有其弊端。诸如："各堂之雠杀，鸦片之匿税，屡惩之而不止"，"加拿大地方土人上书政府，谓华人日众，吸食鸦片，有坏风俗"；"而华人运鸦片私入美境者，动辄数万金"。崔多次提到"金山华人分党，自相戕杀"，甚至枪伤美人、巡捕，致使地方不安。此"烟、赌、寻仇三事"，实属地方之害，又授工党以柄，致使得以借口而屡制苛例。此外，亦有中西社会管理体系之不同而引发的问题，如，当时中国未设邮局，书信均系托人顺便代为转交，而美国则遵照邮政制度，书信一律装信封、贴邮票，经由邮局递送。华人搭船抵达美国，海关搜检行李，往往发现大量书信，属违反邮政通信规定，遭到处罚。

此外，《日记》也注意记载其他国家华人状况。如十五年（1889 年）三月十七日记，仅在加拿大卑诗省维多利亚市寓居之华民，已达一万六七千人，当地政府向华人征收苛税，"按人收税十元，开矿者岁收十五元，迁棺者罚一百元，吸鸦片者罚一百元，新入境者税五十元"。崔国因多次提及加拿大方面对华人征收苛税，迫使华人离开加拿大，以多种途径进入美国，或前往墨西哥等南美国家，造成一系列动乱和危机。

崔国因出使秘鲁时，记录当时在秘外商 7 万余人，其中华人多达 6 万余，占绝大多数，而处境艰难。十一月十五日载："查得秘鲁田寮（即种植园）虐待华人，督工者鞭挞，晚则锁脚，置于黑监。工期已满，仍复�9留，擅造合同，强虏入寮，工作日夜不息，私刑拷打。"

对于这些国家华人所遇困境，崔国因从不推诿，皆通过外交渠道竭力相助，且见诸成效。

（三）在尊重和遵守中美两国所订条约之基础上，坚决驳诘美政府禁华苛例，保护在美华人合法利益。

由于美国西部开发和铁路建设等对于劳工需求日多，求华人之至若渴，美国遂于1868年主动与中国签订了《中美续增条约》(即《蒲安臣条约》)①。简言之，该约之重要内容是：1. 华工在自愿的情况下，可以自由赴美。2. 赴美华工，"或经历各处，或常行居住，美国亦必按照相待最优之国所得经历与常住之利益，俾中国人一体均沾"。3. 赴美华工，"或愿常住入籍，或随时来往，总听其自便，不得禁阻"。要之，中美两国人员，可以自由前往对方国家，或游历，或贸易，或久居，双方政府不得设置苛例。

无论美国方面是否有引进廉价的中国劳工、进一步打开中国市场之主观需求，仅从条约总体文本观之，算得上是一部符合双方国情，也比较公允与平等之双边条约。尽管蒲安臣违反了出使前清政府对他所授权限之规定②，致使总理衙门十分不满，但毕竟该条约在当时仍具有合理性，亦有其紧迫性，故清政府最终还是予以批准，并作为中美关系发展之重要法律依据。

正因如此，《蒲安臣条约》签订后，中美关系出现新转机，而华人赴美数量则逐年激增。

但仅仅十余年后，美方朝野逐渐出现拒华、排华、禁华之势，例如，一些地方不准华人设铺，不准商家雇用华人，不准捕鱼，甚至徙华人于境外，华人因故离境后不得再次入美。总之对华人十分苛严，致使中美关系出现阻遏。实际上，在此期间，中美交涉，华工问题最为盘根错节，也是中美

---

① 《蒲安臣条约》共八条，其中与双方国民来往有关的是第五、六两款。第五款曰："大清国与大美国切念民人前往各国，或愿常住入籍，或随时来往，总听其自便，不得禁阻，为是现在两国人民互相来往，或游历，或贸易，或久居，得以自由，方有利益。两国人民自愿来往居住之外，别有招致之法，均非所准。是以两国许定条例，除彼此自愿往来辨，如有美国及中国人将勉强带往美国，或运于别国，若中国及美国人将美国人勉强带往中国，或运于别国，均照例治罪。"第六款曰："美国人民前往中国，或经历各处，或常行居住，中国总须按照相待最优之国所得经历、常住之利益，俾美国人一体均沾；中国人至美国，或经历各处，或常行居住，美国亦必按照相待最优之国所得经历与常住之利益，俾中国人一体均沾。惟美国人在中国者，不得因有此条，即时作为中国人民；中国人在美国者，亦不得因有此条，即时作为美国人民。"

② 《同治夷务》卷五十二，第2—5页，转引自李定一《中美早期外交史》，北京大学出版社1997年版，第3页。

关系的一个焦点。①

光绪十五年十月初五，崔国因记曰："六年九月，美国修约使臣来京，续修条约"；"此即中美续约所由成也。约首言华工日往日多，彼此商酌变通，而第一款即定年数、人数之限，且言限制进口，盖此时已露禁工之端倪矣"。此指 1888 年美国新任驻华公使安吉立等人与清政府签订的《中美续修条约》（即《安吉立条约》）对前述《蒲安臣条约》做了重大修改，核心内容是让美国得以"规范、限制、暂停"乃至"禁止"华人入美。② 我们注意到，崔国因对此条约持强烈批评立场。实际上，在加州最为得势之工党（共和党前身），正是利用这一条约，竭力限制华人，并挑头反华排华，且嚣张至极。十五年十二月初一日，崔又记："下议院绅马罗又上条陈，除中国公使外，其余无论工商，一概不准来美。""议院上苛禁华人例者，大抵西省之人，他省尚不附和。"十六年四月二十五日感叹道："美国地方虐华人以媚工党，华人居美，诚遍地荆棘矣。"

在崔国因之前，驻美公使张荫桓就展开了与美方就华工问题的艰苦谈判，崔国因接手此案，力度更大，次数更频。据《日记》载，崔国因仅为驳诘美国违约苛禁华人之案，前往"外部、户部"等有关部门，乃至议会和总统府，展开交涉、诘问、敦促、批驳，多达近百次，而递交照会和函件等，数目难计。③ 其为国民利益之果毅而敦笃，其呕心沥血之操劳与勤力，在《日记》中随处可见。

当时美国排华最激者，是以工党为代表的西部各州政府和该党部分议员，但崔国因注意到，其他各州，及其他大多议员并非持如此观点。崔国因十八年四月十七日记录，上议院议员威礼森对崔曰："美国议院立例声明，准各国人民随便入籍，载在政纲……蒲安臣订立《中美条约》，其第五款与

① 1882 年，美国议会通过首个排华法，即《关于执行有关华人的某些条约规定的法案》（An Act to Execute Certain Treaty Stipulations Relating to Chinese），此后，美国排华之势愈烈。

② 王铁崖：《中外旧约章汇编》第一册，三联书店 1957 年版，第 578—579 页。

③ 据美国外交档案记载，仅在崔任职的光绪十六年，使馆给美外交部发出的照会就有 20 份，次年 1—8 月则达 18 份。参见梁碧莹《艰难的外交》，天津古籍出版社 2004 年版，第 222 页。

政纲相符，则是天下各国与准人民入美籍一事，最先允美国所请者，中国也。今下议院立例不遵美国政纲，又悖《中美条约》，前后相反，自食其言。余于一千八百八十八年议院议禁华工时，曾斥其非。而此次下议院所以比前犹酷，尤非礼也。"此番言论颇具代表性，而且是中国文献对美国制订对华政策过程的如实记载，历史价值甚为珍贵。

崔注意到，实际上大量美方人士并非站在工党一方，故着力做非工党人士的工作十分必要。崔往往被研究者认为"性情拘谨"，其实不然。《日记》所载，崔在任期间，频繁主动走访美国政府各部，较多的有"外部、兵部、水师部、户部、内部、总察院"等。此外，他利用各种场合，经常拜会、约见对华友好之议员、官员、企业家，以及各国驻美国之公使和高官、商绅，宣介以中国历史国情，明示以中美外交政策，晓之以华人对美开发之卓绝贡献，赢得许多赞许与支持。据《日记》载，与崔建立深厚个人关系者不乏名人，交情较密者，有上议员火街、摩根、布朗、不来奔、宜门、果勒门、布冷格、富施士、宣文、地甫司、布生、英吉利士、克力、巴马等，下议员安多罗、好德、兰打路、陌克力、哈打、寒得沁、巴坚士、好布坚司、加来儿、马丁、寒得逊、葛累堆等数十人。在崔与美国驳诘禁华苛政之过程中，这些议员皆站在中国一方，对最终舒缓中美关系起到积极作用。

通过长期艰苦谈判，美国政府终于复照，并由外部、户部（即商务部）分别电各州，公平对待华人。十九年四月初二日，美国外部葛礼山专函约请，在外部会见崔国因，表示美国政府"不拘迫华人领照，以表两国和好之意"，也希望中国"同等对待美民之寓华者"。崔国因答曰："必电政府保护美民，美民之在中国者，因当力任保护；华民之在美国者，贵大臣当力任保护。二人分任，不得推诿异言。"二日后，葛礼山再次向崔国因承诺，美总统（克利夫兰）已指令外部、户部"仍护华人，以表两国友好之意"。此乃中美就华人在美受到苛禁之争首次达成官方和解，而且美方理屈词穷，中方占据上风。

在崔国因任职期间，为驳诘美方破坏中美关系的逆势政策，从不松缓懈怠，四年如一日，付出无数心血和艰辛努力，此在外交史上当属卓绝；他的贡献，在中美关系史和美国华人史上，应该得到充分肯定与铭记。

　　然而，毕竟当时美国极端派势力日盛，而且将排华当成其招摇之旗，自1882年以后，美国议会通过了六个排华法案，排华之势愈演愈烈，最终导致中美关系不断恶化。尽管中国政府及崔国因等驻美公使尽力维护在美华工利益，但正如崔国因十七年三月初四日所云："泰西各国以强弱分勇怯，我强于人则勇，我弱于人则怯。万国公法如中国之律例，头头是道，不足凭也。故理足而无势，则理不能伸；势强而无理，则所争者虽胜，而为人所嫉。今地球各国，其强者，大抵皆恃势而蔑理。其弱者，大抵皆有理而无势。惟两强相遇，则有理者可以求伸；以弱遇强，虽有理而无益也。此谋国者之所以贵自强也。"

　　崔氏切身体会之强国论，至今仍令人警醒。

　　（四）关注在美华人国籍问题。

　　崔国因对美国接受外来移民之法律与国策做了长期而细致的调查，他认为，华人到美后不愿或不能入籍，是造成美国对华"易禁"之重要原因。十六年六月二十九日记："华人之初来美也，美国甚招徕之。而斯时，华人不愿入美国之籍。及至欧人皆入美籍，则妒华人，而禁之不准入籍。"来美外民入籍与否之利弊，对崔国因影响较大者，属美驻葡萄牙公使一番言论。十六年十二月初一日，该公使与崔恳谈，颇为相得，他认为："英民之赴美者三十倍于中国，其所以相安者，因入美籍也。入籍之利有三：得国家保护之权，一也。与土人浃洽，二也。可以投筹操保举之权，自总统以至议绅，有所瞻徇而不敢苛刻，三也。"崔国因对此亦有同感，认为"华人之衣服、起居、饮食，已与他国之客民迥殊，又不入籍，此畛域之嫌所由生"，"美国官绅又以其未入籍，不操保举之权，无庇护之者，而华人遂不得安身矣"。

　　十七年六月初四日，崔按曰：工党"其所以能陵虐华人者，以美之君臣庇护耳。美之君臣所以庇护者，以其操投筹保举之权耳。其所以操投筹保举之权者，以其入美国之籍耳。华人以不入籍之故，而遂为他族鱼肉，至于不可挽回，则始某之不善也"。

　　崔屡屡发表其鼓励华人加入美籍之观点。他列举当年欧洲13个国家进入美国之人数，竟达 405664 人之众，而且均加入美籍。中国人到美人数寥寥，主要原因在于"中国自不愿其民之入美籍，且中国之民亦不愿入美籍也"。崔氏认为，入籍与不入籍有重大区别，入籍者得以举（选举权），不入籍者不得与举。此外，凡外国之民，加入美籍后，即为美国之民，"凡有起衅、不和之事，皆照美国之例治之，其本国无须过问也"，但不入籍者则很难处置。此外，他明确指出，"美国与各国所订入籍之约，必有听民仍返本籍之条。其愿返本籍者，但一呈明，即脱美籍，毫无阻滞。且云，客民入籍美国之后，如返本国一年以后不复来者，即可作脱籍"。

崔国因认为不应将国民入他国之籍视为"忘本"或"不念父母之邦"，"欧洲各国之民其如美籍者，仍常返其本邦，踵相摩，舟相衔也。且民之入他国籍者，仍准其出籍，仍为本国民也……中外交涉，步步受亏，此其一也。"

崔国因还注意到，在芝加哥曾有位华人名亚梅，在美读兵书多年，南北战争时期，曾当兵，"事平，入美籍。颇有积蓄，为美所重。凡美国保举总统及大员之期，准令亚梅投筹"。是为华人入美籍一例。

从前后文观之，崔国因明确主张采用灵活入籍和双重国籍之策，这对处置中国之民在海外留居、繁衍，乃至融入所在之国，以及返回中国后所涉及国籍问题，皆有重要参考意义。

四、考察美国国情、制度，介绍西方管理理念与科技成就

对于西方政体社情，崔国因在《日记》中多有考察，颇多经典。如光绪十七年十二月二十六日，记曰："美国开国之律，由华盛顿订定，正归三处，立例者，议院；行利者，总统；守例者，察院。议院有立例之权，则大事为议院主之，总统不过奉行焉耳。盖议绅、总统皆由民举，而总统仅二人，不及议绅之数百人者，但能公而不能私，为民而不为己。故事之创者，必由议院决之，此美国之创制显庸也。"十九年一月二十四日，又记曰："地

球各国，有君主者，有民主者，有君民共主者。亚细亚洲，若中、若俄、若土耳其、若日本、若朝鲜，皆君主也。……至于墨洲之国，则皆民主。欧洲之瑞士、法兰西，亦为民主。……若英、若德、若奥、若义、若和兰、若比利时、若瑞典、若那威、若葡萄牙，皆军民共主者。大抵军民共主与民主之国，其大权皆在议院。惟君民共主者，君意与议院歧，可以散议院，而令再议。民主之国则不能。此中又有分别矣。"

崔国因对美国司法制度亦甚为留意，光绪十六年八月十四日，金山逼迁唐人街，报至法庭，遭美"审司"（法官）批驳，不准当地执行。崔就此颇有感言："查美国察院审司之员，其人必向为律师，素端品行，又年过五旬，方准充当……此等人大抵不侮鳏寡，不畏强御，素有直名者。其俸与部长同，故亦不求迁调，而惟各行其志。凡所讯断，一秉至公，犹有古道存焉。"

崔国因不懂外语，亦不谙美国法律，这无可厚非，而且在懂法、依法、用法方面，或许不如其前任郑藻如、后任伍廷芳之娴熟，但我们也不难发现，在其履行公务过程中，每遇重要案情，或拟向美各部展开交涉，事前必与使馆所聘美方律师充分协商。其任内四年内，聘任过若干位律师，如科斯达、利亚顿、梅律师等，而且与律师保持良好之个人关系。《日记》中提及他向各位律师咨询事宜不下数百次之多，足见其法律意识之强。

光绪十九年正月十六日，崔国因受邀参加美国新旧总统① 交接仪式，场景记载翔实而生动。事后，崔氏对两位总统和两人国务卿之律师身份颇发感慨曰："新总统基利芬，即四年前之总统，自光绪十四年退位，遂充律师。光绪十七年，曾至华盛顿为人驳例，而不得直。此次退位之总统哈利顺，亦系律师，退位后充任书院大教习。前任外部长科士达，以律师而充外部，卸任后仍充律师，赴英、法办秘林海峡案。今外部长又以律师而任是职。美国之重律师如此，以其熟于国家掌故，并谙交涉之事也。"

---

① 查当时卸任总统为 Benjamin Harrison（1889—1983），新任总统为 Grover Cleveland（1893—1897）。

　　光绪十六年十月二十二日，崔国因记录了他列席美国议会之况。"开议院之前十日，美外部分送各国公使准入议院凭据一纸，可持之以入，一扩见闻，意至美也。院式圆，空其中，环而坐，各有案，纸笔均备。有所见，则书于纸，刊于报，示至公也。无酬应之烦，嚣杂之习，拘束之劳。宽其礼数，而实事求是。华盛顿诚人杰哉！"

　　至于政治制度孰优孰劣，崔国因虽未直接评议，但从 4 年日志整体观之，崔国因对西方治国"立、行、守"三权分立之体制、政务公开之管理，是赞赏有加的。

　　崔氏此番观察与感受，实源于他早年在翰林院之研习。崔于同治十年（1871）中进士，授翰林院编修，充当詹事府中允，署日讲起居注官，在研究讲授经史之同时，他十分留心国际时务，尤重洋务与西学。光绪九年，他向朝廷上《奏为国体不立，后患方深，请鉴前车，速筹布置恭折》。这份"大逆不道"的奏折，让他一鸣惊人。其中云："今日世界，犹如战国时代七国之纵横者，国与国之间相处，论势而不论理"，"苟非自强，断不能以立国"。折中赫然提出 11 条习外自强之策："储人才、兴国利、增兵船、练精兵、设武备、筑炮台、修铁路、精水师、精制器、设议院、讲洋务。"在设议院条中提出："议院之设，分为上下，其上议院由王公大臣议之，所以率作兴事，慎宪有成，知其大者，远者也；下议院由各省民间公举之人议之，所以通幽达隐，补弊救偏，兴利除害，知其小者，近者也。"这在当时"祖宗成法断不能改"的封建传统氛围中，作为一名由科举正途入仕之中层文官，敢于向朝廷提出如此激进之谏言，是有极大政治风险的，其胆识不能不令人钦佩。鉴此，学界认为他是近代中国提出设立议院、探索民主建设、实施政治改革之第一人。①

　　崔国因特别肯定铁路对美国发展之特殊作用。《日记》开篇，便记载他从金山乘坐火车前往华盛顿之过程。在任期间，他每每出行，皆乘坐火车，记叙甚多，所感铁路之利，不绝于书。较有代表性之论，见于十六年九月

---

①　梁碧莹：《艰难的外交》，天津古籍出版社 2004 年版，第 225—227 页。

初二日："美国草昧初开，仅一百年……国富至十余倍，其富强之道，以铁路为第一关键。故地球铁路惟美最多，亦惟美最富也。"十七年六月二十五日，又记美国火车赛速，从金山到华盛顿，二日可抵，"日行五千里"。并记美国已研制出电气火车，可日行万里。崔氏叹曰："铁路是裕国利民，实无疑义。"《日记》载光绪十八年各国铁路里程，美国 167750 英里，遥居首位。次为英（三岛 22000 余）、德（26000 余）、法（24000 余）、俄（19000余）、加拿大（14000 余），日本（800 余），而中国仅为 125 英里。可见差距之大！崔氏又记当时纽约市内为解决人车拥挤之困，"离地数丈之上建造铁架，与屋顶齐，即于上行驶街车"，而英国伦敦"则于地下掘深六丈，建造铁路，且用电灯，光明如昼"。认为"其经营可谓巧矣，皆所以便民也"。相比较，当时中国天津铁路竟被沿线民众拆毁，被认为是破坏风水。崔国因痛批此事："中国铁路、开矿二事，皆为堪舆家所忌。夫地球厚三万里，开矿至深一里，不过入地三万分之一耳，何足言损？……欧、墨各洲，若英、若美，矿厂、铁路极多，民亦极富，未闻其有所不吉也。"

对于西方强国纷纷在中国周边修建铁路，崔国因忧心忡忡，光绪十七年正月十一日记："俄人造铁路与珲春，则相逼于北。法人造铁路于越南，英人造铁路于缅甸，则相逼于南。数十年后，中国边防其急乎？"

崔国因十分注意记载美国政府之管理与运作，包括上、下议院人数、44省（州）所举议员人数；政府各层税收数目等等资料，尽予登录。而政府各部门类别、机构设置、人员编制、级别、薪俸支出，包括各类学校、宗教部门和驻外使领馆等，其主要结构和开支，均有记载，不厌其详。加以比较之后，他认为美国办事、议政，无论程序，或所雇人员，皆十分精简，故而高效。十九年二月二十五日，崔氏所记尤为高论：美国"制造铁舰、巨炮，不由国厂，而由商厂，言商厂之价较廉也"，他因此感言："凡事之经官办者弊多，而商办者弊少，西洋各国亦然。顾有商厂以相形容，则官厂尚不至过于垄断，亦不敢十分舞弊。若无商办，而仅由官办，虽有廉明之大员稽查，亦必不能无弊也。"此言一针见血，精湛深邃，现时读来，令人振聋发聩，对于当今摈除贪腐时弊，仍不乏借鉴意义。

至于军队兵种、人数、军备、俸银等重要数据，他记叙得更为细致，甚至将美国各主要军工厂一一查明，如国家设炮厂2处，商家设7处；枪厂，国家设1处，商家设5处；船厂均有商家所设，共29处。以上均列出各厂家所在具体地点。此外，他还搜集了美、英、法、德、俄、荷、意、西等西方海军强国主力舰船之名称、吨位、马力、航速、兵员、武器、弹药等极为敏感的资料数据，均散见于《日记》中。在当时交通、通讯极其不便之条件下，能做到如此全面、准确、周密，实在难以想象。这些情报，显然对于清政府知己知彼、扬长补短，有积极参考作用，殊为可贵。

作为外交官，他对美国外交状况详考而志，如美国驻外公使之头等、二等之区别，驻其他国家全部公使、参赞、领事、随员之级别、人数、薪俸等，极为翔实，这对于研究美国外交史，亦有学术价值。

崔国因乃科举出身，却十分赞赏美国教育模式。到美之初，他便考察了美国大学，记云："美国大书院（大学）有三百六十所，分布各省，读书其中者，六万九千余人，小书院不可胜数。民间子女幼时无不读书，即黑人亦无不识字者，可谓教养兼备矣。"崔国因注意到美国华人重视子女教育，且日见其多，华人之心思才力，令人刮目。他任期届满时，感受更深："欧洲各邦，论立国育才之道，曰读书则智，不读书则愚；智则强，愚则弱。诚有味乎其言之也。德国之民，读书者百之九十五，美国之民，无不读书，宜其强富如是之速也。阿洲（非洲）之民，未闻读书者，宜其全洲为各国所分裂。"此言虽有所过，但他以此强调教育兴国、富国之作用，是四海皆准的。

清末期间，清政府开始注意向西方学习，派遣官员赴国外考察，颇费心机。崔国因记载了清政府《出洋游历章程》之内容，摘录如下："各衙门人员愿出洋者，先考试以定去取。游期以二年为限，过限者，自备资斧。四品以上者，虽自愿行，仍由衙门请旨；五品以下人员，每月给薪水二百两，准顾翻译一名，月给薪水五十两，往返川资准按人用。二等舱一位，仆役三等舱一名，准作正销；准预支薪水六个月，公项银备用，不敷则在各使馆借支。游历之时，应将各处地形之要隘、防守之大势、远近里数、风俗、政治、水师、炮台、制造厂局、火轮、舟车、水雷、炮弹，详记备考。各国语言、文学、天文、算学、化学、重学、电学、光学、测量之学、格致之学，亦可录备参考。游历回华，择其才识卓著者，奏请给奖。"由此观之，清政府曾经鼓励各级官员出国考察、学习，提供的条件颇为优惠，任务明确，考察范围相当广泛，很多做法堪称开明而有益，并非尽如后世史家所一律指责的"闭关自守、夜郎自大"。

但崔国因对派遣学童出洋肄业似持不同看法。十六年九月十二日记："出洋肄业局始于光绪五年，撤于光绪十一年，费库帑数十万，而所培植之人才甚希，则经理非人故也。"他到任驻美公使后，直接接触并处理容闳之事，亦认为选人最为重要。他认为："年少学生出洋肄业，诚良法美意，然非其人不能行也。哈富学堂耗国帑甚巨，而不能培植人才。肄业学生，皆改装入教，一无所成。容闳又身入美籍，以中国之学堂私行质银，不能正其身，如正人，何此之谓欤？"他查阅当时出洋肄业局派遣幼童 120 名赴美，拨银 120 万两，人均 1 万两。当时美国各州总督年薪一般仅为 3000—5000 元，而容闳入读哈佛大学，"费美银四万三千元"，终经核算、扣剥，仅退回 8500 余元，崔国因觉得花费过度，批容闳"真小人也"。在学童留洋问题上，崔国因的态度显得有些矛盾，一方面他力主洋务，主张全面学习西方，却对人才培养费用较高持批评态度（如前所论，崔确有过于节俭之癖）；一方面深察华人在美不入籍之弊，却又强烈指责容闳归化入美。此种个性，或许也是崔氏遭受各种非议之主观原因。

崔国因出身于中医世家，其本人亦深通医道，驻美期间，常为使领馆（甚至驻法国使馆）人员看病、配药，且疗效甚著。他如是比较中西医之优劣（十六年五月二十二日）："泰西医家多霸道，以治外科诸症尚可，若内伤诸病，断不能也。……洋医渐行于中国，信者崇之，而好高者辟之，均失平也。外科挂割之法，一定不易之证，外洋既得师传，又已经验，中医所不及也。若六气交感，内伤纷纭错杂之病，期间表里虚实，洋医实不能辩，无法奏功。此则为持平之论耳。"中西医结合之倡，是否起于崔国因此论？有待中医史家考证。

五、以国际维度洞察国际关系与中外交往，
提出诸多具有战略眼界之高论与谏言

崔国因持节出任驻美、日（西班牙）、秘三国公使，历时四年，涉及三大洲，不远万里，亲历各国，履行外交公务，环顾国际局势，留下很多第一手资料。

作为早期驻外公使，他详细记载了所驻美国、日国（西班牙）、秘鲁三国接受国书的礼仪场景。这三个国家，美国与秘鲁是总统制，礼仪较为简单。西班牙是君主制，礼节相对繁复，也很隆重。但总的内容和程序，与当代差不多，看来这一礼仪形式已在国际上延续了百余年。崔在美国期间，与其他国家驻美使馆、使节经常来往甚密，关系相当融洽，《日记》中多处记载，不难看出各国对中国之尊重和敬仰。崔国因赴日国、秘鲁以及途径法国、墨西哥、哥伦比亚等国家时，各国政府要员、外国使节等都亲自迎送，礼仪甚为周全，体现出中国与大多数国之关系基本上是良好的。

《日记》中多处描述各国之间的关系，而崔氏重点关注的重点是欧洲各国。他有一段纵览国际局势之论，于光绪十八年岁末最后一日所记，长达二千余言，其中有曰："德、奥、义三国联盟，饿、法二国亦联盟。英国外为中立，而内实欲德、奥、义之合，俄、法之离。盖以德、奥、义所致在升平，而俄、法所志在攻取也。"他详细分析了美国与其他主要国家之关系，涉及古巴、哥斯达黎加、墨西哥、尼加拉瓜、澳大利亚、纽西兰、加拿大、荷兰等国家；日本创制轮船以后迅速获利；他对俄国之动向表示警惕，称俄军时逼波兰，时临德奥之境，已加兵阿富汗。他还注意到缅甸之铁路渐建，越南、暹罗等国之尚未开发，夏威夷内乱而求美庇护。最后提及中美交涉唯以美方禁工所扰，但认为美国尚有持公允正论之议绅，而总统受其影响，有望除苛。凡此种种，将世界主体格局、发展动向即中外关系梳理得简明清晰，也是一篇极佳的外交史教材。

　　崔国因对明末清初政府在对外事务上之幼稚与浅薄也做了反省。较有代表性的是他对葡萄牙的观察。十六年五月初三记："查葡萄牙地方民数不敌中国百之一。自明之末年，租澳门之地以通商，中国无知其国之形势者，遂成为大西洋国，殊可笑也。"又于光绪十九年四月二十二日补曰：葡萄牙"方舆不及中国二百分之一，不知其所谓大者，何所取义也？……今则贫弱交迫，借贷无门，至于鬻地。"认为葡国对于国际局势，已无足轻重。

　　中国对外设立使领馆，较西方国家为晚，建交、设领之国家亦不如西方国家多。对此，崔国因有其独见。光绪十六年九月初一日，记曰：中国之所以在海外"不愿设领事者，以设一官则增一费，国帑支绌，不可铺张，意甚是也。然外国领事之费，即取之于商民，盖以国为民设官，民自为官筹费。我国家自新加坡初议设领事时，建议即以船牌之费为领事之费，及其既设，则又不然。朝廷重违其意，委屈从之。自此以后，成为领事之费，由国筹之。老成深算，谓以中国百姓之膏脂，为外洋游民之保护，中外轻内，谋之不臧。于是各处求设领事者，均作罢论矣。"笔者不知当今各国在外设立领事馆之经费是如何筹集的，但从这段记叙观之，外国"取之于民、用之于民"之做法，似有参考意义。

　　崔国因对俄国政治、军事、经济动态颇为留意，《日记》经常提及，而且多有议论，见地深邃，所述大多揭发其觊觎华土之野心，抨击其对华侵犯之劣行，警示当局应未雨绸缪，加强边防，御敌于国门之外。他在《日记》中多次重笔论及此端情势。光绪十五年岁末除夕按曰："香港、珲春两地，中国视之不甚爱惜，一以与英，一以分俄。……彼得堡为欧洲之俄京，由此以铁路通珲春，将来调兵转饷，节节灵通。因窃虑此路一成，高丽断不能守，高丽不守，东三省安能高枕无忧？"[①]十六年正月初九日又记："俄廷近议筑造铁路直至黑龙江、珲春，约共六千里，分为三路而造云"，"俄兴铁路如是其急……或别有所希冀焉？则为邻者，宜预防矣"。十六年闰二月

---

① 　此处崔国因自注曰"于光绪九年已陈疏之矣"，即指其"向朝廷上《奏为国体不立，后患方深，请鉴前车，速筹布置恭》"。

十五日按曰："地球各国，均愿邻国之弱，而不愿邻国之强。……俄与我邻，乃常越界而占我北边之荒地，盖因其地多金矿而垂涎也。我稍一布置，而彼矍然惊焉，此其志可知矣。"同年三月二十六日按曰："俄兴西比利亚之铁路，前谓便商，今谓防英，皆饰词也。便商，则商务甚微；防英，则英在欧而不在亚。因以为直垂涎东三省耳。"十二月十三日按曰："强俄之患，统地球皆知之。因曾于光绪九年奏陈：俄人为欧洲各国合纵所制，料不能辟地于欧洲，移其志而向中国。中国所宜防之。"崔看到俄之铁路即将修至中国地界，火车朝发夕至，十分焦虑，疾声呼吁中国赶造铁路，迎而拒之。次年正月二十七日按曰："珲春为中国之地，中国驻有防兵，俄人营铁路以达珲春，又添兵队，铁路成，而边事亟矣。"三月十一日又曰："俄国疆土得地球六分之一，甲于各邦，欧亚两洲，惟其所向。……中国、朝鲜、日本，均宜设备。俄人又鹰瞵虎视，兼并为心，秣马厉兵，耀武不息。以致欧亚两洲之间，均伺察俄人之动静，以定防务之紧松，盖欲止戈息兵而不得矣。"八月十二日按曰："俄人二百年来，无日不以蚕食鲸吞为事。欧亚两洲小弱之国邻于俄者，俄实尽之。……俄人之意，未尝一日忘也。数十年中，当不能无忽诸之恨者矣。"不日后，崔获悉俄又占据帕米尔之地，甚感忧虑，按曰："俄人蚕食各国之地，盖无岁无之也。此次所踞之地，可窥中国之新疆，可窥英属之印度，厝火积薪，待时而发，无以御之，则俄人又得遂其蚕食之心，其绸缪未雨哉。"继而感慨："俄人于亚细亚又进一步矣。……而中国西北边境有加紧焉。俄本佳兵，而又难制。与俄邻者，有不深蚕食之虞乎？"崔氏深叹曰："俄之利，中之害也。"

崔国因对俄国威胁之分析与判断，《日记》中比比皆是。事实证明，他的心情并非杞人忧天。1689 年，中俄签订《尼布楚条约》，这是中国与西方大国签订的第一份条约，其内容是较为平等的，双方维持此约 170 余年。及至同治年间，中俄实力发生逆转，清政府被迫先后签订《中俄瑷珲条约》《中俄北京条约》，俄方先后割去中国东北、西北 140 多万平方公里膏腴之地，尤其是将我国东北唯一的出海口海参崴夺去，强行更名为符拉迪沃斯托克，使广袤而临海的东三省成为内陆地区，而彼方则因之变成东方海洋大国。

自鸦片战争以降，中俄关系充满险恶，中方痛失广阔疆土，悲催无限。崔国因虽然身居美国，却放眼远东，时时关注、警惕这一欧亚大患，察其动向，预其危害，所记所议，至深至远。这些令人沉痛的记载，以及崔氏所发之深忧、之警示，虽已经历百年，却依然不同程度地潜在，而滞缓无多。如今回顾历史，实难容稍有淡忘。

六、余　论

崔国因在即将离美返国之前，对其任职做过一段总结："因驻美三年（实为四年），见美国所行，多用霸气。禁工之事为背约，报施之约好占邻国便宜，觊觎檀香山又违公法，戕杀义国旅美之民而置之不理，专秘林海峡之利而虏英渔船，不独各国讥之，即美之公正绅耆亦多讥之。幸新总统、外部，均不直前任所为，一一矫正，或能收之桑榆，倘旧主联任，布连不死，则美国之祸未艾也夫。"

崔国因此言，有三重含义，一是美国以工党为代表之极端势力，多年以排华为其纲领，严重损害中美关系，造成历史性恶果；二是美国依仗其国势与武力强权，开始称霸于世，遭到各国反对；三是美国之多元制度确有其民主成分，舆论亦非铁板一块，国内尚有正义之吁，总统等要员亦不为旧人、旧制所束，以致政府得以把握时局，适应变化，纠偏拨正，乃使国祚得以延续。

必须指出，崔国因出任三国公使时期，适逢清廷对外交往的转折期。鸦片战争以后，迫于西方列强之压力，清廷与多国签订了若干不平等条约，在中外关系上比较有代表性的便是1868年签订的《蒲安臣条约》，虽然"一体均沾"之原则更加有利于西方列强分食在华利益，但至少在某些条文上亦有互尊互利之意。这一时期的中外条约，缓解了西方列强之间的矛盾，平和了西方与清廷之间的关系，创造了中外关系一个暂时相对稳定的局面。① 而此时清朝国势未衰，朝野各界仍自觉中国疆域宽广，土地丰腴，民数甲于地球，国力堪属强盛，继而推行的洋务运动，也确有跟上世界步伐之效果，清廷并不介意西方势力之觊觎，对日本更是不齿。这或许也是崔国因等几任驻美公使在履职中得以在不同程度上得以坚持原则、张扬国威之背景原因。

此外，《日记》为崔国因于其任期内之观察与感受，正如崔氏序中所言："巨细不遗，以纪实也。"所书所议，多即时偶得，未必深思熟虑，前后难免不一；尤其针对美国社会、政界各种事件、案情之褒贬，并不能囊括其国当权政府与社会高层之政治主张，更难以揭示美国对华、对其他弱势国家实施强权外交之本性与行径。若从整个清末之季着眼，中美之间的矛盾、龃龉、明争暗斗，极为复杂而艰险，且两国关系呈每况愈下之势。《日记》所载短短四年，仅能粗显一斑，而远非全貌。

参考资料

曹新群：《美国政府华工政策的演变（1868—1894）》，山东大学硕士学位论文，2007 年。

潮起龙：《美国华人史》，山东画报出版社 2010 年版。

陈翰笙：《华工出国史料汇编》（第一辑、第七辑），中华书局 1985 年版。

崔国因著，胡贯中、刘发清点注：《出使美日秘日记》，黄山书社 1988 年版。

［美］韩德：《一种特殊关系的形成——1949 年以前的美国与中国》，项立领、林勇军译，复旦大学出版社 1993 年版。

解建芸：《清政府在抵制美货运动期间的对美外交》，安徽大学硕士学位论文，2014 年。

梁碧莹：《艰难的外交——晚清中国驻美公使研究》，天津古籍出版社 2004 年版。

任青、马忠文整理：《张荫桓日记》，中华书局 2015 年版。

陶文钊、何兴强：《中美关系史》，中国社科文献出版社 2009 年版。

---

① 陶文钊、何兴强：《中美关系史》，社会科学文献出版社 2009 年版，第 32 页。

王铁崖：《中外旧约章汇编》，三联书店 1962 年版。

周国瑞：《公使崔国因的世界认识、国防及外交思想（1889～1893)》，华东师范大学硕士学位论文，2006 年。

（原载于《西安交通大学学报》2016 年第 1 期）

长春真人西觐事迹与蒙元时期"丝绸之路"

前　言

近些年，随着国际学术交流之频繁与深入，学界对历史上跨境文化交往研究愈发重视。若站在国际大视野观之，儒释道之发轫、交集、互通、融合，以及几种宗教对中外社会交往产生的影响，应该是中外关系史研究之重要内容。笔者注意到，不久前，各地学者齐聚宝鸡，就"纪念老子传人丘处机，发扬慈爱和平精神"为主题，从一个新的角度，对道教在宋元时期的发展变化展开研讨，尤其对丘处机在陕西修行历程做了实地考察，释放出诸多新识。据史料记载，金大定年间，被奉为"活老子"的丘处机，隐居陕西之磻溪、陇州潜修长达 13 载，静思忘念，密考丹经，而道业大成，进而创立全真教龙门派。丘氏返回山东故里后，在蒙元帝王和朝廷的大力支持与推动下，老子之道以全真教为道教新载体，在短期内得以全兴，并呈压倒性优势。其中尤其更令人瞩目的是，丘处机的个人修行与活动，大大带动了中国传统宗教思想和社会政治理念向北国、西域诸地深刻传播，以致在很大程度上影响了蒙元时期的政治制度和社会特质。

对丘处机及其西行壮游之研究，学界已有百余年之深厚积淀，历代学者著述丰厚。1795 年（清乾隆六十年），著名学者钱大昕、段玉裁从苏州元妙观《正统道藏》中发现《长春真人西游记》，抄传问世，渐为学界所知。[①]
道光年间，徐松和程同文等曾对书中的地理、名物加以考订。[②] 清末西北舆
地和蒙元史研究之兴起，越来越多的学者开始研究丘处机及其游记，如道
光年间学者张穆著《蒙古游牧记》16卷，对北方和西域蒙古各部落的历史、
山川城堡等都予以详考，对于研究蒙古各部落历史和满蒙关系价值极高，其
《长春真人西游记》之校注，堪称对全真道教和丘处机研究之开山之作。光
绪年间教派学者陈教友著《长春道教源流》8卷，亦属此领域之重要文献。[③]
清末丁谦撰《〈长春真人西游记〉地理考证》[④]，虽舛误较多，但毕竟是初校，
堪称难能可贵。近代学者之研究，尤以王国维作《〈长春真人西游记〉校
注》[⑤] 最有影响，观堂先生为此书做了174条注释和考证。张星烺编《中西
交通史料汇编》收录此书，亦有百余条精辟考释。[⑥] 近30年来，随着研究
的深入，涌现出大量新成果，如陈正祥的《〈长春真人西游记〉选注》[⑦]，杨
建新主编《古西行记选注》[⑧]，纪流的《成吉思汗封赏长春真人之谜》[⑨]、张文
主编《丘处机与龙门洞》[⑩]、唐代剑的《王嚞.丘处机评传》[⑪] 等；而赵卫东的
《丘处机与全真道》[⑫] 以及尚衍斌、黄太勇的《〈长春真人西游记〉校注》[⑬]，收

---

① 该文与钱大昕的跋文均收入王国维《蒙古史料校注》本《长春真人西游记·附录》，清华
学校研究院1926年排印本；又见《王国维遗书》，上海书店1983年版。
② 参阅上引王国维《蒙古史料校注》本《长春真人西游记·附录》。
③ 该书《全真教总论》《王重阳事迹汇纪》《邱长春事迹汇纪》《邱长春弟子纪略》《邱长春
再传以下弟子纪略》《邱长春后全真法嗣纪略》等。
④ 民国四年（1915）《浙江图书馆丛书》（即《蓬莱轩地理学丛书》）本。
⑤ 此书有多种版本，最早为《蒙古史料校注》本（1926年清华学校研究院排印），后又收入
《海宁王忠悫公遗书》（1927年海宁王氏排印石印本）、《海宁王静安遗书》（1940年商务
印书馆长沙石印本），较为常引的是《王国维遗书》本，上海书店1983年版。
⑥ 张星烺编著，朱杰勤校注：《中西交通史料汇编》第五册，中华书局1978年版。
⑦ 陈正祥：《中国游记选注》第一集第三篇，香港商务印书馆1979年版。
⑧ 杨建新：《古西行记选注》，宁夏人民出版社1987年版。
⑨ 纪流：《成吉思汗封赏长春真人之谜》，中国旅游出版社1988年版。
⑩ 张文：《丘处机与龙门洞》，陕西人民出版社1999年版。
⑪ 唐代剑：《王嚞丘处机评传》，南京大学出版社2000年版。
⑫ 赵卫东：《丘处机与全真道》，山东文艺出版社2004年版。
⑬ 尚衍斌、黄太勇：《〈长春真人西游记〉校注》，中央民族大学出版社2016年版。

纳史料颇为大观，探讨与研究也更为深邃。

此外，学术刊物刊载的论文，对于推进和深入相关研究贡献巨大，虽未充栋，也难胜数。囿于篇幅，不赘罗列。

蒙元史专家陈得芝教授认为，《长春真人西游记》（拙文以下简称《西游记》）是汉文载籍中第一部横贯蒙古高原的亲身游历记录，也是唐代以后第一部根据实地见闻记述从天山东部到河中广阔地域的书，其价值可与玄奘的《大唐西域记》相比伦。[①] 这一评价是恰如其分的。

综观丘处机的行道与思想核心，大致集中于慈爱与和平。这是历代研究者所共识的。鉴于其道高望重，丘处机在当时即被奉为老子在世，大贤至圣，但可贵的是，他从不以神仙自居，历来随凡就俗，从不装腔作势，更无虚幻缥缈之谈。作为真教、真人，其真在何处？为何在北方游牧异族轮番南侵、蒙元初期战乱频仍之世，丘氏仅以独善之身，宣昭万里之遥、不可一世的成吉思汗，进而影响蒙古族朝政接纳儒释道之核心理念与思想，在短短数十年内，使源于华夏本土的儒道之教迅猛发展。此类问题，学界关注似乎不多。笔者检阅相关文献，细读丘氏游记、会录，对此粗陈孔见，努力阐发真人西觐之本意、宗旨和真实心态，其西觐对中西思想、政治、宗教、文化、科学交往之价值，以及蒙元时期"丝绸之路"的主要路径加以厘清，并就此一重要事件当时、后世乃至当前中西"一带一路"之时代意义略加探究。

一、真人西觐之背景

自汉以降，道界以黄老为宗，清净无为为本，热心炼丹化身、长生不老之术，进而拓展诡幻之论，逐渐沦为虚诞之道，流弊益甚。至北宋末年，有豪杰之士，佯狂玩世，志之所存，求返其真。全真之教，自此初生，其要

---

① 如舒天啸在《中国道教》陆续发表数篇专文，杨善友、车轩《丘处机的三教合一思想》（《宗教学研究》2008 年第 1 期），赵卫东《丘处机养生思想略论》（《山东师范大学学报》2008 年第 1 期）。

义为"屏去妄幻，独全其真者神仙也"，其修持大略可归结为"识心见性，除情去欲，忍耻含垢，苦己利人"，要求"绝利欲而笃劳苦，推有余而利不争，要归清净无为而已"。[①] 如此贴近普罗大众和遂顺社会动荡之教义与主张，很快在北方得以声张，并快速流传。而作为此教执掌人，其名声大噪，似属必然。

丘处机（1148—1227），金代山东登州栖霞人。金大定六年（1166），丘19岁，弃家隐居宁海昆嵛山石门峪学道。次年，他得知咸阳王喆（重阳）在海州（今山东牟平）传道，创立全真派，道行甚高，即前往拜谒，恭奉为师，因天性聪颖，"博物洽闻"，"于书无所不读"，悟性拔萃，被留在庵中掌文墨，其名、字及道号长春子皆王重阳所命。马钰、谭处端、刘处玄、王处一、郝大通、孙不二皆为王重阳弟子，后代全真教徒称其为"七真"。

王重阳去世后，丘处机为追寻师道之源流，于金大定十四年（1174）西行至磻溪（今宝鸡东南），居于山洞之中，长达6年，"烟火俱无，箪瓢不置"，"破衲重披，寒空独坐"，四季单衣破衫，蓑草为披，日进一餐。[②] 在磻溪期间，他以对真道坚定之信念与非凡之毅力，一方面磨炼与塑造坚忍不拔的品性，同时勤于钻研、求学，撰写大量著述与诗作。二十年，又率门徒数人，迁至陇州龙门山娄景洞，历7年之功，越生苦志，"静思忘念，密考丹经"。金大定二十六年（1186），应京兆统军夹谷龙虎之请，往终南刘蒋祖庵（现户县祖庵重阳宫），自谓至此道业始成。此后，长春子名誉渐著，秦陇士人有很多与他结交，广传真教新谛，名声亦随蒙古之开拓而远播西北。

大定二十八年（1188）二月，金世宗召丘处机赴阙，主万春节醮事，又敕修官庵为其居修之所。同年五月，金世宗召见丘处机问延生之理，丘处机对以"惜精全神，修身之要；恭己无为，治天下之本。富贵骄淫，人情所常，当兢兢业业以自防耳。诚能久而行之，去仙道不远。诞诡幻怪，非所

---

① 周良霄、顾菊英：《元代史》，上海人民出版社1993年版，第745页，引自《金石萃编》卷158，《全真教祖碑》。

② 《磻溪集》卷五，《无俗念·居磻溪》，见赵卫东辑校《丘处机集》，齐鲁书社2005年版，第63页。

闻也。"① 丘处机平实真切的回答深得金世宗认同，这也给丘处机传播真教以极大信心。返回终南途中，他大阐教化，一路主持建造宫观，如：苏门之资福、修武之清真、孟州之岳云、洛阳之云溪等观，皆在此时所建。丘处机于明昌二年（1191）东归山东栖霞，以故居为基，兴建滨都观。其后又以滨都观为基地，在山东各地积极弘道，兴建了多所宫观，收授了大批弟子，为全真道的兴起积蓄了力量。

在山东传道期间，丘处机曾先后于金泰和五年（1205）与金大安元年（1209）两次造访崂山，奠定了崂山真道基础。金贞佑二年（1214），蒙古军占领山东、河北，金都南迁，山东发生叛乱，应仆散安贞之请，处机"使其徒持牒招求于战伐之余，由是为人奴者得复为良。与滨死而得更生者，毋虑二三万人"②，所至皆投戈拜命，避免了战争之灾。金贞佑三年（1215）到兴定元年（1217）之间，山东发生严重灾荒，丘处机令全真道众辛勤耕耘，分粮济馁，大大减少了死亡，充分展现了宗教领袖之影响力。

金泰和三年（1203）二月，丘处机任全真掌教，承担起了弘扬全真道之重任。随着全真道的发展壮大，其影响力不断增强，引起了各方统治者的重视。

丘处机生逢乱世，一生经历了金朝 7 帝、南宋 5 帝。在他人生的 80 载岁月中，金、南宋、西夏三朝并立，得以亲历其发展到衰落，可谓世事洞明。他因势利教，撷取释儒之精髓，融合入道，在承传与推进全真教派之过程中，尤其注意历史上道教不同民族和教义之间的和谐相容。丘处机执掌全真道后，提倡"除情去欲，忍耻含垢"，"以柔弱为本"，"苦己利人"，不抗争，不谋利，勤笃耕作，忍辛耐劳，鼓励普罗百姓听天由命、逆来顺受。这些理念，既包含了佛释苦练、修行、普济、利他等核心内容，又与儒家仁义道德、天人合一的处事哲理相符，将三教融合为全真教派之宗义③，因

① 《金莲正宗仙源像传》，见赵卫东辑校《丘处机集》，齐鲁书社 2005 年版，第 424 页。

② 《元史》卷二〇二，《释老》。

③ 王重阳《重阳真人金关玉锁诀》，参见白如祥辑校《王重阳集》，齐鲁书社 2005 年版，第 4、16、287 页。

而赢得广大民众追随、信奉，全真道乃至整个道教之发展达致鼎盛。南宋、后金、蒙元朝野各界，皆认可并遵从此种多元融合之教派，尤慕处机之名，各派使者前往莱州敦请丘处机。1216—1219 年间，南宋与金朝廷屡次诏请丘处机赴京城讲学布道，但他认为宋廷有"失政之罪"，金人则附"不仁之恶"，均以专致修行为由，婉拒不往。① 其实，此间丘处机审时度势，本其"欲罢干戈致太平"之教义，纵观蒙古统扩东西之局，察其有顺天理之势，暗生辅佐之意。在此心态下，才有其人生最重要的一次选择，亦是中西交通史上之一次壮举：处机以古稀之岁，越崎岖数万里之遥，越大漠雪山之艰，踏版图之所不载，历数年之时，前往成吉思汗位于大雪山（今中亚兴都库什山之北）之行宫，觐见大汗，宣释全真道教之真谛，深得大汗理解与信任，欣然吸纳释儒道三教之要旨，作为其立国治邦与为人之道的重要理念。丘处机功莫大焉！

有关真人生平及其弟子李志常所撰《长春真人西游记》（拙文简称《西游记》）之研究及出版物，可谓充栋，繁不具录，仅从以下三个角度略陈陋见：真人西游之复杂心态；觐见之要旨；对蒙元时期中西交通（丝绸之路）之意义。

二、真人西游历程中之复杂心态

丘处机执掌全真教期间，成吉思汗正率军西征，途中听随行的中原人宣介全真道教，称丘处机法术超人，成吉思汗遂有意宣调丘处机，且十分执着。金兴定四年（1220）于乃满国兀里朵（大汗行宫）遣侍臣刘仲禄携诏书

---

① 《长春真人西游记》卷上云：戊寅岁（1218）之前，师在登州。河南屡欲遣使征聘，事有龃龉，遂已。明年，住莱州昊天观。夏四月，河南提控边鄙使至，邀师同往，师不可。使者携所书诗颂归。继而复有使自大梁来，道闻山东为宋人所据，乃还。其年八月，江南大帅李公权、彭公义来请，不赴。尔后随处往往邀请。莱之主者难其事，师乃言曰："我之行止，天也，非若辈所及知。当有留不住时去也。"

前往莱州，敦请丘处机到帝都相见。帝诏悬虎头金牌，其文曰："如朕亲行，便宜行事。"刘仲禄于是年冬十二月抵莱州，对处机曰："丘师名重四海，皇帝特诏仲禄逾越山海，不限岁月，期必致之"①，并展示成吉思汗手诏（见附录）。

成吉思汗诏聘丘处机时，正率大军在中亚征扩花剌子模②，此正值其战事最为关键的时期，不仅日事攻占，军务紧张，而且朝政复杂，内争激烈，可谓日理万机，但他却如此恳切与急迫地派遣专使，盛聘丘处机到大汗行宫，向他传授善德处世之务，保体养生之方。他的诏书中表示出对丘处机识博道高之由衷仰怀，及渴望得到神仙面教之迫切心情，称其"道逾三子"。诏书所言，令丘处机感沛至深，同时亦有不可违抗之压力。

刘仲禄"传皇帝所以宣召之旨"③，丘处机"知不可辞"，遂选门弟子19人，于次年底与刘仲禄俱行，拥骑四百，浩浩荡荡，经临淄（淄博）、邹平、济阳（济南）、陵州（景县）北上，次年（1221）二月底经丽泽门（北京正南门）入京，修整二月，继而经龙阳西行。其往返路径，多有专论，文中对中西交通之作用，本文后有简议。

从总体观之，丘处机之西游，其心态亦十分矛盾，一方面有向大汗传教布道之本意，亦有受其诏书恳切诚邀之感动和蒙古皇帝专诏④之巨大压力；同时也不乏对往返万里危途之担忧，以及以古稀高龄离别家乡之悲切。李志常作为弟子随师西行，一路细心记录，尤重处机所言和诗赋。细读李氏所撰《西游记》，不难看出丘处机的此种矛盾心理。在此仅举其困惑、忧虑、

---

① 张星烺编著，朱杰勤校订：《中西交通史料汇编》第五册，中华书局1978年版，第74页。

② 从蒙古建国到成吉思汗去世，20余年间，成吉思汗不停地侵占周边国家和部族领土。周良霄将此分为三个阶段：第一阶段，1205—1218年，主要是三征西夏、伐金、灭辽；第二阶段，1218—1224年，重点在两大战场，即征战中亚各国和经略中国北方广大地区；第三阶段，1224—1227年，继续伐金、灭亡西夏。参见周良霄、顾菊英《元代史》，上海人民出版社1993年版，第135—177页。

③ 成吉思汗在世时并未及登皇位，但在蒙古国势力范围内普遍称其为帝，其本人也以朕自称。这在诏书与《西游记》中频频出现。

④ 若包括西去和返回北京途中的五次诏书，实际共为丘处机发出六道诏书。

惆怅与怀乡诗文数则。①

由京城往龙阳之时，为1221年初春，丘处机以诗示众曰："生前暂别犹然可，死后长离更不堪。天下是非心不定，轮回生死苦难甘。"可观其沉痛之感。

十二月，以诗寄燕京道友曰："此行真不易，此别话应长。北踏野狐岭，西穷天马乡。阴山无海市，白草有沙场。自叹非元圣，何如历大荒？"复云："去岁幸逢慈诏下，今春须合冒寒游。不辞岭北三千里（指成吉思汗行宫兀里多），仍念山东二百州。"思念故里之情，凄然而生。

兴定六年（1222）二月由宣德（宣化）出塞与道友告别时曰："行止非人所能为也。兼远涉异域，其道合与不合，未可知也。"见其对此行能否成功，心中并无把握。

夏时抵西域山上卫城，书词于壁，其中有云："万劫轮回遭一遇，九元齐上三清路。""死去生来生复死，轮回变化何时已？""日中一食那求饱，夜半三更强不眠。""弱冠寻真傍海涛，中年寻迹陇山高。……无极山川行不尽，有为心迹动成劳。也知六合三千界，不得神通未可逃。"西行路途遥远，气候变幻无常，住行困苦不堪，令大师有生不如死之伤，内心之悲切与惶惑，难以掩饰。

处机一行抵达耶律阿海邪米斯干城② 休驻时，异其陋俗，闲居无聊，做绝句云："北出阴山万里余，西过大石半年居。遐荒鄙俗难论道，静石幽言且看书"，流露其深感寂寥之态。

此类言表，在大师西去途中频频有载，不一赘录。

丘处机经过长达一年多之艰难跋涉，于兴定六年（1222年）四月抵成吉思汗行在（行宫），曾与大汗军旅辗转同行数月。当时成吉思汗西部攻占大功告成（克花剌子模，占两河流域，征钦察，经略华北），正启程东归，

---

① 本文所引丘处机诗文，均录自张星烺编著，朱杰勤校订《中西交通史料汇编》第五册，第九章之《长春真人西游记》，以下不一一标注。

② Samarkand，《史记》《汉书》《魏略》《晋书》为康居地，1220年蒙古灭花剌子模，归行省辖，今乌兹别克斯坦之撒马尔罕。

以伐金、灭夏。大汗之意，邀丘处机随其东行，以便一路请教习道，但丘处机决意先行离开。《西游记》载，元光二年（1223年）二月七日，师入见，奏曰："山野离海上，约三年回。今兹三年，复得归山，固所愿也。"上曰："朕已东归，同途可乎？"对曰："得先行便……今上所咨访，敷奏讫，因复固辞。"二月二十四日，"再辞朝"，"三月七日，又辞"。十日，终于获成吉思汗同意，得以启程返回。

丘处机竟然当面明确拒绝成吉思汗的再三挽留，而且迫不及待，可见其返回故里之决心与急切。

东行途中，丘书教语一篇示众云："万里乘官马，三年别故人。干戈犹未息，道德偶然陈。论气当秋夜，还乡及暮春。思归无限众，不得下情伸。"这首五律应属即兴所发，十分朴素简洁，未加雕琢，没有用典，而句句实言，几乎总结了西行三年之过程、效果、心态和期望。

五月下旬，因寒暑无轮，师体有恙，尹志平辈关切问候，师答曰："余疾非医可测，圣贤琢磨故也。卒未能愈，汝辈勿虑。"是夕尹志平梦神人曰："师之疾，公辈勿忧，至汉地当自愈。"一语道破其疾根所在。

六月二十一日，度渔阳关而东，至丰州①，师患自愈，梦验不虚。丘处机书曰："身闲无俗念，乌宿至鸡鸣。一眼不能睡，存心何所萦。云收溪月白，气爽谷神清。不是朝昏坐，行动扭捏成。"东归行程过半，故土在望，处机不仅身体康复，而且变得精神矍铄，神情清朗。

七月九日至云中②，留居20余日，以诗赠当地士大夫，云："得旨还乡早，乘春造物多。三阳初变化，一气自冲和。驿马程程送，云山处处罗。京城一万里，重到即如何。"折射出其对返回中原之焦虑与期待。

丘处机西游往返三载，不顾高龄，克服困难，终于安全回到京城，完成了他一生中最重要的旅途。虽然路途有各种困难，但有成吉思汗派刘仲禄和专门队伍陪护，又诏令沿途驿站幕营接待迎送，可谓有艰无险，基本还是

---

① 丰州乃辽王朝在西南部兴建之军事重镇，金元两代相继沿用，城址在今呼和浩特市东郊白塔村。

② 赵武灵王设云中郡，郡治在云中城，今托克托县古城乡。

顺利的。在行宫期间，更得到成吉思汗无微不至的关怀。但无论西去东归途中，还是在行宫居住期间，无论诗文还是言表，处机皆或多或少流露出悲观、焦躁、思乡之情绪。

故此，所谓神仙，实为凡人，亦非完人。李志常作为随从弟子，但一路所书之《长春真人西游记》，全文写真，不事溢美，实事求是，承具师风。也许唯有如此侧观，才能完整地展示丘处机之真人特征与风范。

三、觐见成吉思汗之主旨与成果

诸多研究认为，丘处机西游觐见成吉思汗，向他宣传去暴止杀、济世安民的宗旨，"道德欲兴千里外，风尘不惮九夷行"，抒发胸臆，希望此行将全真思想推至蒙古部落和西部疆域。其道义与理念深得大汗赞同，并改变了其行为观念及为政之道，这对蒙古后期乃至元朝的政治有一定影响，是无疑的。

丘处机与成吉思汗之接触，基本由随行的李志常记录，《西游记》全文19000余字，绝大多数记载沿途山河、路况、风俗、民情等途中见闻，粲然靡不毕载。而对于此行最为重要之事——觐见成吉思汗，及与他交流传道等事宜，李志常之记载却十分简略。丘处机在成吉思汗行宫里住了半年有余，《西游记》此段记载不过寥寥千余字，而且大多是居住事务与一般活动，涉及道德深层与教义要旨的内容更少。检阅之，丘处机与成吉思汗的直接接触，主要有以下数端：

1. 金兴定六年（1222）四月初，丘处机顺利抵达成吉思汗行宫，五日，二人相见，帝深表感激之意，而丘谦虚对曰："奉诏而赴者，天也。"帝又询："真人远来，有何长生之药以资朕乎？"师曰："有卫生之道，而无长生之药。"上嘉其诚实，并从此后称丘为"神仙"。可见成吉思汗并不迷信，而具尊重科学之优良潜质。

2. 因其时上亲征回纥，原定四月十四日继续问道，而不得不延期，故遣千余骑护送师回撒马尔罕暂居。八月初，在太师耶律楚才亲护下，二十二日再抵行宫见帝，入帐拜见（无跪拜礼，折身叉手而已）。"既见，赐湩酪，竟乃辞。"丘处机对蒙古佳食美酒颇不适应，拒不收纳。

翌日，帝又遣近伺官传旨曰："真人每日来就食可乎？"每日与皇帝共进三餐，这是多么难得的机会和礼遇？但丘处机一点面子都不给，曰："山野修道人，惟好静处。"上令从便。

丘处机虽然身居大汗行宫，但只是公事公办，顺势而为，我行我素，泰然自若，并未显示出神仙下凡至高无上之威严状，亦无机不可失、急促成事之紧迫感。

3. 九月朔，丘处机随成吉思汗大军渡阿姆河而北，师奏："话期将至，可召太师阿海"①，月望，上设宫宴，退左右伺者宫女，师与阿海、阿里鲜入帐坐，丘处机要求刘仲禄和镇海入帐闻道话，帝从之。"师有所说，即令太师阿海以蒙古语译奏，颇惬圣怀。"这俨然是一次带同声翻译的学术讲座，道话之后，成吉思汗十分惬意。

4. 二十三日，帝"宣师入幄，礼如初。上温颜以听。令左右录之，仍敕志以汉字，意示不忘。谓左右曰：神仙三说养生之道，我甚入心，使勿泄于外"。这一次是以养生之道为专题之传授，成吉思汗心领神会，颇得要领。

5. 十月朔，帝率部至邪米思干，丘处机奏告先还旧居，上从之。是月六日，上暨太师阿海见师，这次丘处机向成吉思汗申诉"御帐遣军马杂沓，精神不爽"，不愿随大汗和军队行动，要求独自静处。上从之，并问"要秃鹿马② 否？"师曰"无用"，似乎显得有些不耐烦。

6. 十二月二十五日，成吉思汗大军渡霍阐河③，三日后，闻航桥突然断散，帝问"震雷之事"，师对曰："尝闻三千之罪莫大于不孝者，天故以是警之。今闻国俗多不孝父母，帝乘威德，可戒其众。"儒家视孝悌乃为人守德之根本，道教亦持同论。丘处机注意到蒙古传统只敬天，几无孝，极为担

---

① 太师即耶律阿海，见《元史》卷一一〇，《三公表》。

② 秃鹿马，又做兜罗锦，是一种棉织品

③ Khojend，即锡尔河，耶律楚才《西游录》之苦盏，又为忽章。

忧，趁此机会向成吉思汗提出警示，致帝猛醒，慨曰"神仙是言，正和朕心"，接纳此谏，并敕左右记以回纥字。师又"请遍谕国人，上从之。又集太子诸王大臣曰：'汉人尊重神仙，犹汝等敬天。我今愈信，真天人也。'"且云："天俾神仙为朕言此，汝辈各铭诸心。"

帝据此遍喻国人，尊崇孝道，进而在很大程度上止缓了对普通百姓的屠戮，促使蒙古荒蛮传统得以进步。此乃丘处机对成吉思汗影响最显著的授道成果之一。或许谓丘处机"一言止杀"，即由此演绎而成。就此，拙文后有微议。

7.元光二年（1223年）一月二十八日，太师府提控李公向丘处机道别，希望三月返回行宫时再相见，此时丘处机东归意决，答曰："汝不知天理，二三月决东归矣。"果然，二月七日，师入见上，请求离别东归，成吉思汗劝曰："朕已东矣，同途可乎？"丘坚辞不就。汗只好请求其再留三五日，待"太子来，前来道话，所有未解者，朕悟即行"。

次日，"上猎东山下，射一大豕。马蹄失驭，豕傍立不敢前。左右进马，遂罢猎，还行宫。"丘处机闻之，入谏曰："天道好生。今圣寿已高①，宜少出猎。坠马，天戒也。豕不敢前，天护之也。"上曰："朕已深省，神仙劝我良是。我蒙古人骑射，少所习。未能遽已。虽然，神仙之言在衷焉。"并对左右大臣曰："但神仙劝我语，以后都依也。"表示出对大师的无比信任和依赖，此为丘处机就为人、修身、卫生等事宜，与成吉思汗进行的最后一次正式交流。

经再三磋商、准备，丘处机终于得以提前东归。他谢绝帝所赐赠之牛马等礼物，只乘驿骑，三月十日，与答喇汗以下官员挥泪告别，匆匆踏上东归之途。

令人感动的是，丘处机启程前，成吉思汗下诏，通告沿途地方，"悉令蠲免"，并"赐圣旨文字一通，且用御宝"，又"命阿里鲜为宣差，以蒙古带、喝剌八海副之，护师东还"。

---

① 　是为癸未年，成吉思汗62岁。

　　以上所列各项，为《西游记》记载的师与帝所发生的交往与对话的全部内容。

　　不难看出，丘处机与成吉思汗几乎朝夕相处了近一年之久，除了上述第3端可能涉及传教论道之正题外（可能当时李志常并未获准入帐旁听，故无法记录此次论道之详细情况），其余的接触与交流，基本集中于孝悌之道、节欲养生等话题。《西游记》外，记载丘处机与成吉思汗直接恳谈之实录，见于耶律楚才之《玄风庆会录》，很可能楚才参与了此次论道，方有此详细记录。《玄风庆会录》旨在论述道教对阴阳、气神、色戒与中和修身之关系，告诫成吉思汗"宜减声色，省嗜欲，得圣体康宁，睿算遐远耳"，委婉规劝其"不见可欲，使心不乱"。在《玄风庆会录》之最后，丘处机顺势将修身养性、康宁护体与卫生保健提升到治国安民之高度。① 我们注意到，《长春真人西游记》《西游录》《玄风庆会录》等记载中均未见丘处机有推崇宣介长生不老药物等虚幻之事，极少关注蒙古及成吉思汗的政治军事之略，亦未过多涉及济世安民之策。丘处机之西觐，基本集中于传输真道教义，以及道教礼义之下的修身养性之术。正因处机坦诚率直，知无不言，毫无忌讳，决不虚浮，如此求真务实之范，召感他人情商之高，赢得成吉思汗由衷之敬佩、尊重与珍视，乃至与丘处机建立了十分亲密的私人关系。

　　丘处机离开行宫东返途中，成吉思汗每日牵挂，先后发出三道圣旨：

　　是年十一月望，元帅贾昌自行宫趋抵，传旨："神仙自春及夏，道途匪易。所得食物驿骑，好否？到宣德等处，有司在意馆谷否？招谕在下人户，得来否？朕常念神仙，神仙无忘朕。"眷恋关切，感人至极。

　　1224年（大正元年）初，丘处机一行经居庸关顺利返回燕京城内。二

_____

① 《玄风庆会录》文曰："壬午之冬，十月既望，皇帝畋于西域雪山之阳。是夕，御行在，设庭燎，虚前席，延长春真人以问长生之道。"《会录》所记之事，恰与本节上述第3端之时间与主旨相吻合，而《会录》记载得十分详细，全文约3500字，集中论解养体、劫色、修身之关系，主张"贵乎中和，太怒则伤乎身，太喜则伤乎神，太思则伤乎气。此三者，于道甚损，宜戒之也。"最后，丘处机顺势提及治国方略，称山东、河北天下美地，物产丰厚，"自古得之者为大国"，又举金世宗皇帝之例，奉劝成吉思汗唯有修身养命，方能开疆拓土，治国保民。

月二十五日，喝剌至行宫来传旨："神仙至汉地……甚好。教神仙好田地内爱住处住。道与阿里鲜，神仙寿高，善为护持。神仙无忘朕旧言。"关爱照顾，至周至深。

是年夏季，上又差相公传旨："自神仙去，朕未尝一日忘神仙。神仙无忘朕。朕所有之地，爱愿处即住。门人恒为朕诵经祝寿则嘉。"

足见成吉思汗对丘处机之厚谊比山，深情似海，感天动地，以致史不绝书。

由于成吉思汗之无限关注与厚爱，丘处机师徒东归后，定居燕京，未返山东故里。成吉思汗赐赠虎符、玺书，令其掌管天下道教，并免道院及道众一切赋税差役。于是道侣云集，真道势力猛增。①

在此，顺就丘处机对成吉思汗"一言止杀"论略陈陋见。

需要肯定的是，遍查《长春真人西游记》《玄风庆会录》《西游录》以及其他直接记载丘处机觐见成吉思汗的文献、碑刻，均未见丘有"止杀"之言。但从丘处机50余年修道理念与济世安民的实践观之，他主张德行与仁政，在与成吉思汗接触和布道中，一直强调天理与仁、孝之统一。如上所述，成吉思汗多次对丘处机表示"神仙是言，正和朕心"，"我今愈信，真天人也"，"天俾神仙为朕言此，汝辈各铭诸心"等，足以证明成吉思汗对丘处机所传布之道义与所提各种建议，是全盘接受的，并且"遍喻国人"。如果说丘处机"一言止杀"缺乏直接证据，那么说他"一言弘孝""一言弘道"，或"一言卫生"，则毫不为过。

赵卫东先生认为，丘处机不断地劝说成吉思汗"行善进道""作善修福"等，即是委婉地劝说成吉思汗止杀，而不能采用直接的方法，否则可能引来杀身之祸，这正显示了他的高明之处。此种推理，是有一定道理的。②

极为巧合的是，丘处机于金大定四年（1227）七月七日归真，春秋80，葬于京郊白云观。而成吉思汗也于同年同月在清水县西江病逝，年66。之

---

① 周良霄、顾菊英：《元代史》，上海人民出版社1993年版，第747页。

② 赵卫东：《丘处机"一言止杀"辨正》，2013-06-28，山东师大全真道研究中心网站，http://www.hongdao.net/a/daojiaoxuezhe/wz/2013/0627/1099.html，2017-05-08。

后，元朝历届帝王对丘处机及其真道亦十分尊崇。元至元六年（1269），元朝皇帝敕赠丘处机"长春演道主教真人"尊号。至大三年（1310），元朝皇帝又加赠丘处机"长春全德神化明应真君"。此后，丘处机曾经居住的道观一律晋升为宫，如清溪宫、磻溪宫、常宁宫等，民间一直妥为保护、修缮，直到"文革"期间才几乎全遭摧毁，唯磻溪宫遗址之"全真第五代宗师长春演道主教真人内传碑"①、道德经全文碑②及河南内乡县石堂山普济宫之"成吉思皇帝赐丘神仙手诏碑"③，得以残存。

四、对历代中西交通之意义及时代价值

1222年（金兴定六年）春，丘处机师徒从北京出发，正式踏上西行之途。笔者根据《西游记》所记，发现其路径与秦汉以降历代中西交通路线有所不同；而沿途所见各地山川漠湖、民风习俗、社会状况，亦有独见。兹就此二方面略作陈述。

1. 书中之详细载述，为蒙元时期东西交通勾勒出壮观路线图

据李志常记载，成吉思汗特遣近臣刘仲禄，率蒙古人20余人，于金兴定四年（1220）五月从"乃满国兀里朵"④出发，六月至白登，七月至德兴（今涿鹿县），过居庸关，八月抵京城，又经益都府（山东益都），十二月抵莱州。次年迎丘处机师徒，按原路返回，经京城北上西去。此为蒙古时期成吉思汗军队打通的一条横亘万里的大通道，它以蒙古草原为基本干线，东段连接华北平原直至北京，西段进入新疆北部，从伊犁通往中亚。从具体路径上看，似乎不够笔直，但通过卫星地图比较，大凡弯曲绕道之处，不是沼泽湖泊，便是高山峻岭，难以行走。在当时条件下，如此路径，是合理的。

---

① 此碑立于1281年（元世祖至元十八年）。

② 立于1299年（元大德三年）。

③ 立于1309年（元至大二年）。

④ 即《元史》中之乃蛮国，张星烺考为阿尔泰山东西两麓。兀里朵为蒙古语之行宫。

　　此外，该线路与汉唐时期的西域交通线路完全不同。盖因蒙古国之缘起、发展、西扩，基本均在北方，东西交通主要线路自然以北方为基本。①蒙古扩张之同时，极为重视驿站建设，视之为军事指挥与社会统治之重要神经，尤其在北方草原地带，驿站颇密，仅从和林（今乌兰巴托）到上都，就有三条驿路。②从《西游记》所载路径情况观之，刘仲禄迎接护送丘处机从北京西去，以及丘处机由中亚行宫返回京城，便是取道部落连贯、驿站相望、比较成熟且稳定之道路，所经之地，多有蒙古大小部落迎送护卫，宿有庐帐，食以佳肴，美酒珍果不断，往返顺畅无虞，可见交通之成熟；不仅蒙古军队、使臣、商旅频繁穿梭，而且欧洲、西亚的人士前往中国也发现这条道路相当近便、安全。史载马可波罗等知名商人、教士，即多取此路来华。据《出使蒙古记》等史籍载，"经过北鞑靼的皇帝阔丹（Cothay）的领土较为安全可靠，如与使者同行，在五六个月内即可到达大都"。③

　　汉唐时期由长安为起点西去的中西交通，西出两关后，沿塔里木沙漠南北两线，过葱岭而至中亚，此线古已有之。然在蒙古扩张之初，虽回纥较为依顺，但西夏各部（以今宁夏与陕西西部至甘肃一带）则长期与蒙军对峙，整个河西地区战事频仍，旧时西安至中亚之古道，在宋金以后因经常阻断而逐渐衰败。相比较而言，以域北蒙古草原为基本干线，尤其是（由东往西）西辽部、蒙古部、斡亦剌部、乃蛮部之通道渐呈旺势，而由蒙古部南下至中原大都之间，交通更为频密，成为蒙元时期由大都经蒙古各大部落，直抵中亚之间最为稳定、安全、近便、通畅之道路。

　　《西游记》所详细记录的路径，为蒙元时期各类人员、车马、物质往来之主要干道，也是历史上东西交通的一条重要线路。故此，无论刘仲禄在成吉思汗行宫领诏东往，还是他与数百蒙古军士护卫丘处机师徒由山东北上、

---

① 参见周良霄、顾菊英《元代史》，上海人民出版社 1993 年版，第 24—50 页。

② 参见陈得芝《岭北行省诸驿道考》，载《元史及北方民族史研究集刊》第 1 期，《南京大学学报》1977 年专辑。

③ 《出使蒙古记》，转引自周良霄、顾菊英《元代史》，上海人民出版社 1993 年版，第522 页。

出居庸关踏上北域草原之路西行，皆为这条横亘于北亚草原、山岭之间的"丝绸之路"。

从这个意义上说，称北京为蒙元时期"丝绸之路"之起点或终点，应是名副其实的。

不无遗憾的是，近现代以后，这条道路大多不在中国境内，迄今对这条横贯东西的重要道路之研究，远不如对汉唐"丝绸之路"具体、深入。

清末民初时期，诸多俄国学者与军旅人士曾深入蒙古西部，对地理状况进行考察①，但我国学者极少参与。《西游记》作为历史真实记录，足以成为地理考证之重要基础。结合中外历代学者之研究与实地勘察，加之检索谷歌地图，古今对应，大致可以描绘出当时丘处机西觐队伍之路径。试作示意于下：

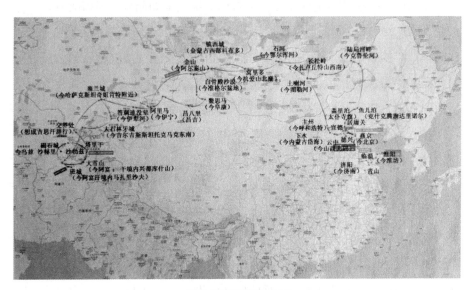

丘处机西行东归全程

笔者认为，若能就此组织跨国考察，相信定有更多重要收获。

---

① 如：席什马莱夫（Shishimareff、马图索甫斯基（Matussowsky）、皮甫特索夫（Pevtsoff）、波兹特涅夫（Pozdneff）、博塔宁（Potanin）等先后踏察此地，并出版了《蒙古游记》等研究著述，很多考察报告刊载于俄、德、法国之学术刊物。

2. 对蒙元时期东西交通实际情景及人文活动之科学记录

金兴定五年（1221年）四月，丘处机一行进入蒙古境后，即注意到漠北风土人情与中原之迥异。记载十分详细而生动，诸如：

彼处造房，"无瓦皆土木"；夏短而冬早，"八月即霜"；"时已清明，春色渺然，凝冰未泮"；"四月朔，冰始泮，草微萌"。

记载漠北风沙之大，"季春边朔苦寒同，走石吹沙振大风。旅雁翅垂南急去，行人心倦北征穷"；又有"大风傍北山西来，黄沙蔽天，不相物色"。

诗记路途曲折："坡陀折叠路弯环，到处盐场死水湾"；又记当地物产，五谷不生，不知纺织："五谷不成资乳酪，皮裘毡帐亦开颜"。

对当地游牧民族生活及风俗，更有详载，如："皆黑衣白帐，随水草放牧"，"其俗牧且猎，衣以韦毳，食以肉酪。男子结发垂两耳，妇人冠以桦皮，高二尺许，往往以皂褐笼之。富者以红绡其末如鹅鸭，名曰故故，大忌人触"；"出入庐帐，须低回"；"俗无文籍，或约之以言，或刻木为契"；[①]"遇食同享，难则争赴。有命则不辞，有言则不易，有上古之遗风焉"。丘处机对此印象十分深刻，以诗记之："极目山川无尽头，风烟不断水长流。茹毛饮血同上古，裘冠结发异中州。圣贤不得垂文化，历代纵横只自由。"

丘处机沿途颇注意对文物遗迹的田野考察与研究。如，五月中，在渡过图拉河的一处平川，见"古城基址，若新街衢，巷陌可辨，制作类中州。岁月无碑可考，或云契丹所建。既而地中得古瓦，上有契丹字，盖辽亡士马不降者，西行所建城邑也。"又论曰："西南至寻思干城万里外，回纥国最佳处，契丹都焉。历七帝。"

五月二十三日，他们甚至目睹了一次日食，记曰："众星乃见，须臾复明"，这显然是一次日全食。[②]而且丘处机沿途询问当地人士该次日食所观

---

① 长春西行时蒙古尚无文字，约在1269年，忽必烈命国师吐蕃人八思巴、回纥人文书奴等创制了八思巴拼音文，可用以拼读各民族语言，但未能普及，仅在官方使用。参见周良霄、顾菊英《元代史》，上海人民出版社1993年版，第278—279页。

② 张星烺注曰："见日食事，与宋、金二史《天文志》所书相合，英国人伟烈亚力（A. Wylie）用天文算法推算，该年五月二十三日（旧阳历）确有日食事。此亦可证明《长春真人西游记》全书皆实也。"

日相，从而得知愈是西去，日食则愈偏（由东而西，在图拉河为全食，在金山为七分，而在阿尔泰地区则为六分）。此既体现了作为真道宗师，丘处机对天象观测之重视，并善于比较与总结，堪称是一次日食与地理位置关系之天文实地观察。此事史所罕见，极有科学价值。

六月中下旬，处机一行在杭爱山脉和额尔坤河、色楞格河流域的崎岖道路上艰难行进；七月二十五日抵八剌喝孙城①，此处有汉民工匠聚居，闻真道宗师至此，悉数欢呼迎接。丘处机深为感动，在此驻休，择地建观，一月落成，榜名"栖霞观"②。后两月，行于阿尔泰山间，所记奇景目不暇接。九月抵伊犁河之北域，丘处机注意到此地种植羊毳（即棉花），称"其毛类中国柳花，鲜洁细软，可为线，为绳，为帛，为绵"，为中原所无，颇感新奇，描述细腻。据此可知棉花乃于蒙元时期经此地传至中原。③ 在铁门关西南之麓，丘处机留意到此处出产岩盐，且分布山上，远观若冰，此与马可波罗所记相符。

十月入冬，师徒一行入回纥境，详载其地人文风貌及历史沿革；十一月中由浮桥渡霍阐河，至是年岁末抵柴拉夫香河（即锡尔河与阿姆河之间的泽拉夫善河），因积雪过深，驻冬以待。三月十五日启行，过碣石城、铁门关，渡阿姆河，四月初日抵成吉思汗行在。

《长春真人西游记》对沿途记载细腻，包括山势、水系、林木、气候、物产、人文、社会、移民、历史文物等，皆有准确描述，又多与历代中外游历家所记相合，足见其可信度之高；其篇幅亦长，达万字有余。丘处机一路所经，十分留心蒙古、回纥地域之物产、人文、社会与中原之差异，正如其在成吉思汗行宫期间作诗纪实所云："回纥丘墟万里疆，河中大城最为强。满城铜器如金器，一市戎装似道装。剪簇黄金为货赂，裁缝白氎作衣裳。灵

---

① 是处考为蒙古极西，今之科布罗附近。

② 有纪怀其故乡栖霞之实也。次年三月丘从行宫东返，亦取道此地。

③ 据史载，棉花传入中国分两道，南道较早，南朝时期即由海陆传入粤桂琼等沿海地区，南宋末在广东有种植，而北路稍晚，在元时由中亚传入关陇。处机在中原一带尚未得见，是实际的。

瓜素甚非凡物，赤县何人购得尝。"

丘处机西游东归，一路以诗纪实，以诗宣情，以诗志怀，仅李志常在《西游记》中就载录了百余首。丘氏诗作，不仅有其独特的文学意义①，对蒙古、回纥和中亚古民族之历史、地理、社会、物产，以及蒙元时期之中西交通状况，更具特殊价值，有待国内外学者予以更多的关注与深入研究。

附　录

《成吉思皇帝赐丘神仙手诏碣》在河南内乡县石堂山普济宫。元武宗至大二年（1309）四月，为纪念丘神仙之功德，将此手诏刻碑，以诏后人。全文共406字，行楷。碑高1.8米，宽0.63米，厚0.23米，平首。全文如后：

　　天厌中原骄华太极之性，朕居北野嗜欲莫生之情，反朴还淳，去奢从俭，每一衣一食，与牛竖马圉共弊同飨。视民如赤子，养士若弟兄，谋素和，恩素畜，练万众以身人之先，临百阵无念我之后，七载之中成大业，六合之内为一统。

　　非朕之行有德，盖金之政无恒，是以受之天佑，获承至尊。南连蛮宋，北接回纥，东夏西夷，悉称臣佐。念我单于国千载百世已来，未之有也。然而任大守重，治平犹惧有缺，且夫刳舟剡楫，将欲济江河也；聘贤选佐，将以安天下也。朕践祚以来，勤心庶政，而三九之位未见其人。

　　访闻丘师先生，体真履规，博物洽闻，探赜穷理，道充德著，怀古君子之肃凤，抱真上人之雅操。久栖岩谷，藏身隐行。阐祖师之遗

---

① 近年有关丘处机诗词研究相继发表，如：郭文睿等《丘处机诗词艺术探微》（硕士论文），载于《科技信息》2008年第34期；杨怀源《丘处机诗词用韵研究》，《重庆三峡学院学报》2009年第4期；穆亚娜《丘处机诗歌创作研究》，山西师大文学院硕士毕业论文，2014年；等。

化，坐致有道之士，云集仙径，莫可称数。自干戈而后，伏知先生犹隐山东旧境，朕心仰怀无已。岂不闻渭水同车、茅庐三顾之事？奈何山川弦阔，有失躬迎之礼。朕但避位侧身，斋戒沐浴，选差近侍官刘仲禄，备轻骑素车，不远数千里，谨邀先生暂屈仙步，不以沙漠悠远为念。或以忧民当世之务，或以恤朕保身之术，朕亲侍仙座，钦惟先生将咳唾之余，但授一言，斯可矣。

今者，聊发朕之微意万一，明于诏章，诚望先生既着大道之端，要善无不应，亦岂违众生小愿哉！

故兹诏示，惟宜知悉。

御宝五月初一。

（原载于《陕西师范大学学报》2018 年第 5 期）

古代中国的一座罗马人城市

德效骞 著 丘 进译

德效骞（Homer H. Dubs），牛津大学研究员。著有《荀子——古代儒传承者》（1927），《理性归纳法：哲学与科学方法之分析》（1930）等，译有荀子著作（1928），班固《汉书》（1938—1955）。本文原文发表于《希腊与罗马》（*Greece and Rome*）1957 年第 2 期。此外，本译文的所有注释皆为译者所注。

——译者

公元 5 年，在中国郡县名册中（指《汉书·地理志》——译者），竟会出现这样一个县城，它的名称就是中国最早对于罗马的称呼，这确实是一件令人瞩目的事情。须知，无论是当时，还是现在的中国人，都不会给自己的城镇起一个外国名称。在上述多达 1500 个城市的名册中，却有两个城市采用外国名称。我们知道，这两个城市均是来自中国境外的移民所居住的地方。据此可以相信，这一定是罗马帝国的民众跋涉迁徙来到中国，并且建立了这座城市。

然而这个结论似乎又不可信。在古代中国与罗马帝国之间，沿着后来被称为"丝绸之路"的路线，是一片绵延 4000 英里荒凉的地区，除了沙漠戈壁，便是崇山峻岭。此路段之西，乃帕提亚帝国，它是罗马的劲敌，罗马一刻也不曾征服过它，帕提亚人成功堵截"丝绸之路"，决不让一个罗马人得以穿过帕提亚的领土。介于帕提亚与中国之间的诸城邦部落，尽管允许商队穿行，却禁绝异国民众的大批迁徙。

这座城市的名称（骊靬），其实就是当时中国对罗马的称谓。它位于今甘肃省南境，这是一个地形狭长、西北指向的地域。这个城市迟至公元前79年才出现，中国史籍首次提到它是在公元5年，并且进一步说明该城名乃由篡汉帝位的王莽根据孔教"正名"之训所命。[①] 王莽将它由骊靬改为"揭虏"。此可有二意，一为"攻城之战中俘获之夷敌"，二为"夷人聚居繁衍"[②]。那么，中国人是否的确俘虏了这些罗马军团的兵士并将他们集中于靠近西部边境的这座城中，使其戍边呢？

前面说过，该城的中国古名是骊靬，这本是中国人对罗马和罗马帝国的称呼，后来又有将罗马称为大秦者，但中国官方一直将此二名等同使用。骊靬一名，是汉语音译，也是希腊 Alexandria 一名的缩音，本指埃及的亚历山大，因为中国人无法分清罗马与亚历山大这两个地方。

公元前110—前100年间，一个帕提亚国王派遣的使团到达中国首都，在献给中国皇帝的礼品中便有"犁靬幻人"。对罗马世界来说，亚历山大的男女杂耍及舞蹈艺人是闻名罗马世界的。我们也知道他们常常被送往外国。当这些人被中国人询问是来自何方时，他们当然会回答"来自亚历山大"，而"亚历山大"这几个音很自然会被中国人缩略为"犁靬"（或"骊靬"），并作为那一地区的名称了。[③]

现在让我们回顾当时发生于罗马帝国和中国境内的一系列重大历史事件，这便终于使欧亚大陆的两端联系到一起。

公元前60年，罗马的庞培因征战之功受到元老院的褒奖。但当他以一个普通市民身份返回罗马时，他发现自己在政治上处于无能为力的地位，恺

---

① 据《汉书·地理志上》师古注曰："王莽篡位，改汉郡县名，普易之也。"
② 参见《汉书·地理志下》："骊靬，莽曰揭虏。"
③ 德效骞的这一段议论，似根据《汉书·地理志下》"骊靬"名后的注所发挥。李奇曰：骊靬"音迟虔"。如淳曰："音弓靬。"师古曰："骊音力迟反，靬音虔是也。今其土人呼骊靬，疾言之曰力虔。揭音其揭反。"

撒和克拉苏这时与他联合互助，形成"三头同盟"。公元前 59 年，恺撒任执政官，庞培和克拉苏则于公元前 55 年担任执政官，其后克拉苏出任叙利亚总督五年。

克拉苏为三头同盟投入了巨额资金，恺撒和庞培财政匮乏，这笔资金对于他们实现计划则极端需要。而克拉苏所完全缺少而又极欲到手的却是罗马人所尤其敬重的军事上的建树。他到达叙利亚后，不顾手下将领的劝阻，急不可耐地对帕提亚发动战争。公元前 54 年，他率 42000 人的军队入侵帕提亚。帕提亚军在卡雷（Carrhae）迎战。帕提亚军主要以阵地弓箭手组成，他们包围了罗马人，发箭如雨，经久不断。帕提亚骑兵在罗马步兵的冲锋之前便开始撤退，并在坐骑上向后张弓放箭，致使罗马人束手无策，他们唯有组成一方阵，立盾牌于方阵四周。这是一典型的罗马战术队形，即跌锁盾龟甲形攻城阵（testudo）。而帕提亚军却从盾牌的上方及下方射入利箭，杀伤大量罗马军，而他们自己却毫无损失。及至夜幕降临之前，罗马军已有 2 万被杀，1 万被俘，有近四分之一的亡逸士兵乘夜色掩蔽得以逃至叙利亚。

有关这些战俘的情况，我们不得而知，普利尼（Plinny）记载他们被转至马其亚纳（Margiana）①，为帕提亚戍守东疆，即中亚包括今谋夫在内的一带地区。这 1 万战俘中，究竟有多少到达此地，无确凿记载，但从卡雷到马其亚纳的安提俄克（Antioch）② 有 1500 英里之遥。在这长途跋涉中，俘虏不可能受到多少优待。我们所能得到的资料也不过如此而已。霍拉斯（Horace）③ 在一首诗中推测这些罗马人与当地妇女结了婚，并在帕提亚的军队中服役。

现在转而分析中国方面的局势。公元前 1 世纪，今蒙古高原为匈奴人所占据，他们经常向南骚扰汉朝北疆。匈奴首领称为单于。公元前 60 年（虚闾权渠）单于死。匈奴内部有隙，八方纷争，觊觎单于之位。不久后，各派俱伤而退，唯有呼韩邪及其异母兄郅支峙立。前 45 年，郅支一战击败呼韩

---

① 详见《希腊古地志》，即呼罗珊（Khorasan），今伊朗东北部霍腊散。
② 即《魏略》安息界之安谷城，非土耳其安提俄克。
③ 霍拉斯（公元前 65—前 8 年），古罗马诗人、讽刺作家。

邪。呼韩邪既败，遂向汉朝称臣，求助于汉；又遣其子（右贤王铢娄渠堂）
入侍汉朝。当时中国有将归顺的域外部族的王子收入宫廷的风气，一来使之
作为人质，以保证其父王对朝廷的忠诚，二来以中国文化和权势威望开化、
教导之。此时郅支亦将其子（右大将驹于利受）入侍汉廷为质。前52年，
呼韩邪单于叩五原关塞，表示愿意奉族中珍宝，亲自前来汉廷朝拜，以表达
其忠于汉朝之意，得允准，次年朝汉。大智大睿的汉宣帝款之以嘉宾贵客，
宠之以殊礼厚遇，并令单于在诸侯王之上，又派将领率兵将其送归北塞。单
于自愿留居塞下，助汉守边，以御其他匈奴入侵。而汉朝则为此付出极大物
质代价，在呼韩邪驻守边关数年之中，供给他两万蒲式耳的食粮，以使他能
够收容一支数目可观的匈奴民众队伍。

　　郅支畏于敌手，自知不能定匈奴，遂引众而西。因欲与西域诸邦联盟，
故遣使乌孙。不料乌孙杀其使节，持头送至汉都护所。但郅支竟大败乌孙
兵，虽未能彻底征服该国，却也得以乘势北击今西伯利亚一带的诸部落国
家。北方草原广袤千里，但这对于匈奴和以游牧为生的蒙古民众来说，纵横
千里，实在是习以为常之事。

　　此时郅支自以距汉道远，又矜其强，遂遣书至汉朝，要求将他在汉为
质之子送回。汉允之，并派卫司马谷吉送郅支子归匈奴。既至单于庭，匈奴
竟尽杀谷吉一行。

　　当是时，乌孙之南有康居王国，常受乌孙袭扰之苦。郅支因征战四方，
在此一带威望颇高，尤得康居王崇敬。其王邀郅支入康居，允许其驻于康居
东界。这对郅支来说，离开严寒的北方，又得此大片沃土，自然是有利无
弊。对康居而言，有匈奴大兵驻于境内，可倚其威，以胁乌孙。郅支因惧呼
韩邪及中国，对康居王的建议，颇乐于接受，遂订立条约。康居又送匈奴骆
驼、驴、马数千。但匈奴队伍南迁康居时，因遇大寒，道毙者众，仅3000
人低达目的地。

　　康居王以极高之礼仪迎接郅支，与他结成联盟，并以女妻之；郅支亦以
女送康居王。此后，郅支屡借康居兵进犯乌孙，杀掠其民，驱赶牲畜。乌孙
无力抵抗，退避再三，以致丢弃其西部3000英里之地，空若荒芜之境。

郅支于是乘胜骄妄，不为康居王礼，残杀康居王之女及民众数百。又在赖水上筑防护都城，该河在锡尔河与巴尔喀什河之间流入沙漠而消失。丝绸之路也经过此河，因而中国人得知有关这个新城的情况。当时中国在西城设有都护一官，统领一支训练有素、机动善战的中国军队。只要中国皇帝下达诏令，西域各小国均要派出军队接受都护调遣使用。

公元前38年，两位年轻的中国将领来到西域，他们是甘延寿和他的副手陈汤。甘延寿出身良家，为人正直；陈汤则沉勇有大虑，多策谋，而不拘泥于琐碎末节。

陈汤察觉郅支颇有在中亚占地为王的野心，认为凭借都护所辖军队，加上当地部落出兵相助，攻灭郅支残部，当无问题。倘若坐待匈奴强大，则为时晚矣。陈汤的上司甘延寿亦赞成此说，但坚持在出征之前须奏请朝廷。陈汤指出若因陈规返回长安请报，必迁延误事；且朝廷一向谨小慎微，必以征战资费过大而不允。恰在此时，甘延寿染疾卧榻，不能主事。陈汤不甘等闲视之，他假传汉帝旨令，向周围诸部征集队伍，又命都护所辖之汉军汇集于都护府所在地，做好出征准备。甘延寿病愈，发现此情，大为震惊，欲阻之，但假传帝旨之大过已经铸成，无可改悔。陈汤却认为这是一个可以名垂千古的立功机会，终于半胁半劝地说服了甘延寿。二人招集了4万余众的一支军队，于是一面遣人东归长安上疏自劾奏矫制，陈言兵状，一面于同一天发兵西进。这样即使朝廷不允，也属无可奈何。此时为公元前36年之秋。

这支大军兵分二路，其中一半顺大漠（塔克拉玛干沙漠）南缘而去，另一半则由甘、陈统率，沿大漠北线，穿乌孙境至伊塞克湖，继而西进。抵康居后，陈汤便密计串通郅支不满的匈奴贵族，探明了郅支单于身边的情况。

在中国史书[①]记载中，对攻破郅支单于城有8处场景性的实况描述。看起来这段记载一定是根据一些描绘该次攻克战役的画卷写成。如同中国古代绘画习惯一样，这些画上的各种人物和场面均附有标签式的说明文字。本文

---

① 此处作者指《汉书》。

仅就中国史家班固的记载作一略述，而不拟将原文逐字译出。

　　场景一。为汉军营地，在远处约一英里处，可见单于都城。坡上竖有五彩幡旗，有披甲战士于城上对汉军呼道："斗来！"又有骑兵往返驰于城外，步兵百余人夹门成鱼鳞阵。

　　场景二。匈奴百骑驰来汉军营前，汉军皆张弩搭箭以待，骑兵惧而引退。

　　场景三。中国营中战鼓大擂，汉军出营至城下，将城团团围住，以巨大防护楯牌为掩体，发箭射城外之匈奴骑士及步兵，逼其躲入城墙之后。又射城楼上卫士，楼上之人亦被迫下而躲避。然而，在土城墙之外又有一重木墙，护城者从木墙之后张弓发箭，颇杀伤攻城汉军。城外汉军遂发薪柴烧其木城。

　　场景四。单于披甲登于楼上，阏氏诸夫人数十服随其后，皆持张箭射杀攻城之军。城外一流箭射中单于鼻端，其夫人亦射死多人。单于不得已而下楼骑马，传呼其官内之众外出参战。

　　场景五。午夜以后之战况。木城墙已被烧尽，幸存之卒企图逃入城中，一些登上土墙高声呼喊。城外及中国军营四周又出现康居骑兵万余，欲与匈奴相应和而攻汉军，然遭击退。

　　场景六。天明时，单于城四面火起，中国军中，官兵呼声震天，鼓声动地。康居兵大恐，遁去。

　　场景七。中国联军四面推进护身大楯，拥入土城之中。单于及其随从男女百余人退入其木结构的内宫。

　　场景八。中国军队纵火烧其内官，吏士争相冲入其内，双方短兵相接，单于被创至死，有军候斩单于首级。①

现在让我们对以上史籍记载进行一番细致考察。首先，在场景一中，

---

① 参见《汉书·陈汤传》。

有这样的记录：步兵百余人夹门鱼鳞阵。这里的"鱼鳞阵"一说，在中国历史文献中是绝无仅有的。要将军队列阵布局成为鱼鳞状，需经高度的组织训练并有相应的阵列条规指导。这对于任何游牧部落或其他未开化民族来说，都是不可能做到的。像高卢人这样的游牧部落和蛮夷之邦，打起仗来都是一拥而上，毫无章法可循。而布局周密的阵列则只有在训练有素的职业军队中方可实现。

那么这些军士会是希腊人吗？须知希腊人早在此一个世纪以前就离开了大夏。而且马其顿方阵只使用小圆盾牌，其直径约一英尺半。手持这样盾牌的士兵是不可能紧紧地排列在一起形成鱼鳞阵的。

然而此时的罗马军团却离该地方不远。他们正以四处征战为生。他们被一个闻名于世的将领吸引了，这个将领表示愿意与可恨的帕提亚人为敌，与之抗衡。从帕提亚的阿姆河边到郅支单于在都赖水上的都城，相距约四五英里。而自克拉苏卡雷之战败于帕提亚 18 年之后，中国人在郅支都城见到列于城门两侧的典型的罗马阵列——龟甲型攻城阵。这种阵列其他军队不曾用过。罗马军队使用的长方形盾板，其正面呈圆凸状，手持盾板上端的士兵并肩站在一起，这种景象若在一个典型的中国平视绘画者看来，必然极似鱼鳞。而在中国历史编撰者的笔下，除了罗马方盾之外，再无别的兵器，除了罗马龟甲阵之外，也再无其他队列。

郅支城中之确有罗马人，还可以从中国军队在城外见到的双重木栏这一事实中得到证实。希腊人是从不在城外另筑木栏的，而罗马人却常用这种结构来加强其护城沟堑的防御能力，尤其常用于城门之外。只要有水有桥，则水流两岸就会建起栅拦，这个栅拦或从桥上横过，或由桥下穿越。如此看来，郅支显然在修筑防时在技术上得到了罗马人的帮助。

在甘延寿、陈汤给皇帝上疏之中提到他们斩郅支阏氏、太子、名王以下凡 1500 余人，生擒 145 人，降虏千余人，并将这些人分配给了派兵助战的城廓诸邦 15 国。若将此生擒之虏 145 人与上述记载中提及的郅支城下夹门布以鱼鳞阵的"百余人"相比，两者实际上是同一批军士，这是决不会有误的。该 145 名罗马人并未投降，但当他们见到郅支被杀后，即停止了抵抗，并且很可能仍然保持着其难以攻克的队列阵势。他们可能的确自愿选择了随中国人而去。在中国，这些罗马人即被安置于一个特设的边境城镇之中，该城自然地被命以罗马之名，即骊靬。在中国郡县之中出现这样一个罗马名称，加上王莽命名该城为"揭虏"，明显含有它是由攻城战中的俘虏所组成之意，这两点便显示出罗马人确实来到了中国。

罗马人东来的另一证据，可见于就征讨之事上奏朝廷的报告及图表中。在中国史书按年代顺序记载的有关章节里，我们可以读到以下与该次战役有关的记叙：公元前35年2月，因"诛郅支单于……（皇帝）置酒，以其（关于郅支单于的）图书示后宫贵人。"①

上述送给后宫贵人们传看的"图书"，是值得特别注意的。是什么样的文书图画能引起皇室贵妇们先睹为快呢？地图、皇室的编年记录及类似文件决不会成为贵人们感兴趣的东西。她们几乎无人可以知书识文，况且此类文件在当时也属极其重要的国家档案，决不可供妇女们玩赏的。因此，它们非常可能就是这次汉军大捷的图画，而班固记叙中的关于这次战役的详尽描述，就是受此图画之示意而写成。

我们今天有大量证据说明在西汉时期中国便有了高度发达的绘画技艺。而且，当中国将领前往鲜为人知的地区时，也常常要先绘制出路线图。导向康居的地图需要一幅很长的绢轴（当时纸尚未发明），路线两边画上沿途的景象，图绢的其他地方必留有许多空白，以供绘制或补充其他图文之用。

我们知道许多关于西汉时期中国绘画的情况，这些绘画多只用于描绘著名人物、传统道德故事和神话。除了陈汤的报告而外，我们对当时发生的任何事件的具体情形都无所了解。这些关于攻陷郅支单于城的图画在中国绘画中是十分罕见的，它们反映出中国艺术的一种新的影响。

然而，众所周知，罗马却常常使用图画来反映他们战争的胜利。当陈汤与罗马军队首领交谈时，此人定会描述罗马对胜利的庆祝盛况，这些罗马人有一部分曾参加过公元前60年庞培的那次胜利战役。有关维斯巴芗和梯

①　参见《汉书·元帝纪》。

图斯的大捷，约瑟夫斯①曾这样说："有许多图画描绘了这次战争，它们画出了各个不同的阶段和场景，从而为这次战争提供了非常生动的图景说明。"由此看来，罗马人的这种风俗与陈汤出征路线图上绘出的图景非常相似，这也足可以成为班固历史长卷中对该次战事生动描写的唯一解释。

据此可以认为，陈汤于公元前 36 年在中亚与克拉苏罗马军团的百余残兵相遇，并将他们掳回中国。中国人对那次出征中军事布阵的描述不见于其他任何中国历史文献，这种布阵与罗马军队才会使用的龟甲阵极为相似。同时，中国人围攻的匈奴城周围筑以双层木墙，这种防御方式也不为中国人或希腊人所采用，却常见于罗马军队中。罗马人常在战胜敌军后用图画来记载、描述军事行动的种种场面，而在中国却从无此习。但这类图画却成了这次中国人征战匈奴人报告中的一部分内容。这一切都清楚不过地说明在公元前 79 年至公元 5 年之间，在中国建立了一座城，它用中国对罗马的称呼——骊靬命名，这表示该城中居住的是罗马帝国的移民。

这座中国境内的罗马城，到公元 746 年西藏（吐蕃）人占领该地之前是一直存在的。在此一个世纪之前，一位住在中国西部的都城长安的著名学者②曾考察过这个城中居民对该城名的奇特发音，他认为当地人将该城中国名称中间的两个音并为一个音了，读成 Liakh-ghian，他们很可能是用那种方法来表达 Alexandria 这一词中 x 的发音的，因为这个音在汉语中是没有的。因此可以说，罗马也在现代中国的人种混合中发生过作用。

（原载于《中外关系史译丛》第 4 辑，上海译文出版社 1988 年版）

---

① 约瑟夫斯（Flavius Josephus，37—100），犹太历史学家。
② 指颜师古。

细微之处呈大师风范

——忆朱杰勤先生执教，观中外关系史学科建设

数年前，暨南大学举办朱杰勤先生文集发行仪式及学术研讨会，来自各地的学者聚首羊城，瞻仰先生的学术成就，回顾先生的为人风范，成为这次会议的重要特色。不久前，我又接到北京外国语大学张西平教授的通知，称他们拟再版朱先生的译作——《十八世纪中国与欧洲文化的接触》，嘱我提供相关的信息。我为此复习了朱先生的著作，先生当年的音容教导历历在目。作为朱先生第一个硕士生和首个博士生，借此机会清理自己的心路历程，复习先生的殷殷教诲，也力图对当前研究生教育和中外关系史的学科建设做些思考。

朱杰勤先生（1913—1990）

我自 1982 年起，追随朱杰勤先生学习、研究，长达八九年，从先生宏观大略的指导、教诲，到日常生活的关心，直接地、全方位地受益师长的培养和教育，大师的风范深刻地影响了我的一生。

学术研究离不开兴趣和机遇

朱杰勤先生年轻时聪明机灵、意气风发，但受客观条件限制，他没有受过完整中学和大学教育，他之所以进入史学研究的殿堂，几乎是偶然的，甚至是随缘的。先生 1913 年出生于广州的一个小商家庭。六七岁时，他父亲曾送他入霍元甲创办的精武会学艺。但因他逐渐变得好勇善斗，父亲怕他闯祸，不久将他领了回来，让他在家从一位科举屡试不第的伯父读诗书。10岁，家里送他入一所教育有方的私塾，由于业师罗隰甫先生的苦心培育，4年之间，他已基本掌握阅读理解古文的方法，文章也写得很漂亮，深得老师赞赏。不久，他转入英文学校学习。由于他学习方法比较灵活，进步很快，仅 3 年时间，便熟练地掌握了这门外语。后由于家庭经济不支，他不得不辍学到一家商店当杂役，但仍然坚持自学。他舍不得乱花一文钱，将有限的积蓄全部买了书。在强烈的求知欲驱使下，他入了商务印书馆办的函授学校。经过艰苦勤奋、锲而不舍的努力，坚持数年读完了中文、英文、数学、商科等专业课程。

1933 年，中山大学研究院招收历史学研究生。当时规定投考者须是大学本科毕业生；同等学力者，须有专门著作，送上审核合格，方可报考。朱先生既无大学文凭，亦无专门著作，但他不放弃这个得以深造的机会。据他所说，他报考研究所还有另一个目的，即十分向往中山大学每月 80 大洋的津贴。他日夜披读各种史籍，费时半月，写就《中国史学研究》一稿约 8 万字，送中大研究院，经审查合格，准予投考。入学考试，他并未就《史汉优劣论》这一题目做太多的常规性铺陈，而是发挥他的史学功底，用一手漂亮的骈文，表达了他的思想和学识。朱先生非科班出身，考试中有几道史学题答不出来，但汉、英两科作文却写得十分精彩，博得主考教授、著名史学家朱希祖先生的高度赞许。他终于被"破格录取"了。就这样，他开始了自己的史学生涯。

在学习期间，朱先生勤奋好学涉猎极广。在读研究生的第二年，便写成了《秦汉美术史》一书。同期，还撰写了《王羲之评传》《龚定庵研究》等专著。这三本书由商务印书馆陆续付梓刊行。

朱先生的这段经历使我想到，如果当时的中大研究生录取采取当今的办法，当然可能更为严谨，招收到一些传统的学生，却会失去一位在中国史学上占有重要地位的大师。所以，在研究生（尤其是博士生）的招收方面，当年中山大学的做法，实在有着成功的经验可供我们借鉴。我们当然要遵循有关的招生规章制度，但也不能不考虑在特殊机遇下选拔特殊人才的重要性。

科学研究既要有深厚的基础，也要打开宽阔的学术天地

杰勤先生经常引借龚定庵诗云："从来才大人，面目不专一。"大概他也是按照这个思路去学习、研究，并教育自己后辈的。

在这方面，老一辈学者的研究路径和方法值得我们认真仿效。我们看看前辈朱先生的做法。

朱希祖先生学识渊博，尤擅南明史研究，但他并未要求作为弟子的朱杰勤跟他一起治南明史，而是要杰勤先生循序阅读《史记》《汉书》《后汉书》《三国志》等经典史籍，以自学为主，在学习、研究中观察学生之所长，导师的研究变成了学生的学术背景，给学生提供了更大的拓展空间。

1936 年，朱先生毕业留校从事艺术史的教学工作。抗日战争爆发后，为了配合反法西斯的国际形势，他开始研究马克思、恩格斯的学说，重新翻译了《共产党宣言》并详加注释。此稿虽因当时条件限制未能刊行，但在师友中传阅，深得好评。朱先生还在香港和昆明从事过军事理论和军事史方面的研究，著有《成吉思汗》和《诸葛亮及其时代》等书，还编译了不少有关中外战争史和军事家故事的文章。这些著译在当时产生较大的影响。由于朱先生在军事史研究上的卓著成绩，1983 年《中国大百科全书》军事卷还聘

请朱先生为"外国军事史分支学科的特约审稿人"。

早在 30 年代，朱先生就注意对东南亚史的研究，搜集了不少资料并有所论著。1940 年，由姚楠、张礼千、许云樵、郁达夫、关楚璞等学者发起，在新加坡成立了中国南洋学会，朱先生被邀为首届会员，并为《南洋学报》《南洋商报》等学术刊物撰写了极有价值的论文十余篇。1942 年，姚楠、张礼千回国，以旧教育部和侨务委员会的名义在重庆办南洋研究所，朱先生即被聘为史地研究室研究员兼主任。虽然当时朱先生还很年轻，却已是著述等身，在学术界有着相当威信。许多不曾与他相识的人都以为朱先生是一位德高望重的老先生，其实他才 28 岁。其后，由西南联大教授吴宓先生推荐到东方语文专科学校担任印度史和泰缅史教授时，他也不过 30 岁。40 年代，泰国曼谷杂志社还聘他为特约撰述，英国皇家亚洲学会马来分会吸收他为会员，1935 年日本出版的《中国名人辞典》中就有他的传略了。

1945 年，朱先生应著名数学家、云南大学校长熊庆来之聘，到云大文史系任世界史教授。朱先生以研究中国史为起点，使自己的研究范围不断扩大，融中国史、外国史、社会史、经济史、艺术史甚至军事史等为一体，可谓学识广博、造诣精深。这也为他后来对中外关系史的研究打下基础。抗战胜利后不久，闻一多、李公朴等著名民主人士被国民党特务暗杀，这一事件引起各界民主人士的强烈抗议。朱先生执仗正义，公开发表文章揭露反动当局的暴行。昆明解放前夕，朱先生身为大学教授，却荷枪实弹，为了保卫昆明城不受国民党军队破坏日夜守城，直到昆明解放为止。

1950 年，朱先生奉调到云南军区司令部参议室主持东南亚研究工作。在军队里开展东南亚研究，朱先生可谓开创者。

1952 年，朱先生调回中山大学历史系任教授，主持亚洲史教研室工作，并开设"亚洲各国史"课程。当时全国高校开设这门课程的只有北京大学和中山大学，朱先生的讲义则较早编成，由教育部印发全国高校作为参考教材。教育部还委托朱先生与北大周一良教授合编《亚洲各国史教学大纲》，于 1957 年由教育部审订印行。这对我国高校的亚洲史教学起了推动作用。朱先生又于次年出版了他的《亚洲各国史》一书。这本书不仅为我国高校的亚洲史教学提供了较完备的教材，而且成为国外学术界研究东南亚史的重要参考著作。

50年代和60年代，朱先生先后在中山大学和暨南大学执教。这段时期，朱先生致力于教学工作，指导和培养研究生和进修教师。其中许多学生如今都已成为全国一些高校、科研和出版机构从事中外关系史研究的骨干力量。此外，朱先生在向学生讲授中国史学史时写成《中国古代史学史》一书。这是新中国成立后第一部史学史专著（该书1980年出版，曾获1983年广东省科研成果奖）。

在牢固的学术研究基础上，适时地扩展新的平台

十年动乱期间，朱先生受到极左路线的迫害，图书资料也遭到洗劫。但这并未磨灭他的工作意志。粉碎"四人帮"后，朱先生立即以新的姿态投入中外关系史的研究。他将张星烺先生20年代的名著《中西交通史料汇编》6册重新校订，交中华书局于1977—1979年相继出版。这套书成为中外关系史研究工作者的必备参考书。

朱杰勤教授从事中西交通史和中外关系史研究凡50年，在学术上跨越了三个时代。他首先是继承了这门学科的老前辈如丁骞、王国维、朱希祖、陈垣、朱谦之等大师精于考据的治学传统；而后他汲取了自己的同事、朋友如冯承钧、张星烺、向达、岑仲勉等著名中西交通史专家重于对历史上中外社会交往分析的研究方法，同时他又不拘泥于前人的结论和途径，而另有创新。朱先生明确提出，现代意义上的中外关系史应该是一门经世致用之学。它既要尊重历史的本来面目，又要古为今用，为我国建设事业和文化发展服务。这样，就给这门学科赋予了新的思想和内容。

关于中外关系史研究的内容和意义，朱先生还有许多独到见解。

国与国之间的关系，是以和平或战争的形式来维持和发展的。据此，朱先生认为，研究中外关系史，应该包括和平和战争两方面的内容。当然，

和平的关系总是比战争的关系维持长久得多，因为友好的关系总是对双方都有利的。

朱先生认为，通过对中外关系史的研究，可以使人们发扬民族优良传统和培养爱祖国爱人民的思想情操。朱先生从事中外关系史研究 50 年，深刻地了解到中国的物质文化和精神文化对世界文明有着伟大贡献。我国古代的思想文化和科学技术对推动欧洲社会发展起了很大的作用，马克思对此曾作过高度的评价，直到 18 世纪，中国的文化对欧洲仍产生深远的影响。朱先生不无感慨地说：中华民族不愧为伟大的民族，我们祖先做得很好，我们今后也有信心为人类多作贡献。

由于东南亚在地理上与中国毗邻，早在汉代以前就和我国有贸易关系，此后，中国与东南亚地区的交往关系历代都十分密切，从未中断。据此，朱先生认为东南亚的研究在中外关系研究中应占有重要的地位。朱先生本人便是我国南洋研究的最早倡导者之一。从他撰写的许多专著、论文，如《中南半岛史》《亚洲各国史》《南洋史地的研究》等来看，朱先生对亚洲史，尤其是对东南亚史研究一直很重视，他在中大工作期间所主持的亚洲史教研室便是后来的东南亚历史研究所的前身。在暨南大学，他设置和主持了东南亚研究所和历史系东南亚史教研室的工作。1980 年，以朱先生为首发起成立了中国东南亚研究会，将国内的东南亚研究推到一个新的高度。

20 世纪 80 年代以后，朱先生以中外关系史为新的平台展开了研究，先后出版了《中外关系史论文集》《中外关系史译文集》《中国与伊朗关系史稿》等专著，并亲自主编了《中外关系史论丛》《海交史研究》及《中外关系史辞典》等。

朱杰勤教授在学术上的贡献是多方面的。和个人著书立说相比，他更注重扩大研究队伍和培养新生力量。仅在 1979 年党的十一届三中全会以来，由朱先生提议恢复或亲自参加创办的有关学术研究机构和团体就有：中山大学东南亚历史研究所、暨南大学东南亚研究所、华侨研究所、中国海外交通史研究会、中国中外关系史学会等。这些机构和团体经常召开学术会议，并且自行出版刊物。这不仅壮大了中外关系史和东南亚史的研究力量，而且为研究成果的发表开辟了园地。

学术研究，不仅仅是读书著述，要注意传统的继承，以及对晚辈的呵护和提携

朱先生认为，对于研究生的学习来说，导师既要课堂教学的耳提面命，更要有学术思想的高屋建瓴。文史学科研究生的培养，特别应该注意传授经典的学术信息，直接或间接地向学生引荐大师和名家，让学生尽量地接触、吸纳大师们的学术成就，传承他们的治学方法。

我是朱杰勤先生招收的第一个硕士研究生，1982 年入学。第一次上课，是在先生家中。先生在最初的几次上课中，介绍了他的学术生涯，给我指点了学习的方法。我以前习惯于老师在堂上口若悬河地宣讲，突然变成在导师家中座谈式的上课，感到十分新鲜。其实，在他那轻松平实的聊天中，包含了大量的知识信息，例如：他说到朱希祖先生从日本早稻田大学毕业回国后，曾和沈雁冰、郑振铎、叶圣陶等共同发起文学社，提出许多文字改革、音韵改革的方案，对中国文字和拼音的改革起到直接的推动作用。朱希祖主持北大史学系时，把课程分为六大系：(1) 史学基本课程；(2) 史学辅助课程；(3) 史学史及史学原理为主的中外通史及断代史；(4) 专门史；(5) 第一、第二外国语。后来我想，朱杰勤先生精湛的语言功底、对外语的高度重视、对外国史的深入研究、对史学史的理论的建树，以及他教授学生的方法，在很大程度上继承了朱希祖先生的衣钵和习性。

朱先生的讲授中，不时地回忆当年他和许多著名史学家、教育家、科学家的交往情况，如翦伯赞、范文澜、吴宓、熊庆来等。他经常谈及在重庆南洋研究所和姚楠先生的共事，十分亲切，给我的印象极深，以至于后来我和姚楠先生经常联系，受益匪浅，1989 年，我写了一本《七海扬帆：中国古代的海上交通》，与姚楠先生、陈佳荣先生合署，由中华书局出版。

朱先生还告诉我，他每次去北京开会，季羡林先生都要去看他，请到

家中吃饭，分手时季先生一定会送得很远。1996年，季先生到暨大参加一个活动，我也在场，和季先生谈到此事，季先生说他和朱先生交往甚密，十分敬佩朱先生的学问。

我感到，朱先生平常与学生的谈话，实际上是一种更高层面的教育，他的一言一语，不经意中提到的某位学者、某部著作、某个事件，都包含着有价值的信息，或者说，从他口中说出来，比学生从其他地方看到、听到，不但更亲切，而且分量重，对学生的影响自然也深得多。

朱先生作为研究生导师，特别注意发挥学生的个性。前辈两位朱先生的教学似乎也是一脉相承的。朱希祖先生是南明史的权威，但不曾把杰勤先生当作助手来从事什么科研课题或参与写书，而是根据学生的特点，让杰勤先生重点研修秦汉史，走出自己的学术路子。杰勤先生研读秦汉史，独辟蹊径，写出《秦汉美术史》，商务印书馆的王云五先生慧眼识货，立即出版，为中国美术史奠下一块重要基石。此后，杰勤先生一发不可遏止，在涉及史学、文学的许多方面发表了大量开拓性的著述，却少有南明史的内容。

朱杰勤先生对他招收的几个研究生，也十分注意发挥每个学生的特点，而不是用自己的框架去约束学生。他在带我们的期间，也在撰写许多重要的著作，例如整编《中外关系史论文集》、修订《亚洲各国史》，撰写《中国和伊朗关系史稿》《中外关系史译丛》《英诗采译》等，还撰写许多文章，但他从来没有要学生帮他做过任何收集资料、制作卡片、抄写文摘之类的杂事。他自己勤奋工作，笔耕不辍，本身就是一种无声而有力的教育，我们只能也必须像老师那样去对待学问，没有别的选择，更不能偷懒、取巧。

朱先生对学生的学术研究主张厚积薄发。我在读研的后期，也尝试着写学术论文，初稿拿给朱先生审阅，他一般只是看个大意，或许会指出几个小毛病，绝不会大砍大杀，痛批一通。记得我写过一篇有关汉代丝绸国际贸易的长文，发表在《新疆社会科学》上，朱先生在《光明日报》上看到此文的介绍，很高兴，鼓励我说：你在广州从事西域历史研究，写出的文章能够在新疆最权威的刊物发表，很不简单。

从朱先生教学的风格来看，导师带研究生，尤其是人文社会学科的研究生，更重要的是打好基础，授以传统，晓以理念，传以经验，从导师的治学过程和学术思想中渐渐吸取精髓，找到方向，学习方法，开拓思路，而不是过多、过早地限制他们，更不能把他们当成自己的帮手，让他们从事与其后的研究关系不大的事情。

此外，朱先生还经常将他做学问的方法介绍给我们。有一次，他说想搞一个专题项目的研究，这需要在浩瀚古籍中搜寻特定的资料，那时没有电脑，都要靠坐在图书馆查找资料、登录卡片，那样的工程量就太大了。他说有个诀窍，会使这项工作变得很容易，可惜后来没有来得及实施，那个诀窍是什么，我一直没有学到。

朱先生的文字功底极好，他写的文章，一看就知道出自他手。他告诉我们，中文写作要注意精炼，一般来说，每句话不要超过9个字。这对于我们来说，实在是太难了，但我一直记得他的这个教导，自己写文章时，尽量做到简洁。

朱先生不主张死记硬背。有一次，他说到历史系一位年轻老师在做学术报告时，几乎大段大段地背诵文章资料，他感到吃惊，认为这不是做学问的好办法。

朱希祖先生是浙江海盐人，杰勤先生说希祖先生上课时地方口音很重，听起来颇为吃力。这一点也似乎无意地被杰勤先生继承了下来，杰勤先生是顺德人，顺德口音也很重，不过我想应该比我们的太师希祖先生要好得多，因为我们听起来不是那么吃力，杰勤先生讲话发音洪亮，语速较慢，吐字清晰，我从他那儿学到了不少正宗的广东话。这也证明导师对学生的影响是方方面面的。

每个周二下午，我们几个研究生到先生家去上课，那一天也是我们精神最为愉悦的时刻，因为每次我们都有收获，有长进。

朱先生十分注意在实践中培养学生，把学生推到学术的第一线，接受锻炼。

他在上课时，经常提到几位中西交通史领域里的老一辈名师，如梁方仲、岑仲勉等，把他们的著作推介给我们。他还经常请来蔡鸿生、姜伯勤等教授，指导我们研究，并安排暨大历史系的唐森、卢苇、梁作檊、徐善福等教授参与研究生的培养。

1983 年春，朱先生带我和师弟到泉州列席中西交通史学会的年会，我们认识了庄为玑、韩振华、罗荣渠、田汝康、虞愚等先生，北大的陈炎、陈玉龙教授还专门和我们一起研讨学术。1983 年，中国社科院在新疆召开中亚史学会，朱先生是主持人，他把我带去参加会议。当时研究生的经费有限，但朱先生破例让我跟他乘坐飞机前往新疆，这也是我第一次坐飞机，异常兴奋。这次会议使我第一次进入中西交通史学研究崭新的学术殿堂，在会上，我一一拜见马雍、章巽、陈高华、梁从诫等著名专家，深得教益，还结识了刘迎胜、黄靖、马晓鹤、于化民等大师们的高足，使我终身受益。后来，几乎每年这样的会议，朱先生都会带研究生参加。之后，我们随朱先生参加了 1985 年长岛会议，以及南京会议等，认识了陈碧笙、贾兰坡等大师，获得了极佳的学习锻炼机会。我在读博士期间，到北京访学，有幸得到陈炎、罗荣渠等教授的热情接待和悉心指导，这都是我从事学术活动的重要资源。

朱先生与全国各地的专家、学者保持着密切联系，其中不仅有名家、教授，也有许多刚入门的青年学生。只要给他去信，他都亲笔回复，如果登门请教，他都热情接待。当时暨大历史系助教何思兵，希望听朱先生的课，朱先生不但允许，而且每每对他悉心指点，不断提携。这几位非在编的研究生，后来都成为海内外知名的专家。

朱先生还组织我们几个研究生自己编写学术刊物，拿出科研经费，出版了一本《中外关系史论文集》，这对我们后来的科学研究是一次极好的锻炼。

大师是学术发展的灯塔

作为学科带头人，朱先生站在整个学科的高度上从事研究工作，始终关注学科长远发展的大问题。

朱先生是中国中西交通史学会的会长，在某种程度上，他是这个学科发展的总指挥，在他眼中，学科建设没有校际的隔阂，也没有省市、区域的界限，甚至不应有国家的限制。对于中西交通史、中外关系史的学科建设，他不仅从宏观上提出规划和前瞻，而且往往有比较具体的方案，利用一切机会，大力推动学术发展。对整个学科建设中的重要事情，他都亲自过问，详细部署。在他的文集中，我们可以看到他与各地学者的许多通信，十分宏观、大气，几乎每一篇都标志着学科发展的一个重要阶段。

朱先生对于学科发展往往有自己独特的看法。比如，他不太赞成对某一类人群做过多的专门研究。当时学术界有些人十分热衷搞"客家学"，他觉得客家可以研究，但搞成一门专门的学科则必要性不大。朱先生是国内华侨史研究的发起人，并亲任华侨研究所所长，为这个学科的发展作出了重大贡献。但他后来对华侨史研究的前景有更深的考虑，他认为如果只就华侨论华侨，就会太狭窄，研究就会受限。这是值得我们在今后相关研究中思考的。

事实证明，朱先生平时这些不经意的言谈，往往包含了无穷的思路和对学术研究的长远展望，这是值得我们深思的。

（原载于《海交史研究》2021 年第 4 期）

华侨华人和侨务工作研究

海外华文教育概观及相关问题

一、当前海外华文教育的新形势

随着改革开放的不断深入，中国的国际地位明显提高，与其他国家，尤其是周边国家的睦邻友好与互助合作关系更有新的发展。在东南亚的多数国家里，汉语不再是洪水猛兽，中华文化也不是狭义的中国文化甚至社会主义文化，而越来越多地被看成是有关当地社会安定、经济发展的积极因素，儒学已经比以往任何时候都更多地表现出其兼容性和国际性。在这样的形势下，过去的一年里，海外华文教育更显示出发展的生机。

韩国是儒家思想很浓的国家，韩国文化源于中国，中国传统在韩国得到普遍接受。近年韩国的汉语热持续升温，1995 年 2 月初，韩国的一家主要报纸在第一版开辟了"学汉语"专栏，标题是"亚太时代我们的国际文字"，继而电视台、报刊竞相开辟专题专栏，大公司招聘职员将汉语水平列为重要检测科目，提拔干部也要考察汉语能力。韩国有近 300 所大学，其中多数开设中文专业，学生数以万计①，各大学的政治、经济、文史等系科也纷纷开设中文课程。许多学校为此专设"中文科办公室"，以应付各界前来物色汉语人才之需求。韩国总统金泳三积极支持"复活汉字"运动，并建议

---

① 王衍诗：《汉语历久不衰——访韩散记之二》，《光明日报》1995 年 12 月 22 日。

汉字圈的国家地区加强对汉字的共同研究和协调。其国家权威机构甚至提出"为培养国际人才，应从小学就进行英语和汉语教育"。

新加坡是以华人为主的社会，政府逐步采取较开放的文化政策，虽然英文是第一语言，但华文教育已被当作"创造新一代新加坡人"这一总目标的关键环节。政府希望通过华文教育将优秀的价值观灌输给华人子弟，教育部制订的《中学华文课程纲要》提出的重要目标便是中华文化价值的传播与熏陶。新加坡副总理李显龙强调指出：通过华语，保存和发展传统的文化价值观，并加强华族新加坡人的认同感，是华语运动的另一使命。①

马来西亚华文教育上的历史功绩早已是彰彰在人耳目的。前不久公布的新教育法令及多项改革措施，对大马未来的华文教育将带来复杂的影响。②尽管这个法令并未像原来人们所期待的对华教的更大开放，但应看到，马来西亚华文教育自 1819 年之滥觞以来就没有一帆风顺过，至少现在的社会环境远不如英国殖民主义、日本军国主义和狭隘民族主义时期那样险恶。因此我们有理由相信，只要华语的实用性、世界性得到不断提升，中马两国关系的不断进步，马来西亚华文教育必会继续发展，一定会在艰苦的努力中培养出更多一流的谙熟汉语的人才，为马来西亚实现 2020 年宏愿作出独特的贡献。

由于历史原因，泰国的华文教育被禁锢了近半个世纪，华人（尤其是年青的一代）在民族意识上也较淡薄。1992 年实行单元文化政策的泰国政府出于发展外贸和国际友好关系之需要，放宽了对华教的限制。近一两年来，这个国家也掀起了一股中文学习的热潮，尽管汉语处于一种普通外国语的地位，但引起泰华各界的高度重视，因为它毕竟是泰国教育事业的一部分，华文教育不是为中国培养人才，而是为泰国的社会发展培养人才。而作为泰国的一个重要民族，华人提倡学习中文，一是强调其经济价值，二是强调中华文化优良传统对于这个民族应有的潜在影响。泰国的华教起步较晚，

---

① 　吴洪芹：《海外华文教育复兴之原因探析》，《八桂侨史》1995 年第 4 期。

② 　参见郭全强关于新教育法令的讲话，载于吉隆坡《星洲日报》1996 年 1 月 15 日；另见报道：《马拟使华文成为各族沟通语文》，载于新加坡《联合早报》1996 年 1 月 14 日。

但发展较快，不仅兴办起百余所华文民校，中小学、幼儿园有课授华文，最近已发展到高等教育的层次。华侨崇圣大学早已在两年前建成开学，又新创立曼谷东方文化书院，向社会各界开放，成绩卓著，而且在实用汉语人才培养、师资培训、HSK 考试等方面带动了其他高校。

自从在巴黎签署了关于和平解决柬埔寨等问题的协议之后，柬埔寨实行多元文化政策，使彼处华文教育再现生机，复课华校如雨后春笋，在校学生四五万人。柬华理事总会提出的华文教育方针是："培养学生成为一个德育、智育、体育全面发展的新一代华人、华侨的接班人，为促进柬埔寨社会繁荣进步，促进柬中两国人民的友谊作出贡献。"[1] 华人将柬埔寨看作自己的国家，学习中文，保持中华民族的优秀传统和道德观念，更好地为柬国经济文化建设服务，这是华人与柬王国政府的一致愿望。

在发展经济和友好合作的大潮中，老挝的华文教育也开始走上一条新的道路。虽然该国目前仅有数所华校，在校生数千人，但从比例上看却是颇高的，而且发展趋势看好。因为在中老关系健康发展的前提下，老挝政府对华人政策较为宽松，支持恢复华文教育，加之汉语文化圈的主要国家、地区的资金进入老挝市场极快，对中文人才需求邀增，从而形成了有利于华教的大气候。[2]

在东南亚各国中，似乎唯有菲律宾的华文教育不曾经历过大起大落的动荡，但由于菲化的影响，华文教育反而色彩淡化，质量下降，不仅引起华社的担忧，而且也不符合菲律宾的社会需求。中文实用价值的提高，使得菲华社会开始重新定位华教，为此成立了专门的研究机构，提出一系列新的主张、目标和教学方法。一个值得注意的变化是，菲律宾华语教学开始注重语言交际的功能，将民族文化知识的传播与语言技能训练有机地结合，同时，从中文的实用价值入手，激发当地友族人士对中文学习的兴趣，扩大华文教育的受益面，并且编写了有简体字、汉语拼音的新教材。[3] 菲华教育界还广

---

① 　参见柬华理事总会文教组《柬埔寨华文教育概况》。

② 　江河：《老挝的华文教育》，《八桂侨史》1995 年第 4 期。

③ 　厦门大学海外汉语言文化教育研究所编：《海外华文教育动态》1996 年第 1 期。

泛开展多种活动，如华校与文艺团体的交流、协作、举办各种研讨会、座谈会，加强与华文报刊、电台的联系，组织国内外的夏冬令营和丰富多彩的体育、文娱活动，都收到较佳效果。

出于同样的原因，印度尼西亚这个国家也悄然地出现了华文的学习热潮。政府方面，鉴于经济和旅游等实际需要，有限地放宽了汉字使用范围，另有两间大学设有中文系，1995 年新立的埃萨·翁古尔大学亦开设汉语课，这一情况引起国内外的关注，该校校长加福尔夫人表示，开设华文课程是为了适应日益加强的印中经济关系的需求。① 虽然台北国际学校是印尼唯一的正规华文学校，但由于社会各界对华文人才需求激增，民间补习华文风气极盛，不仅家长鼓励子女课余补习华文，许多大企业也在内部办起华文补习班。印尼大学的一位专家认为必须加强对中国的研究和华文教学，他呼请各大学增设华文课程，主张提携华文地位。② 这种奇特的现象，反映出这个世界上穆斯林人数最多的国家也并非保持着绝对单一的文化，而是缓慢地、曲折地、但越来越明显地与其他亚洲国家发生文化接轨——这里显示出的依然是社会进步的共同规律。

海外华文教育，不仅在上述东亚、东南亚地区正在发生深刻的变化，而且在远离中华文化发源地的欧洲、美洲、澳洲也开始出现热潮，甚至其发展较许多东南亚国家更快，因为那里毕竟有着多元文化的大环境，中文教育与其实用价值的上升可以成正比例地发展，基本不存在政治的敏感和民族的歧见。此外，那里的新移民（或曰新华侨）近年来又创办起适合于他们自己需要的许多中文学校及相应的组织，并称之为"海外希望工程"。关于这方面的情况，已有许多专门的介绍，此不赘述。

帮助海外振兴华文教育的责任，理所当然地落到中国教育界的肩上，这里自然包括台湾和香港地区。多年来，两岸三地虽然社会制度不同，政治观念迥异，经济水准也有很大区别，但都使用共同的语言文字，都将中华文

---

① 厦门大学海外汉语言文化教育研究所编：《海外华文教育动态》1996 年第 2 期。
② 厦门大学海外汉语言文化教育研究所编：《海外华文教育动态》1996 年第 2 期。

化泽被四海视为己任。实际上，中国大陆、台湾地区、香港地区一直以不同的方式给予海外华侨华人的教育事业相当大的支持。在教材编发、师资培训、举办各种会议、为海外华校改善教学条件等方面，台湾教育界同仁作出的成绩是十分显著的，也积累了许多宝贵的经验。汉字在海外的传播、中华文化的弘扬，并未因政治制度不同而受到明显阻碍；同样，海外华侨华人，以及其他民族和各界人士，居住在不同社会制度的国家，他们可能爱中国，但不赞成社会主义制度，这不奇怪，也是可以理解的，但大多数人是希望中国强大和统一的，这恰是海峡两岸和国内外华文教育工作者最基本的共同点。只要有了这个共同点，就可以求同存异，捐弃前嫌，我们的华文教育就可以蒸蒸日上，我们的事业就可以兴旺发达。

二、几个值得注意的问题

（一）从汉字的科学性、民族性去认识、探索华文教育中的方法问题

现在人们往往强调华文的商用价值，而较少注意汉字结构科学的一面，实际上这两者是相互依存的。如果将汉字的长处和时代特点让更多学习汉语的人们了解，将更加有助于中华文化的弘扬。例如，汉字表面上看是方块字，其结构为六书（象形、形声、指事、会意、通假、转借），但其特点又有拼形与表意，即：将偏旁、部首及常用的部分加以归纳分类，便可使看似繁复的汉字变得简易有趣，甚至据此衍生出许许多多的电脑输入法，但可惜由于种种客观原因，我们绝大多数在海外教授汉语的教师们尚未透彻研究、学习这类方法，并将其运用到教学中去。另外，汉字的90%是形声字，即形表意，声表音，有的声亦表意，在这方面有很强的规则性，重要的是要有更多的人去发掘、整理其中的规律，从形、声、意三者的关系去寻求学习、教授汉字的科学方法。

再从语音学的角度上看，汉语的语音有许多特点，一是词语音节简短。

古汉语以单音节词为主，现代汉语以双音节词为主，元音比辅音更重要，音节独立分明，一音一字，形成汉语声韵的对称和优美，因之而形成的诗、词、歌、赋，是任何西方拼音文字不能比拟的。汉字的形与音的结合，是华夏史前人类的语言与文字的天然结合，也是汉文化的思维活动与表达形式的必然结合，而且已经基本定型。它不像西方拼音文字经过若干次大的改变、调整才逐步达到与语言的吻合，而且仍然无限地在产生新字以适应表意的需要，例如，绝大多数现代西方人读不懂莎士比亚时代的文字。中国人自东汉引进佛经梵文，南北朝始大量翻译西文典籍，便知道拼音的方法，但千百年来，中国人只将汉字稍加改进，并不取消，即使近代始用拼音，也只是借助之以便于初学，语言亦无大的变化，目前的汉字，足以适应社会和科技进步之需，而无再创新字之弊。西方拼音文字经过大修大改，其直接源头——苏美尔线形文字和伊朗线形文字，恰是来自古代中国的音节文字，但前者较后者晚了约 3500 年。古埃及圣体字、巴比伦楔形字、中美洲玛雅字都早已消亡，拉丁语也成为陈迹，唯汉字独存。这样去理解，去研究，去教学，就可以少一些不必要的争论（诸如汉语拼音与注音字母之优劣等等），多一点科学方法的探讨，收到更好的教学效果。

另外，汉语的简洁，是举世公认的（据比较，同样一篇路透社的文章，英文与中文版篇幅之比常常是 2∶1，其他类型文章，最小的比例为 1.78∶1），这里既有汉语本身的特质，也反映出汉民族的思维习惯和方式比较快捷。汉字数量固然极多，《康熙字典》收字 47035 个，《汉语大辞典》收字 56000 个。实际上的行文会话一般用不着那么多。据统计，《红楼梦》共用字 731017 个，单字为 4462 个，《子夜》共用字 242687 个，单字为 3129 个，《骆驼祥子》共用字 107360 个，单字为 2413 个。文章词语愈通俗，单字量愈少。根据 1988 年电子工业出版社出版的《汉字频度统计——速成识读优选表》，一般报刊用字量为 4600 多个，其中 3650 个字出现频率为 99.18%。国家语委 1988 年公布的常用字为 3500 个，其中，1000 个字出现频度为 88.18%，再加 1000 个，即占 97.14%。在这 2000 个字范围内开展中华文化、语言教育，加上科学的方法，难道不比任何其他西方语言更为方便吗？

需要强调一点，汉字具有超越方言和时代的功能，不论古代当代，不论作者操何方言母语，汉字全通。中华文明连绵五千年，是汉字记载的，这种文字、语言，是与中华民族的质与核紧密相连的，其本身就包含着传统汉文化的底蕴。在我们开展对海外华裔青少年的华文教育时，根据各地国情和华社的特点，可以是文化教学，也可以是语言教学；可以是第一语言教学，也可以是第二语言教学，都应有其合理性、适应性。应该相信，只要从实际出发，方法科学、得当，就一定能激发起华族后代们的民族精神。

（二）关于教学中使用普通话与方言的问题

普通话是中华民族的共同语，即使在方言区，其书面文字也是以普通话为语言标准的，所谓的方言字，大多不是规范汉字，在中华文化典籍中是难以寻到踪迹的。以普通话为标准语的汉语是世界上使用人口最多的语言，是联合国正式工作语言之一，也是世界各国正式承认和使用的标准汉语言。

普通话是全国通用语言，从白山黑水到天涯海角，包括海峡两岸，普通话是唯一能跨越地域隔阂、沟通民族交往的语言，是维系中华民族亲情合力的无形纽带。

普通话音系简洁，音节齐整，语音清晰，表现力强，它是汉语诗词歌赋的音韵基础，其词汇有广泛的通用性，语法有明确的规范性，如果说，方言是"母亲语言""生活语言"，普通话则是"学校语言""文化语言"。普通话的前身是北方官话，它自然地拥有浩如烟海的书面典籍，宋代话本、元代杂剧、明代拟话本、明清长篇小说都是用北方官话写成，二十五史的语言性，也与此脉脉相通。近代、现代的诗人、作家、学者、科学家，更是用这种语言写下了无数的传世之作。可见，普通话是中华民族历史、文化的重要载体，这是任何其他方言无法比拟的。

在国内，普通话正在得到大力提倡，政府有关部门提出，争取到20世纪末，使普通话成为各级各类学校的教学用语，机关和企事业单位的工作用语，广播影视和文艺演出的宣传用语，成为不同方言区人与人之间的交际用语。

但对于海外华文教育来说，情况便不那么简单了。状况最佳的是马来西亚和新加坡，以及北美洲新侨民举办的中文学校及其社区。争议最大的，在菲律宾和北美、欧洲老侨区的华文学校，那里受老一辈华侨的语言习惯和方言在当地的实用性的影响，几乎不可能完全使用普通话教学和交际，反而方言甚至次方言（如台山话）更有利于中华文化的普及，这是不可强求的，在一定程度上说也是必要的。但我们也注意到，在海外，如果完全采取自然主义的态度，任方言自由地发展并成为学校的正规语言，可能会产生语言的变异，如菲律宾的沈文先生就不无焦虑地指出菲律宾华裔青少年操的是一口连闽南人都听不懂的"闽南话"。① 对此种情况，笔者认为，一方面要尊重当地语言环境的现实，不能简单地采取取消主义，同时要考虑到语言未来的发展，即使是教学中使用闽南话、潮州话、台山话，也应同时使用普通话，以保证这种教学语言不至于滑离中华文化的根基，使学生学习语言的实用性从局限的方言区扩展到跨地域的中华文化区。这里涉及一个十分关键的因素，即师资，因此，海外华校在选择师资时，应将"双语"提到足够的高度，以期迅速改变目前的局面。

至于在华文教育受到长期禁绝后重新起步的地区（如泰国、印支各国），既然是从头开始，不妨一步到位，选用、培养懂普通话的教师，哪怕开始慢一点，稳一点，但一定要定准方向，以免将来反复或陷入被动。

这里也顺便提到一个理论问题。最近有些语言学者提出"一语双文""一文双语"论，主张加强、完善方言的功能，并主张创造、固化新的方言字，开发方言的正音、拼音方案，从而使方言的地位全面上升，达到与普通话并列使用的目的。我们认为，这种所谓的理论，是违反中国语言发展规律和汉字自然的依附性的，也不符合政府的语言文字政策。希望海外华文教育界对此保持清醒的认识。

---

① 沈文：《菲律宾闽南话的词汇变异》，东南亚地区华文教育学术研讨会论文，1996 年 3 月，泉州。

（三）关于繁体字与简体字的问题

海内外针对这个问题的争议似乎更大，总的来说是仁者见仁、智者见智。大陆、台湾和香港地区以及海外，也大致分为两种情况。在老的华侨社团文化圈中，包括学校，大多数使用繁体字，而新加坡、马来西亚，则基本使用简体字，联合国使用的中文及多数国家官方认可的中文，基本都是简体字。此外，欧美一些国家新移民的中文学校及社团皆使用简体字。

本文无意去评说海外使用繁体字的情况。但应指出，祖国大陆推行并规范简体字的做法基本上是成功的。汉字自秦代书同文以后，并非一成不变，而是有一个不断简化的过程。现行的简化方案，是自古至今老百姓和书法家共同创造的，相当一部分甚至是古代著名书法家的碑帖，如江西出土的宋代米芾碑帖，就有不少与现在完全相同的简体字，最早的还可追溯到一千年前东晋时期，书圣王羲之的许多帖中有更多的简化字。简化字的确有极少数不够完善，产生了新的意差，容易引起歧义，但与传统汉字的一字多义与兼差相比，应该说算不了什么。以后可继续改进。实践证明，简化字方案公布以后，几十年使用下来，基本上没有出现严重的问题，相反，由于不规范字的滥用以及在反简为繁的情况下出现了许多严重问题。此外，简化字虽然广为推行，但在民间并未强行要求，而结果是，就连许多耄耋之年的老学者，也都自觉不自觉地采用了简化字。不过，既然有了方案，而且行之有效，就应该严格执行。遗憾的是，在中国大陆，现在繁简混用、简体复繁的现象十分严重，规范化程度反而不如海外。如1994年新加坡新闻检查部门对几十种中文杂志翻检中，仅有的三种不合格杂志（皆用繁体），竟都来自简化字首创者的中国大陆。[①]

我们希望新加坡、马来西亚文化教育界人士及欧美地区的新侨民们以各种方式呼吁并提醒我们，促使我们在国内使用规范的简化字。在这方面，更希望我国各级各类学校带个头，下决心清理校内的用字情况，真正做到

---

① 张熠：《报纸上的异体繁体字谁管》，《光明日报》1995年9月19日。

"说普通话，写规范字"。

为使繁体简体更好地衔接，不致引起歧义，一些学者提倡"识繁用简"①。在海外，不少华校提出开始采用"教简识繁"的方法，甚为有效，弥足参考。

（原载于《教育研究》1996 年第 6 期）

---

① 《任继愈提倡识繁用简》，《光明日报》1995 年 9 月 28 日。

海外华文教育四议

　　海外华文教育至少已经有上百年的历史，但由于这类学校均办于海外，地处比较分散，早期办学的层次较低，范围也窄，社会形态比较复杂，国内外教育界对这种教育关注得较少。近一二十年来，形势发生很大的变化，华文教育引起国内国外各方面的重视，许多人重新审视、研究这种教育，对它的分类、定义和解释颇多，可谓见仁见智。究竟怎样定义海外华文教育，本人以为可这样看：海外华文教育，是普通教育的一种特殊形式，它以中华传统文化和中国语言文学为根基，以海外华侨、华人或长期在外居住、工作、学习的中国人为办学主体，培养其子女（也包括当地其他族裔学子）掌握中文，了解中国的历史、文化、国情，既维系本民族的情结和特质，又能自然地融合于当地社会，以达到与其他民族友好相处、互相促进、共同发展的目的。

　　华文教育，根据国家不同，主办者的身份不同，或者所在国情的不同，也称华侨教育、中文教育。三种叫法，各有界定，其社会形态和法律概念上的区别可能较大，但在教育规律、教学方法、教育心理、教学管理，以及教师、教材等方面，在很大程度上又确有共同性。笔者由于工作关系，近年对此有些接触，试就涉及海外华文教育的一点感想，略抒管见，以就教方家。

一、海外华侨华人学生学中文的好处

1. 多一种竞争的本领和技能

人们都知道，在这个世界上，平均每5个人中，至少有1个人说中文。也许有人反对，因为绝大多数中国人不出国，甚至不出省。的确，现在的中国还不是发达国家，许多地方相当穷。但中国近几年发展得很快，出国的人数几乎以几何级数逐年递增，经商、考察、旅游、讲学、开会、探亲，足迹遍及世界各地，真是忙坏了签证处，乐坏了航空公司。照此速度发展下去，21世纪将真的大有中国人世纪的趋势。不仅如此，随着中国经济高速增长和国际地位的提高，与中国做生意打交道已经是一件很时髦的事情，中文当然不可或缺。国外有不少国际大公司的科研部门多半雇员是华人，中文在那儿是通用语言。在日本、韩国，中文同英文一样，是最普及的外语，中文学校星罗棋布，因为职员会一门外语便多一份工资。有的西方国家明确规定，驻华外交官必须懂中文，中国外交部新闻发布会不再提供英语翻译并非主要原因。凡此种种，致使"汉语水平考试"（HSK）海外考点不断增设，来华求学的外国人数以万计，"汉语热"在持续升温。不论是哪一个国籍的人，懂得中文，便多一种本领，何况华侨华人。学习、掌握中文，本来就是华侨、华人的优势，他们理应成为"汉语热"的主体和执牛耳者，也只有这样，他们才能更好地把握自己事业的前程。

2. 加强本民族的自尊

这里先举几个与外国领导人有关的例子。新加坡副总理兼国防部长陈庆炎博士认为，华语将成为下一世纪的重要国际语言，如果新加坡忽略了这一点，损失将会很大。他同时强调，"学习华语能使我国华人记住他们的根，使他们对根深蒂固的传统和价值观有更深的认识。同时，学习华语也能为我们的孩子提供精神支柱，使他们牢记自己的根源，在现代社会中，面对西方观念与行为的影响，也毫不动摇"①。另据报载，在马来西亚，数万名母语不是华语的马来族和印裔学生，也加入了学习华语的行列，马哈迪尔首相在视察古晋中华第一中学时指出，马来子弟涌往华校学习中文，对国家而言是个非常好的现象。② 马教育部长纳吉布·拉扎克先生请教育部副部长冯镇安博士为他的孩子物色一位华语教师，以帮助孩子提高中文成绩。③

其实，即使在欧美国家，也经常可以遇到操流利中文的洋人。有的华裔，一副东方人的面孔，人家同他说中文，他却一句也听不懂，这对他来说显然是一件十分尴尬、十分羞愧的事。在这个多种民族、多元文化的世界里，如果彻底抛弃了本民族的特质，便很难赢得别人的敬重。

3. 学习中文使人更聪明

美国人口学家经分析研究后认为，中国人的智商超过欧美人和日本人，其原因多半与学汉字有关，拼音文字只表音不表意，在大脑中便只反映于左部，而汉字是拼形文字，既表音又表意，同时反映于大脑的左右两部，形象分析能力更强，更有利于充分发挥人脑的功能。日本教育学家则发现，汉字是幼儿最易了解和熟悉的文字，3 岁的幼儿，根本无法记住假名，但如果是表示他们所知道的事物的汉字，却没有记不住的，甚至智能发展较迟缓的幼儿也几乎没有问题。④

汉字的六种结构即六书，多与事物的形象或思维的想象有关，在大脑里激发和锻炼抽象思维，因而学中文的人往往数字概念较强，运算速度较快。中国人学英文，自然而然地采用图形处理的方式记忆英文单词，错误率反而比英美人低。在美国留学的外国人中，中国人普遍被认为数学好，英文好，这恐怕与汉字的基础不无关系。

4. 中文简捷、方便、科学

中文是世界上最简洁的语言。表达同样的意思，中文字数最少，即使

---

① 新加坡《联合早报》1996 年 9 月 22 日。

② 《福建侨报》1995 年 4 月 30 日。

③ 《人民日报》(海外版) 1996 年 11 月 1 日。

④ 凌文轻：《汉字与认知》(未刊)。

是用现代汉语，也只相当于英文的 70%。联合国文件的各种语言文本中，最薄的那一本一定是中文本。在阅读速度上，读中文的速度通常是读英文的1.6 倍。笔者做过测验，准备两篇对自己是同样难度的中英文文章（本人当然更熟悉中文，所以英文那一篇在实际上要容易些），用速读法去读，了解一页文字的大意而不出大错，英文需要 20 秒左右，中文最多只花一半的时间。如是，写起来较短，读起来较快，用中文的效益就颇高了。

汉字的视觉优势十分突出，这一点在运动状态下尤其明显。高速公路上的警示牌，汉字映入眼、脑极快，识别准确，而拼音文字则往往跟不上视线，误识率高，需反复提示。在计算机的文字输入方面，拼音文字通常只有一种输入法，而汉字输入法已达数百种，各人可根据情况任意选择，甚至发明适合自己的输入法，真是千变万化，乐趣无穷。汉字输入计算机的速度远高于拼音文字的输入，而且联想性很强。更令人关注的是，正在研制开发的声控计算机，汉语被视为最有优势的语言，因为一个汉字只有一个音节，最多含四个音素，声调明晰，可辨性强，而拼音文字的情况就复杂得多。

二、在海外应该教什么样的中文

中文历史悠久，使用范围广，堪称博大精深。对于海外华侨华人学生来说，当然不可能、也不必要从古到今、面面俱到地学，而应该利用最少的时间，学到最实用的中文。这里谈一些自己的浅见。

1. 以学习普通话为主

关于推行普通话的意义和作用，各国华教界已阐述得很多。此处只从另外几个侧面，间接推证这个问题。

中国自古以来就是个多民族的国家，尽管逐渐有了统一的文字，但各民族之间怎样进行交谈呢？据历史记载，早在上古时，中国就有了方便流通的共同语，即"雅言"，《论语述而》曰："子所雅言，诗、书、执礼，皆雅言也。"意思是当时诵读诗书，施行典礼，都要用合乎规范的共同语言，类似当今之普通话。孔夫子在鲁国设校，其三千弟子，来自五湖四海，他就是用雅言讲学的。古代的雅言，一般都以国都所在地的语言为基础。自春秋战国，至汉晋隋唐，中国的政治、文化中心在今西安一带，全国的雅言都带陕西口音，这一点，从流传下来的诗文歌赋中不难体察出来。宋代雅言音调颇带些南方特点。元代以后，国都基本定在北京，北京话便成了中国的官话。清雍正皇帝曾发布过推行官话的诏书，要求官员讲官话。北京话作为中国共同语的基本语音，已经有了八百年的历史。今天，海峡两岸均以它作为普通话或"国语"的基本语音，既有其合理、科学的原因，也有其历史的必然。现在，中国政府着力推行普通话，要求公务员带头讲普通话，并作为机关工作规范化的重要标志。①

在香港，前几年还只流通英语和粤语，近两三年，由于普通话成为社会生活的实际需要，在各层已涌现出学习普通话的热潮。商贸界一马当先，公司老板不惜时间和财力，为自己和雇员开办培训班。不少招聘广告多了一条：能讲流利普通话者优先录用。香港回归之后，政府将普通话定为公务员尤其是首长级官员必须掌握的语言，为此，港府在 1997 年度预算中拨出 1.3 亿港元专款。这使得 18 万公务员中出现了号称"保饭碗恶补中文大行动"，这支务实的精英队伍自诩为"三言两语"（即"普通话＋粤语＋英语"）队伍。目前，普通话在香港畅通无阻，商店中店员主动用普通话接待顾客，使人感到亲切、方便。

话说回来，在海外教华侨华人子女学中文，教学语言当然应该首选普通话，这对学生学习正规、实用的汉语十分重要，而且对他们的方言习惯毫无影响。有的华校认为一时还不具备条件，但主要原因恐怕还在于教师。只要有积极的意识，学习和教授普通话并不难。

2.采用规范简体字

文字是供人们书写和认读的，当然愈简单愈好。古代的象形文字，基于临摹事物，难免线条繁复，多余度很高。后来，只要足够区别字形，就将

---

① 唐旬、李家斌：《公务员要带头讲普通话》，《光明日报》1997 年 3 月 31 日。

多余的笔画尽量省略。这实际上就是简化字的开端，时间上大约和文字的产生同步。在山东大汶口史前器物上镌刻的文字中，同一个字，就有简有繁。唐宋以后，历朝都有通行、正规的简化字，河北易县有一座唐代官员石刻墓碑，其上的并、坚、礼、肾、制、万、迩等字，与现代简化字完全相同。此类情况，各地都有发现。从总的历史趋势看，汉字是在不断由繁变简，但简化的主要是常用字，因为常用字使用频度高，承担着减少汉字笔画总量的主要任务。例如《论语》和《孟子》，简化的 10 个常用字，其所减笔画达到全部简化笔画的 40% 以上。[1]

中国政府推行的简化字方案，是严肃、科学、合理、实用的，多年来为亿万民众所自觉接受，也被联合国和各国政府认可为标准的汉语字体。这已成为不可逆转的大势，我们应当认真对待，努力推行。同时，我们也坚决反对任意简化汉字的现象，维护汉字的严肃和规范。

海外儿童学习中文，都是从常用汉字开始。但如果坚持用繁体字，就会遇到许多困难。如《龟兔赛跑》这个寓言，是稚童必读的，劈头一个"龜"字，就够他描的，满头大汗之后，还有多少兴趣？仅仅从这一点出发，就应当考虑采用简化字，何况还有利于他们今后更好地与中国和懂中文的外国人打交道。所以，越来越多的海外有识之士呼吁华文教育界尽早采用汉语拼音和简化字，菲律宾著名企业家陈永栽先生一再强调这是大势所趋，他认为不能无视中国 12 亿人口应用的这个注音工具和书写工具。[2] 此言可谓登高一呼，实在值得我们重视。当然，在教学中，完全可以根据当地情况，向学生介绍繁体字形，学简识繁，不会增加负担，反可提高兴趣。

3. 选择好的中文教材

教学质量的好坏，第一取决于教师，第二取决于教材。现在海外各国各类华校采用的教材多种多样，有华教社团编的，有学校自己编的，有所在国政府资助编的，有以个人名义编的，有的采用中国侨务机构提供的专门教

① 王凤阳：《汉字学》，吉林人民出版社 1993 年版，第 628 页。
② 菲律宾华文教育研究中心主编：《华文教育》第 6 卷第 5 期，1997 年 1 月 15 日。

材或合作编写的教材，有的则采用香港、台湾地区的教材。多数地区华校只开设中国语文一门课，作为第二语言，有的地区华校则将汉语作为教学媒介语言，不仅开设中文课，连数理化史地各科也都用中文教授，教材成龙配套。

应该说，多数教材，还是比较好的，在华文教育中发挥了重要作用，功不可没。但也有一些缺憾，例如，有些华侨还采用三四十年前甚至更老的课本，不仅内容陈旧，词语过时，还有许多错误，大有误人子弟之虞。有的学校为了应急，直接采用中国国内中小学统一课本，内容又过深，且不尽符合当地国情。

我们认为，海外华校，可根据自己办学性质、特点，在适合本校的范围内选择一种或几种比较成熟的教材。该范围大致有以下两种情况：其一，周末制（含正规学校课后制）中文学校；其二，全日制华文学校。前者多在欧洲、澳洲和北美地区，一般只开设中文课（包括中国文化课程），作为第二语言教学。后者集中于东亚和东南亚各国，大多是正规的学校，但具体情况差别比较大，有的以中文为媒介语（如马来西亚、蒙古的华校），有的每天都上中文课，但不是主体语言，也不是媒介语。

针对以上不同情况，中国国内已经有专门的机构，与海外侨校、华校、中文学校对口联系，调查研究，搜集、分析各种教材，并组织了一批有经验的专家，编写了几部适用范围较广的教材，发行后，受到老师和学生的热烈欢迎，大大提高了学校的教育质量。例如1996年、1997年，中国暨南大学华文学院和暨南大学出版社分别与柬埔寨柬华理事会和北美地区中文学校协会合作、协作编写出版的系列中文教材，就比较成功。据了解，北京中国语言文化学校和暨南大学出版社也正在与泰国、日本等国华校、侨校协作，分别编写、出版适合泰国和亚洲部分国家全日制华校的中文（非媒介语）教材。

总的来看，教材编写，是一项复杂的工程，要求很高，需要有专门的机构和人员，投入也很大，除了中文教育基础好、规模大、机构健全、实力雄厚的马来西亚等国外，一般来说，编写中文教材，最好与中国国内有关单位合作，这样才有利于发挥优势，顾及全局，既保证教材的科学、严谨、系统，有较高的质量，又符合学校和所在国的实情。

三、海外华文教育应注意的几个问题

1.同一国家（或地区）的同类学校，如果由于种种原因难以做到由某个权威组织统一领导和管理的话，最好各校间建立教学业务方面的联系，例如，课程安排、教学大纲、教师的基本标准及培训计划、学校之间定期的教学切磋、交流管理方法和经验、共同组织教学研讨活动等。这些都是必不可少的教学管理，而且是一所学校所难以单独运作的。校际间的合作，还有一个重要作用，就是通过联系、比较，产生压力和竞争，这是学校不断提高办学水平的强大推动力。

2.对于各类侨校、华校、中文学校来说，不论中文是不是媒介语，除了开设汉语语言课外，还应酌情补充有关中国文化的内容，使语言学习同这种语言所依附的文化紧密结合，才能达致理想效果。例如，结合课文，向学生讲授寓言、典故、成语的历史背景，介绍或展示中国的四时、景观、物产、建筑、民族、风情、艺术，到一定的时候，还可引入稍深层次的中国传统道德、哲理，让孩子一边聆听生动有趣故事，如田忌赛马、亡羊补牢、揠苗助长、南辕北辙、刻舟求剑、数典忘祖、凿壁偷光、愚公移山、天时不如地利、地利不如人和，先天下之忧而忧，后天下之乐而乐等等，学习了中文，也初步了解中国历史和中华民族的优良传统。当然，有不少历史悠久、办学水平较高的华校系统，已经开设了中国历史、地理等系列课程，使学生掌握地道的中国语言，具有更多的中华文化特质。

3.要注意避免华文教育中的超文化现象。华侨华人所处的社会环境与中国国内不同。他们虽然居住海外，但与本民族的起源地在文化、传统和感情上有着亲缘关系，这是一种历史现象，也是现实的存在。他们从事华文教育，推广本民族文化，既是为了本民族的生存、发展，也是所在国多种民族、多元文化的有机组成部分。这也正是各地华文教育得以复苏、发展的根本社会原因。然而，我们决不可简单地将各国华侨、华人在不同程度上保存着的以及正在发扬着的传统民族文化，统统归结于或等同于中国本土的文化。将中国文化视为海外华族文化的母体，是不难理解的，也是符合历史规律的。母体不论如何发展，永远是母体，而子系却不同，他们会从一开始就产生变异，而且各有其延伸的方向，从而产生各自不同的特点。从文化学的角度看，这是良性的、正常的，对本体文化来说也是一种必要的补充。

　　然而，现在有一种说法，认为中国在近 20 年中，实行了全面开放的政策，力图吸收和借鉴人类创造的一切文明成果，将世界各地华人社会文化活动都纳入所谓"中华文化圈"之中，进而提出"中华经济圈""中华民族圈"等等。不管持此种观点的人用意如何，其实际效果都是反面的，因为这会引起一些国家和民族的担心，怀疑本国的华侨华人的效忠对象究竟是谁。更有几位权威级的学者，推波助澜地掀起一股"中国威胁论"，强词夺理地将健康、正常、和谐的文化现象转移到政治的领域，甚至扯到社会主义同资本主义的对立和斗争上来（这里姑且不说改革和发展的中国现在更重视两者之间互相借鉴、合作和利用）。他们险恶用心的本质，实在于诋毁中华文化，阻止中国和其他亚洲发展中国家的进步。著名的美国学者约翰奈斯比在最近出版的《亚洲大趋势》中说："近 150 年间，当西方人享用他们创造的进步和富庶时，大多数亚洲人还生活在贫困之中。现在亚洲踏上了富强发展之路，经济的复苏使东方人有机会重新审视传统的东方文明的价值。随着技术和科学的引进，亚洲向世界展示了现代化的新型模式，这是一种将东、西方价值观完美结合的模式，一种包容自由、有序、社会关注和个人主义等信念的模式。东方崛起的最大意义是孕育了世界现代化的新模式"，他认为，当"东、西两种文化、经济交融之时，世界将会更加生机勃勃"。[①] 这是一种比较公允、求真和务实的科学态度。

---

① 转引自姜义华《论近代以来中国的国家意识和中外关系意识》，《复旦学报》1997 年第 3 期。

我们从事海外华文教育，依托的是当地平和的社会环境，传授的是优秀的中华道德传统和本民族语言，目的是丰富多元文化，促进所在国的发展繁荣。任何超文化、超教育的引导、批评（即使有些属于善意的抬高），都是不负责任的，只能给还很脆弱的这种教育带来困难和阻力，应该引起高度警惕。

四、积极开展华文教育界多方面的交流与合作

学校教育是一个开放的系统，其存在和发展既要靠内部的建设，也依赖同外部的联系。这里主要谈谈后者。

1. 如前所述，在某一个国家内的华校，应尽可能地通过某种稳定的组织形式加强校际间的联系，建立一系列制度，交流管理和教学经验，活跃教育思想，更新教育观念，教学针对出现的问题，共谋对策。同时，也需要华校的主办者（无论是单位、组织或个人）理解、支持这种横向的联络，进而形成办学的合力，走上良性发展轨道。

2. 相邻国家，或情况相似的不同国家的华校，若条件允许，也应该考虑开展上述交流，尤其是条件较优、教育教学水平较高的学校，有责任帮助条件较差、水平和层次较低的学校，接受培训、辅导后者的师资，安排实习，或派出优秀的教师去做示范教学。好的经验，有益的信息，只有通过共享，才能体现真正的价值。近几年不少有识之士呼吁成立国际性的华校组织，其目的亦在于此。我们希望看到这种组织顺利成立，健康发展，在提升各国华文教育和华校办学上，发挥积极作用。

3. 中华文化和汉语言文学的根在中国，中国有着丰富的文化和教育资源，有责任、有条件成为海外华文教育开展交流和合作的主要对象。设在北京的中国海外交流协会文教部，是中国专门联络海外华侨华人文教事业的部门，在此方面做了许多工作，该部在北京、广东、福建等地设有侨务性质的大学、学院、学校和科研机构，有良好的教育、科研条件和环境，可以常年

接受师资培训，向国外派遣教育专家，与国外华校合作编写教材和教学参考书，共同承担研究课题，安排海外教师、学生来华考察和观光，以及举办各种研讨会等。

我们希望，通过各国华社、华教界和各国政府的共同努力，海外华文教育能够抓住当前的大好机遇，总结经验，明确方向，克服困难，发挥优势，使这项有益于各国、各民族的事业，在 21 世纪的多元文化大花园中开出更加绚丽的花蕾。

（本文连载于《人民日报》（海外版）1998 年 5 月 23 日、5 月
30 日、6 月 6 日；转载于《汉字文化》1998 年第 2 期）

大陆与台湾的海外华文教育比较

中国是个向外移民的大国，目前海外华侨华人约有4000多万，这个庞大的国际化人群，绝大多数有强烈的中国文化背景。做好海外华文教育工作，对于塑造华侨华裔青少年的民族文化素质，维系华侨华人与祖籍国的情谊，促进华侨华人所在国与中国的友好关系有着十分重要的意义。

海外华文教育的历史与现状

中国对外教育及政策源于清朝末年，主要出于海外侨民与祖籍地维系情亲之需，近代并未延伸，层次亦低。半个世纪以来，随着社会进步和中国海外移民人数增加，逐渐成为一种专门面向海外侨民之独特教育形式。此种教育，在中国大陆称为"华文教育"，台湾地区称为"华语文教育"。

民国时期，这种教育已经有了一定的基础。孙中山创建民国，得自华侨帮助甚多，故此他说：华侨为革命之母，因而在国民政府中央机构中设置"侨务委员会"。"侨委会"促进发展华侨教育，加强了海外教育与国内教育的联系，增强了华侨对祖国的感情和凝聚力。迁台后，仍然维持此结构，半个多世纪以来，由于其涉外关系的变化，国际生存空间严重恶化，便更加强化其侨务工作，而侨教工作自然地成台地方侨务工作的重中之重，历任"侨委会"委员长都强调：没有侨教，就没有侨务。但我们注意到，由于针对外国人和海外侨胞的中文教育，专业性很强，因此在对外汉语教学和海外华文教育的方法和措施方面，台湾与大陆没有太大的区别。

1949年以后，两岸政治和社会分离，许多本来统一的制度，逐渐分化，渐行渐远，侨务工作便是其中一项。在20世纪50年代，大陆虽然也关注海外华文教育，但工作步伐缓慢，未得彰显。在华文教育上，两岸存在的主要问题是语言文字政策缺乏沟通和协调。据研究，两岸语言之差异不到5%，沟通基本不成问题，整合的难度不高。但不幸的是，由于政治立场迥异，语言文字上出现了一些分歧，而且从学术上引申到政治上。例如：繁体字与简体字之分；专有名词翻译的不同等。

改革开放后，中国国际地位日益提高，华文在国际交往中的地位越显重要，"汉语热"迅速在全世界范围内掀起。中国国家汉语国际推广领导小组办公室（简称"汉办"）主任许琳说：全世界人民学汉语的热潮已成了再也挡不住的势头。五年前，美国只有200所学校教汉语，现在已是当时的10倍，超过2000所。每天她接到最少40封来自世界各大学的电邮，要求和"汉办"合作设立孔子学院，或要求加派汉语教师，或资助扩充教学大楼等。大陆对外汉语教学是以非华人华裔背景的外国人为主，满足海外汉语学习者的需求，汉语水平基本是零起点，以成人外语学习为主，具有第二语言教学和非母语的特点，为世界各国提供汉语言文化的教学服务，为携手发展多元文化，共同建设和谐世界做贡献。

而近十余年来，中国社会经济建设的巨大成就，带动了对外汉语教学超常、跨越式大发展，但海外华文教育并没有急剧增长（印尼等东南亚国家近年华校属于恢复性增长）。海外华文教育是以华社民资举办为主，资金多元，依靠侨社捐资和学费为继，多数华校资金困窘，办学条件大多较差。而且易受政局左右，尤其受所在国民族政策、对华政策影响较大。在海外接受华文教育的学生基本上都是华裔子女，自幼便受到中国文化熏陶，融入了家乡、故土情结。尽管孩子对中文不一定热衷，但出于父辈的要求和社会赋予的责任，他们学习中文时间较长，下的功夫较深，实用性也相当明显，最为突出的是马来西亚华校（其"教总"被誉为民间教育部），泰国、菲律宾、日本、韩国、老挝、缅甸、美国、英国、法国等国都有大批很优秀的侨校。这些学校，规模较大，历史悠久，成为当地华社的重要组成，主要办学资金都来自华社和家长。侨校是构成海外华文教育的主体。虽然它们办学条件简陋，师资学历不高，学术水平有限，但数十年、上百年来依靠传统的精神力量坚持办学，所培养的一代又一代华裔青年，都具有浓郁的中国情结，他们对中文之掌握，决不只是为了取得谋生工具或是出自研究兴趣，更多的是出于家庭之寄托、社会之责任和故土之召唤。这些教育机构，实实在在地是从当地社会的需要建立和发展起来的，即使得不到外界的资助，它们也会继续生存、发展下去。

可见，海外华文教育是基于海外华侨华人民族文化认同的需要，以中文教育来塑造华侨华裔青少年的民族文化素质，维系华侨华人与祖籍国情谊的纽带作用，是华文教育的根本目的，这也正是此类学校社会稳定性的直接体现。对它们的任何支持和帮助，都是雪中送炭。因此，海峡两岸相关机构如果在这一点上达成共识，将有限的资源投放到这些学校，效果将会十分明显。利用它们的影响和作用，带动主流社会的汉语学习，更加简便和自然。同时，两岸共同拟定汉语国际推广的方针政策和发展规划，携手发展多元化，传播中华文化，提升中华民族的软实力。

大陆与台湾海外华文教育的比较

中国大陆和台湾地区都一直以不同的方式给予海外华侨华人的教育事业相当大的支持。台湾的华教工作者，对于海外华文教育的发展，关注甚多，着力甚大，成绩斐然。面对海外华文教育广阔的市场需求，海峡两岸都加大海外华文教育的推广力度。虽然由于政治因素的影响，两岸在发展海外华文教育过程中有所分歧，但仍具有诸多的相同点。这些共同之处，是海峡两岸华文教育交流与合作的坚实基础。

海峡两岸在华文教育方法上十分相近，在师资的培训方面，主要是对外输送华文教师，就地培养华文教师，吸引海外从业人员来华学习、培训；在教材编印方面，向海外华文教学机构赠送书籍、光碟、录音带、录影带、多媒体资料等教材；在教学交流方面，举办各种座谈会、研讨班；在教育方法方面，举办寻根夏令营、冬令营、中华文化寻根之旅等活动。这些海峡两岸非常相近的教学措施，有利于加强海峡两岸华文教育的交流与合作，更加充分地挖掘和利用两岸华文教育资源。在帮助华侨华人在海外生存、发展，推动和促进中华文化在世界的传播方面，两岸有较多的共识和较强的互补性。因此，只要求同存异，两岸的合力就会更大，效率就会更高，海外华文教育界获得的助益也会更丰。

（一）大陆与台湾海外华文教育的优势比较

台湾海外华文教育的主要优势在于：（1）台湾教育机构设有"国际文教处"专门负责台湾的海外华文教育。对海外华文教师，逐个公布需求，逐一遴选。例如：台湾教育机构遴荐华语文教师赴外国任教的文件第9913号通告、第9914号通告、第9915号通告都详细列出合作单位、薪资、待遇和补助等事项，体现了台湾教育机构对华文教育的极大支持和推动。（2）教师经验丰富。从1949年至今，台湾一直采取各种措施对海外华文教育进行扶植。由于起步早、坚持久、应变快，这项工作卓有成效。虽然台湾当局有它的政治目的，但台湾海外华文教育工作者在弘扬中华文化及提高华侨青年文化水平等方面，的确为大陆华文教育工作者提供了借鉴。（3）师资水平高。台湾教育机构对赴外国任教的华语文教师进行全台公开遴选推荐，公告遴荐教师资格要求，这些在上述提到的三个台湾教育机构通告均有体现。所有赴国外教学的华语教师都经过严格审核，并与教育机构签订行政合同，以保证华语教师的质量。

大陆的海外华文教育近些年发展迅速，军事、外交、经济优势凸显，加之孔子学院对华文的推广，海外中文热度迅速上升。2004年11月，首个孔子学院在韩国挂牌。短短六七年间，"汉办"已经在83个国家和地区建立起269所孔子学院和71个孔子课堂（迄至2009年底）。而且这个数字每天都在增加，预计到 2010 年底，全球孔子学院数量将达到 500 所。孔子学院雨后春笋般地建立，既扩大了中文在世界的影响，推动了世界中文热的浪潮，也为中外文化交流合作提供了一个很好的文化平台。可以说，中外文化交流，孔子学院功不可没。大陆海外华文教育的主要优势在于：首先，师资资源丰富，外派教师相对比较容易。其次，对外派教师的待遇具有吸引力。如：派往东南亚国家孔子学院的"汉语志愿者"，每月汉办提供 600 美元薪水，当地提供 200 美元薪水，当地还提供住宿。到欧美大学任教者称为"外派教师"，他们的学历或职称较高，"汉办"提供 1500 美元左右的月薪。

（二）大陆与台湾海外华文教育的劣势比较

笔者认为，台湾海外华文教育主要存在的问题有：(1) 师资缺乏。在世界华文教育大发展趋势下，近几年台湾的海外华文教育力量不增反降，主要受多方面原因影响：一是所谓本土化。"台湾当局"不断推行台湾语文研究、台语文运动、南岛民族语言研究。中华文化、中国语文、华语文教学，比从前少人关注。二是所谓国际化。台湾地区教育部门刻意推行英语教育，而对提升汉语文水准不够重视，对外汉语教学部分减少更大。(2) 两轨制问题。台湾地区教育部门负责宏观的师资培训、招聘、派遣、提供外国学生奖学金等，"侨委会"则重在针对华校提供教材、教具和师资，提供侨生奖学金等。因此，台方业界人士也呼吁教育部门和"侨委会"要密切配合，政策明确，权责清楚，以利执行。

大陆海外华文教育主要存在的问题有：首先，虽然师资资源丰富，但缺少具备海外教育资历和经验者，目前主要是招聘非专门的中文教师应急。仅印尼一国就缺 10 万名华文教师，而且是较低层面的师资。其次，我们派出的教师（这里主要指的"汉办"体系的水平较高的教师）在专门素质和教学方法上存在问题。再次，在机制和结构方面，存在比较明显的"双轨制"，其关键是需要理顺"侨教"与"汉教"之关系。

大陆对外汉语教学方面：各地孔子学院的课程设置不规范，课程大多没有得到校方学术委员会认可，没有学分，选修的人不多，大都是作为一种兴趣，浅尝辄止；教学对象单一，有的孔子学院退而与社会民间办学合作，沦为私人教育机构的补充，教学对象多为华人子弟，甚至有的还开设为新移民补习当地语言的课程；资金来源单一，多数孔子学院办学完全依靠中国政府支持，一旦发生"断奶"，后果不难设想。孔子学院要想摆脱目前的困境，或者保持稳定发展，而且不依赖中国政府的支持，转而自身发展，就需要重新定位。笔者拙见，孔子学院不应该只是一个寄生在外国大学身上的、教授初级汉语的附属机构，而应该是根据当地社会需要，在当地政府或民间找到积极、热心的合作者，在有自身愿望和需求的前提下，双方合作，共享成果，而不是完全依赖于国内政府的资金扶持。

对大陆与台湾海外华文教育合作的若干建议

海峡两岸的海外华文教育，均是以华文为母语和主要的教学媒介，以培养学生对祖（籍）国（中国）和中华文化的认同和热爱为目的的学校教育。海外华文教育的命运，在全世界是休戚与共的，需要海峡两岸及海外努力合作，在语文研究、人才培训、教材编印、经费支持、教法创新以及整体华文教育发展策略等方面，合作构建世界华文教育系。海峡两岸还可通过建立全球华文教育网络，建立全球华文一体化之观念，共同发扬中华文明。

（一）加强海外华文教育研究，摸清各国华文教育现状。加强对海外华文教育历史、现状、发展趋势的研究，其中重点应该放在国别情况的研究上，尤其要明确不同国家对华文教育的政策，理清各国华文教育的层次、涉及的人群，以及师资、学生、学校规模与办学条件等。两岸海外华文教育主管部门和机构，携手开展世界华校普查，摸清家底，尽快编写《世界华文教育大全》或《世界各国华校汇编》，以便更加科学地制定政策，工作更加有针对性。

（二）编写教学大纲，培养华教师资。结合长期联系和有工作关系的海外国家华文教育的情况，编写更加切合当地实际情况的教学大纲，并保持总体的稳定。要培养相关的师资，这些师资应该对工作对象国家的国情有一定的了解，要有强烈的从事华教工作的事业心。对于这类师资，国家有关部门要制定专门的专业职务体系，以利师资队伍的建立和发展。

（三）制定课程体系，编写主体教材、设计教学方法。这些课程、教材和教法一旦形成，要尽量稳定，使其得以在当地生根、成长，最终与当地主流教育接轨，成为政府认可的一种教育形式和内容。

（四）两岸密切合作，细化分工，形成合力。两岸在教育、教学、人力、条件等方面发挥各自优长，目前两岸侨界关系平和，是联手共同推动各国华教向普及、规范、高质、主流方向发展的最好时机。建议两岸有关机构联合组团，到世界各主要华教国家开展访问、调查、宣传，这也将是两岸关系进一步缓和的最佳切入点。

（五）统筹汉教和华教两种资源。"汉办"的机构健全，实力强大，但对象单一。侨办的华教机构，面向广大华侨华人，但功能不够到位。最好是在国家层面上成立对外教育的统一机构或专门的事业单位，统筹目前的两个资源，达致事半功倍之效。

参考文献

耿红卫：《海外华文教育的历史沿革及其启示》，《贵州文史丛刊》2007 年第 1 期。

李海峰：《加大力度支持海外华文教育的发展》，《海外华文教育动态》2009 年第 1 期。

李亚群：《台湾海外华文教育工作的特点及评价》，《海外华文教育》2006 年第 3 期。

刘泽彭：《刘泽彭谈海外华文教育：华教不同于对外汉语教学》，《海外华文教育动态》2006 年第 7 期。

王惠：《从两岸三地教材词汇差异看海外华语教育》（新加坡国立大学中文系报告），《台湾华语文教学》2007 年第 3 期，DOI：10.7083/TCASL.200712.0072。

赵楠：《两岸华教合作的空间广阔》，《两岸关系》2009 年第 12 期。

（原载于《国学新视野》2010 年第 6 期）

对外汉语教学与海外华文教育之异同

一、引　言

中国向海外移民，源于何时，见仁见智，而成规模的国人出洋，应该呈现于晚清，其历史缘由此不赘述。检阅早期华侨历史，近至南洋诸国，远则欧洲北美，大凡华侨聚居之地，由于经济、语言、文化、习俗等多种原因，皆有难以融入当地主流社会之虞，侨民便自然而然地结有社团，以达至自助、自治、自理、自立之目的。但早期之侨社，也许可以在最低层面上解决侨民的生活、家庭、劳作、交结等需求或问题，但大多无力举办自己的教育机构以培育有知识的后代，故而当时稍有经济能力的侨民最大的愿望就是将子女送回国内家乡求学。

为了适应海外侨民回国就读之需，晚清一些有识之士独具眼光，向朝廷提出举办专门收纳侨童之学校。最早的国立侨校出现于 1906 年，即由两江总督端方创立之暨南学堂，此被视为国家举办侨教之始端。此后之数十年，随着国内、国际形势剧变，海内外之侨民、侨社、侨教堪称命运多舛。50 年代初期，中国政府为适应华侨大量回国之势，在广州、北京、厦门、南宁和昆明等地建立华侨学生补习学校，1958 年在广州复办暨南大学，1960 年在泉州建立华侨大学。以上数校，初步构成分布较广、层次分明、分工明确之国家侨教体系。这些学校自成立伊始，便将帮助海外华侨青年学生继承祖国历史传统、弘扬中华文化教泽作为办学宗旨和重要任务，纳入学校教学内容之中。迄至当今，上述学校仍然是中国海外华文教育之主体与基地。

为了协调国内的各级、各类从事海外华文教育的单位和机构与海外侨社、侨校开展教育交流与合作，中国政府于2004年成立了华文教育基金会。该基金会的简介中称："居住在世界各地的华侨华人素有学习和传承中华民族优秀文化的光荣传统，并且愿望强烈。但受诸多客观条件所限，海外各类侨校目前普遍存在师资、教材匮乏，教学方法陈旧，办学经费不足等因素，严重制约着华文教育事业的健康发展。为此，中国华文教育基金会作为非营利的全国性公募基金会，将秉持创会宗旨，充分发挥独特优势，大力宣扬中华民族尊师重教、热心公益的优良传统和美德，广泛动员海内外各方面力量，多渠道募集资金，整合资源，为弘扬中华文化，发展华文教育事业，促进中外文化交流作出应有的贡献。"① 这个基金会成立时间不长，主要靠募集资金开展各项运作，其功能与作用后面另将论及。

海内外的有关人士也许都注意到，在同样的国家级层面上，中国还有一个形式、内容与中国华文教育基金会颇为相似，但学科性更为明显、工作力度十分强大的机构，这便是国家对外汉语教学领导小组办公室，简称"汉办"。我们从汉办网站公布的职能中便很容易看到该办在国际汉语推广方面起到的重要作用。②

---

① 见"中国华文教育基金会网站"：在胡锦涛总书记的亲自倡导下，中国华文教育基金会于2004年9月正式成立。中国华文教育基金会的宗旨是：发展华文教育事业，弘扬中华文化，促进中外文化交流。基金会业务主管单位是国务院侨务办公室，由十四个部委、一个民主党派中央和两所高校组成理事单位，分别为：中央统战部、中央对外宣传办公室（国务院新闻办公室）、全国人大华侨委员会、外交部、国家发展改革委员会、教育部、财政部、文化部、国家广播电影电视总局、国家新闻出版总署、国务院侨务办公室、全国政协港澳台侨委员会、中华全国归国华侨联合会、中国致公党中央、国家语言文字工作委员会、暨南大学和华侨大学。

② 见国家汉办网，汉办职能：1.制订汉语国际推广的方针政策和发展规划；2.支持各国各级各类教育机构开展汉语教学；3.指导孔子学院总部建设孔子学院；4.制定对外汉语教学标准并组织评估，开发和推广汉语教材；5.制定对外汉语教师资格标准并开展培训，选派出国对外汉语教师和志愿者，实施汉语作为外语教学能力认证；6.制定对外汉语教学网络建设标准，构建相关网络平台并提供资源；7.开发和推广各种对外汉语考试。

中国对外汉语教学事业，起于何时，有多种说法，若追溯到汉唐时期，似无不可，但过于牵强。清末亦有极少数来华西方人士（如威妥玛 Thomas Francis Wade，1818—1895），从事中西语言翻译，虽有很大影响，但毕竟是个案，缺乏广泛社会基础。民国时期此类教育几乎中断，乏善可陈。直至20世纪50年代初，5个东欧社会主义国家派了数十名学生到北京学习汉语，算是对外汉语教学之最早形态。20世纪60年代，越南等国又增派数批留学生到中国十几所大学学习汉语。1965年，北京语言学院应运成立，堪称中国对外汉语教学的标志性事件。对外汉语教学真正形成规模，应在20世纪七八十年代。其背景，主要是中国开始以改革开放的崭新姿态迅速崛起，这个东方大国让世界瞩目，中国也需要让更多的外国人了解自己。其后，随着中国经济的快速发展和国际交往的不断增加，中文的应用价值大为提升，各国的知识界、经济界对通晓汉语的人才需求剧增。近十余年间，对外汉语教学之范围几乎遍及世界各国，包括一些与中国交往不多、没有多少中国移民、甚至与中国没有建立外交关系的国家。

简言之，无论海外华文教育，还是对外汉语教学，皆为国家利益所系。前者发轫于海外华侨华人之特定环境，后者则由国内向外辐射为始端。从字面和表层观之，两者颇为相似，实际上也确有很多内在联系及共同之处，但深入其中，便可发现两者有着不少区别。笔者对此试做比较，继以浅析，提出拙见，以就教于方家。

二、对外汉语教学与海外华文教育特点比较

教育形式＼主要特征	对外汉语教学	海外华文教育
历史起源	20世纪70年代	清朝末年
英文简称	TCFL/TCSL	OCLCE

续表

教育形式＼主要特征	对外汉语教学	海外华文教育
教育对象	以非华人华裔背景的外国人为主，汉语水平基本是 0 起点，以成人外语学习为主，有下延至小学之趋势。	以华侨青少年为主，有明显中国文化背景和环境（多数为华侨家庭成员），多以幼童为起点。
办学宗旨	语言文化交流，国际友好、合作，与外国官方关系密切。	侨务工作之延伸，凝聚侨心，延续乡情，侨社尤重社团接班人之培养。
语言学特征	第二语言教学，非母语；教授标准普通话和简体字。	介乎第一、第二语言之间，以母语教育为明显特征，有侨社祖籍方言特点，可能教授繁体字。
教学形式	主要依托外国主流大中学校举办，为第二语言教学。	侨社独立举办，老侨校有百年历史，全日制，新移民学校则多周末（课余）制。
教学特色	注重多元文化与国际情调，强调融入当地文化。	注重亲情、乡土和文化的回归故里，有浓郁侨乡色彩。
教学与课程	语言教学为主，社会功能较淡。教材规范性强。	以华社为体、华教为用，文化传承功能明显；教材芜杂。
办学资金	中方汉办大力支持，外方承办机构密切配合。孔子学院（课堂）获得直接办学经费，条件较好。	华社民资举办为主，资金多元，依靠侨社捐资和学费为继，多数华校资金困窘，办学条件大多较差。
办学稳定性	对上面或外来的资金依赖性较强。	老侨校：侨社在则侨校在，稳定性较强；新侨校：新移民办学积极性方兴未艾，稳定性拭目以待。
学科建设	严格规范，强调理论，教材、课程、考试、标准基本统一。	各自为政，百花齐放，参差不齐，难以规范，不强调世界统一的体系，学科理论性不强。
师资队伍	高标准，高学历，强调资格，学术水平较高。	难以强调教师学历和专业，学历和学术水平一般不高。
受外界影响	受政局影响不大，与所在国民族政策、对华政策基本无关，属于纯学术与教学型。	易受政局左右，尤其受所在国民族政策、对华政策影响较大，与华社发展同步。
学生国籍	必须是外国国籍。	无所谓，针对一切对中国语言文化有需求之海外人士。

尚有其他一些区别，如管理体制、经费投入等，囿于各种敏感原因，此文不便俱列。

三、两种教育（教学）的性质分析

对外汉语教学形成规模的时间不长，不过 20 余年，但发展迅猛，仅从孔子学院的增长便可见一斑。从汉办的信息得知，最近短短六七年间，汉办已经在 83 个国家和地区建立起 269 所孔子学院和 71 个孔子课堂（迄至本文撰写时）。到 2010 年，全球孔子学院数量将会达到 500 所。汉办每年向国外派出 2500 名专业汉语教师，还有 220 名志愿者教师，这些教师都是由汉办支付全部工作费用和工资。在汉办主持下，中国每年招收 3000 名外国人士来华，在各大学攻读汉语言方面的本科和硕士、博士研究生，国家除了提供学费、住宿费、书籍和学习用品费、国际交通费、医疗保险、安家费等之外，每月还分别发给 1400 元、1700 元、2000 元的生活费。汉办每年安排 3500 名外国中小学校长来华访问。此外，汉办举办了许多大型专门项目，如 HSK 考试、编写教材及课件（相关教材多达 400 余种）、制作动漫片、发行工具书、翻译专门著作、组织大中学生语言比赛、开展学术研讨会等等。这些项目不仅规模大、层次高，而且与外国政府和主流高等教育接轨，展现出中国语言教育国际化的优势和气派。如此规模、力度和巨额资金用于本国语言向外推广，乃任何其他国家所无可比拟，甚至连老牌的英国文化委员会（British Council）、法兰西学院（College de France）、歌德学院（Goethe Institute）的语言推广机构都叹为观止。

虽然目前世界各地学习汉语的人数超过 3000 万[①]，但绝大多数属于在校学生修习汉语课程，是学校开设的一种外语而已，并未纳入中国对外汉语教

---

① 据汉办网公布资料：现在世界上通过各种方式学习汉语的人数超过 3000 万人，100 个国家超过 2500 余所大学在教授中文，越来越多的中小学开设汉语课程，各种社会培训机构不断增加，发展势头迅猛。

学之范围。由于对外汉语教学对象的指定性和专向性，真正直接或间接从汉办受惠的外国人数量估计在数万名（主要是来华参访者、孔子学院长期学员，以及在汉办派出教师的学校学习汉语的学员）。这与世界语言教育对象的总数相比，数目显然极其有限。

对外汉语教学是一种外语教学，或曰第二语言教学 [Teaching of Chinese as a Foreign Language（TCFL）/ Teaching Chinese as a Second Language（TCSL）]，着力于遵循语言学规律，十分注重学科的理论性和学术性，而在中国传统的、故土的、亲情的文化传授方面比较平淡，教学过程中不强调对中国情结的吸纳、融合和中华民族血脉关系的延续。作为外国人的学习者，几乎毫无中国文化背景，其学习中文的目的不外乎谋生工具和个人兴趣，基本谈不上任何社会责任和义务。但不可否认，这些学习者和研究者对于推进和提高国外汉学研究有着积极意义。

与对外汉语教学相比，海外华文教育则显示出另外一番风格。

中国是个向外移民大国，目前海外华侨华人约有 5000 多万，这一庞大群体基本都在不同程度上继承并掌握中文，至少都有强烈的中国文化背景。

海外侨教与侨社共生共长，自有侨校以来，延续百年不曾中断，且分布广泛。据保守估计，海外各类侨校数量不少于 5000 所，固定教师达 20000 余名。近十几年来，欧、美、澳洲新移民举办的中文学校如雨后春笋，初步估计至少有 3000 所。上述新老侨校绝大多数都是中小学，长期稳定的在校学生达数百万之众。这些学生，基本上是华裔子女，虽然也算外国人，但大多生长在中国背景的家庭中，自幼便受到中国文化熏陶，融入了家乡、故土情结。尽管孩子对中文不一定热衷，但出于父辈的要求和社会赋予的责任，他们学习中文的时间较长，下的功夫较深，实用性也相当明显，最为突出的是马来西亚华校（其董总、教总被誉为民间教育部），泰国、菲律宾、日本、韩国、老挝、缅甸、美国、英国、法国等国都有大批很优秀的侨校。这些学校，规模较大，历史悠久，成为当地华社的重要组成，主要办学资金都来自华社和家长。这些侨校构成了海外华文教育的主体。虽然它们办学条件简陋，师资学历不高，学术水平有限，但数十年、上百年来依靠传统的精神力量坚持办学，所培养的一代又一代华裔青年，都具有浓郁的中国情结，他们对中文之掌握，决不只是为了取得谋生工具或是出自研究兴趣，更多的是出于家庭之寄托、社会之责任和故土之召唤。在某些特殊的国家，例如新加坡，中文的发展可能将超出人们的预期，新加坡内阁资政李光耀说：再有两代人的时间，普通话就将成为我们的母语。①

如是情况，是很难在对外汉语教学之范畴内予以解释。

海外华文教育（Overseas Chinese Language and Culture Education，OCLCE）如何定义？我认为可有如下数端：1.办学主体，主要指华侨华人在居住国兴办之教育，或可称为于华侨教育、华人教育；2.教育对象，主要为海外华侨华人子女；3.教学内容，泛指使用中文进行的教育教学，科目不限于语言文字，往往包括其他人文、自然科学的课程，以及道德、法律、民族宗教的教育；4.强调教育的社会功能，将掌握华文视为学习、继承与发扬中华文化传统之途径，内容可以涉及社会、科学、文化等各个领域。例如，本人供职的中国华侨大学，在校本科生中，有数千名来自中国境外，他们广泛就学于人文、科学、工程等各个学科，对此类学生的教育，在华侨大学也将其归于华文教育。

华文教育的根本任务为何？笔者赞同陈旋波教授的说法②，即：对华侨华人进行中国语言文化教育，向世界传播中华文化。具体而言，有如下几个方面：1.塑造华侨华裔青少年的民族文化素质；2.维系华侨华人与祖籍国情谊的纽带作用；3.促进华侨华人所在国与中国的友好关系；4.传播中华文化，促进世界文化交流。其中，以中文教育来塑造华侨华裔青少年的民族文化素质，维系华侨华人与祖籍国情谊的纽带作用是海外华文教育的根本目的。因此，华文教育是基于海外华侨华人民族文化认同的需要。

我们注意到这样一个现象：近十余年来，中国社会经济建设的巨大成

---

① 唐湘：《李光耀：汉语普通话将成为新加坡的母语》，《环球时报》2009 年 9 月 16 日。https://world.huanqiu.com/article/9CaKrnJmqzD。

② 陈旋波：《华文教育的历史、现状及在世界"汉语热"背景下的境遇》，《华侨华人研究报告》2011 年，社会科学文献出版社 2011 年版。

就，带动了对外汉语教学超常、跨越式大发展，但海外华文教育并没有急剧增长，换言之，老的侨校，数量未见明显增加（印尼等国家近年华校属于恢复性增长）。当然，欧美澳等新移民较为集中的国家，周末式（课余式）新型中文学校办了很多。这也正是此类学校社会稳定性的直接体现。应该看到，无论是老侨校还是新侨校，绝大多数都是依靠华社或学校自身力量办学和发展，因此这类学校也长期面临着诸多困难和问题，如资金匮乏，办学条件差，师资水平低，教材严重不足（普适性教材种类寥寥），必备的教具、书籍更为奇缺，学科难以整合和提高。在多数国家，侨校得不到政府的任何扶持，甚至在某些国家还会受到制约。

据中国华文教育基金会领导介绍，世界各地大多数新老侨校或多或少地得到来该基金会或中国有关教育机构的扶持，如提供教材、培训教师、组织各种征文、比赛、演出，以及寻根之旅夏令营等大型活动，对海外侨校发牌颁证等。尽管这些帮助是临时性、间接性、启动性或鼓励性的，而且在规模和层次上远不如对外汉语教学，但仍然对世界各地华校起着协助、引导和激励作用。更为重要的是，基金会对侨校的帮助，大多都通过所在地的侨社进行，从而促使侨教与侨社得以更加紧密地结合，使海外侨胞与祖籍国和家乡从文化上保持着自然、亲切、内在的联系，使之代代薪传，对于巩固和推进中国与侨胞居住国的友好关系，也有着重要意义。

四、针对华文教育的若干建议

有人建议将汉办与华办（指华教基金会办公室）加以合并，形成合力。也有人建议在汉办中设立华文教育机构，以便联系其他部门和海外各类侨校。这些建议的初衷都是好的，但由于没有从深层厘清两者异同，也未能考虑目前两种教育在管理体制方面的差异，因而也都失之肤浅，难以实现。

在国家教育部的学科分类表上，对外汉语教学属于中国语言文学一级学科，这是无疑的，涵盖也较准确。但教育主管部门一直没有把华文教育单独列为一个学科（目前附在教育学的一级学科之下，并被标为"特殊类"），尽管广义的教育学在其中占有重要成分，但远不是它的全部内容。此外，在宗旨、任务、目标、主管部门的行政归属和体制架构等方面，两者都有许多重大区别。

华文教育之所以很难从学科角度进行分类，因为它是跨学科的，它既有中国语言文学的内涵，也包含了法学、历史学、教育学、政治学、社会学、外交学、民族学等学科的主体内容。尤其值得注意的是，从事华文教育的工作者，不仅仅是教师和学者，还包括大量在这个领域中从业并终身奉献的海内外各界非教育人士，在某种意义上说，他们也是华文教育的主体构成之一。

笔者认为，首先应该明确，海外华文教育是国家侨务工作和对外工作的重要领域，它以办学和各种形式的教育为载体，在凝聚侨心、发挥侨力，为实现国家全面建设小康社会的目标方面，在推动祖国和平统一进程方面，在开展民间外交、传播中华文化、扩大中外人民友好交往方面，都发挥着独特的重要作用。因此，似应更多地将海外华文教育视为一项国家的政治任务，同时也是一项政策性、外向性、技术性、综合性都很强的教育形式，从事此项教育的单位和师生不必介意它的学科归属，无论放在教育学、语言文学类别之中皆无可厚非，而加以"特殊"之类的注明或标示，不仅是可以接受的，也是十分必要的。

其次，对外汉语教学和海外华文教育这两种教育形式各有优势和特点，两种管理和运行体系不必改变，可以做到并行不悖。对于华文教育的国内主管部门和教育机构而言，要把华文教育的政策性、国际性和社会功能放在首位，不必过于强调其学科性、学术性和理论性。

从教育、教学的层面上看，对外汉语教学比较单一，因为从国家的政策层面上看，基本上无须考虑国别之差异；从教学上看，由于对象都是零起点的外国人，课程、方法等基本不存在太大的差别。此处不展开。

但华文教育则不同，对不同地区（如欧洲与美洲、亚洲与澳洲、东南亚与东亚）、不同国家（如同属东南亚的各个国家，其华文教育之历史、现状、特点、水平等，都有重大区别），对于从事华文教育的机构而言，笔者以为应该在以下几个方面着力：

（一）加强对华文教育历史、现状、发展趋势的研究，其中重点应该放在国别情况的调查和分析、整理上，要下大力气，对海外华文教育开展科学普查，厘清不同国家对华文教育的政策，以及各国家华文教育的层次、涉及的人群，以及师资、学生、学校规模与办学条件等，以便在实际工作中更加有针对性。

有计划、有步骤地推进。笔者建议，国家有关部门应该尽快制定计划，组织力量，针对世界各主要国家开展调研，将各国华教的底子摸清，编撰《世界华文教育大全》（至少是《各国华文学校汇编》）。此为一项重要的基础工程，不仅对于海外华文教育起到指导性作用，而且对整体的侨务工作都将有重要参考价值。

（二）有关学校应该在上述基础之上，结合长期联系和有工作关系的海外国家华文教育的情况，编写更加切合当地实际情况的教学大纲，并保持总体的稳定。要培养相关的师资，这些师资应该对工作对象国家的国情有一定的了解，要有强烈的从事该国华教工作的事业心。

对于这类师资，国家有关部门要制定专门的专业职务体系，以利师资队伍的建立和发展。

（三）要针对这些国别性或地区性的华文教育，采取内外结合的方式，以国内机构和专家为主导，以外国的华文学校为载体，结合当地主流社会的情况，有针对性地制定课程体系，编写主体教材、设计教学方法。这些课程、教材和教法一俟形成，要尽量稳定，使其得以在当地生根、成长。待条件和环境成熟，华文教育便得以自然地与当地主流教育、文化接轨、融合。

（四）值得注意的是，尽管海峡两岸的政府历来都十分注意海外华文教育（在台湾地区称为"世界华语文教育"），但以前由于政治的原因而各行其道，在海外各地形成互不沟通、甚至在某种程度上发生恶性竞争的不良局面，乃至事倍功半。近几年来，随着交流的增进，两岸有关部门和教育、学术界愈发迫切地认识到，中国文化向海外尤其是向居住在海外的数千万中国人的传播，实在是一件超出并且高于两岸政治分歧的大事，以前陈旧的观念已经不合时宜，不仅在政策和方式上不应掣肘，而且必须携手共进。我们高兴地看到，就在前不久，两岸华教界的高层人士和专家开始接触，探讨共同做好华文教育之大计。

为此，笔者呼吁，两岸华教同仁定期会商，沟通信息，分析世情，设定路径。力争尽快联合组团，到各主要国家侨校、侨团访问，前期出访的主要目的之一是亮相，让全球华界看到两岸联合推进华教的崭新时期已经到来。此种精神的力量是无穷的。其后，两岸华界即可实质性地分工、合作，带动各国华教资源逐渐并轨或合作，扬长避短，形成合力。在教育、教学、人力、条件等方面发挥各自优长，推动各国华教向普及、规范、高质、主流方向发展。

（五）国内亦需尽量统筹对外汉语教学和华文教育两种资源。目前，汉办的机构健全，实力相对强大，汉办及其主管的部门、机构，包括国内举办对外汉语教学的普通高校，可以考虑将海外华文教育有机地纳入其工作范围，将对外语言教育和民族文化承传结合起来，将外国成人教育与华裔青少年培育结合起来，将理论和学术研究与侨校教学结合起来；将针对纯粹学习汉语的外国人的优惠政策扩大至海外华侨，让后者更多地全方位地接受国内教育机构的培养，真正在海外形成一支愈渐壮大的对我友好的力量。同时，也应鼓励国内学校（尤其是一流高校）将其外国主流社会开展的教育活动、建立的社会关系，有机地、自然地与当地侨社、侨校的事业和发展结合起来，那必将会对国家整体的海外教育工作起到更大的推动作用。

（六）适当调整海外孔子学院的办学方向。据了解，汉办于2010年前后在国外设立约500所孔子学院（孔子课堂尚不在内），数目可谓庞大。目前孔子学院的机制主要是以外国大学为母体，国内大学为协作，汉办经费为支撑，教授纯粹的外国人学习基础汉语。但孔子学院与当地新老华界所办侨校之间的关系不明确，在某些地方甚至还有些敏感，互相掣肘。为解决此问题，似有必要由中国政府有关部门做些沟通和调整，加强两者的联系和配合，将教学对象延展、扩大，各自突破原来固有的教学对象（分别是纯粹外国人、华侨华人）范围，并在办学的各个方面互相支持。如是，当可使得这两种形相似实相远的对外教育相得益彰，办学效率得以提升。

最后，我们希望，国内承担华文教育任务的学校注意把工作重点放在对海外侨校的紧迫需求上，尤其重视师资培训、具有国别特点的教材编写，举办各种类型和级别的学习班、进修班等。而主管华文教育的政府机构，则应特别关注海外侨校，为师生提供普适性工具书和经典读物，为学校提供最基本的教学设备，尽量改善它们的办学条件。同时，加大对负有此种办学任务的国内学校的投入，合理布局与分工，尽量不要重复，避免恶性竞争；要组织更多、更高层次的来华游学、考察、参观活动，尤其要关注在华文教育领域工作的非教师人士，因为他们是海外华文教育的领导者和推动者，他们的状况和心态，往往对当地华校起到关键性作用；要经常召开不同层次、范围、主题的国际性会议；还要在政策、理论和传媒上为华教提供必要的支持。

令海外华文教育界感到期待的是，中国政府对于海外华文教育的重视程度正在迅速提高。2009 年 10 月在成都召开的首届世界华文教育大会上，国务院侨办副主任赵阳就海外华文教育发展发表了指导性意见，他表示将加大对海外华文教育的投入，要在十个领域开展实质性工作。①

---

① 国务院侨务办公室网，2009 年 10 月 29 日，转引中新社报道："国务院侨办将在十领域促进海外华文教育发展。"赵阳说，下一步国务院侨办将会同有关部门着力在十个领域开展工作：一、进一步加强与华侨华人住在国政府和主流教育部门的沟通与合作，取得他们的支持与理解，为广大华侨华人开展华文教育创造良好的政策环境和更大的发展空间。二、加强与"国家海外华文教育工作联席会议"各成员单位和国家汉语国际推广领导小组办公室的沟通与协作，最大限度地调动各方面的积极性，为海外华文教育的发展争取更多的支持和帮助。三、进一步加大对华文教育人力、物力的投入，尽最大努力满足海外华文教育界的多样化需求。与此同时，充分发挥中国华文教育基金会的作用，广募社会资金，为海外华文教育的发展提供资金保障。四、在海外建立一批"华文教育示范学校"，并在经费、图书、师资等方面予以重点支持，以点带面，辐射周边，加快海外华文学校整体教学理念和管理模式的转变，进而提升当地华文教育的整体水平。五、进一步规范海外华文教师培训工作，制订培训大纲和培训计划，把华文教师培训与能力测试、资质认证结合起来，建立培训、考核、认证"三位一体"的华文教师培训机制。六、依托华文教育基地院校的专业力量和学科优势，有计划地对海外华文教师开展学历培训，为重

　　在此次大会上，国务院侨办主任李海峰强调："世界对华文教育的需求很强烈，华文教育的道路依然任重道远。随着海外发展华文教育热情的高涨和国内外华文教育交流合作的广泛开展，华文教育将会抓住机遇取得更大的发展。"① 此言应该代表着世界华文教育界的心声。

（原载于《教育研究》2010 年第 2 期；

本文获福建省 2012 年教育科学一等奖）

点国家和地区的华校打造一支具有本、专科学历水平的骨干教师队伍。七、进一步丰富、健全海外华文教育教材体系。通过四到五年的努力，基本建立起由幼儿至初中，包括汉语言及中华文化和教师培训的华文教育教材体系。八、全面开展"中华文化知识竞赛""中国寻根之旅"夏（冬）令营等适合华裔青少年年龄特点和生理特点的活动，激发其学习民族语言文化的兴趣，增强其民族自信心。九、充分发挥中国华文教育网站的作用，完善栏目设置，丰富网站内容，提高办站质量，将中国华文教育网打造成海外华文教师研讨教学、提高能力的"网上学校"，华裔学生学习语言、了解中华文化的"网上乐园"。十、加强华文教育现状研究，促进华文教育可持续发展。赵阳说，支持和帮助华侨华人发展华文教育，促进华侨华人社会和谐发展，是国务院侨办义不容辞的责任。他承诺，国侨办愿在尊重不同国家、地区、民族的相关法律、政策和习惯的前提下，为海外华侨华人创办的一切合法的教育形式提供必要而适当的帮助。

① 见"中国共产党新闻网"：《全球华文教育方兴未艾》，2009 年 10 月 30 日。

中国侨务政策概述

丘 进 严武龙[①]

中国侨务政策在侨务工作实践经验的基础上，经过不断调整、丰富、充实和发展，成为指导侨务工作开展的基本准则，也为世界许多国家开展本国侨民工作所吸收和借鉴。"为侨服务"是中国侨务政策的基本出发点，根本目的是保护海外侨胞和归侨侨眷的正当合法权益。以宪法第 50 条为依据，以《中华人民共和国归侨侨眷权益保护法》及其实施办法为支撑，以及各项涉侨法律规范为依托，中国侨务政策逐步迈上法制化建设的轨道。

一、坚持单一国籍政策

国籍是公民属于特定国家的法律资格，也是确立一切侨务政策的根本问题。1980 年颁布实施的《国籍法》是新中国第一部国籍法，也是到目前为止唯一的一部国籍法。《国籍法》以法律的形式明确了"中华人民共和国不承认中国公民具有双重国籍"的原则。《国籍法》采用血统和出生地相结合原则，规定："父母双方或一方为中国公民，本人出生在中国，具有中国国籍""父母双方或一方为中国公民，本人出生在外国，具有中国国籍；但

---

① 严武龙：国务院侨务办公室政法司处长。

父母双方或一方为中国公民并定居在外国，本人出生时即具有外国国籍的，不具有中国国籍"。对于定居外国的中国公民，自愿加入或取得外国国籍的，即自动丧失中国国籍，成为外籍华人。

现行国籍法总结了新中国成立以来处理国籍问题的经验，特别是处理东南亚华侨华人国籍问题的经验，也参考了其他国家的国籍立法以及相关国际公约。新中国成立之初，海外华侨大部分都拥有居住国与中国的双重国籍，影响了中国与华侨居住国特别是东南亚国家之间的关系。按照睦邻友好、和平共处的原则，中国政府提出了解决华侨双重国籍问题的政策主张：根据本人自愿的原则，鼓励华侨自愿加入当地国国籍；已取得当地国国籍的，视为自动丧失中国国籍，不再是华侨；自愿保留中国国籍的华侨，则应当遵守当地国家法律，尊重当地社会习俗，与当地国人民友好相处。1955年4月，中国与印尼正式签订《中华人民共和国政府和印度尼西亚政府关于双重国籍问题的条约》等双边条约，20世纪70年代，中国先后与菲律宾、马来西亚、泰国等国家签订了类似双边条约，从法律角度解决了华侨的双重国籍问题。中国国籍法也吸收了1930年《关于国籍法冲突若干问题的公约》、1950年《欧洲人权公约》、1966年《公民权利和政治权利国际公约》等国际条约所规定的单一国籍思想。《国籍法》实施以来的实践证明，中国不承认双重国籍的原则，是符合中国国情、侨情的，也充分尊重了相关国家的法律和民族关系，在处理国际移民等敏感问题上发挥了重要作用。

二、鼓励华侨华人开展投资合作

中国政府鼓励和支持华侨华人来中国开展投资合作，并积极提供优惠的政策条件。在法律层面，制定出台了《中华人民共和国中外合资企业法》《中华人民共和国外资企业法》《中华人民共和国中外合作经营企业法》及配套行政法规，这些法律法规同样适用于视为外资企业的华侨华人投资企业。1990年颁布实施的《国务院关于鼓励华侨和香港澳门同胞投资的规定》，是专门针对华侨和港澳同胞投资的行政法规，为吸引华侨投资经营提供了法律依据。加入世界贸易组织后，中国政府加快清理与 WTO 规则不符和不适应的各项法律法规和部门规章，扩大服务贸易的开放领域，运输、电信、保险、证券等行业开放程度大幅提升，为华侨华人投资创造了良好的政策环境。

侨务部门积极引导华侨华人来中国开展投资合作。1992 年 8 月，国务院侨办下发了《关于进一步加强侨务工作为加快改革开放和经济建设服务的意见》，这是政府侨务部门关于发挥侨务优势为经济建设服务的专门性指导文件。文件指出，积极拓宽同海外华侨华人的广泛联系，在平等互利的基础上，大力加强同他们在经济、科技、文化等领域的合作交流，是中国扩大对外开放的重要组成部分，也是新时期侨务工作的主要任务；围绕国家和地方国民经济和社会发展规划及扩大对外开放的战略部署，在引进资金、技术、智力和开拓国际市场等方面发挥中间媒介作用，是侨务部门为华侨华人服务和为经济建设服务的重点；要突出加快改革步伐，扩大对外开放，集中精力把经济搞上去的主旋律，更多地介绍沿海、沿江、沿边，特别是上海浦东开发区、海南特区以及长江、珠江三角洲对外开放全面展开的情况，以生动的事实，展示中国优惠的投资条件和良好的投资环境，为促进华侨华人与中国发展多领域的合作交流，做好信息服务工作，发挥舆论导向作用；要引导归侨侨眷特别是其中的知识分子和海外重点人物在国内的亲属，努力做好本职工作，并积极运用海外关系的优势，为本地区、本单位的对外合作交流发挥桥梁作用。

以经济科技合作为主题，1993 年以来，国务院侨办先后与有关部门和省区市合作，连续举办了具有较大影响的经贸活动，如 1993 年在深圳举办的"中国大中型企业对外经济技术合作洽谈会"、1994 年举办的"'锦绣中华'轮首航暨三峡经济技术合作洽谈会"、1996 年和 1998 年在郑州、长沙举办的"中国中西部地区对外经济技术合作洽谈会"等，有力地促进了国有大中型企业、三峡库区和中西部地区的对外交流与合作。为服务西部大开发战略，国务院侨办在侨办系统开展"兴国利侨—牵手西部"主题活动，并积极支持西部省区市政府举办"西博会""昆交会""兰洽会"等经贸活动，推动华侨华人参与西部地区的开发建设。为服务东北地区等老工业基地建设，国务院侨办会同科技部、人事部等国家部委和东北三省政府，联合举办"华商企业科技创新合作交流会"，积极推动华侨华人到东北地区开展合作。国务院侨办还与有关省区市政府联合举办"东盟华商投资西南项目推介会""海外华侨华人集聚滨海共谋发展"等活动，发挥华侨华人资金优势，推动区域经济发展。

三、吸引华侨华人高科技人才

中国政府高度重视发挥海外华侨、华人高科技人才的作用。吸引海外人才与中国开展科技合作交流，参与中国科技、文化、教育事业发展的同时，实现自身事业的更大发展。

1983年，中共中央关于引进国外智力以利"四化"建设的决定中明确指出，要广开渠道，采取各种方式引进人才，要把华侨华裔人才作为引进的重点。随着改革开放的深入发展，中国对于引进海外人才工作更加重视，中央和地方政府先后出台一系列鼓励华侨华人来华投资兴办高新技术企业的优惠政策，有计划、有步骤地引进海外人才特别是华侨华人人才。20世纪90年代，人事部、财政部、国家外国专家局等部门制定了关于海外专家工作安排、待遇、家属安置、税收优惠等方面的政策，鼓励包括华人在内的外国专家来华定居、工作。

进入新世纪以来，中国在引进海外人才方面出台了针对性更强的政策措施，主要内容集中在为回国人员创造良好的工作生活条件、保护其合法利益。2000年人事部印发了《关于鼓励海外高层次留学人才回国工作的意见》，对海外高层次人才在国内享受职务、报酬、住房、社会保险等待遇问题进行了规定，鼓励和吸引海外高层次人才回国工作。人事部、教育部、国家计生委等部门还就留学人员创业园管理、子女入学、计划生育等问题出台了专门政策。2002年国务院办公厅转发公安部、外交部、国务院侨办等9部门《关于为外国籍高层次人才和投资者提供入境及居留便利规定的通知》，对外国籍高层次人才和投资者在中国办理长期多次有效签证、居留许可提供入境及居留便利。2007年人事部、教育部、科技部、外交部、国务院侨办等16部门联合印发《关于建立海外高层次留学人才回国工作绿色通道的意见》，积极为海外高层次人才在国内的科学研究、待遇津贴、居住便利、税收优惠、知识产权保护、家属安置等创造良好条件，为加入外国籍的高层次人才在长期多次签证、长期居留、申请永久居留权等方面提供便利。2008年中央人才工作协调小组制定了《关于实施海外高层次人才引进计划的意见》，即"千人计划"，计划围绕国家发展战略目标，从2008年开始，用5—10年时间，在国家重点创新项目、重点学科和重点实验室、中央企业和国有商业金融机构、以高新技术产业开发区为主的各类园区等，引进并有重点地支持一批能够突破关键技术、发展高新产业、带动新兴学科的战略科学家和领军人才回国（来华）创新创业。

2010年颁布实施的《国家中长期人才发展规划纲要（2010—2020年）》提出：大力吸引海外高层次人才回国（来华）创新创业，制定完善出入境和长期居留、税收、保险、住房、子女入学、配偶安置，担任领导职务、承担重大科技项目、参与国家标准制定、参加院士评选和政府奖励等方面的特殊政策措施；建立海外高层次人才特聘专家制度；鼓励海外留学人员回国工作、创业或以多种方式为国服务。纲要提出实施海外高层次人才引进计划，重点围绕国家发展战略目标，在中央、国家有关部门、地方分层次、有计划引进一批能够突破关键技术、发展高新技术产业、带动新兴学科的战略科学家和创新创业领军人才，其中，中央层面实施"千人计划"，建设一批海外高层次人才创新创业基地，用5—10年时间引进2000名左右海外高层次人才回国（来华）创新创业。

从中央到地方，各地、各部门积极开展引进以华侨华人为主体的海外高层次人才工作。在中央层面建立了以人力资源社会保障部牵头，教育部、科技部、国务院侨办等18个部门组成的留学人员回国服务部际联席会议，为吸引海外高层次人才为国服务提供机制保障。国务院侨办在侨办系统大力实施"海外人才为国服务计划"。联合国家有关部委和省区市政府举办"华侨华人创业发展洽谈会""海外华侨华人高新科技洽谈会"等大型侨务科技主题活动；成立"海外华侨华人专家咨询委员会"，为中国科技经济发展建言献策；组织"海外人才为国服务博士（教授）团"，围绕国家发展高新技术产业重点领域，赴有关省区市开展专业交流和技术指导；举办"海外华侨华人专业协会会长联席会"，密切与海外专业团体的联系；组织"创业政策咨询报告团"赴海外开展政策咨询服务；举办"华侨华人专业人士回国创业研习班"，创立"引智引资重点联系单位"和"综合示范基地"，设立华侨华人专业人士"杰出创业奖"，对创业成功的优秀人士进行表彰。

四、根据特点、适当照顾，保护归侨侨眷的合法权益

"一视同仁、不得歧视，根据特点、适当照顾"是开展华侨和归侨侨眷工作的基本政策依据。"一视同仁、不得歧视"，是指华侨、归侨侨眷和国内其他公民一样，享有宪法和法律规定的中国公民的同等权利，并履行宪法和法律规定的公民的义务，任何组织或者个人不得对他们有任何歧视。"根据特点、适当照顾"是指国家根据实际情况和华侨、归侨侨眷的特点，对他们给予适当照顾。"一视同仁、不得歧视"与"根据特点、适当照顾"是相辅相成、辩证统一的，充分体现了中国侨务政策的原则性和灵活性的统一。

从 1978 年开始到 20 世纪 80 年代中后期，对归侨侨眷工作主要是拨乱反正、落实侨务政策、解决历史遗留问题。主要有以下方面。

平反冤假错案，维护归侨侨眷的政治权益。"文化大革命"期间，一些归侨侨眷被错误打成"里通外国的特务分子""现行反革命分子"等，被关进监狱，不少人被开除公职、党籍，强制到农场劳动改造，不少归侨侨眷政治上受到歧视，不能入党、入团、参军、招工，不能当选人大代表、政协委员等，作为公民的合法权益受到严重侵害。为蒙冤含屈的归侨侨眷平反昭

雪，成为落实侨务政策最紧迫的任务。为此，国家制定了一系列相关政策。1980 年，国务院批转国务院侨办、公安部制定的《关于对刑满释放、解除劳教后留劳改单位就业的归侨处理意见的报告》及其补充规定；1981 年，国务院侨办、中央组织部、公安部制定了《关于善始善终地复查纠正归侨、侨眷中冤假错案工作的通知》；1984 年，中央组织部、公安部、国家安全部、国务院侨办制定了《关于抓紧清理归侨侨眷档案工作的补充通知》，要求原判司法机关或处理单位，尽快给予清理复查，坚持有错必纠的原则，对其中属于冤假错案的，应认真落实政策，予以平反，切实做好善后工作，区分不同情况，给予妥善安置和救济。

保护侨房业主权益。1982 年国务院侨办、城乡建设环境保护部联合制定《关于落实"文化大革命"期间被挤占的华侨私房政策的若干规定》，中国人民解放军总政治部、总后勤部发出《关于落实华侨私房政策清退部队挤占华侨私房的通知》；1984 年，中共中央办公厅、国务院办公厅转发《关于加快落实华侨私房政策的意见的通知》；1987 年，中共中央办公厅、国务院办公厅转发《关于落实华侨私房政策的补充意见的通知》，这些规定形成了落实侨房政策的基本内容，对"文化大革命"期间及之前的历史遗留问题的解决分门别类地作出了明确规定。

保护侨汇。新中国成立初期，国家高度重视侨汇。1955 年国务院发布《关于贯彻保护侨汇政策的命令》，规定：保护侨汇政策不仅是国家当前的政策，而且是国家的长远政策。"文化大革命"结束后，改革开放政策的实施使侨汇数量获得了新一轮增长，各地也陆续恢复了侨汇物资供应。有关部门配合国家工作重点的转移制定出新的侨汇政策。1978 年 3 月，国务院侨办、商业部、人民银行总行联合召开侨汇物资供应工作座谈会，决定恢复地方侨汇留成 6% 的外汇，用于解决侨汇物资供应，并从 1978 年下半年恢复凭侨汇证供应的办法。1979 年国务院下发《关于提高侨汇留成和改变侨汇物资供应体制的通知》，将侨汇留成提高为 30%。1980 年，财政部下发了《关于华侨从海外汇入赡养家属的侨汇等免征个人所得税问题的通知》。这些政策的实施，对于吸引、增加侨汇起到了积极的促进作用。"文化大革命"期间，华侨和归侨侨眷的侨汇或华侨直接在国内投资、归侨侨眷集资兴办各种企业的资金被非法冻结或没收，特别是归侨侨眷用侨汇集资创办的以生产自救和解决就业为目的的企业，在公私合营时被清产核资纳入改造或被没收，因此，1986年，国务院侨办制定了《关于对五十年代初期归侨用侨汇集资办的企业的资金退还问题的意见》，就解决这一历史问题作出规定，维护了归侨侨眷合法的财产权益。

落实归侨侨眷干部和知识分子政策。正确对待使用归侨侨眷干部和知识分子是落实侨务政策的重要组成部分。1982年，中央组织部、国务院侨办提出了《关于充分发挥归侨干部作用的意见》；1983年，国务院侨办、劳动人事部制定了《关于处理六十年代初期精简的归侨职工问题的意见》；1983年，国务院侨办召开了全国归侨侨眷知识分子工作座谈会，发表《关于全国归侨侨眷知识分子工作座谈会纪要》；1985年，国务院侨办等部门又提出《关于抓紧落实归侨侨眷知识分子政策工作的意见》。这些文件形成了落实归侨侨眷干部和知识分子政策的主要内容，即正确认识归侨侨眷干部和知识分子的特点，在政治上一视同仁，给予充分的信任和尊重，在生活上适当照顾，优先解决他们的实际困难，工作上人尽其才，根据他们的专长，合理安排，放手使用。

根据归侨、侨眷的特点，有关部门在出入境、探亲、定居、劳动就业、回国就学、贫困救济等方面制定了相应的政策规定，给予归侨侨眷适当照顾。例如1978年，国务院批转公安部、外交部、国务院侨办《关于放宽和改进归侨侨眷出境审批的意见》，提出对历年积压的出境申请立即进行清理，符合条件的归侨侨眷及其亲属均可获准出境。就归侨侨眷职工出境探亲待遇、假期、工资、探望兄弟姐妹等问题，国务院侨办联合劳动人事部等部门，制定出台了一系列政策。

落实政策工作到20世纪80年代末期基本完成，共平反纠正归侨侨眷在"文化大革命"中的冤假错案和历史老案64000多件；落实清退被侵占的各类华侨私房近4000万平方米；清理了60多万名归侨侨眷职工的人事档案；重新调整安置了60年代初期被精简的归侨职工及其直系亲属；认真落实归侨侨眷知识分子政策，使一大批归侨侨眷走上重要岗位。

1990 年 9 月，全国人大常委会颁布了《中华人民共和国归侨侨眷权益保护法》，这是中国第一部侨务法律，不仅意味着保护归侨侨眷权益工作走上法制化的轨道，也标志着侨务政策法规已经成为中国社会主义法律体系中不可或缺的重要组成部分。1993 年 7 月，国务院制定了《中华人民共和国归侨侨眷权益保护法实施办法》。《归侨侨眷权益保护法》及其实施办法成为保护归侨侨眷合法权益的主要依据，也是制定出台侨务政策的重要法律依据。2000 年，全国人大常委会修订了《中华人民共和国归侨侨眷权益保护法》；2004 年，国务院重新修订实施《中华人民共和国归侨侨眷权益保护法实施办法》，新修订的法律和行政法规适应了侨情的变化和新时期保障归侨侨眷合法权益工作的需要，进一步充实完善了保护归侨侨眷权益的内容。目前，除西藏外，全国 30 个省区市颁布实施了本省区市的归侨侨眷权益保护法实施办法，20 多个省区市作了重新修订。

根据《归侨侨眷权益保护法》及其实施办法，有关部门出台了保护归侨侨眷合法权益的相关配套政策。1998 年、2001 年国务院侨办与建设部先后下发《关于归侨侨眷职工因私出境租住公房和参加房改买房问题的规定》及其补充规定，明确出境定居的归侨侨眷职工在出境前参加房改买房的，出境定居后房屋权属不变；2001 年国务院侨办与劳动和社会保障部下发《关于获准出境定居的归侨侨眷职工医疗保险有关政策问题的通知》，明确了获准出境定居的归侨侨眷职工享受基本医疗保险待遇的问题；2006 年国务院侨办与劳动和社会保障部、人事部协商明确了归侨侨眷职工及机关事业单位归侨侨眷职工出境定居享受一次性离职费待遇的政策规定。一些地方结合本地实际出台涉及侨房拆迁补偿安置、归侨子女教育、早期归侨退休待遇、归侨侨眷职工出境探望子女、出境定居的归侨侨眷职工应享受待遇等地方性配套政策。

中国政府高度重视侨界民生问题，加大政策性扶持力度，帮助贫困归侨侨眷解决生产生活困难。新中国成立以来，为妥善安置被迫回国的归难侨，国家采取了集中安置的形式，先后兴办了 84 个华侨农场。为解决华侨农场体制不顺、机制不活、负担沉重、归难侨职工生产生活十分困难等问题，国务院和有关省区制订、实施了一系列政策规定。国务院侨办联合民政部、劳动和社会保障部等有关部门制定了涉及华侨农场社会保障、土地确权、危房改造、救灾和低保等系列配套扶持政策。华侨农场所在的广东、广西、福建、云南、海南、江西、吉林七省区侨办联合有关部门制定具体实施办法，稳步、有序推进华侨农场的改革和发展。2007 年国务院侨办联合国务院扶贫办下发了《关于将散居农村贫困归侨侨眷纳入扶贫规划的通知》，重点帮扶散居在农村的贫困归侨侨眷。随着全国农村最低生活保障制度的逐步建立，散居农村贫困归侨侨眷的基本生活从根本上得到保障。各地普遍把生活困难、符合城镇低保条件的归侨侨眷纳入低保范围。一些地方还对纳入城乡低保范围、有特殊困难的归侨侨眷，给予专项救助；全国有 28 个省区市加大了对贫困老归侨的救助力度，对城市贫困老归侨给予生活补贴，有的制定了农村老归侨生活补助政策。各地在整村推进、产业化扶贫、贫困户劳动力转移培训等扶贫工作中，也对散居的贫困归侨侨眷按照同等优先的原则重点支持，优先安排扶贫资金、实施扶贫项目。国务院有关部门积极推动各地做好归侨侨眷下岗职工培训和再就业工作，要求对符合条件的归侨侨眷，按政策发放《再就业优惠证》，帮助其享受政府促进就业的各项优惠政策。一些地方结合本地实际制定了保障归侨侨眷就业权益的政策，帮助他们实现就业和再就业。

五、保护华侨的正当、合法权益

中国政府高度重视包括华侨在内的中国公民在海外的安全和利益。1979 年中国加入《维也纳领事关系公约》，目前共与 48 个国家缔结了双边领事条约。外交部成立了专门负责处理重大突发领事保护案件应急小组，协调有关部门，快捷高效地处理全球各地中国公民重大突发领事保护案件；成立了领事保护中心，专门负责维护处理海外中国公民正当和合法权益的保护问题。

外交部领事司 2003 年出版并经过多次修订的《中国领事保护和协助指南》，为中国公民积极、妥善应对在海外遇到的各种安全风险和突发事件提供帮助和服务。近年来，在华侨住在国发生骚乱严重影响人身安全的情况下，中国政府组织专门力量，采取了大规模的撤侨行动。2006 年所罗门、东帝汶、汤加，2010 年吉尔吉斯斯坦政局动荡引发骚乱，中国政府派出包机接载侨民回国，赢得了华侨的广泛赞誉。有关部门还积极推动领事立法工作，争取出台领事工作的行政法规，在法制层面加强领事保护和领事服务工作。

中国政府高度重视保护华侨在国内的合法权益。由于华侨与国内其他公民的不同特点，"一视同仁、不得歧视，根据特点、适当照顾"的原则也扩展适用于华侨。为规范和保护华侨在国内的合法权益，国务院侨办协同或推动有关部门研究、制定了一系列政策。2006 年国务院侨办联合教育部、财政部等下发了《关于调整国内普通高等学校招收海外华侨学生收费标准及有关政策问题的通知》，对就读于国内普通高校的华侨专科生、本科生、硕士和博士研究生执行与国内学生相同的学费及住宿费等收费标准。2009 年国务院侨办联合教育部印发《关于华侨子女回国接受义务教育相关问题的规定》，明确规定华侨子女在其国内监护人户口所在地就读实施义务教育学校的，应当视同当地居民子女办理入学手续，依法享受免缴学费和杂费的权利。人力资源社会保障部办公厅印发了《关于进一步做好在国内就业的华侨参加社会保险有关工作的通知》，明确了华侨可以以护照作为参加社会保险的身份证件，规定了华侨参加社会保险的社会保障号码编制规则。国务院侨办会同国家人口计生委、公安部印发《关于涉侨计划生育政策的若干意见》，规范了华侨、归侨在国内的计划生育政策。地方积极开展华侨权益立法的先行先试。2006 年，《浙江省华侨权益保障暂行规定》对华侨在国内的权益进行了全面、系统的规定，成为全国首部华侨权益保护的省级地方政府规章。2001 年《武汉市出境定居人员权益保障规定》、2003 年《杭州市出国定居人员权益保障规定》也是为专门保护华侨权益而制定的地方政府规章。

中国政府积极保护华侨捐赠权益。1999 年全国人大常委会颁布实施《中华人民共和国公益事业捐赠法》，对政府侨务部门在引导和服务华侨捐赠方面有明确规定。第 15 条第 2 款规定："华侨向境内捐赠的，县级以上人民政府侨务部门可以协助办理有关入境手续，为捐赠人实施捐赠项目提供帮助。"第 20 条第 3 款规定："县级以上人民政府侨务部门可以参与对华侨向境内捐赠财产使用与管理的监督。"国务院侨办积极推动财政部、海关总署等部门分别为华侨捐赠提供通关便利和税收优惠等作出规定。2003 年，国务院侨办联合教育部出台了《关于在中小学校布局调整中注意保护海外侨胞捐赠财产的意见》，要求各地妥善处理好调整中小学布局中涉及华侨华人、港澳同胞捐赠财产的问题；印发《国务院侨办关于海外侨胞捐赠公益事业资金服务管理办法》，规定了接受和使用海外侨胞捐赠资金的程序和要求。江苏、福建、湖南、四川、天津、浙江、新疆、海南、广东、安徽等省区市制定了规范华侨捐赠的地方性法规或者政府规章，以专门立法的形式加强对华侨捐赠权益的保护。

政府侨务部门积极保护华侨华人在国内的投资合法权益。2002 年国务院侨办制定下发了《涉侨经济案件协调处理工作暂行办法》，规定了处理涉侨经济案件的具体程序；配合开展 2006 年全国人大侨法执法检查，推动一批重点涉侨案件得到妥善解决；根据"三定"方案要求，在经济科技司加挂投诉协调司牌子，改变了以往由相关业务部门兼顾维护华侨华人投资权益工作的局面；分别将 1999 年作为"为侨资企业服务行动年"、2009 年作为"维护侨商投资权益行动年"，在全国侨办系统推动开展维护侨商投资权益的主题活动。地方政府及侨务部门采取有效措施，切实维护华侨华人的投资合法权益。天津、江苏、河南等省市建立以政府分管领导牵头、有关部门参加的侨商投诉协调处理机制，上海市侨办与市高院建立了商事审判和行政协调合作机制，建立起有效的维权工作机制；福建、四川省分别通过了《福建省保护华侨投资权益若干规定》《四川省华侨投资权益保护条例》，以立法形式加强了对华侨华人投资权益的维权力度。国务院侨办和地方侨办相继成立了为侨资企业服务法律顾问团，形成了侨商投资企业的法律服务网络；成立中国侨商投资企业协会和地方侨商会，发挥侨商组织沟通侨商与政府的桥梁纽带作用。

六、尊重外籍华人族裔感情，鼓励传承中华文化

中国政府充分尊重外籍华人的族裔感情，为便利外籍华人来中国探亲、交流，有关部门出台了便利举措。2004 年公布实施的《外国人在中国永久居留审批管理办法》，是中国借鉴其他国家经验，对外国人实施的在中国永久居留制度。为了照顾在国外无人赡养的年老华人回中国长期居留，该管理办法对申请对象专门规定："在境外无直系亲属，投靠境内直系亲属，且年满 60 周岁、已在中国连续居留满五年、每年在中国居留不少于九个月并有稳定生活保障和住所的。"外交部、公安部为方便外籍华人出入境，在发放长期多次签证方面针对外籍华人制定了一系列便利举措。为适应中国公民的外籍近亲属来华探亲，投靠、赡养中国境内直系亲属，以及外籍华人、华侨将外籍子女寄养在中国境内等情况日渐增多等趋势，公安部从 2010 年 6 月1 日起，对需在华停留 6 个月以上、符合规定条件并提供相关证明材料的人员，由公安机关出入境管理部门签发 1 年或者两年有效期限的居留许可证，期满后仍符合规定条件并提供相应证明材料的，可以办理延期。这些人员包括：中国公民和具有在中国永久居留资格外国人的外籍配偶、外籍父母及未满 18 周岁外籍子女；年满 60 周岁在境外无直系亲属、投靠境内直系亲属的外国人及其外籍配偶；年满 60 周岁在中国大陆购置房产的外籍华人及其外籍配偶和未满 18 周岁外籍子女；来中国照顾年满 60 周岁、在国内无子女的中国籍父母且已满 18 周岁的外籍华人；外籍华人、定居国外的中国公民在中国大陆寄养的未满 18 周岁的外籍子女。这些举措，极大地便利了外籍华人在中国入出境和居留。

中国政府鼓励华侨华人保持民族特性，传承和弘扬中华文化。为使华裔青少年学习中文，中国政府就加强华文教育工作采取了一系列重要举措。在国家层面成立了海外华文教育工作联席会议，于 2004 年成立了中国海外华文教育基金会。2001 年，国务院侨办印发了《关于大力加强海外华文教

育和华裔青少年工作的通知》，提出华文教育工作是侨务工作中一项具有战略意义的基础性工作，要求增强侨办系统开展华文教育工作的整体优势，调动各方面积极性，共同推动海外华文教育工作的开展。国务院侨办和地方侨办举办"中国寻根之旅"为品牌的系列夏（冬）令营活动，采取"游教结合""寓教于乐"的方式，向华裔青少年展示博大精深的中华文化。通过赠送教材、培训师资等方式，鼓励、支持海外华文学校的发展，以满足华裔青少年在当地学习中文的需求。国务院侨办每年都组织多批次各种类型文化艺术团组，赴五大洲演出慰问世界各地华侨华人。从 2009 年开始，利用华侨华人欢度春节之际，国务院侨办组派"文化中国·四海同春"大型文艺团组开展慰侨演出，扩大了通过侨务渠道开展文化交流工作的影响力。鼓励、支持华侨华人传承中华文化，既满足华侨华人学习中华文化的精神需求，也促进华侨华人进一步保持民族特性，同时增进了中华文化与世界各国文化的交流融合。

新形势下，中国侨务部门致力于推动构建和谐华侨华人社会。主要政策主张是：促进华侨华人与住在国人民和睦相融，支持华侨华人进一步融入当地主流社会；希望华侨华人团结友爱，实现华侨华人社会内部的和谐与合作。我们认为，广大华侨华人坚决反对"台独"，在一个中国原则基础上形成最广泛的"反独促统"联合阵线，既符合联合国宪章和国际法基本准则，也是海内外中华民族的共同愿望。2007 年，国务院侨办举办了第四届世界华侨华人社团联谊大会，提出构建和睦相融、合作共赢、团结友爱、充满活力的海外华侨华人社会，促进和谐世界建设。各级侨务部门围绕构建和谐华侨华人社会的要求，强化联谊、服务、引导工作，坚持"以人为本、为侨服务"的宗旨，有效发挥了侨务工作的独特优势和重要作用。

（原载于《华侨华人蓝皮书》，社会科学文献出版社 2011 年版）

欧洲华人商城经济研究

丘　进　李明欢[①]

　　进入 21 世纪以来，伴随着中国国内经济高速增长，欧洲华人社会从人员结构到经济实力都发生了明显变化，尤其是近十多年来在欧洲各主要国家如异军突起的大型华人商城（又有"华人批发市场""中国商城""亚洲商城"等不同冠名），已经取代了原先分散在欧洲各地的中餐馆、制衣厂、皮包店及零星商铺，并且因其具有的规模性、标志性及影响性，成为欧洲华人社会引人注目的新经济主体。

　　新兴的华人商城与传统的"唐人街"不同。传统唐人街系在某一异国城市内华人相对集中的生活区，而当今的华人商城则是聚集了众多华人商家，以中国产品为主要商品来源，以大型批发为主要经营模式。因此，当今华人商城是欧洲华侨华人创业就业的重要平台，是中国商品国际营销网络的重要结点，是华侨华人与当地民众交往的直接场所，是相关国家从政界、商界、媒体到普通民众都密切关注的对象，因此，无论商城的从业者主观意愿如何，在一定意义上，诸多华人商城已经成为"中国制造"乃至"中国形象"在海外的集中展示。有鉴于此，对于当今仍处于发展之中的华人商城经济进行深入研究，不仅是一个经济课题，而且更具有重要的理论与现实意义。

---

① 李明欢，厦门大学教授，博导。

　　本课题研究根据计划，在大量搜集文献资料的基础上，在国务院侨办领导的支持下，在本课题组的海外成员协助下，先后三次深入法国、西班牙、意大利、匈牙利、俄罗斯、罗马尼亚等欧洲华人商城最为集中、影响最大的国家进行实地调研，当地华商座谈，进入华人企业、公司、商铺考察。同时，本课题组成员还利用在欧洲访问期间拜访相关政府机构负责人，与欧洲国家学者进行坦诚交流，丰富了课题研究的资讯来源，深化对相关问题的认识。

　　在充分搜集、整理相关资讯的基础上，本课题对欧洲华人商城经济的概况进行了初步梳理，分析欧洲华人商城经济的主要类别和存在问题，预测其发展趋势，并就如何通过海外华人商城经济这一特殊渠道有效增强我国的文化吸引力和政治影响力，树立我国良好的国际形象，营造良好的国际舆论环境，提出若干思考与建议。

欧洲华人商城发展历程

　　欧洲华侨华人社会的主要特点是以新移民为主体。20世纪的统计数据显示，全欧华侨华人总数在50年代时仅为1万余人，60年代增加到5万余人，70年代后，由于以法国为主的欧洲国家接纳了大批以华裔为主体的印度支那难民，全欧华侨华人总数猛增到50万以上。之后，来自中国大陆的新移民源源涌入欧洲。根据欧洲华侨华人社团联合会2008年的年度报告，全欧华侨华人总数已经达到250万。目前，华侨华人几乎遍布欧洲的各个角落，他们组建了800多个华人社团，开办了300多所中文学校，出版发行了100多份中文报刊。可以说，以中国大陆新移民为主体的欧洲华侨华人及其活跃的经济活动，已经引起欧洲各国各界的瞩目。

欧洲主要国家华侨华人人口统计（1935—2008）

	1935	1955	1965	1975	1985	1995	2008
英国	8000	3000	45000	120000	230000	250000	600000
法国	17000	2000	6000	90000	210000	200000	500000
荷兰	8000	2000	2353	30000	60000	120000	160000
德国	1800	500	1200	8000	30000	100000	150000
比利时	500	99	565	2000	11400	20000	40000
意大利	274	330	700	1000	5000	60000	300000
西班牙	273	132	336	2000	5000	21000	168000
奥地利		30		1000	6000	12000	40000
葡萄牙	1200	120	176	300	6800	4700	30000
丹麦	900	900		1000	3753	6500	18000
卢森堡		1	10	20	200	100	1500
瑞士	148	30	120	1500	6000	7500	10000
希腊		2	16	10	130	300	12000
爱尔兰						10000	60000
瑞典				1000	9000	12000	30000
挪威				500	1000	2000	7450
芬兰		共有2347人				1000	2000
波兰	139					1500	2000
捷克	250					10000	4000
匈牙利						20000	16000
俄罗斯（独联体）						200000	300000
罗马尼亚							10000
阿尔巴尼亚							2000
保加利亚							3000
斯洛伐克							5000
克罗地亚							800
黑山							200

续表

	1935	1955	1965	1975	1985	1995	2008
塞尔维亚							10000
乌克兰							30000
马耳他							1000
斯洛文尼亚							800
马其顿							50
立陶宛							350
拉脱维亚							200
爱沙尼亚							120
总计	38484	11491	56476	258330	584283	1058600	2514470

资料来源：1935—1995 年统计数详见李明欢《欧洲华侨华人史》，2008 年数据由欧华联会秘书处
提供。

20 世纪 80 年代末之前，西欧华人经济一直以中餐馆、制衣厂、皮包店、零售业及唐人街的服务性行业为主，除法国陈氏公司等个别华人企业能够跻身当地大企业集团圈，华人经济总量十分有限，基本是在当地经济缝隙中求生存。在东欧国家，华侨华人数量微不足道，更没有什么独立的经济活动。

进入 90 年代之后，特别是柏林墙倒闭，苏联解体，东欧剧变后呈现的特殊机会，吸引了大批中国新移民进入东欧地区。与此同时，中国改革开放后人民群众当中蕴含的丰富能量迸发出的巨大创造力，中国自身经济发展走上高速发展的快车道。此势推动了欧洲华人经济的急剧转型，进出口商贸批发迅速兴起，中欧跨国商贸潮流自东欧、南欧向西北欧涌动，他们凭借源自中国的巨大经济涌潮，建立起一座座仓储、批发、零售兼营的综合性大规模商场。在这些大型商城中，大部分经营者均为中国新移民，大部分商品均为中国制造。进入 21 世纪后，以进出口批发商贸为主、部分延伸到零售终端的华人商城经济，在欧洲主要国家已经成为当地华人经济的主体。

自 20 世纪 90 年代发端迄今，欧洲华人商城经济大致可以划分出三个主

要发展阶段。

20 世纪 90 年代是华人商城经济起始阶段的雏形期。其时，从在中俄之间长途贩运的"倒爷"、背包拖车的"练摊"，到南欧走街串巷的"提篮小卖"，大量来自中国的新移民将中国廉价商品大量带入欧洲市场。以中国本土民营企业为主推出的"中国制造"，因款式新颖、价格低廉而受到欧洲人的普遍欢迎。在最早涉足商贸领域的商贩中，一批"成功者"迅速转入开店入市经营。由于商贸经营"规模效应"的潜在驱动，在欧洲一些中心城市，数年间即形成由大小华商集中经营的街区，或圈地为界的市场。20 世纪 90 年代较著名的华商市场包括：匈牙利布达佩斯的四虎市场，意大利罗马维多利奥广场（Plazza Vittorio）周边街区，葡萄牙里斯本的莫拉里商业中心（Cent. Comercial Mouraria），巴黎第 11 区的中国服装区，莫斯科切尔基佐夫斯基大市场，等。这些市场的共同特点是：急就型，密度高，客流量大，厚利且多销，呈现资本原始积累的高速性。用亲身经历过那一阶段神奇致富的一位意大利华商自己的话说："当时的市场凡是开店就没有不挣钱的"，"最高的一家贸易一年销售 450 个货柜的服装，一天销售 10 个货柜的服装为常事"。许多当今拥有一定资本的华商即是在那一时期成功地获得了"第一桶金"。①

自 20 世纪 90 年代末到 2008 年之前，欧洲华人商城经济转入第二阶段，即进入遍地开花的高速成长期。虽然 1998 年金融风暴对欧洲华商经济有所冲击，但是，由于中国自身经济发展挺住冲击且逆潮流而上，使依托中国经济的欧洲华商汲取了重要的原动力。正如《欧洲时报》所述："从欧洲北部的英国、瑞典到最南端的西班牙、意大利，整个欧洲都掀起了一股兴办中国商城的热潮。在法国，位于巴黎北郊欧拜赫维里耶市（AUBERVILLIERS）的大型批发商业中心——巴黎中国商城（CIFA）去年开业后，今年又投入第二期，占地面积达 4 万多平方米，商家近 300 家，是目前全法最大、设施和管理最完备的华商批发中心。在德国，从东部的莱比锡到西部的杜塞尔多

---

① 根据李明欢 2011 年 10 月在意大利罗马对华商戴小璋先生的访谈记录。

夫，从北部的汉堡到南部的慕尼黑，共有中国商城 20 多家，特别是柏林、法兰克福等城市，还出现多家中国商城并存的局面。在意大利，欧洲纺织品集散地的普拉托欧洲商城将于 8 月 1 日正式开业，商城一期工程汇集了 100 多家华人服装、鞋类、小商品和首饰批发店，占地近 3 万平方米，是意大利首家华人拥有物业产权的商城。位于瑞典战略要地卡尔玛市的瑞典中国商贸城也于今年 2 月奠基，瑞典副首相兼工商大臣奥洛夫松应邀出席奠基典礼。而意大利罗马'马可·波罗商业贸易中心'，商贸区达 15 万平方米，是目前已知欧洲商用面积最大的中国商城，他们把新闻发布会开在了北京人民大会堂，成为中国商贸城欧洲代表作之一。"①

与此同时，华侨华人对于经历了转型阵痛的东欧经济复苏也贡献良多。在俄罗斯，中国新移民是阿斯泰、艾米拉、卢尔尼基、狄娜莫、切尔基诺夫斯基、塞瓦斯托波尔等数十个大市场的经营主力，成为促进中俄民间贸易的一支重要力量。在南斯拉夫，贝尔格莱德 70 号商城批发市场购销两旺，小到针头线脑，大到装潢材料，物品丰富，价格便宜。而位于捷克—波兰边境捷克境内的奥斯特拉发（Ostrava，简称"奥斯"）批发大市场，罗马尼亚的尼罗服装百货批发市场，乌克兰的敖德萨七公里市场，也都在当地声名远播，买卖兴隆。欧洲华人商城经济在 2007 年达到了历史最高点，已有数年历史的"老"商城在拓展，而更多的"新"商城则在火速规划筹建中。

2008 年，国际金融危机爆发，欧洲经济全面衰退，欧洲华人商城经济随之出现明显转折，进入了调整、转型、逆境中寻求发展路径的第三个阶段。一方面，随着商城的总体规模及外在的整洁美观度，华商经营的规范度，及中国商品的时尚度不断提升，即使当地国广大民众能够以较低的消费而获得较高的生活品质，从中受益，也一步步地自下而上完善着从中国制造到中国国家的海外形象。但是，另一方面，由于华人商城的高度集中性与影响度，一旦出现任何问题，也很容易成为当地国主流媒体疯狂炒作的对象，其负面影响可能被成倍放大，甚至可能成为商城所在国与中国关系之间一个

---

① 梁源发：《欧洲华商：风起云涌建商城》，《欧洲时报》2007 年 8 月 5 日。

烫手的山芋。① 关于这一阶段的动态，本报告将在第四节"华人商城经济面临的问题及发展趋势"中详加剖析。

欧洲华人商城主要类型

目前欧洲最著名的华人商城位于如下地区：巴黎北郊的欧拜赫维里耶和巴黎市内 11 区，罗马市内维多利奥广场周边地区和罗马机场附近的仓库区，马德里近郊富恩布拉达，布达佩斯温州商城、唐人街市场和欧洲广场，布加勒斯特红龙市场，莫斯科柳布里诺和刚刚落成、仍在进一步完善中的格林伍德、莫斯科—义乌国际商贸中心等。

西欧与东欧的大环境有所不同，华人商城在东、西欧发展的经历也有差异，但总体而言，可以将欧洲华人商城的构建归纳为三种主要类型。

一是露天大市场的形式，即由华人商贩集中在某一地区集中经营而形成事实上的华商大市场。此类大市场主要存在于东欧地区，且以俄罗斯最为典型。早在 20 世纪 90 年代初，在莫斯科就从市内主要地铁口到国家三个最著名的综合体育场馆（卢日尼基体育馆、狄娜莫体育馆、国家体育大学校园），大大小小近百个露天自由市场形成了销售中低档货品的庞大商业网络，人气旺，门槛低，经营方式简单。在 2008 年 9 月之前，莫斯科最著名的切尔基佐夫斯基大市场（当地华人习惯称之为"一只蚂蚁"大市场）已经拓展为占地上百英亩的莫斯科最大市场，虽然条件简陋，许多所谓"商铺"只是排列、累积在一起的大集装箱，但整个市场的日成交额高达 5000 万美元，有数万中国人在此处经营。又如，在叶卡捷琳堡市，有一个占地 4

---

① 尤其是 2012 年 10 月 16 日，西班牙警方在马德里展开打击以当地富恩布拉达华人商城主要华人商家为首的大规模"帝王行动"，共逮捕了国贸城老板等 83 人，其中 53 人为华人。根据西班牙报刊公布的资料，此次行动中共搜查到并没收了 1150 万欧元现金，200 多辆汽车和价值 60 万欧元的珠宝。事件发生后，西班牙举国上下议论纷纷，媒体报道评论连篇累牍，西班牙华人形象一落千丈，跌落到历史最低谷，包括华人商城的整体形象都受到严重伤害。该事件的影响仍在延续中，还需要进一步的跟踪研究。

万多平方米的"中国大市场",中国服装在叶卡捷琳堡占有95%的市场。这里的6000多家商户中有90%以上是华人。商铺多以铁皮搭建,每间面积约100—200平方米,出售的货物几乎清一色的"中国制造"。

第二类欧洲华人商城系以某一街区为主形成华商集中经营模式。虽然如法国巴黎早在上世纪80年代就形成了以印支华裔为主的巴黎13区唐人街,但那里基本还是传统的唐人街模式,即主要是华人集中的生活区,当地华人经营的主要是中餐馆、食品超市、美容美发、旅游娱乐、飞机车船票代理等主要面向华人社区的服务性行业。此类唐人街存在于如英国的伦敦和曼彻斯特、荷兰的鹿特丹和阿姆斯特丹、西班牙的马德里等地。但本研究所关注的欧洲华人商城则不同。华人商城虽然也集中于某一街区,但其以大规模批发贸易为主,商品高度同质,如服装类、鞋类、箱包类、首饰类等相对集中,其所面对的是批量定购的次级商家。因此,华人商城的总体特点以仓储式进口商品批发集散为突出特征,大多形成服装、电器、玩具等各具特色的专项商品经营区,而且人流量、车流量、货物吞吐量、资金流动量都远远超越传统唐人街,两者不可同日而语。如西班牙马德里拉瓦别斯区的华人贸易批发区在2008年高峰期曾集中了300多家批发店和3000多间小商品店。又如巴黎第11区的华人服装批发街区,在长不过200米的博班街,原先有50家各类商店,如今40多家都转手为华人服装店。意大利罗马维多利奥广场周边地街区,由当地华侨华人开设的商店几乎租下了周边五六条大街的所有沿街铺面,总数超过500家。

欧洲华人商城的第三种类型是在大城市的近郊地区改造旧有楼宇,或再建新楼,将其分割成大小不等、前商铺后仓库的模式出租给批发商。以法国巴黎北郊的欧拜赫维里耶市(AUBERVILLIERS)为例。上世纪90年代之前,那里还是法国一个发展停滞、破旧萧条的老工业区,如今则已发展成为聚集了近千家华人批发商的大型商城,是全法最大的批发商集中地。罗马尼亚布加勒斯特的红龙市场、莫斯科刚刚开业并且仍在进一步扩建中的格林伍德国际商贸中心、莫斯科—义乌国际商贸中心等,也都是建设现代化华人商城的大项目。

欧洲华人商城投资主体

作为欧洲土地上前所未有的以外来移民商户为主经营的大型商贸模式，华人商城既是欧洲华人经济的支柱，中欧贸易的重要集散中心，也是中国商品全球营销网的组成部分，是"中国制造"突破欧盟贸易壁垒的重要通道。就总体而言，欧洲华人商城的投资主体主要可以分为五大类，即：当地国商家、欧洲华商、当地国其他移民族群商家、中国民营企业家、中国国企。他们彼此之间有分有合，有合作也有冲突。近两三年来出现的一个动向是一些拥有一定实力的华商及中国国内企业，看好商城性的房地产投资，着手大规划、大投资，并寄望于大发展。①

以法国最大华人商城欧拜赫维里耶为例。

该地欧拜赫维里耶隶属于巴黎大区北郊 93 省，20 世纪 70 年代末，原来在欧拜赫维里耶的一些工厂先后搬迁，精明的犹太人看准时机，进入该区，将一些废弃的大厂房改建为仓库，做起了批发生意。进入 90 年代后，巴黎华商看中这一地区已经具有的一定批发商贸基础，开始进入这一地区开设批发商店，并且发展迅速。随着该地的华人批发商家成倍翻番，从中获益最大的无疑是拥有房地产而坐收租金的犹太人大老板。该商城的二老板则是华商，即若干华商从犹太人手中成批租下店铺后，再转租给华商。

进入 21 世纪后，华人批发商在欧拜赫维里耶市的迅猛发展，法国实力雄厚房地产开发商的密切关注。2006 年 10 月，法国房地产商 SCI 公司投入巨资，在欧拜赫维里耶专门为华商们"量身定做"的大型的商业中心"巴黎中国商城（CIFA）"正式开业。巴黎中国商城一期项目营业面积 1.5 万平方米，建造商铺 95 家，每家商铺面积在 110—400 平方米之间。其时正逢欧

---

① 我们在调研中发现，这些项目大多规划于2008年前，即欧洲华人商城经济一片向好之时，但真正投资之后，却赶上欧洲经济危机日益深化，因而此类投资目前均处于相当严峻的状态，而且，估计未来两三年还将处于不断投入、却少有回报的困难时期。

拜赫维里耶华商批发生意向好阶段，商城开业之前，所有店铺就已销售一空。一年后，巴黎中国商城二期又投入使用，总面积将扩大到约 4 万平方米。商城还设有近 30 个安全摄像头和 6 名保安，为买卖双方的人身和财产安全提供保障。

2012 年，在欧债危机及世界经济危机阴影的笼罩下，却有 8 位华商联手投资近 1 亿欧元，在欧拜赫维里耶投资新的商城。是年 3 月 21 日，由法国恒通集团经营的"巴黎时尚中心 FASHION CENTER"3 月 21 日在欧拜赫维利耶市千禧年公园边工地上隆重开工奠基。该商城建筑面积 5500 平方米，建成后将容纳近 300 家批发商入住，将提供 2800 个左右的就业岗位，每年的营业额将达 4.5 亿欧元。据该项目投资集团总裁介绍，该商城建成后将成为巴黎独特、现代、时尚的重要贸易批发商城。其设计和管理都实行现代化，将为批发商和顾客提供更加便捷、安全和全方位服务。

在罗马尼亚首都布加勒斯特，从欧罗巴、尼罗到红龙市场，都是房地产掌控在当地人手中、华商只能租赁或购买经营的大型华人商城。根据当地华人社团领导人的介绍，华商聚集的尼罗和红龙市场的同一老板尼罗集团其为了不断攫取高额利润而不断变换出租手法，甚至强行铲平旧市场而逼迫华商另购新市场。有鉴于此，2011 年，罗马尼亚华商集资组建唐人街集团，与土耳其一家拥有布加勒斯特地产的公司合作开发，投资 1 亿欧元，计划总占地面积 25 万多平方米、拥有约 2000 个商铺和仓库的华商自己主管的唐人街市场。这是罗马尼亚华商力图打破华商市场被当地国房地产商掌控局面的一次尝试。遗憾的是，由于唐人街项目投资之时，欧洲主权债务危机已经显现，并且不断深化，整个大环境不利于华商经济发展，再加上华人集团自身的一些内在问题，该项目在热热闹闹的开业仪式之后，立刻变得冷冷清清，整洁而琳琅满目的商铺无人问津，入驻商家在开业不到一个月后即纷纷关门。用当地华商的话说：罗马尼亚华人梦断唐人街。其中教训十分深刻。

莫斯科的格林伍德国际贸易中心的投资主体是中国诚通集团，系目前中国在境外最大的商贸类投资项目。该中心选址莫斯科北部，占地约 20 公顷，已经于 2011 年 9 月 16 日开业。根据格林伍德国际贸易中心的介绍材料，该中心的建设宗旨，是打造依托政府支持市场化运作的中俄经贸合作公共服务平台、两国贸易高速通道、华商转型升级窗口、中国优秀制造商基地、中国品牌商品营销中心和高端集散地。

同在莫斯科，还有一个与格林伍德相似的投资项目，即莫斯科—义乌国际商贸中心，该中心由浙江世丰投资公司与莫斯科市政府、俄罗斯塔希尔（TASHIR）集团共同投资 5 亿美元建设，其中莫斯科市政府占股 40%，属于莫斯科市政府投资最大的项目之一。该中心位于紧靠莫斯科大环线公路（MKAD）82 公里处主干线的莫斯科市德米得罗夫斯基大街 163a 号，毗邻里欧（RIO）购物中心、麦德龙超市和欧尚超市，总建筑面积 8 万多平方米，可设置 1900 个商铺。一期工程建筑面积 10 万平方米，设 1500 摊位，将全部经营销售中国日用品。

值得注意的是，格林伍德和莫斯科—义乌国际商贸中心都是策划于危机爆发之前，投资于危机初起阶段，落成于危机深化之时。当原有市场已经出现萎缩之时，突然增加的数百乃至可能达到上千新商铺，还有数十个高级展厅的落成，实在生不逢时，目前两个中心的空置率都很高。而且，两个中心从设计理念到经营模式的相似度都很高，两个中心彼此之间的竞争显而易见。如何度过危机，实现良性运作，无疑是这两个中心的投资者和经营者必须破解的大难题

欧洲华人商城经济特点

就总体而言，目前欧洲华人商城的共同特点是：小铺位、大仓储、低起点、大集群。众多华人商家聚集一起，货流大，人气旺，易于形成突出的广告效应。商城又似庞大的信息平台，可以降低单一商家的信息搜索成本，亦有利于与相关制造企业建立比较稳定的联系，做大做强。

西欧是高福利、高税收的国家。本地高端名牌产品市场稳定，而中低档商品市场则相对欠缺。华人商城经济依托中国本土价廉物美的大宗进口商

品，往往在不同程度上采用非正规经营方式，包括：从中国凭借私人关系先拿货后付款；"灰色清关"；经营者本人超时超量工作自我剥削、以低薪、避税等非正规方式雇佣劳动力降低经营成本；华商从当地著名品牌公司承包产品，进行贴牌生产，等等。华人商城经济通过一些非正规的途径实现最大程度地压低商品价格，凸显较强竞争力，从而能够在已经成熟的欧洲市场中挤占一席之地。

从积极层面观之，华人商城中低档商品与当地原有高端商场形成有效互补，大型仓储批发的对象不少是其他移民族群的小商贩，当地中低收入阶层可以直接或间接受惠。但是，另一方面，所谓商城模式并没有从根本上超越地摊模式，多数批发零售商家的经营方式仍然是一种放大了的"家庭作坊"，是一种以经营者家庭为基本单位，经由非正规经济路径，急功近利的经营模式。

由于非正规经济是利用刻板正规经济的漏洞，那些"投机取巧"的做法往往经不起严格审查，因此，当欧洲自身经济一帆风顺时，监管部门可能对此睁一只眼闭一只眼。但是，一旦遭遇经济风波，打击非正规经济以强化法制税收监控，即可能成为政府的必然行动。自 2008 年金融危机以来欧洲经济一直萎靡不振，经济利益博弈与移民族群矛盾在相互交织中升温，欧洲华人商城于是成为舆论关注、炒作的焦点，进而遭到警务、税务的重点打击，也是大小冲突的爆发地。近期（2012 年 10 月 16 日）在西班牙马德里发生的打击华商违法犯罪行为的大型"帝王行动"即为一典型案例。

欧洲华人商城经济发展趋势

欧洲华人商城经济高速发展的过往一二十年，在东欧，正是该地区本国社会经济急剧转型的特殊时期，在西南欧，则是欧元区建立，消除内部边界控制的《申根协定》付诸实施并且申根国不断增加的时期，东西欧虽然存在诸多差异，但是，这一时期的共同趋势却是倡导自由、市场、弱化监管、在一定范围内去政府化等等，当地国从政府到民间面对如此巨变都多少有些茫然与难以应对，市场出现空缺。反之，这一时期的中国已经走过了近十年的改革期，民间蕴藏的巨大能量蓄势待发，勇于走出国门，敏锐捕捉商机的欧洲华商，抓住了东西欧转型、整合过程中市场空缺的特殊机遇，成就了一段异域创业的佳话（或曰"神话"）。换言之，那是一段欧洲华商从跨境商贸中获取高额利润的黄金时代，他们为正在迅速增长的海量中国制造进入欧洲市场作出了不可替代的贡献，也为处于转型期、调整期的欧洲民众送去了他们所必需的生活用品，使他们能够以较低的价格享受较多的商品，提升了他们的生活质量。

但是，2008 年经济危机爆发以来，尤其随着欧洲债务危机愈演愈烈，各国都大大加强了对本国非正规经济领域的监控与管辖，那个"谁大胆谁赚钱"的特殊时代已经一去不复返了。华人商城经济越过了高歌猛进的特殊阶段，也需要在规范经营中稳步发展。

欧洲华人商城经济既往十余年的发展大势，主要表现在如下五个方面。

第一，欧洲华人商城已经实现了整体规模的提升与转型，第一代露天、简陋经营的市场已经被淘汰，目前的大型华人商城或以个体在平房大厅式商场中分租小摊位，或于某一城市内特定街区集中租赁店铺经营，与此同时，由中国国内实力较为雄厚之企业主导或参与的多个大型专业展厅式商场建设正在莫斯科、布达佩斯等城市进行。各商城之间竞争激烈，华商个体仍在不断调适中。

早期东欧华商市场的总体特点是露天、简陋的地摊式经营，或利用集装箱、铁皮屋摆摊，脏、乱、拥挤是普遍现象，但价格极低，销量极大，因而利润也十分丰厚。在匈牙利可以四虎市场为代表，在莫斯科是遍布全城各地铁口的自由市场及随后高度集中的切尔基佐夫斯基大市场（华人习惯称其为"一只蚂蚁"大市场），在罗马尼亚布加勒斯特则是欧罗巴和尼罗市场。目前此类市场基本都被淘汰了。集中于某一城市特定街区集中经营的模式，因为城内交通拥堵，周边居民不满等因素，也面临较大困境，有些城市，如巴黎 11 区，意大利米兰等都曾发生过较大的冲突事件。因此目前经营比较得手的主要以在城郊地区形成的特定华人商城区，如巴黎的欧拜赫维里耶商城，马德里的富恩布拉达商城，布达佩斯的温州商城、欧洲商城和唐人街一期，莫斯科的柳布里诺大市场，罗马尼亚的红龙市场、唐人街等。这是目前华商经营得比较得心应手的商城。此类商城以批发为主，其商品主要面向当地社会中低收入的人群，特别是收入不高却又追求时尚的青年人。自 2008年以来，从美国次贷危机爆发到近两年来欧洲主权债务危机不断恶化，欧洲大多数国家人民生活水平明显下降，然而，这一危机在一定意义上，却因当地国中产阶级生活水平下降而扩大了进入华商市场的消费人群。有当地华商认为：经济危机实际带给华商新的机遇，不无道理。

目前正在兴起的以现代化大型建筑群、规范化展厅为代表的新型华人商城，基本有中国国内企业的大投入。随着市场竞争加剧，欧洲各国普遍加强对市场的严格规范化管理，最初东欧华商赖以起家的第一代市场已经被完全淘汰，布达佩斯政府已经下令关闭四虎市场，布加勒斯特的尼罗市场已经被夷为平地，莫斯科的切尔基佐夫斯基大市场被关闭后已经被列入新的城市建设规划中。目前以大资本投入为特点的新型商城建设正在如火如荼地进行。在布达佩斯以位于市郊的亚洲中心、中国商城为代表，在莫斯科有"格林伍德国际商贸中心"和"莫斯科—义乌国际商贸中心"两大商城。投资者相信，整洁明亮，美观大方的展厅，吸引中国国内知名厂家直接入驻，展示中国商品的优良品质，方能赢得更多客户的青睐。

第二，经历了近 30 年如大浪淘沙般的市场洗礼，在欧洲华商中已经涌现出一批初步实现本土化的品牌，并被当地人所认可和接受。

自上世纪 80 年代以来，欧洲华商经过近 30 年的努力，从一开始售卖地摊货，以令当地人难以置信的低廉价位大量批发中国商品获益，到进入正式市场，提升产品质量，再到建立起自己的品牌，并被当地人所认可和接受，欧洲华商经历了大浪淘沙般的洗礼，正在不断分化中为一批高质量的中国商品拓展在欧洲市场的份额。

虽然欧洲华商主体集中于各大华人商城，但值得注意的是，也有不少华商在华人商城之外经营。除了餐饮业、旅游业等行业之外，在华人商城之外从事商业贸易的华商中，有的建立了自己的品牌，并开设起自己的连锁或专卖店。

由于东欧国家民用经济整体水平较低，因此东欧华商在民生用品方面已经比较成功地建立起了若干为当地人认可的品牌。

以匈牙利华商为例。在匈牙利运动鞋市场占有重要份额的 WINK 运动鞋就是一个由匈牙利华商创立的品牌。WINK 商标在匈牙利注册，在中国国内定点生产，在匈牙利市场历经近 20 年成长后，目前在匈牙利市场的占有度相当高，据说匈牙利一千多万人口中平均每六人便有一双 WINK 运动鞋。又如，匈牙利华商飞马公司创立并经营的 GOLDENLAND 男装也在匈牙利及乌克兰、罗马尼亚、克罗地亚、斯洛伐克等国享有相当高的知名度。据介绍，如今匈牙利每位男士至少有一件 Goldenland 品牌服装，2005 年原匈牙利总理麦杰什访问中国时也特地穿着一套 Goldenland 正装。匈牙利前总理麦杰什曾在接受 CCTV 访问时说道："Goldenland 已经完全地融入了匈牙利的社会和商界，跟西方相比已经没有任何区别。我们很欢迎他们。"

在俄罗斯，华商优依尚服装设计有限公司专做俄罗斯童装业务，目前在俄罗斯终端市场的销售额超过 6 亿元人民币，成为俄罗斯童装市场的重要中国生产商之一。罗马尼亚华商创立的威尔体育用品公司经过十多年艰辛创业，在罗马尼亚全国各地建立了 60 多家威尔品牌连锁店，其主打产品威尔运动鞋成为罗马尼亚人人青睐的产品。

法国、意大利、西班牙是老牌资本主义国家，其服装、鞋类产品已经形成了一批世界一流品牌，华商产品要在这里建立自己的品牌远比东欧地区困难得多。但是，华商已经付出了相当努力，他们或是购买当地的老品牌，或是建立二线品牌，华商进入品牌经营的领域涉及服装、鞋、箱包等，并且已经取得一定成绩。

建立并培育能够得到当地民众认可的品牌，实现本土化营销，是华商提升经营水准、实现可持续发展的重要战略。

第三，不少欧洲华商已经从多年的实践中深刻体会到，回馈当地社会是企业重要的社会责任。他们主动参与当地国的各项社会事业，通过回馈当地社会实现良性融入，树立了华商企业在当地国的良好形象，也有利于提升中国的国际形象。

中国新移民在匈牙利总数不过两三万人，但根据中国驻匈牙利使馆经济商务处 2011 年的不完全统计，中国各类企业在匈牙利为当地创造的就业机会超过 1 万个。而且，匈牙利从体育运动到社会福利事业，都得到华商不同程度的支持。例如，匈牙利华商 WINK 公司一直是匈牙利特奥曲棍球队的赞助商，赞助匈牙利特奥会，连年出资举办巴拉顿湖地区马拉松比赛，还成立了一个乒乓球俱乐部，资助培养匈牙利的乒乓球运动员。2004 年特奥会火炬抵达匈牙利时，匈牙利方面特意安排 WINK 公司总部作为交接地点，WINK 公司董事长魏翔应邀成为第一棒火炬手，而匈牙利总理是接他火炬的第二棒火炬手。匈牙利 SKALA 集团董事长曹和平长期关心、支持与赞助匈牙利残疾人事业，应邀担任匈牙利国家残疾人奥委会的荣誉主席。匈牙利东方国药集团是匈牙利华人在欧洲创立的一家独立的、符合欧盟标准的 GMP 中药厂，该厂专门为匈牙利残疾人提供工作岗位和外包加工产品，赞助匈牙利残疾人的游泳队，向匈牙利儿童癌症救济基金会捐款捐物，获得社会好评。罗马尼亚威尔体育用品公司通过主办布加勒斯特"威尔杯高中生篮球赛"，既提升企业的知名度，也支持了当地的群众体育事业。

第四，欧洲中国新移民已经走过了 30 年，华商第二代已经在当地国成长并走入社会，华二代独立创业比较成功的企业已经出现，其发展趋势值得关注。

匈牙利华二代瞿磊创办的 DEMANDY 公司（中文名"迪梦公司"）是一个具有超前意识的青春企业。2008 年 9 月，瞿磊在匈牙利正式成立 DEMANDY 公司，从营销高端电子秤，到成为苹果产品一级代理，进入 GPS 导航等高端电子产品领域。如今，其打造的 DEMANDY 品牌产品已经占据匈牙利 70% 市场份额，成功入驻 OUCHAN、METRO、EURONICS 等世界级批发零售公司，市场辐射到斯洛伐克、罗马尼亚等国。2010 年，瞿磊又发现了碳汇交易这片"蓝海"，随即聘请欧洲多位权威专家任职本公司顾问，在碳汇交易居于世界领先地位的英国注册成立 CSG 碳汇服务公司，努力通过降低二氧化碳排放对全球气候变化作出贡献，创建更宜居的未来。2011 年 5 月 21 日，瞿磊应匈牙利总统邀请参加"为了匈牙利今天更清洁"的活动，受到匈总统施米特·帕尔亲切接见。

在法国巴黎，一批 70 后、80 后华二代已经活跃在华商经济领域，他们对当地的法律、经济、社会文化等都有较深了解，用他们的话说：我们现在是想"干事业"，而不仅仅是"赚钱"。他们从经营理念到生活方式与老一辈第一代移民均发生了明显变化。例如，已经得到法国主流经济较高认可的 FOMAX 公司，总经理 6 岁来法，在法国大学毕业，三兄弟共同创业，先在欧拜赫维里耶华人商城，事业发展后搬出商场，如今已经形成遍布全法的营销网络，公司独立的大型展厅面积 3000 平方米，仓库 3.5 万平方米，有自己的设计队伍，其所设计的餐具、玩具等家用小商品，都严格按欧盟标准设计生产，该公司加入了法国标准化协会。又如，由法国第一代华商夏尚忠创立的眼镜公司、黄学铭创建的箱包公司，在法国都打出了自己的品牌，如今事业基本交转到了他们子女的手上，而且都有新的发展。

华二代在当地国社会成长，身处当地国社会政治、经济、文化之中，本身已经是当地社会的一分子，同时大多因父母家庭的影响，对祖籍国怀有较深感情。这一批人不一定都会创业，也不一定会走上经商之路，但是，正是他们这个群体最有可能成为其祖籍国与其所在国之间的民间桥梁，树立新一代华人的良好形象。

第五，一批具有实力之中国国内大型企业进入欧洲，在国家级层面与欧洲国家搭建经济合作平台，建立现代化中国商城并为中国国内优秀企业提供长期展示平台，对于整体提升中国人的形象，提升中国产品在欧洲地区的品质，具有重要意义。

根据伦敦顾问公司 Dealogic 的数据，2003 年至 2005 年，中资企业在欧洲企业的总投资额为 8.53 亿美元，2008 年经济危机爆发后，中资企业携巨资进入欧洲，从 2008 年至 2010 年，中资企业在欧洲的总投资额飙升至了 439 亿美元，并购潮使中资企业获得了 118 家欧洲企业的控制权。这些欧洲企业从捷克烟草公司、荷兰制药公司到英国木材厂商，不一而足。

中资企业对欧洲知名品牌企业的并购，在欧洲引起了极大的关注。例如，2010 年，浙江吉利控股集团成功收购瑞典汽车品牌沃尔沃（Volvo）。2011 年，联想集团并购德国最为知名的电脑数码品牌之一 Medion 公司，至 2012 年，联想已经拥有 Medion 公司 80% 股份，由此，联想在德国的市场份额扩大一倍，成为德国第三大厂商。

纽约顾问公司 Rhodium Group 的研究主管哈内曼（Thilo Hanemann）预计，在 21 世纪的第二个 10 年，中资企业将在海外投资逾 1 万亿美元，并且说除众所周知的对自然资源的兴趣之外，中资企业还越来越多地在成熟市场寻找机会。这就使欧盟成为焦点。欧洲从汽车到玻璃等各类产品的制造商和销售商成千上万（这个由 27 国家组成的市场是全球经济产量最大的市场），欧洲已经悄无生息地成为中资企业并购的首选目标。有数据显示，在中国 3000 家大型中资企业中，有三分之一的企业说他们已经在欧盟国家有投资。

在东欧地区，目前在莫斯科、布达佩斯等地兴建的大型现代化商城，也都包含有中国国内企业的大笔投资，而商城的招商对象也以中国国内企业为主。中国著名皮鞋生产商康奈集团在俄罗斯投资开设了一个工业园区，专门吸引从温州来的皮鞋企业。他们找了一家俄罗斯企业做合资方，在园区内设厂加工，因为，按照正规通关计算，一双半成品皮鞋出口至俄罗斯的关税仅 5%，而成品鞋关税高达 15%。如此合作方式，不仅大幅度降低了进口关税，而且更容易得到俄罗斯本地商家及顾客的认可。

大型中资企业通过投资或直接并购入住欧洲，对当地以民间草根性质起步的华人商城经济无疑是一把双刃剑。一方面对于整体提升中国人的形象，提升中国产品在欧洲地区的品质，具有积极意义，如大型商城楼群的建立，即有标志性意义。但是，另一方面，强势中资企业入住，往往与当地华侨华人的民营经济之间没有联系，在有些产品的营销方面，后者自然完全不是中资企业的竞争对手。这对欧洲中小华商们将会是另一个严峻的挑战。

欧洲华人商城经济面临的问题

我们在调查中了解到，欧洲华人商城经济在进入 21 世纪后的头几年获得迅猛发展，大约在 2007 年达到一个新高峰。然而，2008 年经济危机在重创欧洲本土经济的同时，也严重打击了华商经济。虽然从危机爆发到现在已经过去数年，但整个欧洲还远未走出危机的阴影，尤其是处于债务危机中的"笨猪四国"的葡萄牙（Portugal）、意大利（Italy）、希腊（Greece）和西班牙（Spain）① 经济形势更是严峻。

目前欧洲华人商城正在经历又一个新的转型阶段，此前一窝蜂而上的商城必须向规范经营转化。由于欧洲每个大型商城都聚集了数百乃至上千家商铺，数十万华侨华人以及其他族群移民、当地民众在此就业，商城经济对当今华人社会的和谐稳定发展影响重大。当地政府每一次针对华人商城的抄查封杀，都会在当地华人社会引起强烈震荡和连锁反应。

由于欧洲总体经济形势低迷，目前欧洲大多数华人商城仍处于困境。一方面是经济危机导致当地民众购买力下降，市场萧条；另一方面则是当地国警务、税务部门在规范经济发展旗号下采取的各类清查行动，直接危及商城的生存。虽然自华人商城经济成规模后，来自当地国主管部门的各类大小清查行动就没有停止过，自 2008 年经济危机爆发后，各类清查行动更为频繁，打击力度更大，甚至直接没收货物，封闭市场。

以下是自 2008 年经济危机爆发后，在意大利、西班牙、俄罗斯、罗马尼亚等欧洲国家华商市场遭遇的一些查抄事件。

---

① 葡萄牙、意大利、希腊、西班牙四国英文国名的第一个字母拼成一词是 PIGS，中文意译为"笨猪四国"。

[西班牙]

2010 年 10 月下旬开始，西班牙警方和税务部门展开大检查，多家华人商铺被检查方以"补税"的形式从银行账户上扣除大笔资金。

2011 年 2 月中旬以后，一股税务检查风暴在西班牙马德里与巴塞罗那两大城市掀起，大量当地税务检察人员出现在华人外贸批发商集中地区，查中国人进货发票、出货发票、库存、仓库地址、做账方式等，并索要相关经营材料与数据，其规模与检查方式是过去所没有的。2 月 22 日巴塞市中心批发街上的数十家华商集体受到税务局的大检查，被检查的对象基本都是在当地从事服装批发业的华商，估计数量有超过数十家。2 月 15 日上午，一群西班牙税务局和劳工部检查人员出现在马德里市中心的 Lavapiés 批发区，在同一时间分别展开检查，被查到的商家既有中国人，也有当地人。2 月底，西班牙主流媒体《国家报》发表一条消息，消息称政府将开始有关税务方面的大检查，报道中尤其强调，本次税务大检查的重点是亚洲批发商。5 月 19 日，巴斯克区的比斯开省财产观察署查明了当地的多家华商涉嫌偷税多达 200 万欧元的案件，其中一个主要涉案人已经遭到了刑事诉讼并有可能遭受牢狱之灾。这些被查的华商是做小商品批发生意的，这些百元店的供货商在进口申报的过程中存在隐瞒、欺诈等现象。这是继 2005 年进口高级汽车偷税案后，在当地发生的最大的一起偷税案。

2011 年 6 月，西班牙宣称在经过长达 4 年的侦察后，发起了大规模的"龙行动"，在马德里、巴伦西亚、加的斯、塞维利亚、巴塞罗那和拉科鲁尼亚等地共逮捕了 34 名中国人，没收价值 1100 多万欧元的货物。国民警卫队已经确认了大约 40 名涉案人员，但报刊认为近年来应该有成千上万人参与这些活动，他们通过西班牙港口非法进口的货物数量巨大。警方报告宣称，在 8 个月的时间里，国民警卫队共查获了 20 多个集装箱。每个集装箱可为该团伙带来大约 120 万欧元的利润，估计年利润超过 4000 万欧元。走私香烟一般都会销往英国。

2011 年 9 月下旬巴塞罗那 BADALONA 仓库区 4 家华人仓库被政府查

封，11 家华人仓库收到政府整改通知信后，时隔仅 20 余天，10 月 18 日上午 8 时，巴塞罗那政府再次派出 100 余名由当地税务、海关、治安警察组成的稽查人员，拿着法院搜查令，对仓库区 16 家华人最大仓库进行大规模突击检查。一时间，仓库区人心惶惶、风声鹤唳，华商们纷纷揣测政府动机，仓库区正常的经营活动受到严重影响。大检查从上午 10 点开始，一直延续到晚上 8 点。稽查人员将仓库前后全部封住，神态严肃的稽查人员一进仓库，立即要求业主停止营业，不许与外界进行任何联系，不能动电脑和打电话。然后，他们开始检查仓库里所有人的居留，包括购物的老外顾客。与此同时，稽查人员还将仓库内的电脑资料拷贝到自己携带的电脑中，带回详查。

2011 年 11 月，西班牙阿斯图利亚斯食品卫生部门官员，联手各地警方，在当地的多个地区展开针对中国餐馆和食品店的大检查。短短数日就有超过 20 家中国人的企业成为检查目标，大量存在可疑的食品被收缴并将被送入实验室进行检验。

2011 年 10 月，巴塞罗那警方掀起扫黄行动，重点针对华人区，共有 22 人遭到警方逮捕，超过 12 家华人商店、发廊和美容中心遭到搜查。

2012 年 2 月 29 日及 3 月 1 日两天，马德里华人仓库批发街 Tirso de Molina 再次遭到警方的重度检查：来自政府部门及马德里警察在两天时间内，对该片区的华人仓库进行了仿名牌货物检查，当场收缴了大量仿名牌手表、衣帽等货物。在其两天的执法过程中，政府部门及警察针对货物进行了地毯式的检查，并且在该地区的交通路口专门设卡，对过往进行货物托运的华商进行货物材料和身份检查。

2012 年 10 月 16 日自清晨 5 时起，500 多名警察和 50 名海关人员以马德里的富恩布拉达区为主，并同时在多个城市展开了一场历史上最大规模的以"帝王行动"为代号的打黑行动，主要打击对象是富恩布拉达国贸城集团老板高平为首的华人犯罪团伙。在该次行动中，共有 83 人被捕，其中 53 人为华人，17 人为西班牙人，8 人为其他国籍。根据西班牙报刊公布的资料，此次行动中共搜查到并没收了 1150 万欧元现金，200 多辆汽车和价值 60 万欧元的珠宝。事件发生后，西班牙举国上下议论纷纷，媒体报道评论连篇累牍，西班牙华人形象一落千丈，跌落到历史最低谷。此事件使整个西班牙乃至欧洲的华人社会深为震惊，其影响仍在延续中。

[意大利]

从 2010 年 6 月开始，意大利税务警察采取所谓"大中华行动"，在意大利托斯卡那、艾米利亚·罗马涅、威尼托、伦巴第、拉齐奥、巴勒莫、皮埃蒙特、坎帕尼亚、西西里等 9 个大区全面展开打击华人洗钱行动，共查封 73 家华人企业、扣押 181 处房产和 166 辆豪华汽车，查封 300 个账户及相关股份，所逮捕要犯中有 17 名是华人。

时隔一年，2011 年 6 月 21 日，意大利警方再度出动近 500 辆警车、数千名警员扫荡华人企业，托斯卡纳大区、利古里亚大区、弗留利大区和罗马、佛罗伦萨、普拉托、撒丁岛等地数百家华人企业均遭到受警方野蛮式检查，大批企业、工厂被警方查封、车辆、住宅被查没，公司账号被冻结。据警方公布的数字，意大利警方共检查了 70 多家华人企业，冻结资产超过了 2500 多万欧元，其中有 76 所住宅、183 辆汽车被查扣，396 个华人企业银行账户被冻结。仅佛罗伦萨就有 44 华人企业被查封。警方还在公布的消息中称，2007—2009 年间，意大利华人累计向中国汇款超过 238 亿欧元，其中存在着偷税漏税、洗钱等不法行为，被警方列入调查的共有 13 家汇款机构，73 家华人企业，涉案人员达 366 人。

2012 年 3 月，意大利媒体报道：调查显示，拥有 1.2 万华人的普拉托华人区每年逃税金额大约有 8 亿欧元。市政府要求蒙蒂政府介入彻查所有华人企业。意大利蒙蒂政府为缩紧金融管制、限制资金外流，颁布现金交易的新法令。该法令规定：现金交易上限为 1000 欧元，凡违反规定收取 1000 欧元以上现金的商户，处以最低 3000 欧元的罚款；境外通过汇款公司汇款同样不得超过 1000 欧元，汇款人须出示有效合法身份和收入证明。

[罗马尼亚]

2009 年 11 月 24 日和 25 日，罗马尼亚尼罗服装百货批发市场的 300 多家中国商铺突然遭到当地警方封铺。

自 2011 年 6 月 8 日以来，罗马尼亚布加勒斯特海关总署与经济卫队郊区警局对全市几个大仓库进行持续的查封行动，据知华商仓库被封达 900 多家，这是近几年来罗马尼亚警方查封仓库范围最广、持续时间最长、涉及人数最多的一次大行动，很多华商仓库因为货物手续不齐或货单不齐全等原因而受到了罚款处理，最多罚金达数万欧元，还有因为提供不了货物的进货单等手续而遭警方没收大批货物，损失严重。中国驻罗使馆闻讯后非常重视，在使馆人员的多方奔走及努力下，不久大部分华商仓库基本得到解封，相关问题陆续获得解决。

[俄罗斯]

2008 年 9 月 11 日，俄罗斯最高检察院查封阿斯泰市场华商 6000 个集装箱、价值约 20 亿美元的货物；2009 年 6 月 29 日，俄罗斯政府下令关闭切尔基诺夫斯基大市场，华商货物全部被查封；2009 年 8 月 5 日，莫斯科南区塞瓦斯托波尔市场被封，华商约 3000 万美元货物被查封。

2011 年 7 月，俄罗斯克拉斯诺亚尔斯克边疆区当局执法人员以蔬菜安全卫生不合格以及破坏种植土地等理由，查封了华人经营的蔬菜基地，铲掉了基地里的所有蔬菜。8 月，同样的事又发生在车里雅宾斯克州，俄方执法机构以中国人在当地非法搭建温室大棚，蔬菜质量不符合健康标准等为由，出动推土机电铲拆除非法大棚，州联邦移民局工作人员还将中国农民带走，验查身份。

[匈牙利]

2009 年一年内，匈牙利警察、海关、劳务、财政和税务等部门就对被称为"中国人市场"的"四虎市场"及邻近地区进行 400 多次检查，罚款数额约 2500 万福林（约合 14 万美元），多家商铺被限制营业。

……

在此期间，欧洲多个华人商城还发生了大火灾，造成在此经营华商经济上的严重损失。例如：

2010 年 5 月 26 日凌晨 4 点半左右，罗马尼亚首都布加勒斯特市红龙市场发生火灾。红龙市场由罗马尼亚尼罗集团开发建设，占地 8 万平方米，拥有 6000 个商铺，是罗马尼亚乃至整个东南欧地区规模最大的中国商品集散地，在罗约 7000 名华商绝大多数在那里经营。红龙市场共有 6000 家商铺，共分为 8 个区，发生火灾的主要是五、六号区，受灾商铺近 2000 家，华商经营的商铺约占其中的 60%。这场大火给华商造成的损失估计达 1000 多万欧元。

2011 年 5 月 10 日，位于波兰首都华沙市城郊 30 公里的华人商户聚集地附近的一处仓库和办公楼于中午发生特大火灾。这个仓库是波兰华沙中国商城最大、最好的仓库群，库存货物主要是纺织品，约 150 个仓库的用户大部分是浙江商人，过火面积约 2 万平方米，华商直接经济损失上亿人民币。

2011 年 6 月 12 日上午，巴黎最大华人商城奥拜维利耶 ABMT 公司 1500 平方米的仓库突发大火，滚滚烟尘呼啸直上，让远在数十公里外的居民都可以看到。大约 120 名消防队员参与紧张的灭火工作，历时 5 个小时，才将火势控制住，但整栋建筑连同仓库内的大量存货全部化为灰烬。

2011 年 12 月 25 日下午 2 时 30 分左右，俄罗斯中部城市叶卡捷琳堡市中心的"中国大市场"（又称"塔甘斯基利亚特"市场）发生了一场大火灾。该市场有 6000 家商铺，20 多个仓库，绝大部分经营者是中国商人。两仓库楼完全被烧毁，过火面积 3000 平方米，所烧商品主要是服装。据估计此次大火造成的损失超过 1 亿美元。

2012 年 2 月 16 日下午，巴黎近郊拉库尔奈弗（La Courneuve）的法华建筑业联合会会所连同 1 万多平方米的建筑产品展示场突发大火，当地华商为过年储备的大量货物在这场意外大火中全部化为灰烬。损失估计超过 1 亿欧元。

从当地执法部门的严格查抄封存，到种种意外事故发生，近年来欧洲华人商城经济屡遭重创。我们可从如下方面剖析其原因。

其一，欧洲各国经济衰退，失业率一直居高不下，导致一些国家的民族保护主义及排外势力抬头，某些政治家将当地人民的不满情绪引向外来移民，为自己争取支持，是近期各类查抄事件接连发生的重要潜在因素之一。虽然俄罗斯、意大利、西班牙等国政府当局对华商的检查从未停止过，但是，近年来查抄次数之密集，查抄手段之严厉，则超过既往。在一定程度上可以说，欧洲华商承载着欧洲经济衰退过程中暴露出的许多社会矛盾，在缓解当地国国内矛盾的同时也成为社会矛盾的焦点之一。

其二，移民经济是在移入国经济大环境中寻找可以见缝插针的机会，在似乎没有路的地方发现可行之路，善于利用机会，"无中生有"。欧洲国家多有比较成熟的市场监控体系，又以高税收支撑其高福利。华人移民经济近年来在欧洲的迅猛发展，首先是得益于价廉物美的"中国制造"，其次是移民超时超量工作的"自我剥削"，再就是利用当地税务监管的漏洞，可以说是经营于合法与非法之间。当华商经济处于"小打小闹"时，当地监管部门既不熟悉华商的游戏规则，同时也在潜意识中对来自贫困国家的小商小贩网开一面。但是，随着中国经济高速崛起，欧洲华商经济总量迅速攀升，加之某些华商不注意尊重当地的民风民俗，有意无意地炫耀自己的财富，引起本地居民的不满，亦引起地方税务部门的注意，恶化了华商的生存环境，成为各类查抄事件背后的推手。一些华商或因侥幸心理，或因货物在灰色领域运作而没有办理完备的保险手续，结果在遭遇如火灾之类的意外重大事故时，无法得到保险公司的赔偿。

其三，由于华商致富心急切，大多往往是零起点拼搏，在比较艰苦的环境中谋生存，求发展，因此，只要能赚钱，先不顾生活、工作环境的安全与舒适，缺乏必要的安全防范意识，存在各种隐患。例如，华人商城大多经营服装纺织品等易燃物品，却没有相应的消防设施，往往连消防通道都不留。俄罗斯叶卡捷琳堡中国大市场发生火灾时，就因为消防通道被货物箱包堵塞，消防车无法进入，延误了灭火时机。

总之，虽然上述欧洲各国对华商的一系列查抄都有冠冕堂皇的理由，或者也掌握了一些违规违法的证据，但查抄、封闭事件如此集中、严厉，则值得我们认真分析。

欧洲华人商城经济近期前景预测

根据我们的调研，在可以预见的未来，欧洲华人商城经济的发展趋势可能呈现如下三个主要特点。

第一，欧洲华人商业经济构成将进一步向两极分化。

在当前欧洲总体经济形势持续不景气的大环境下，华人商业必然经历洗牌与重组。近三四年来，华人商城经济总体贸易额持续低迷。调查中有的华人商家说，按照目前的贸易量，仓库里已经存进的货物再有 5 年都卖不完。而如同服装、鞋帽、箱包等都是时令性很强的商品，一旦过时，就会被淘汰出市场。那些自身有限实力已经耗尽的小商家，不得不被迫退出市场。调查中也了解到，一些曾经拥有一定规模的商家，由于在 2008 年前后未能审时度势、盲目扩张太快，目前也陷于入不敷出之境地，一些则将债务转嫁到国内厂家。

反之，也有一些华商逆势发展。如前所述，华人商城是众多中小华商云集之地，小商家的退出，客观上为大商家让出了新的空间。欧洲华商无论是群体或个体，均远远不能与同东南亚华人企业集团同日而语。因此，目前我们所看到的趋势是，一些具有一定实力的华人商家正筹划以联手合股的方式，逆势而上。前面提及的由 8 位法国华商组成的法国恒通集团，即为例证。另一趋势是抱团取暖。例如，在西班牙，小华商在边远城市难以为继，即转入马德里、巴塞罗那、瓦伦西亚等大城市华人商业集中区，靠规模经营提升人气。如西班牙 NIELSEN 咨询公司 2012 年初的一项调查显示，华人经营着马德里 60% 以上的中小商业，在巴塞罗那，这个比例接近 50%，在瓦伦西亚达 30%。① 如此趋势使得华商在当地的社会可见度进一步提升，虽有利于抱团取暖，但所吸引的关注度更高，华商更需要加强自律。

第二，欧洲华商经济将更积极寻求中国政府的支持，并联手中国本土企业在欧洲拓展。2008 年金融危机爆发以来中国大陆经济逆势增长，为全球所关注。欧洲华人商城经济本来就是作为"中国制造"的海外延伸而获得迅猛发展。欧洲市场遭遇重创后，欧洲华人有的直接转道国内市场，有的则试图与中国本土企业联手开拓欧洲市场，前面提及的"莫斯科—义乌国际商贸中心"即为一例。与此同时，义乌小商品市场中为包括欧洲华商在内的侨资企业开辟专门场区，也是吸引欧洲华商通过义乌联通中欧经贸的一大举措。

第三，欧洲华商经济将更主动、更深入地与当地国官、商结合。东南亚华商与当地的官、商联手已为众所周知。我们在调查中注意到，欧洲华商也已自觉或不自觉地走上了这一发展道路。欧洲国家基本是多党制，左中右几派，四五年一次大选，你方唱罢我登场。各派政党移民政策多少有些不同，松松紧紧，反反复复。左派之"松"多是要标榜"自由平等博爱"；右派又往往闪出"一切以本国人优先"的影子。而在朝在野，左右立场，往往更加纠结不清。松的时代，似可以悲天悯人之博大胸怀收留天下所有"苦人儿"；紧的时候，又好像必须把"孩子"与洗澡水一起泼出。一些有几十年切身体验的华商，深谙政治游戏规则，采取了一些相应措施。有的华商企业以"考察"名义邀请在任政府官员到中国访问，并安排其会见中国高层领导，既提高自身的地位，也与所在国政府官员拉近关系。有的企业则聘请离任或退休的前政府官员担任企业顾问，或干脆给予"总经理"头衔，为本企业建立当地国的社会经济人脉。

---

① 值得注意的是，在欧洲一些小城市中，保守势力更有社会基础，排外诉求也更容易获得当地人支持。例如，2010 年 9 月，有西班牙华商申请在奥利瓦雷斯市开设一家占地约900 平方米的商场，引起周边商户恐慌，担心华人经营的商店会抢走他们的生意。当地中小商家通过商会向市政府施压，最终迫使该市政府于 2011 年 2 月颁布商业性限制法令（简称 PGOU 法令）。根据该法令，禁止华人在该埠范围内开设新商店，尤其是不得开设经营百货的新店。

以上趋势仅仅是基于前期调研的预测。我们的总体看法，华商只有更积极地参与当地的经济发展，为当地经济复苏与发展做贡献，方有望改善所处大环境。一些欧洲华商也已经从实践中认识到其重要意义，并采取了一些有益于树立欧洲华商正面形象的举措。

例如，2012 年冬，罗马尼亚遭受特大暴风雪。从 2 月初开始的寒流和暴风雪使罗马尼亚上百人死亡。面对灾情，罗马尼亚华人成立了临时慈善小组，在华人市场进行赈灾募捐，并借用 15 辆军车，于 2 月 22 日将价值数万欧元的捐助物资送往暴风雪袭击最严重的地区。

又如，自 2008 年以来，匈牙利华人妇女联合总会多次在布达佩斯 10 区儿童福利中心举行"华侨华人向匈牙利儿童献爱心"活动，华人商家们捐赠了儿童所需书包等学习用具，还有儿童衣物、鞋帽等生活用品，作为送给匈牙利孤儿及贫困家庭的孩子们的圣诞礼物。

再如，意大利普拉托原只是一个处于衰落中的纺织城，数以十万计华人涌入，带动了当地经济发展，但也使得当地公共服务设施严重不足，为此，华人商家捐款为当地医院购置了救护车等医疗设备。

这些面向当地社会的捐助行动无疑是良好的开端，如果能够成为更多华商组织长期的活动，对于改善华人商城经济的总体大环境，树立华商的正面形象，具有重要意义。

若干意见建议

欧洲发生的经济危机如一场摧枯拉朽的风暴，揭开了原本隐藏在看似平静之表层下的种种矛盾。近几年发生于欧洲诸多国家针对华商经济的大量突发事件，深刻地表现出这些国家政府、有关部门、地方社会对华商经济的态度，即：一方面认可华商经济活动对当地市场的拉动、刺激和促进作用，也在一定程度上接纳华侨华人在当地生存、发展的现实；另一方面，对于华商群体和比较集中的商业活动给当地经济、社会、法规、民俗等造成的问题也深感烦恼，当局（或当地民间势力）对此十分警惕，利用种种诱因对华商经济予以限制、排挤、破坏乃至打击。

若从自身原因观之，我们认为，欧洲新华商的主体基本上是刚刚在市场经营中浅尝试水的基层市民或农民，本身并非成熟的企业家，大多没有受过系统、完整的专业教育，更缺乏国际交往的基本素质和经验，他们突然涌进万里之遥的异国他乡，并非通过移民而改变自己的生存环境，其主要目的还是尽快获取可观的经济效益。他们带到欧洲市场去的（尤其是初期），无非是中国制造的低端货品，地摊棚户的销售方式，"自我剥削"的辛苦劳作，家庭作坊的管理模式，顾此失彼的短期行为，简单粗放的经营理念，小富即显的庸俗文化，导致这个群体以及他们带来的经济活动，愈渐脱离根深蒂固的当地社会和民风民俗。愈是在民族历史悠久、文明程度深厚、经济水平较发达的国家，此种反差便愈是明显，所发生的各种相关事件也就愈多，程度也愈烈。

总结上述案例分析，并结合我们的研究和思考，兹提出如下若干意见、建议，仅供有关部门和领导参考，同时也作为我们承担这个课题的一点成果，聊以呈报政法司之信任与重托。

一、建议侨务、领事部门的从业人员更多地从历史、文化、社会、政治、法律、民族、习俗等宏观角度看待当前中国对海外新移民的态势，如有可能，希望在侨务、外事干部和海外各类教育、培训等活动中，增加这类教学和考察的内容，以助国内和海外有关人士更加全面地了解具体国情和案例，更加善于运用比较的方法和深层的分析去看待、研究和处理复杂的国际移民、异域社会、华商经济等问题。

相应地，每当我国政府部门、国有大企业官员与外国（主要是华侨华人居住国）政要和主流人士接触时，也应有意识地从这些历史和现实的大格局上和他们进行充分交流，以求对我国国情、对我国的海外移民（侨民）有更多的深层理解，达致积极互动之效果。

二、对于在欧洲各国从事不同社会、经济活动的华商，尤其是华商社团的首领，要通过有组织、有计划的形式（如回国参观、考察、开会，举办长、短期学习、培训等），通过案例教学等生动、有效的方式，引导他们在提高管理水平、注意微观的生存、经营理念之同时，投入一定的时间和精力，注意学习并谙熟中外国情，在微观经济活动中学会把握宏观，顾全大局，正确理解"融入与发展"的辩证关系；要帮助他们，并通过他们带动更多的华侨华人以各种形式认真了解、熟悉所在国家的历史、文化、法规、民俗、语言等；要让他们自觉地下决心着眼长远，使华商经济活动不致破坏当地的商业生态平衡，使自己的小生意尽量融合在当地民众的日常生活之中；要学会与当地人民交友，凡事多多请教他们，取得他们的理解和支持；要充分尊重当地的民俗习性，万万不可追求近利而破坏所在地区的固有文化和社会秩序，从而影响自身长远的生存发展。

三、当务之急，是要通过多种有效的渠道，教育和引导在国外经商的华侨华人，充分学习和尊重、遵守当地各项法律法规，绝对不能把在中国养成的一些不良习气（诸如投机取巧、掺杂使假、以次充好、偷税漏税、行贿受贿、拉帮结派、不讲卫生、乱堆乱放、滥用农药、污染环境等）带到外国异域去。在华侨华人内部，要大力彰显依法、守法、遵法、护法的正气，在这方面，应该也完全可能做得比当地民众更好。

只有如此，才能消除当地政府和主流商界对华商的警惕，避免授人以柄，以致遭受类似西班牙、意大利、俄罗斯、匈牙利、罗马尼亚等国许多大型华商市场被查抄、取缔，甚至发生惨烈的火灾等"突发"事件。华商只有依法、守法、遵法、护法，做到严格自律，才能在各地站得稳，立得深，华侨华人才能尽快融入当地社会，华商经济才能稳健发展，做大做强。

我们在调研中感到，目前欧洲华商的一些情况，曾经在东南亚华人社会发生过。侨务部门如果能够通过恰当方式，让欧洲华商从东南亚华人经历过的惨痛教训中汲取经验，拓宽眼界，未雨绸缪，对于欧洲华商的长远发展是大有裨益的。

四、将各地涌现的华商为所在国家和地方社会和谐作出贡献的案例，汇编成为宣传品或教材，通过各国华侨华人社团、媒体，做到广为人知，使新一代的华商个体了解并不断提升与当地人民共享成果、共荣发展的意识。

无论是华侨华人社团，华商个体、家庭，都要把为居住国创造就业机会、创造更多税收和社会福利、回馈当地社会作为自己的一项重要社会责任；在积累了以上善举之时，要学会并注意在当地的政府和民间充分宣传，实时、适当地推出典型事例和人物，以期得到当地政府和主流社会的了解、理解、认同和赞许，不断改善与当地政府、社会和民众的友好关系，增进中国和驻在国的友好情谊。

五、对于那些以制造业为特色的华商企业，根据当地的法规和传统做法，适当引导和帮助他们采用"中外合作"等形式，将成本较低的产业链转移到当地去，既可以合理规避税收、减少成本，也能为当地创造就业机会，进而纳入当地经济主体。在俄罗斯康奈集团的做法就是一个比较成功的案例，值得借鉴。

六、我国各级涉侨部门要利用各种接待、出访等机会，通过各国华侨华人社团、侨领和华文传媒、华文学校，积极鼓励、教育和推动在外居住、就业、创业、经营的华侨华人（包括临时留居的华商），学习、继承和发扬优秀的中华文明，如：勤劳节用，质朴俭约，仁爱中和，合群团结，以德处世，顺应自然，轻松随和，淡己尊他，谦敬礼让，除淫戒赌，尊师重教，孝敬耆老，以商会友，以友辅仁等，处理好家居事务和邻里关系，认真学习所在国的优秀文化，充分尊重所在地方的民俗习惯，在各项社会和经济活动中，大力提倡讲文明、讲礼仪、讲法纪、讲诚信、讲卫生、讲规范、讲节俭、讲友谊、讲奉献、讲团结的"十讲"活动。有意识地打造并突显既有中华文明传统，又有所在国文化特色的华商文化。

七、中国大型国有企业到国外去开拓市场，也要充分注意处理好与当地华商经济的关系，因为中资企业在资金、设备、人力、技术、市场等方面往往十分强势，如果他们的经营范围与当地华商重合，极易造成对后者的致命性打击，从而形成某种程度的"内斗"，甚至两败俱伤。这里顺便提及的是，我国在世界各地迅速建立的近三百所孔子学院和五百所孔子课堂，固然有其推进中华文化、增强中外教育合作的积极作用，但同时由于孔子学院（课堂）拥有国家财政鼎力支持的强势，对所在地华侨华人经过几十年、上百年艰苦努力才建立起来的华文教育体系造成强烈冲击，形成"国强民弱""国进民退"的尴尬局面。此类情况，值得我国有关部门深入调研和思考，有针对性地提出相关办法。

八、从长远发展看，欧洲华人经济发展似可搭建"三个平台"：一是通过资源整合，创造价值，搭建企业优势互补的操作平台；二是源于制度与职业道德的公正、客观的第三方，主要是由新闻媒体构成的理性平台（不仅是华文媒体，还必须与当地国主流媒体建立良性互动）；三是由大学、研究机构、咨询公司为企业发展提供方向与手段的思维平台。中国的侨务部门可以在这三个平台的构建上，发挥引领与指导功能。

（本文为2011—2012年国务院侨办重点研究课题结题报告中的一部分，
主持人：丘进，李明欢。该课题获国务院侨办优秀奖）

试探新形势下侨务工作的理论与实践

在《华侨华人蓝皮书》（2013年）组稿后期，适逢国务院侨务办公室华侨大学举办"第三届中国侨务论坛"，海内外百名专家学者聚首厦门，围绕"加强侨务理论研究，助力实现'中国梦'"这一主题，从各个不同角度，展开热烈研讨。除了国务院侨办主任裘援平博士所做长篇主旨报告和其他领导的讲话外，各界学者提交的论文多达七八十篇，而且作者均有机会在小组讨论会上一一报告（尽管时间非常有限，但这在以往官方主办的类似研讨会上并不多见）。论题大致可以归为五大类：国内外侨情与侨务政策，华侨华人与中国公共外交，华侨华人与中国经济转型，海外华文教育，海外少数民族侨胞及对台工作。无论大会还是分组，均有不少即席发言穿插其中，颇多精彩。可以说，此次论坛对皮书编者的最终结稿也起到定音鼓的作用。

一般说来，每一年的皮书都有一个或几个相对突出的主题或亮点，例如，2011年作为《华侨华人研究报告》之首发，无疑需要对侨务政策和国内外侨情做基础性铺陈，展示了一些重要信息，同时该册皮书也以较大的篇幅，从国际移民大趋势的角度深入分析、探讨了海外侨情的发展历程。2012年的皮书首次以人口学方法系统揭示了美国华侨华人的状况，引起媒体的高度关注，该书的几篇文献还深入研究了海外华人华侨在中国国家软实力建设中所起的特殊作用。

一、本期《研究报告》的几个特点

本书是第三部《华侨华人研究报告》，从编辑角度观之，大体上有三个主要的特点。

其一是对拉美、日韩的最新侨情做了详细考察和阐述，尤其是采用官方的人口统计数据，这在以前是不多见的。

李安山教授所撰《拉丁美洲华侨华人的生存、适应与融合》，对拉美华侨史所做的历史考察，颇有典型意义。文章指出，拉美华侨华人历史及其分期主要受四种因素影响：中国国内局势、华侨华人所在家乡情况（当地政策的鼓励程度、移民历史传统和分布因素）、目标国的局势（国家的移民政策以及偶然性因素）、世界经济特别是国际劳动分工。在此基础上，该文将华人拉美分为三个阶段，伴有 5 次移民潮，即 1847—1874 年、1890—1930 年、1949—1950 年、1960 年至 70 年代、70 年代末以来。

第一次移民潮即"苦力贸易"阶段，其间有数十万中国人抵达拉美。以契约华工为主的华人移民主要在拉美从事种植和务农。他们生存状况十分艰难。契约期满后，他们或续签合同，或流落城镇，或当自由工，或沿门推销商品，正是在他们当中产生了最早的拉美华商。

第二阶段经历了三次华人移民潮，而 1882 年美国宣布排华法案对拉美产生重大影响。排华无疑给当地华人经济带来困难，但也促使华人提高自身竞争力。

二战时期，欧洲宗主国因忙于战争，使拉美各国有机会发展民族工业，华侨华人也趁机发展。值得关注的是，拉美华侨华人积极参与救亡运动，各地组织建立华侨抗日救国筹饷会，广大侨胞踊跃筹款，支援国内的抗战。此间，多数拉美华侨仍将中国看作自己的祖国，希望有朝一日荣归故里，告老还乡。

新中国的成立对拉美华人产生了不同影响。一些华侨向往新生活，从海外回到中国；另一些人因害怕共产党而移民拉美。1949 年以后，海峡两岸政权分治，加剧了海外华人的分裂，绝大多数华侨有意无意地逐渐远离故土，开始嵌入居住国的主流社会。此外，1949 年以后中国大陆的政治运动频繁，侨务政策缺乏稳定性，许多华侨原先希望赚一笔钱后归国的梦想一时难以实现。由于众所周知的原因，他们与家乡的联系逐渐减少，落地生根成为常态。而新生代的华裔则已经融入当地社会，很难将自己看作"中国人"或"华人"。

第三阶段的主要背景是中国的改革开放、台湾地区对外观光解禁以及拉美国家经济发展缓慢，这三个因素为华侨华人移民拉美提供了新机会，进而导致了从 70 年代末以后的第五次移民潮。

目前，拉美华侨华人从事的职业大致可分为四个方面。首先是商业，包括进口、出口、批发、零售等。第二是服务业，如餐馆、洗衣等。第三是知识技术行业，包括政府行政部门以及医生、律师、会计、保险、教师、工程师等职业和科研技术等相关职业。第四是制造业、建筑业与资源行业，这也是中国基础工程承包企业向国外迅速扩展的行业。这一行业也带动了华侨华人从事房地产行业。

该文重点分析了近些年来拉美国家的新移民情况，主要是涌现了大量的华文学校、华文报刊和新移民的社团组织，凸显了多元文化的色彩。

我们知道，华人在一个国家的影响力是通过两点来体现的：华人融合程度与华人的参政程度。李安山教授认为，拉美国家华侨华人的影响力与社会融入度有很大关系，华人要在海外真正立足于当地社会，除了发展经济外，还应努力实现社会融合和政治参与。这也是本文的一个重要思想。

本期《研究报告》刊载了对日本、韩国的侨情报告。两篇分量都很重。作者采用大量精确的数据，使得相关研究更为严谨，所得出的各种结论也颇具参考意义。

《二十一世纪的日本华侨华人》采用了日本法务省、厚生劳动省、文部省、财团法人入管协会等日本官方最新统计资料，对在日各种身份的华人（含华侨、华人、华裔、居住者等）进行了类别和状况分析（共达 27 小类）。文章揭示，到 2012 年 12 月，在日侨居者和华人总数已达 75.8 万人，其中华人有 47.2 万人；而在日中国籍人口（含侨居者和流动人口）总数也高达 73.63 万人。作者认为，尽管近现代两国战争对中日关系留下阴影，但是受众多因素影响，日本一直是中国留学生的主要留学目的地国家。过去 30 多年中，赴日中国留学生人数总体上逐年增长，并且在世界各国的中国留学生人数中保持第二，仅次于赴美国留学生人数。此外，中国已成为在日外国专业人才的最大来源地，也是日本外来单纯劳动力的最大来源国。

同样地，《二十一世纪的韩国华侨华人》一文，也采用了韩国法务部、韩国统计年鉴、韩国统计信息服务网等官方信息源，对韩国华侨华人的历史、发展、规模、现状做了细致分析。20 世纪 90 年代以后，中国向韩国人口迁移的规模迅速增加，至 2013 年 3 月，在韩华侨华人人口总数已达 51.45 万人，其中华人有 20 万人；而在韩中国（包括台湾／香港地区）籍人口总数高达 76.5 万人。韩国已经成为接受中国移民最多的五大发达国家（美国、加拿大、日本、澳大利亚，韩国）之一。中国籍劳务人员也一直是韩国外劳的最大来源。随着赴韩高层次中国留学生人数的增加与韩国政府的欢迎政策，估计今后在韩中国籍专业人员规模将会逐步扩大。文章通过田野调查的方法，发现对在韩中国移民来说，韩国永住身份可能比韩国国籍更受欢迎。此外，据韩国法务部的统计估算，2013 年 3 月末，在韩不法滞留的中国籍人数高达近 7 万人，在来韩外国人中居首位。大规模的不法滞留者，对在韩华人整体形象带来一定的负面影响。

日韩两国是我国的近邻，也是国际事务中的重要国家，中国人在日韩的人数、状况、发展趋势，都在很大程度上影响国家之间的多种关系。这两篇文章所透露出的量化信息，相信对我国外事、侨务、教育、公安等诸多部门都有重要的参考价值。

此外，《二十一世纪的东南亚华人社会：人口趋势、政治地位与经济实力》一文对上述海外侨情做了重要补充。据 2011 年的统计与估算，仅新、马、泰、菲、印尼五国华侨华人就接近 3000 万，占全球华侨华人总数的 6 成。伴随着新世纪东南亚各国民主化进程的推进与华人融入的加深，这些华人比较密集的国家政府对华人的政策不断放宽，尤其是值得刮目相看的是印尼，政府放松了华文教育，将春节列入法定节日，2004 年华裔黄少凡当选为山口洋市长，为印尼历史上首位华人市长；2012 年，钟万学当选雅加达专区副省长，更具有里程碑式的意义。2012 年 9 月 10 日，菲律宾华人公会（菲华公会）在马尼拉正式宣告成立，这是菲律宾第一家以参政为宗旨的华人团体。马来西亚政府中拥有行政决策权的高管人数不断增加。菲律宾、泰国若干位总统、总理都彰示自己的华裔血统和在中国的祖籍情况。这些都表明，东南亚各国华人的政治生态在发生重大改观。但我们也应该看到，在不少东南亚国家里，对华人的歧视不同程度地存在，各种风险、隐患尤深。

当然，我们高兴地看到，各国华人经济经过 1997 年亚洲金融危机洗礼后，再现勃勃生机，华商资本总量日益扩大，并在房地产、金融、商业、农业及部分领域的制造业占据牢固地位，显示出强大实力。有的研究显示，当前东南亚华人资本规模已达 1.35 万亿美元，而上述五国大约占东南亚华人资本总额 95% 以上。另据不完全统计，华人上市公司占东南亚地区证券交易市场上市企业数量的 7 成，华人资本占了日本、韩国、中国大陆以外的亚洲 10 个股票交易市场股票价值总额的 66%。

但我们对此也要有清醒的认识。部分学者对东南亚华人经济实力的估算和汇总性研究，当然有其一定的学术价值，但实际意义并不大，如果就此过分渲染东南亚华商的总体经济实力，简单地认为华商控制了所在国的经济命脉，是大错特错的。因为，所谓华商经济，大多是中、小、微企业的总量，企业之间的关系十分松散，并非归属于某几个强大的实体；此外，即使在东南亚这五个华人经济发达的国家，华人资本的总和也仅占本国总资本的三分之一。如果过度强调类似这样数字，不但不会产生任何正面作用，反而会授人以柄，造成其他族裔和政治、社会势力不必要的疑虑或恐慌。

本期《研究报告》的第二个特点，是对东南亚几个国家华文教育的历史、现状做了系统回顾、分析和预测。

华文教育历来是海外各国侨社十分重视的一项事业，侨社兴，华文教育则兴。反过来，华文教育办得好，对侨社的发展具有至关重要的作用。马来西亚、菲律宾和新加坡的华文教育各具典型意义。

　　应该说，在中国（含港澳台地区）以外的地区，以中文为第一教学语言的教育，在马来西亚保存得最为完整，水平也最高，堪称海外华文教育的奇迹。这一成就，来之不易，是马来西亚华人社会和奉献华文教育事业的先辈们经过半个多世纪艰苦卓绝的奋斗才取得的。近百年来，马来西亚一直倾向于单元主义教育政策下，华文教育的生存和发展形势一直十分严峻。为捍卫华校的存在与发展，华人社会坚持不懈，一方面持续提升华族对华校存在和发展的认识，另一方面采取坚强措施，抗衡一切不利于华教的官方政策。根据《马来西亚华文教育发展现况与展望》一文的统计数字，2010 年马来西亚华裔人口约 639 万，占全国人口的 24.6%。在马来西亚华文教育体系内，有 1357 所华校，学生总数逾 66.6 万人，即：1294 所华文小学有 59.1 万名学生，60 所华文独立中学有 7 万名学生，以及 3 所民办华教高等教育学府有 5000 名学生。这些学校，为马来西亚国家和社会各界、各民族培养了大量熟悉多种语言、具有良好中华传统文化基础的优秀人才，得到马来西亚政府、社会、其他各个族裔的高度评价和赞誉。但这些学校却一直游离于政府主流教育体系之外，它们的办学基本得不到政府财政的帮助，而完全依赖于华人社会的捐款和学费。领导马来西亚华文教育的是华校董事总会（董总）和教师总会（教总），被誉为马国的民间"教育部"。我们注意到，2012 年，董总在马来西亚五个地区分别主办了群众请愿大会，要求政府公平合理对待各民族源流学校，提出反对不利于各族母语教育的若干政策，促请政府建立全国多元文化的国家教育体系。这不仅对马来西亚的多种族文化教育建设具有重大影响，也对世界各地华文教育发展产生重要意义。本期刊载《马来西亚华文教育的现况与展望》一文的作者叶新田博士是马来西亚华校董总主席，他在文中对马来西亚华文教育面对的问题提出应对策略，颇有价值。

　　1899 年 4 月，中国驻菲第一任总领事陈纲在领事馆内创办"大清中西学堂"，教授四书五经和尺牍，不收学费，堪称中国政府在海外设立公办海外华文学校之鼻祖。《菲律宾华侨华人的留根工程——菲律宾华文教育》为菲律宾华文教育的资深领导人黄端铭先生，也是著名教育专家，他从亲身经历的许多重大发展过程，提出"华文教育是留根工程"这一理念。本文全面而系统地阐述了菲律宾华文教育复杂的演变过程和现状，并且以翔实的数据资料介绍了菲律宾华教中心进行的一系列改革，探讨了一条适合菲律宾国情的华文教育发展道路。

《新加坡华文教育政策分析》从另外一个案例对海外华文教育进行了深刻的思考。华人占人口绝大多数的新加坡虽然一直奉行多元语言政策，但实际上多年来英语占据主导性地位。当然，一个新独立的国家，如何在错综复杂、危机四伏国际形势中得以稳定、发展，选择何种语言作为官方语言，从而确立这个国家和民族的价值取向有着重大关系。应该说，英语是这个东南亚新兴岛国在经济上、政治上得以脱颖而出的重要媒介。新加坡虽然人少地狭，但它的快速崛起，在经济上取得令世界瞩目的成就，在国际事务中（尤其在东南亚地区）所起的独特作用，在城市管理上的巨大成功，以及在教育、科技进步方面的卓著表现，都证明当时这个国家领导者具有精英的思想意识。从历史眼光观之，新加坡双语政策的实施及1978年、1991年新教育制度的实施和改革，英语明显挤占了华文教育的生存空间，日益西化的文化观念使华文教育发展前途显得十分黯淡，与邻国（马来西亚）相比，新加坡的华文教育乏善可陈，甚至日益衰竭。这个文化和民族传统上的损失，已经引起当局的关注。例如，新加坡青年一代价值观念日益西化，造成了离婚率上升、犯罪现象严重、家庭观念淡薄、生育意愿降低、社会责任感弱化、个人主义及功利主义盛行等突出的社会问题，被视为与儒家伦理的缺失和亚洲价值观的淡化密切相关。语言是文化的载体，语言教育和价值观的塑造相辅相成，要想改变社会风气，唤起青年人的家庭观念、社会道德及社会责任意识，重塑新、老领导人一直强调的亚洲价值观和儒家精神，加强华文教育，浸濡中华传统文化是唯一有效的途径。我们高兴地注意到，新加坡老一代和新一辈的精英领导人，不仅大力推动中文教育，而且他们自己也都身体力行，中文已经成为这个国家精英阶层和普通百姓的常用语言。我们有理由相信，未来新加坡的华文教育会逐渐成为显学；我们也期待，处于特殊地理位置的新加坡，将在东西方语言、文化和民族价值观的交流、融合、双赢方面，为世界创造新的奇迹。

　　自 1951 年以来，海外华文教育一直是台湾海外侨务的重点工作。台湾地区的侨务和教育等机构在海外推展和协进华文教育不仅入手早，而且渠道和方法多样，经验丰富，成效显著。在某种程度上可以说台湾的海外侨教工作有很多精彩的大手笔。近年来，台湾地区积极推动海外侨校教师进入主流学校进修深造，并运用台湾较为先进的信息科技设置云端学习平台，为海外华校提供华语学习的技术接口，力图让华文教育与国际接轨。《台湾华文教育的历史与现状》是台湾著名教育家董鹏程先生和方丽娜教授提供。作者采用文献分析法，从华文教育的主管单位与职掌、政策制定与沿革、师资培育的管道，以及教材编写与推广等方面，为我们提供了大量信息和新的思路。需要说明的是，尽管当前海峡两岸还存在政治上的很多分歧，但大陆和台湾同属一个中国，是不可分割的整体。20 余年来，两岸各方面的合作从无到有、从小到大，领域逐步拓展，层次持续提高，两岸关系和平发展保持着良好势头。我们高兴地看到，两岸的侨务部门已经在海外华文教育的许多方面达成共识，双方的合作已站在新的起点上，面临着重要机遇。我们希望，在两岸的共同努力下，海外华文教育一定能够得到更快的发展。

　　本期皮书第三个特点是展示了一项国家社科基金重大课题的部分成果：骆克任教授的《全球涉侨突发事件的危害等级研究》，希望借此引起各界对海外侨胞生存环境的关注，以加强对海外侨胞权益的保护。

　　研究涉侨突发事件的危害程度是海外侨胞生存安全预警的重要前期工作，目前相关的成果甚少。本研究基于 2000 年后 304 个涉侨突发事件新闻报道的统计分析发现：当今严重的全球涉侨突发事件（一级、二级、三级）主要集中爆发在非洲、南美洲、亚洲三大区域，以政治骚乱、武装暴力和影响恶劣的一般犯罪为主，主要事由是政治矛盾、社会犯罪、意外事故和民族排斥。其中，非洲的突发事件大多数会伴随大规模人员死亡；南美洲则出现较大的经济损失；亚洲各类事件交杂，并伴随着有针对性的犯罪、排挤、甚至政治清除运动，这在东南亚一些国家尤为突出；北美洲和大洋洲的突发事件危害多属四、五级，常见的是涉侨公共突发事件，主要原因是个人问题，其中学生事件较为突出；欧洲正处于移民过渡阶段，尽管没有大规模人员的死亡，体现为一般社会犯罪事件，但频发游行示威，经济纠纷和个人问题是其主导原因。另外，涉侨突发事件的危害程度，与该国移民政策是否完善、政局是否稳定、侨胞和海外中国流动人口自身行为有很大的关系。针对各大洲突发事件的特点，课题建议采取相应的防治对策：

1. 加强侨胞自我安全意识的教育，通过外交手段，促进非洲贫困国家的经济文化建设。

2. 提倡侨胞与当地居民的和睦相处，杜绝炫富行为，大力提倡回馈社会的公益事业，促进当地经济的共同繁荣。

3. 加大亚洲国家之间的交流沟通，建立互信平台，努力减少政府背景的排华事件。

4. 改正各地侨商的运营理念，遵守当地法律，避免投机取巧、行贿受贿等不良行为。

5. 提升海外留学生安全防范意识，融入当地生活，减小文化冲突的负面效应。

中国是向海外移民的大国，海外华侨华人愈5000万之众，分散在世界各地，而且人数的增长迅速，分布的国家增多，情况非常复杂，各种突发事件彼伏此起，甚至严重程度也有恶化趋势。这就要求作为母体国的各级政府、各地侨乡涉侨部门和民间机构有紧迫的风险预测和警示机制，也要有相关的预案。在这一点上，该课题组在另外的报告中介绍了很多发达国家比较成熟的经验，提出了相应的建议，以便各界学习、研究和参照。

二、从欧洲华商经济的状况和问题阐发几项相关建议

近年来，在世界各地经商的新华侨剧增，而人数最多、经商规模最大、最为活跃的，首推欧洲。

上世纪的统计数据显示，全欧华侨华人总数在50年代时仅为1万余人，60年代增加到5万余人，70年代后，由于以法国为主的欧洲国家接纳了大

批以华裔为主体的印度支那难民，全欧华侨华人总数猛增到 50 万以上。之后，来自中国大陆的新移民源源涌入欧洲。根据欧洲华侨华人社团联合会 2008 年的年度报告，全欧华侨华人总数已经达 250 万（参见表 1）。目前，新老华侨几乎遍布欧洲各个角落。据李明欢教授调查，欧洲华社组建了 800 多个社团，开办了 300 多所中文学校，发行了 100 多份中文报刊。可以说，以中国大陆新移民为主体的欧洲华侨华人及其活跃的商务活动，已经引起欧洲各国各界的高度关注，成为当今海外侨情的最大亮点。

表 1　欧洲主要国家华侨华人人口统计（1935—2008）

年份	1935	1955	1965	1975	1985	1995	2008
英国	8000	3000	45000	120000	230000	250000	600000
法国	17000	2000	6000	90000	210000	200000	500000
荷兰	8000	2000	2353	30000	60000	120000	160000
德国	1800	500	1200	8000	30000	100000	150000
比利时	500	99	565	2000	11400	20000	40000
意大利	274	330	700	1000	5000	60000	300000
西班牙	273	132	336	2000	5000	21000	168000
奥地利		30		1000	6000	12000	40000
葡萄牙	1200	120	176	300	6800	4700	30000
丹麦	900	900		1000	3753	6500	18000
卢森堡		1	10	20	200	100	1500
瑞士	148	30	120	1500	6000	7500	10000
希腊		2	16	10	130	300	12000
爱尔兰						10000	60000
瑞典				1000	9000	12000	30000
挪威				500	1000	2000	7450
芬兰		共有 2347 人				1000	2000
波兰	139					1500	2000
捷克	250					10000	4000
匈牙利						20000	16000

续表

年份	1935	1955	1965	1975	1985	1995	2008
俄罗斯 （独联体）						200000	300000
罗马尼亚							10000
阿尔巴尼亚							2000
保加利亚							3000
斯洛伐克							5000
克罗地亚							800
黑山							200
塞尔维亚							10000
乌克兰							30000
马耳他							1000
斯洛文尼亚							800
马其顿							50
立陶宛							350
拉脱维亚							200
爱沙尼亚							120
总计	38484	11491	56476	258330	584283	1058600	2514470

资料来源：1935—1995 年统计数详见李明欢《欧洲华侨华人史》，2008 年数据由欧华联会秘书处
　　　　提供。

上世纪 90 年代之前，欧洲华人经济一直以中餐馆、制衣厂、杂货店，及唐人街服务行业为主，除法国陈氏公司等个别华人企业能够跻身当地主流商圈外，华人经济总量十分有限，基本是在当地经济缝隙中生存。自上世纪 90 年代中后期以降，在中国经济高速发展的裹挟下，欧洲华人经济急速转型，进出口商贸批发迅速兴起，中欧跨国商贸潮流自东欧、南欧向西北欧涌动，他们凭借源自中国的巨大经济推动力，建立起一座座仓储、批发、零售兼营的综合性大规模商场。在这些商城、商业街区中，大部分经营者均为中国新移民，大部分商品均为中国制造。进入 21 世纪后，以进出口批发商贸

为主、部分延伸到零售终端的华人商城经济，在欧洲主要国家已经成为当地华人经济的主体。

值得注意的是，经历了近二三十年如大浪淘沙般的市场洗礼，在欧洲华商中已经涌现出一批初步实现本土化的品牌，并被当地人所认可和接受。建立并培育能够得到当地民众认可的品牌，实现本土化营销，是华商提升经营水准、实现可持续发展的必经过程。同时，中国新移民在欧洲已经走过了 30 年的历程，积累了较为丰富的经验，其间，华商第二代也在异国成长起来，并以新的姿态和形象走入当地社会，华商二代成功企业家已经逐渐涌现，虽然目前尚属凤毛麟角，但其发展趋势值得关注。

作为欧洲土地上前所未有的、以外来移民商户为主经营的大型商贸模式，华人商城既是欧洲华人经济的支柱，中欧贸易的重要集散中心，也是中国商品全球营销网的组成部分，是"中国制造"突破欧盟贸易壁垒的重要通道。

但恰在此时，美国和欧洲遭遇了严重的经济和金融危机，欧洲更有欧债、欧元区严重动荡的重压，整个欧洲经济陷入萧条，失业率持高不下，企业乃至政府大量裁员，税收提高，福利缩水，收入下降，银根紧缩，各国百姓紧捂钱包，不敢消费。犹如一个肌体，脏器重患，皮亦伤损，毛岂能安附？本来根底就浅薄的华商经济，自然深受其害。多年来一直靠做小生意赚点欧元、卢布的华商们，大呼"生意不好做"。更为严重的是，突如其来的华商经济，带到欧洲各地去的不仅仅是中国制造的小商品，也有很多依附于这些华商身上的行为、习惯、模式、文化，犹如钱塘大潮，气势如虹，泥沙俱下。很多无形的东西，对当地产生的影响，并不在有形的商品之下。欧洲许多华商集中的城市，不断发生针对华人商城的"突发事件"，如在俄罗斯、西班牙、意大利、法国、匈牙利、罗马尼亚等国，许多大型华商市场被查抄、取缔，或者不断发生惨烈的火灾等"偶然"事件，致使华商经济屡遭重创，华人社会受到极大伤害。近一二十年来急速形成的欧洲华人商城经济，正在面临严峻考验。

究其原因，我们认为主要有以下数端。

第一，欧洲各国经济衰退不振，百姓生活水准明显下滑，民情容易激愤；各地潜伏的民族保护主义及排外势力趁机抬头，加上某些政治家出于争取舆论之需，将当地人民的不满情绪引向外来移民，直接或间接地导致了各类打击华商事件的发生。

第二，华人移民经济进入欧洲并得以崛起，首先得益于价廉物美的"中国制造"，经营手法简单快捷，而毛利丰厚；其次是来自中国几个很有经商背景的地区（主要是历来向海外移民众多的沿海市县）的商贩们，具有"互帮互助、抱团取暖"的传统和"先拿货后付款"等独特经营方式，利用欧洲各发达国家接纳外来移民的宽容度，迅速在他乡异域落地生根。

第三，欧洲多数国家是历史悠久、文化深厚、经济发达、法制严谨，国民素质较高，但在吸收和管理外来移民方面远不如北美和大洋洲国家那样成熟，正因如此，当地人文、社会、法制环境（如税务、海关、市场监管）存在些许"漏洞"，使得来自中国大陆的商人在"合法"与"非法"之间的经营变得游刃有余。

第四，许多华商是来自中国东南沿海城乡的市民、农民，两手空空，初来乍到，致富心切，往往是零起点拼搏，在比较艰苦的环境中谋生存，求发展，"自我剥削"式地超时超量工作，赚钱为上，不注意尊重当地的民风和传统，挤占了当地市场和就业岗位，引发了本地居民不满，恶化了华商的生存环境。很多商铺缺乏安全防范意识，经营过程中存在各种隐患，卫生状况很差，容易授人以柄。

当华商经济处于"小打小闹"的初级阶段时，周边居民和地方监管部门并未留意，或者在可容忍的范围之内。但随着华商经济总量迅速攀升，尤其赶上严重的经济危机和社会动荡，地方政府和主流商界便自然把目光投向在当地迅速坐大的华商群体，各类查抄事件也就频频发生了。

根据李明欢教授的调研，近期欧洲华商经济的发展趋势可能呈现如下主要特点。

其一，进一步向两极分化。近几年来，华人商城经济总体贸易额持续低迷。有的华人商家说，按照目前的贸易量，仓库里的存货物五年都卖不完，尤其是服装、鞋帽、箱包等时令性很强的商品，一旦过时，就只能淘汰。那些实力有限的中小商家不得不退出市场，一些债务则转嫁到国内厂家。但也有一些具有一定实力的华人商家正筹划以联手合股的方式，如果重组适当，很可能在缝隙中发展，逆势而上。

其二，一些华商将积极寻求国内支持，联手中国大型企业在欧洲拓展。华商拥有在欧洲底层经济发展的丰富经验，有广泛的人脉关系，这正好是国内大企业之不足。两者若能很好地结合，很可能迸发出新的活力。

其三，部分华商将主动与所在国官、商结合，谋求风险共担的发展模式。如何把握好与当地主流各界的关系，是欧洲华商未来发展需要慎重考虑的问题。

我们认为，欧洲新华商的主体基本上是刚刚在市场经营中浅尝试水的基层市民或农民，本身并非成熟的企业家，大多没有受过系统、完整的专业教育，更缺乏国际交往的基本素质和经验，他们突然涌进万里之遥的西域异国，其主要目的还是尽快获取可观的经济效益。他们带到欧洲市场去的（尤其是初期），无非是国内制造的过剩货品，采取地摊棚户、前店后仓的销售方式，"自我剥削"的辛苦劳作，家庭作坊的管理模式，顾此失彼的短期行为，简单粗放的经营理念，小富即显的庸俗文化，导致这个群体以及他们从事的经济活动，愈渐脱离根深蒂固的当地社会和民风民俗。愈是在民族历史悠久、文明程度深厚、经济水平较发达的国家，此种反差便愈是明显，所发生的各种相关事件也就愈多，程度也愈烈。

通过调查案例分析，结合我们的研究和思考，对华商在欧洲（包括世界其他地区）的落地、生根、发展，提出以下意见和建议，仅供领导和有关部门参考。

1.建议侨务、外事部门的人员更多地从历史、文化、政治、法律、民族、习俗等宏观角度看待当前中国海外新移民的态势，急需在侨务、外事干部和海外各类教育、培训等活动中，增加这类教学和考察的内容，让我们的侨务、外事干部更加深入地了解对象国家的国情，要站在更高的文化层面上，善于运用科学的方法，去看待和处理复杂的国际移民、异域社会、华商经济等具体问题。

2. 对于在世界各地从事社会、经济活动的华侨华人，尤其是华商社团的首领，要通过有组织、有计划的形式（如回国参观、考察、开会，举办长、短期学习、培训等），通过案例教学等生动、实用的方式，引导他们在提高管理水平、注意微观的生存、经营理念之同时，投入一定的时间和精力，注意学习并谙熟中外国情，在微观经济活动中学会把握宏观，顾全大局，正确理解"融入与发展"的辩证关系；通过他们带动更多的华商认真了解、熟悉所在国家的历史、文化、法规、民俗、语言等；要让他们着眼长远，使华商经济活动不致破坏当地的商业生态平衡，尽量融合在当地民众的传统生活之中。

3. 要通过多种有效渠道，教育和引导在国外经商的华侨华人，充分学习和尊重、遵守当地各项法律法规，绝对不能把在家乡养成的一些不良习气和手段（诸如伪造文书、虚开发票、偷税漏税、掺杂使假、以次充好、行贿受贿、拉帮结派、不讲卫生、乱堆乱放、滥用农药、污染环境、洗黑钱等）带到外国异域去。在华侨华人内部，要大力彰显依法、守法、遵法、护法的正气，在这方面，我们的侨胞应该也完全可能做得比当地民众更好。

只有如此，才能消除当地政府和主流商界对华商的警惕，避免授人以柄。华商只有依法、守法、遵法、护法，做到严格自律，才能在各地站得稳，立得深，华侨华人才能尽快融入当地社会，华商经济才能稳健发展，做大做强。

4. 将各地涌现的华商为所在国家和地方社会和谐作出贡献的案例，汇编成为宣传品或教材，通过各国华侨华人社团、媒体，做到广为人知，使新一代的华商个体不断提升与当地人民共享成果、共荣发展的意识。无论是华侨华人社团、华商个体、家庭，都要把为居住国创造就业机会、创造更多税收和社会福利、回馈当地社会作为自己的一项重要社会责任；在积累了以上善举之时，国内侨务部门、外宣部门，要灵活协调国内外各种媒体，对国内侨乡、外国地方政府和民间开展宣传，实时、适当地推出典型事例和人物，以期得到所在国政府和主流社会的了解、理解、认同和赞许，不断改善华侨华人与当地政府、社会和民众的友好关系，增进中外友好情谊。

5. 对于那些以制造业为特色的华商企业，根据当地的法规和传统做法，适当引导和帮助他们采用"中外合作"等形式，将成本较低的产业链转移到外国去，既可以合理规避税收、减少成本，也能为当地创造就业机会，进而纳入当地经济主体。在俄罗斯康奈集团的做法就是一个比较成功的案例，值得借鉴。

6. 我国各级涉侨、外事部门，要利用各种接待、出访等机会，通过各国华侨华人社团、侨领和华文传媒、华文学校，积极鼓励、教育和推动在外居住、就业、创业、经营的华侨华人（包括临时留居的华商），学习、继承和发扬优秀的中华文明，如：勤劳节用，质朴俭约，仁爱中和，合群团结，以德处世，顺应自然，轻松随和，淡己尊他，谦敬礼让，除淫戒赌，尊师重教，孝敬耆老，以商会友，以友辅仁等，处理好家居事务和邻里关系，认真学习所在国的优秀文化，充分尊重所在地方的民俗习惯，在各项社会和经济活动中，大力提倡讲文明、讲礼仪、讲法纪、讲诚信、讲管理、讲学习、讲节俭、讲友谊、讲奉献、讲团结的"十讲"活动，有意识地打造并张显既有中华优秀文明因素，又有所在国传统特色的华商文化。

7. 中国大型国有企业到国外去开拓市场，要充分注意处理好与当地华商经济的关系，因为中资企业在资金、设备、人力、技术、市场等方面往往十分强势，如果他们的经营范围与当地华商重合，若善于协调和利用华商的优势，则可做到"短平快"而达致双赢；但若无视华商的存在，则极易造成对后者的致命性冲击，从而形成某种程度的"内斗"，甚至两败俱伤。诸如某些地方的孔子学院对当地民办华文教育造成冲击，致使形成 $1+1<1$ 的负面效果，应该引起主管部门的重视。

8. 从长远发展看，为了帮助各地华人经济良性发展，似可搭建"三个平台"：（1）在国外，通过资源整合，搭建企业优势互补的操作平台；（2）推动当地华文媒体与华商各界更多结合，尤应注意与外国主流媒体良性互动，成为教育培训、正面推介的宣传平台；（3）在国内，由大学、研究机构、咨询公司为华商经济提供更多信息、咨询和前景预测的理论平台。中国的侨务、外事部门可以在以上三个平台的构建上，发挥指导、引领和推进的重大作用。

与我国相比，发达国家在外侨管理上的做法显得比较成熟，因为它们殖民海外的历史比较悠久，对侨民的保护机制经历了多次危机考验并不断改进，与国内整体法律体系的结合比较紧密，也与它们的经济实力雄厚、科技手段先进等因素分不开。

从预警机制来说，许多西方发达国家（含我国台湾）建立了较为完善的海外公民登记系统，便于掌握海外公民基本情况，并可以通过该系统给海外公民发送多种信息，包括在紧急情况下发送安全警告。这些国家（地区）政府的驻外机构与海外侨民社区构建顾问小组、经常召开安全研讨会等方式，与海外公民社区保持密切交流和沟通。在官方的直接帮助下，海外侨民组织大多建立了自己的网站，搭建海外侨民交流信息、分享经验的平台，形成良性互动。

我们也发现，这些国家（地区）的政府和侨团比较内敛，并不刻意（也许是有意回避）在海外和国内搞大型招商、引资、演出、迎送、展览、论坛、大会等过于彰显、招摇的活动，因为这些活动利少弊多，既铺张浪费，也招人现眼。坦率地说，我们国家不同的部门、机构，似乎越来越看好组织类似活动，而且规模越搞越大，形式越来越豪华，甚至互相攀比，"你追我赶"，也许本意是为海外侨胞带去慰问、欢乐、祥和、祝福，但无意之中造成政府行为的"炫富"，给海外华社中本来固有的喜欢张扬和摆谱的庸俗习惯推波助澜，对侨民社会风气造成不良诱导；同时，也容易引起当地民众、政府和其他国家侨民的不悦。热热闹闹的场面过去之后，却留下了诸多隐患。

发达国家对其海外移民理念和做法，有很多地方值得我们学习和借鉴。目前，我国在保护海外侨民机制建设方面，似可考虑采取以下措施：一是通过民间科研或信息机构，建立海外公民网络登记系统，了解海外公民的基本情况，以便即使传达侨务政策和相关信息，并能在紧急情况下联系到多数侨胞。二是在国内建立海外华侨华人信息中心，这个中心不仅仅是一个普通的网站，而是具有多种功能的文化、商务、政治、社会、法律、宣传、学习、培训、安全警示的大平台，要下大力气，投入足够的人力和技术，制定科学而切实的计划，尽快将这个平台建设成全世界华侨华人社团、中心、媒体、学校甚至个体都感兴趣、不可或缺的信息和能量来源。三是国内侨务机关要制定一套普适性很强的华侨华人社团建设、管理规范体系，让全世界成千上万大大小小的华侨华人社团既有各自的宗旨、功能、服务对象，也有与祖（籍）国政府、侨乡联系、互动，获取信息、支援、帮助的功能。四是充分学习、参考联合国、国外对移民的法律、管理、参与、互动机制，在国内尽快建立起与国际移民法律接轨的侨民管理机构和机制，也大力鼓励社会力量参与其中，以获取更大的社会关注和支持。五是要注意适当调整对海外华社的工作重点，不能老是盯住那极少数侨团领袖和巨商富贾，要更多地深入到中下层普通民众中去，关心他们的状况，了解他们的心声，让更多的侨胞及时察悉国家的侨务政策，受益惠侨措施，进而与国内的侨务部门（特别是依托民间举办的教育、科研和信息机构）建立直接或间接的联系，如是便可为拓展侨务工作打下更为广泛的基础，使侨务或移民政策的制定更为准确、科学。

三、对侨务研究加强指导性、针对性和实践性的探讨

在第三届"中国侨务论坛"上，国务院侨办裘援平主任以新的姿态和风格，对当前侨务工作的重点做了战略部署。她强调指出："以深化对华侨华人和侨务事业规律性认识、侨务工作重大理论和现实问题研究为重点，以构建中国特色侨务理论体系为方向，努力增强服务意识、实践意识、精品意识和创新意识，不断提高侨务理论研究、战略研究、实证研究、政策研究的系统性、指导性、针对性和实践性，为侨务事业全面协调可持续发展提供理论支撑，这是今后一个时期中国侨务理论研究工作的总体思路。"她明确提出，"中国侨务理论研究需要从粗放式、分散化向更加注重质量和效用方

向转变，走上内涵式、集约化发展道路；今后，其进一步发展必须增强基础性、指导性、实践性和系统性"。

如何理解上述转化？如何增强"理论研究、战略研究、实证研究、政策研究的系统性、指导性、针对性和实践性"？笔者试做浅议。

（一）关于侨务工作的理论与实践

国内外侨务工作者都清楚，无论是侨务理论性研究，还是涉侨的各种实务，几乎都离不开华侨的历史渊源。因为对于一个庞大的民族而言，在异域海外的同胞，无论距离多远，时间多久，在情感上和文化上都离不开自己的根源和母体。这也是我们做相关工作和学术研究的出发点和落脚点。因此，无论各年度的皮书设定什么主题，有何种内涵和外延，恐怕都离不开对侨史的追溯。

自古以来，大凡沿边、靠海的地方，人员的流动和交往都比较频繁。中国人远走他乡，到异域从事各种活动，历史记载颇为丰富，远可追溯至公元前千年的殷箕子东迁，秦时徐福东渡，汉有张骞西使，唐更涌现住蕃之潮。但那时毕竟人数不多，规模不大，更重要的是准确的一手资料甚为稀少。"侨"这个字及其定义，是在清末才正式使用。自 18 世纪末至 19 世纪初，在中国东南沿海一带，出于天灾人祸等种种原因，得便于千年航海之成熟条件，部分民众离乡背井，驾舟扬帆，漂洋过海，到南洋诸岛谋生创业，遂后渐成传统，人员亦渐成批量，数目可观，在马来半岛还出现了最早的侨团（在汕头的侨批馆存有那时的文物）。因此这一时期被学界视为海外华侨社会之始端，应该是比较合理的。及至清末，在海外各地的华侨已达百万之众，他们大多是以苦力的身份被贩卖出去的，直到当今，外国学者的相关论文中还常用 coolie 这个词，在人类文明史上留下了永不磨灭的痕印。

回顾和发掘一两个世纪前华侨的血泪和苦难，仅仅是对华侨华人社会整体研究的一部分，甚至一小部分。用数学语言来说，那是线性研究，主要依赖于史实资料和文物。从目前的情况看，华侨史料的主体已经得到发掘、保护和利用，当然很可能有些资料比较分散，有许多散落于世界各地的华侨史料，有待于得到科学的整理、研究和发表。但和一般的历史学研究不同，侨史的时间并不久远，很难有更多的文物古迹和考古发现，全新的历史性研究成果恐怕也就很有限了。

若从经世致用的角度来看，侨务研究更为重要、更为实际的意义，还在于对各个不同国家（地区）近期和当前状况的深刻揭示、严密分析（尽可能做到量化），最终推导或凝练出切合实际的理性认识和解决具体问题的应用方案。用古语蔽之，即"实事求是"和"与时俱进"，而不仅仅是平铺直叙的华侨历史，或模棱两可的"各抒己见"。

最近，学界对建立侨务理论（甚至有人提出"华侨学"）的呼声颇高，在各地还建立了侨务理论研究基地。这显然是件好事，显示出有关部门和学者对于侨务工作的重视。但何为侨务理论？可谓见仁见智。此端笔者也愿意参与一点探讨。

海内外华侨华人社会，历经百年，缤纷繁杂，所谓华侨华人研究之范围，大概除了军事学以外，几乎涉及社会科学的全部领域，甚至还可以延伸到许多自然科学的研究范围，如医学、生物学、人类学、农学、信息科学等，如果把华侨华人科学家的研究课题和成果也算在内，那就更可无限扩展了。

从社会科学研究方法论的角度观之，指导和规范某种学科的理论，应该有一定的范围、比较独立的规律、几种基本的方法和学科范式。

学界一般将社会科学研究领域分为哲学、文学、史学、法学、经济学、管理学、教育学、军事学、艺术学等九个学科门类。这九大门类，相对各自独立，边界比较清晰，在本学科领域内也各有独自的研究范围、规律、方法和范式。

举个例子，这九个人文学科门类中，领域最为广大的当属历史学，因为史学是对人类社会过去时间活动的认识和判断，可以说"一切学科都是历史学的分支"（王蒙语），马克思强调得更为博大而高远，曰："我们仅仅知道一门唯一的科学，即历史科学"。但如果从学术意义上来看，史学研究的只是过去的人和事。所谓过去，本质上都是历史的陈迹，而非正在或今后发生的事情。此外，历史学的基本内容，包括历史事件、历史人物、历史概念、历史发展的基本线索等。历史学的研究范式（或曰史观），大致可以规范于文明史、整体史、阶段史，也可将阶级斗争史列入其中；历史学的基本构架大致为史学立场、观点、方法、角度和史料；研究的内容可分为历史事件、现象、纵向的发展脉络与规律、横向的断面考察和分析等；历史学的方法主要有对事件、事物的考据以及定量、定性的分析，还可以有不同时空的比较等。总的来说，历史学科及其理论框架，边界明确，具有时间性强、人文性强、考证和推理性强的显著特点。

笔者以为，侨务（或华侨华人）之研究，难以独立形成一个边界清晰的学科。华侨华人是一个特定的国际移民群体，而为某一个群体设定一种理论，是很困难的，因为其相关事物和影响会涉及文理各个学科，不限于某一个理论领域。比如，侨史研究理所当然地归于历史学，侨商研究基本属于经济学范畴，针对侨团、侨社的考察和移民问题的探讨则是在法学理论指导下的研究，而华侨宗教则是哲学领域里的一个课题，华文教育、华侨华人作家、书画家、音乐家的研究，理所当然地分别落在教育学、文学和艺术学的领域之中。同理，侨务研究与数十个一级学科，诸如宗教学、人口学、环境学、世界经济学、劳动经济学、统计学、数量经济学、国际法学、社会学、外交学、民俗学、民族学、心理学、语言学、新闻传播学、考古学等，都有疏密不等的交叉关系；又可根据不同主题，使用各种不同的研究范式，纳入数百个二级学科之中；若下溯到难以胜数的三级学科或学科方向，其理论边界便更加模糊了。所以，如果要把如此纷繁复杂的华侨华人研究搞出一套理论体系和研究范式，划定大致的研究内容，规范出几种通用的研究方法，使之涵盖涉及华侨华人社会的全部范围，然后要求方方面面在这个理论框架的指导下从事研究和工作，是难以设想的。

实际上，数十年、上百年来，国内外侨界、教育界、理论界撰写、发表的各种文章、书籍汗牛充栋，还有更为丰富的文物、建筑、遗迹等，散布于世界各地，以各种不同的形态，形成了巨大的理论宝库。值得注意的是，这些灿若繁星的侨务研究资料和成果，几乎都不是在某一种严格的理论指导下产生的。

　　当然，要设计一套侨务研究的理论，从学术研究的角度来看，肯定是有积极意义的，但那只能大致设定在侨史、侨情、侨社、侨教、侨报、人物、侨乡、华侨经济、国内侨政等方面，换言之，是传统而狭义的侨务。目前各地、各界的相关研究早已突破上述传统，仅仅在第三届中国侨务论坛上，我们就读到很多其他学科领域的论文，分属国际法、统计、人口、信息、语言、宗教等诸多学科领域，远远超出了任何一种学科理论的范围。我们不难发现，不仅在学术界、理论界，而且在海外侨界和国内侨务部门，每时每刻都在不断地涌现大量的成果，换言之，很多有思想、有见地、实用性很强的计划、报告、方案、讲话，可能只是具体业务工作中文字材料，未必是一般意义上的"理论研究成果"，不一定公开发表于某一级别的出版物，但这些是侨务工作理论大厦的重要组成。

　　因此，笔者认为，侨务工作与其说是一个专业或学科，不如说是一项涉及广泛、实践性很强的社会事业。与之相关的理论研究，既不能像历史学那样尾随于它的后尘，仅做一些追述、回顾、点评、总结、注释等滞后性的工作，也不能像哲学、文学、经济学等学科那样有比较明确的边界和范围。华侨华人问题研究的特点在于它的广度和学科交叉，以及它的实践性和前瞻性。因为真正有价值的理论，应该偏重于站在这项事业实践的前面，尤要对宏观、长远、重大、紧迫的问题，起到预测、规范、指导、引领性的作用。

　　海外华侨华人社会（社团）、国内侨务机构、侨乡广大侨属侨眷，以及与侨有关的社会各界，对侨务事业开展研究的期望，也不仅仅在于纯粹的理论建树，更多地在于它的实践功能，要求它能够解决紧迫的实际问题。对海外华社和国内侨务工作而言，无论过去、现在还是未来，最为重要、最有时代意义的，是在翻天覆地的制度更迭、变幻莫测的国际风云和纷繁缭乱的社会变化中，保持审时度势的清醒头脑，既要站在历史的、民族的和国际的高度，又要用科学的和微观的眼光看待海内外侨情，从基础工作、具体事件，或某些独立的项目入手，以严谨务实的态度，进行深入的分析，作出尽量准确的判断，提出切实可行的建议；还应针对当前海外侨情的现实问题，进行有针对性的调研、考察，提出解决方案，并在政府、社会和民间的共同参与下加以推进和实现。这样的研究成果和工作成绩，才能真正为海外侨胞所理解、认可和采纳，也能为国内相关部门、机构和侨乡社会提供有价值的参考和帮助。如果侨务方面的研究和业务工作能上升到难度更高的层面，比如：对海外华文教育开展普查并就各类学校的师资、课程、教材、发展提出科学的标准；对海外侨社现状进行普查并对其管理、建设提出可供参考的模式；对海外侨民的经营和生存潜在的风险进行预测，设计相应的应急措施；对华社与所在国、与中国的双重关系提供既符合当前实际又有长远前瞻的预示；充分研究发达国家在外的移民管理（含领事磋商和协调条例）的经验；设定我国未来的国际移民法规和操作机制；制订新的华侨出入境管理方案、部分国家华侨的双重国籍制度；对外来侨民（移民）在中国定居、就读、就业的管理制度等迫切、现实问题的研究。相信这些理论和实际问题的研究，将对我国新时期侨务工作和外事工作有重大的现实意义。当然，要研究这些，掌握现阶段侨情的变化，建立海外侨情检测系统则是首先要做的基础工作，是形成华侨华人研究智库的关键环节，是需要官、产、学通力配合才能完成的科学工程。

（二）关于侨务工作的宗旨、内涵和外延的思考

侨务工作的根本宗旨，在 2005 年的一次重要会议上被概括为"以人为本，为侨服务"。

"以人为本"是放之四海而皆准的宏观原则，几乎适合于任何事业，而在侨务工作的实践中，更有针对性的应该被理解为"以侨为本"，如是，才不致发生偏移。

众所周知，从孙中山、毛泽东，直至当今，历届党政领袖和高层人士，对华侨都十分重视，而且两岸皆然（甚至包括晚清朝廷，此处不赘），这既是历史之传统，亦为国情之必须。

侨务工作的基本方针，随着内外侨情、国情变化，也有不同的指向。就现阶段而言，该方针分为三个不同层面。一是对华侨，主要是保护华侨正

当合法权益，关心他们的生存与发展，促进侨胞与当地人民的和睦相处，鼓励侨胞为住在国和中国的发展多做贡献，并为国家之间的友谊与合作发挥积极作用。二是对外籍华人，主要是关心他们在外国的长期生存和发展，增进他们与我国的亲情乡谊和友好关系和交流合作（如同走亲戚），鼓励和帮助他们更好地融入当地主流社会、继承和传播中华优秀传统文化，为居住国与祖籍国的发展和增进国家间的友好关系发挥积极作用。三是对归侨、侨眷，要保护他们的合法权益，尊重并适当照顾他们的特点，发挥他们与海外亲属密切联系的独特作用，为国家的发展创造更好的外部环境。

在此方针指导之下，侨务工作的内涵相当宽泛，若从侠义和传统的角度来看，其范围大致有以下方面：侨史（地域上分侨乡、海外，领域上分侨政、侨社、经济、文教、报刊等），侨情（含人口、社团、与所在国主流之关系、安全等），侨务（主要指国内政府对侨务工作之政策、作为、效果等，可分为法规、社区、招商、经科、华教、文宣等）。

侨务工作的指导思想，一般总是比较宏观和原则的，而且比较稳定。如果说近30年有何变化，恐怕主要在于对"独特机遇"和"宝贵资源"的不同理解。上世纪90年代初，邓小平在推进社会主义市场经济的重大改革时，将海外几千万侨胞视为中国少有的独特机遇之一，此后，海外侨胞（含港澳同胞）成为中国大陆外资经济板块的先锋队和主力军，强势延续20余年。上世纪80、90年代，港澳台侨同胞成为各地招商引资活动的主要对象，几乎被当成"摇钱树"。1980年，国家分别针对港、澳、台、侨，设立了四个"经济特区"——深圳、珠海、厦门、汕头，作为改革开放、先行先试的窗口。在市场经济的大潮中，这四个城市首当其冲，各显其能，充分发挥了经济排头兵的作用，成为全国的示范和楷模。

我国加入WTO之后，与国际贸易逐渐并轨，发展迅速，在世界经济中堪称一枝独秀；而一度被视为"宝贵资源"的海外侨胞，大多在东南亚和欧美，他们的产业受到当地金融危机的数次冲击，有的一蹶不振。近几年来，与中国大陆的国有企业和民营经济相比，侨胞和港澳台胞的经济优势明显弱化了。前述欧洲华商经济在较短时期里的大起大伏，正是一个典型的写照。

人们也察觉到，近些年来，侨务工作的指导方针虽然始终如一，但其内涵已经有所变化，在各地招商引资大舞台上，侨资不再是主角，因为"摇钱树"已经不太茂盛，甚至显得有些凋零了。30 多年过去了，深珠厦三个特区的发展虽然也有曲折跌宕，但总体还是与港澳台同步发展，而且不断显示新的机遇，势头不减当年，唯独为侨而设的汕头特区显得颇为落伍，处境十分尴尬，其中固然有行政和社会的各种原因，但海外侨胞在经济上的变化，也不能不说是一个内在的负面影响。

然而，海外侨胞的经济状况和对国内经济建设的贡献率，不能作为侨务工作内涵的唯一判断。随着中国国际化程度不断深化，侨务工作的涉及面无形中也在扩张和外延。我们认为，侨务工作新的增长期正在到来。理由如下。

其一，从政治上看，中国在国际事务中的地位愈来愈高，海外侨胞的自信心也随之增强。在东南亚一些传统排外的国家，老一辈的华侨在政治上长期抬不起头的局面已经大为改观，新一代华人参政议政意识渐浓，政治新秀不断涌现。在欧美发达国家，华人社团、领袖、政治家对主流社会的影响力也在迅速上升。作为海外华侨华人的祖（籍）国，中国中央和地方政府的侨务部门近些年来已经充分注意到这一现象，而且将鼓励和帮助华人精英参政列为海外工作重点之一。但在这方面，尚有许多工作可以拓展。首先是通过国家领导人与有关国家高层的接触，把驻在国华侨华人的事务提升到国家关系的层面上，而不仅仅是纯粹的民间事务。我们经常在央视新闻上看到，各国师生寥寥的孔子学院开张、挂牌这样细微的事情，都堂而皇之地列入国家元首、首脑和中央领导出访的必参活动，或作为双边协议或合作项目的内容之一，而为何涉及数十万、上百万之众的华侨华人事务，却要躲躲闪闪，难入正题呢？有些老一辈的侨务工作者，几十年的基调不变，一味地强调"敏感"，好像侨务工作除了"敏感"就没有别的特点了。这样的工作思路，在新时期是否应该调整？我们不否认，在某些地方，华侨华人问题仍然敏感，但只要适当注意，谨慎为之，便可化敏感为公开，甚至化危机为机遇。如果老是抱着一成不变的惯性思维和工作模式，那只能把侨务工作引向"为无而治"、自我封闭的禁区。

其次是引入国际化的移民管理模式。我们知道，现在国际移民已成为大多数国家的普遍现象。我国与国际移民组织（IOM）已经有了正式关系，2006年，国际移民组织在北京设立联络处；2007年，中国与该组织合作开展了中国移民管理能力建设项目。2011年4月，中国移民管理能力建设二期项目正式启动，为期三年。充分利用国际组织的影响力，逐步达到参与其中的标准和制度的建设，对我国侨民的管理应该有很好的作用。中国是个向外移民的大国，许多发达国家（如英国、德国）也有大量人员向外移民，而且形成常态，这些国家对出入境的移民有比较成功的经验，非常值得我们学习。我们数十年沿用至今的侨务对外工作的方式方法，当然有很多可取之处，如招商引资的宣传，举办国内情况的讲座，请进来培训、考察、咨询，组织文艺团慰问演出，派厨师、中医、画家等出去示范或指导，举办各种论坛、大会、夏令营，赠送书籍、乐器、龙舟等用品，请侨领回国出席国庆、春节宴会和观摩，以及日常的接待陪同等。但有些活动过于形式化，有的花费巨资，而事倍功半，侨社褒贬不一，啧有烦言。除了清理、统筹、整合这些传统做法使之更加有效以外，是否可以制订专门的计划、方案，系统地、全面地学习、研究发达国家对他们海外移民管理的理念、法律、政策、方式、方法，找出既不违背我国国情，又符合海外侨胞实际的相关管理办法。笔者十几年前曾在侨务部门工作，在国外出差时接触过一些侨领和文化界人士，还私下参观过台湾举办的文化活动。笔者的一个深刻的感受是，台湾方面对海外侨胞的工作理念、方针和做法，非常值得我们思考。2009年末，两岸侨务部门的高层首次有了直接的和实质性的接触，此后频有互访，在诸多方面达成共识，两岸侨务部门互相学习、交流、借鉴的时机已臻成熟。今年10月6日，习近平总书记在印尼APEC会议上会见台湾两岸共同市场基金会荣誉董事萧万长时强调，"两岸经济同属中华民族经济，在亚太地区经济发展新形势下，双方只有加强合作，才能更好应对挑战。要加强两岸经济合作制度化建设，并更加重视促进产业合作。"我们据此似可领会并推论为，海外几千万华侨华人也都同属中华民族，在此原则之下，两岸侨务部门完全可以在更大的领域、更深的层面进行实际的合作。如果在这方面有所迈进和突破，不仅对共同做好海外侨胞的工作有所助益，而且必将对推进"两岸一家亲"的理念和"一国两制"的大格局起到积极作用。

其二，从经济上看，海外华商人数众多，资产总量巨大，尽管颇为分散。总的来说，可以分为三种情况：东南亚，欧美，非洲和拉丁美洲。欧洲的情况前已有述，非洲和拉美国家的华商经济尚不发达。此处仅就东南亚略作浅析。

东南亚，即所谓南洋各国，是老一辈华侨华人的移民和聚居区，华人总数超过 3700 万，无论是人口上，还是经济、政治、文化、教育等其他方面，都足以构成海外华侨华人的主体。

东南亚各国华人早已落地生根，他们的社区成熟，经济稳定，政治地位也显著上升。尤其是东盟成立以来，各国关系平和，政治生态良好，采取经济一体化政策，与区域内外自由贸易迅猛发展，经济快速发展，各国华商也从中得益，不仅基本摆脱上世纪末亚洲金融危机的阴霾，而且获得更为广阔的国际市场空间，各国华社之间的联系也日渐加强。

东南亚华人大企业密集，实力雄厚，经营行业多元化，几乎无孔不入，无处不在。华人富豪资产超过百亿美元者不乏其人，如谢国民、施至成、陈永栽、郭鹤年等，拥有亿万资产者则不计其数，在东南亚各国，华人大企业、大富豪的数量均占绝对优势。据不完全统计，华人上市公司占东南亚地区证券交易市场上市企业数量的 7 成，华人资本占了日本、韩国、中国大陆以外的亚洲 10 个股票交易市场股票价值总额的 66%。（详见本书《二十一世纪的东南亚华人社会：人口趋势、政治地位与经济实力》一文）。这是亚洲、欧洲、美洲各国华商所难以比肩的。值得我们特别注意的是，东南亚华商所经营的许多重要产业（如贸易、海运、金融、制造、零售、文化等），不仅在其本国保持领先地位，而且在国际上也获得高度认可。

东南亚为中国近邻，海空交通发达近便，各国华人的家乡情结最为深厚。这一点与纯粹的外国企业和商家是有本质区别的。

我们注意到，中国在 WTO 里面仍属于非自由经济体国家，根据 WTO

章程，这个身份可以有 15 年的期限，即到 2016 年，中国自动成为自由经济体国家。但实际上，由于过去的十几年中，中国在 WTO 里面基本上是以国有经济跟外国的私人经济竞争，所以引起很多贸易纠纷，尤其是欧美企业对此严重不满。目前在 WTO 之外，有三个协议正在谈判，一是 TPP（美国牵头的 12 个国家，拟成立"跨太平洋伙伴关系协议"），中国不在其中；二是 TTIP（"跨大西洋贸易及投资伙伴协定"），即美国和欧盟建立一个自由贸易区，更没有中国的事；三是 PSA（多边服务业协议），也是排斥中国的。如果这三个协议谈成、生效，到 2016 年，中国即使成为自由经济体国家，在 WTO 中的地位也随之被架空。实际上，东南亚国家在上述协定中也没有太多的利益，而华商经济在东南亚占有充分的优势，这就给中国与东盟国家的经贸关系带来了新的机遇。我们应该尽早在这个层面上，更多地与东南亚各国华商，尤其是大企业家、大商会，深入地研讨今后的国际贸易战略部署，并通过他们，带动中国与东南亚各国主流经济更深入、更广泛的合作，以抵消不久的将来可能产生的国际贸易困境。

此外，上海自由贸易区的建立，也是开拓与华商经济合作的一大亮点。这个自贸区对外开放的领域比较广泛，包括口岸、海关、外贸、税收、金融、证券、保险等，还涉及文化、社会管理等上层领域。我们有理由相信，如果上海自贸区的建设进展与整体设计思路吻合、同步，最容易进入并且发挥效益的，很可能还是华商，而东南亚华商则首当其冲，因为他们以及他们背后的东南亚各国主流经济与此有着太多的共同利益。这或许将是 30 年前设立经济特区发展势头的重现。

我们期望看到，在上海自贸区的起步阶段，有更多的侨务经济、金融工作的成分和作用。比如，东南亚华人银行业颇为发达，而且大多既与国际金融规则接轨，又有强烈的中国文化背景，应可制订相应鼓励措施，着力引进，而不可嫌其规模偏小，或知名度偏低。又如，自贸区允许博彩设施的生产和对外销售，这个行业是海外华商的长项，里面涉及很多文化、社会的内容和规则，不能因其不符合我国国情而加以摒弃。侨务部门在此类特殊产业的发展中，似有必要投入先期调查研究，明晰政策，扫除障碍，为其顺利推进铺平道路。

其三，从法律上看。一方面，我国的法制建设成果丰硕，有中国特色的社会主义法制体系已经形成，法律、法规的涵盖较为齐全，其中也包括了涉及华侨的法律、法规，主要是《归侨侨眷权益保护法》（1990 年全国人大颁布）和《归侨侨眷权益保护法实施办法》（1993 年国务院颁布），在这两个法律之下，各省（区、市）也相应制订了对归侨侨眷权益保护的地方性法规，有关行政部门也制订了一些涉及这一权益保护的办法和规定等。但遗憾的是，迄今为止，还没有一部针对海外华侨的法律。这与一个海外侨民大国地位是极不相称的。

有关是否应该对华侨立法，历来有很多争议，无非是三种：应该也可以立，不宜立，分散立。主张不宜立的，主要是考虑华侨在国内的权益涉及面太广，难度太大。主张分散立的主要是依托国际公法和国际上的双边领事保护条约，加上国内其他法律、法规中含有或加入对华侨保护的内容，以避免敏感问题的发生。

这里需要明确的一点是，对华侨在国内权益立法，并非给华侨什么特权，而是对中国在海外的公民法律权益长期缺失的一种弥补，让他们得以享受与国内公民相同或接近的权益和待遇。

对这个问题产生争论的关键，恐怕在于对华侨身份的传统看法仍然没有进步。各级立法机构和政府，对华侨经商投资、公益捐赠等经济上的鼓励措施很容易出台（尽管出了问题、引发争议后的处理却往往因法律依据不足而难以解决），但在一些涉及政权、人权、安全或政治的问题上则趋于保守，例如村民（公民）选举、土地权益、置业、养老和医疗保障、就学权益、身份证和户口办理、就业、殡葬习俗等，几乎没有相应的法律规定，即使可能分散在其他法规中，但由于没有针对华侨的上位大法，这些分散于下位法规中的内容很难得到重视和落实。这样的局面已经造成了很不好的负面效果，我们不难发现，现在的华侨回到国内，与 30 年前华侨回国的感觉已完全不同，当时华侨还有经济上的优势，并不在意其他方面的权益；现在华侨回国，经济上的优势明显弱化了，而在政治和社会上凸显出被矮化、虚化、边缘化，他们心态非常不平衡。这对于我们在新时期更好地发挥海外华侨的作用非常不利。

在这方面，我们需要很好地学习、借鉴其他一些海外侨民大国的做法，如爱尔兰、英国和苏格兰、意大利、以色列、印度、巴基斯坦、希腊、韩国，还有台湾地区，各自都有很多成熟的做法，而且不乏相关法律和制度的保障。国内上述困难和问题，其他国家也不同程度地遇到，但只要主管部门下决心，问题总能得到解决。

另外一个值得深入思考的法律问题是如何对待双重国籍的讨论。

其实中国早在清末就有了间接承认双重国籍的法律——1909 年颁布的《大清国籍条例》，该条例开张就以血统原则规定了中国国籍："凡左列人等不论是否生于中国地方均属中国国籍：（一）生而父为中国人者。（二）生于父死后而父死时为中国人者。（三）母为中国人而父无可考或无国籍者。"虽然第十一条曰："凡中国人愿入外国国籍者应先呈请出籍"，但该条例未宣称只承认单一国籍，亦未排斥第二国籍，更未对在国外出生的中国人后裔的国籍选择做任何规定。此后，在东南亚各国出生的中国人后裔，便顺理成章地具有双重国籍，因为东南亚国家几乎都采用出生地原则赋予国籍。

我国后来之所以重新审查国籍问题，主要是上世纪中期东南亚诸国质疑中国在向他们"输出革命"，因为抗战期间，中国共产党与东南亚部分国家的共产党（成员多为华侨）关系密切，而且一直延续到 60 年代，也的确发生了一些破坏当地政治稳定的事件，使这些国家感到严重威胁，是不难理解的。1955 年印尼万隆会议上，中国和印尼签订了《关于双重国籍问题的条约》，取消华侨的双重国籍身份，让他们自行选择一种国籍。周恩来代表国家明确宣布，这个条约规定的国籍政策同样适用于其他国家，以解除东南亚其他国家的顾虑。

改革开放之初，中国与东南亚国家的关系仍然敏感，数千万侨胞仍处于十分被动甚至危险的境地。为此，1980 年全国人大通过了《中华人民共和国国籍法》，以法律的形式，确定中国不承认双重国籍，给东南亚国家吃了一颗定心丸。可以说，不承认双重国籍，在上个世纪的国际关系上是成功的，有利于海外华侨华人融入当地主流社会，减少了疑虑，增进了互信。

30多年过去了，当时我国处理国籍问题的主要国际政治动因、外交政策、双边关系，以及东南亚各国的社会环境都发生了巨大变化，有很多原来很保守的国家，经过反复考虑，最终都不同程度地调整、放松了国籍管理制度。

目前，世界各国在公民国籍问题上，总共有四种政策：明确承认双重（或多重）国籍；间接承认（默认）双重（或多重）国籍；有条件承认双重（或多重）国籍；明确不承认双重国籍。据统计，全世界195个国家和地区属于前三种。明确不承认双重国籍的是：中国（大陆）、朝鲜、蒙古、缅甸、老挝、马来西亚、文莱、尼泊尔、白俄罗斯、不丹、巴林、阿曼、科威特、津巴布韦、博茨瓦纳、沙特阿拉伯、阿联酋、肯尼亚、坦桑尼亚、尼日尔、尼日利亚、毛里塔尼亚、莫桑比克、巴布亚新几内亚、瓦努阿图、密克罗尼西亚、古巴、苏里南。其中够得上大国称号的，只有中国，而且呈鹤立鸡群之势。如果对上述28个国家的国籍政策进行深入的分析和归类，还可以发现其中更加微妙的因素。囿于篇幅等原因，此处不赘。

近年来，要求实行双重国籍制度的呼声渐高，尤其是在欧美地区的新华侨华人，因为他们所在的国家大多实行复合国籍制度，如果拥有双重国籍，会给他们在两国间的频繁来往带来很大方便，这样也就直接推动了国家双边关系的改善，大大促进经贸发展，有利于中国文化的对外传播，对提升中国国家软实力也有很大的好处。

还有的观点认为，双重国籍制度更有利于引进和造就高端科技成果和人才，例如，诺贝尔奖得主中，双重国籍者占了很大比例。

但为何这个问题在我国外交、侨务、法律界一直不愿意公开谈论，更不能着手研究呢？可能有以下原因。

首先是历史的阴影。人们担心，如果中国政府承认双重国籍，有可能使华人较多的国家政府警觉，怀疑中国的动机，引起对当年发生在东南亚国家共产党反政府活动的痛苦回忆，进而导致对华态度的变化，给当地华人的生存造成新的困难。

其次，如果承认双重国籍，数千万外籍华人申请入籍的难度太大。发生法律纠纷的几率很大，而且涉及双边不同法律体系和制度的管辖，不利于双边关系的稳定发展，甚至可能造成严重后果。

复次，拥有双重国籍，意味着一个人有两个祖国，这就陷入如何同时效忠两个国家的尴尬，这既可能是国家对公民爱国的基本要求的一种抵触，也会导致个人在信念、信仰、忠诚等深层次上的思想和心理障碍。

还有，双重国籍制度会给立法、依法、遵法、执法带来很多新的问题和困难，因为有的行为在一个国家属违法，在另一个国家则不违法；有的行为在一个国家要受重罚，在另一个国家则可能只受轻罚；在诉讼、辩护、审判等法律程序上也有很大差别，这不仅会给不法分子以可乘之机，也给执法带来极大不便。这也是很多国家不明确承认双重国籍的重要原因。

但利弊相衡之下，很多国家还是在国籍制度上趋于宽松。事实证明，历史上曾经因政治制度、思想体系、信仰差异、宗族派别等原因，而不是武力、领土、资源或大规模流血事件造成的敌对性问题，一旦大的体制、政策和社会环境得到改善，双边共同利益往往成为主流，其他方面的问题便迎刃而解，海外侨民国籍问题的解决，正面作用大于负面影响。

例如，印度先于 1999 年对其海外侨胞发放"海外印裔卡"，随之于 2003 年实行对部分国家（主要是发达国家）的双重国籍制度，据说效果明显。韩国国籍法修订案允许海外韩侨、全球人才等，在原有国籍之同时持有韩国国籍。越南于 2009 年明确承认双重国籍，随后，数百万海外越侨重新恢复了越南籍。这些国家都比较稳妥地处理好了大量海外侨民国籍问题。

笔者认为，目前我们可以采取"重点考察、鼓励研究、分类对待、顺其自然、间接解决、部分默认"的做法。

重点考察：对上述三种实行双重国籍制度的典型国家进行考察和调研，发现它们符合国际惯例和本国国情的做法和经验，以供我们有关部门参考。

鼓励研究：不要害怕或阻止学者对国籍问题展开研究和探讨，我国改革开放的重要经验就是大胆探索，小心行动。学术研究应该不设禁区，甚至国家行政管理部门可以针对此类问题设定各种研究课题，让学界、理论界解放思想，展开讨论，从中获取真知灼见。

分类对待：很多国家的国籍制度是有不同指向性的，即对某些国家的侨民（移民）给予双重国籍，但对另一些国家则保持单一国籍。比较稳妥的做法是对等承认，即对方和己方互相承认双重国籍，否则都不承认。

顺其自然：一个不可否认的事实是，我国在外侨民中，很多人既有外国国籍，而又以多种形式保留着中国国籍（如户口、身份证），形成事实上的双重国籍。如果要加以清理和规范，甄别这种人员的身份，其难度也不会比放开双重国籍小多少。不如在加强宣传、严格管理之同时，暂时不去触动这种情况，静观待变。

间接解决：指对于特殊群体的外籍侨胞，如知识分子、工商界人士等，扩大发放长期居留证（绿卡），这与印度等国家的做法有些类似。

部分默认：对于已经有了事实上双重国籍的港澳台同胞、海外侨胞，一律得以享受国民待遇，至少应享有华侨的同等待遇，尤其在出入境、经商、置产、继承、赠予等一般性常规社会功能上，尽量给予方便。

如是，再经过一个不太长的历史时期，中国也许就会很自然地向世界大多数国家那样，顺利而稳妥地解决好双重国籍问题。

综上所述，虽然当前欧美深陷金融危机泥淖，总体形势欠佳，海外侨商经济也难免深受牵连和阻滞，但由于我国政治升平，社会稳定，经济保持较快发展，对国际形势的影响力大增，与东南亚许多国家的关系有了本质性的改善，这对我们从更高的角度看待国外侨情打开了广阔的视野，也为我们以新的思路进一步拓展侨务工作提供了更多的抓手。正如国务院侨办主任裘援平在第三届"中国侨务论坛"上所说，当前"世情、国情、侨情的发展变化和国家侨务事业的发展需要，是侨务理论研究重要的导航仪；加强新形势下的侨务理论研究，需要更宽广的世界眼光和专业视野，更深厚的战略素养和谋划意识，科学研判世情国情侨情的发展变化，准确把握侨务工作新任务新挑战新要求，推动侨务理论研究与时代发展共振、与侨务实践结合，发挥理论的引领作用"。

我们希望看到，在今后的一个时期里，侨务工作的内涵与外延更加丰富，领域与平台更加宽广，理论研究的地位和作用更加提升。在广大侨务工作者和海内外侨胞、侨眷的共同努力和推进下，华侨华人研究得以汇集力量，形成优势，多出精品，尤其能够为提高侨务工作的水平和层次起到积极作用，对海内外侨胞、侨社在政治、经济、文化、教育各方面的发展、进步提供具体而有益的帮助。

（原载于《华侨华人蓝皮书》，社会科学文献出版社 2013 年版）

《心归何方》序

不久前，黄学昆先生嘱我为其新作写序，我脑中闪现出顾炎武之教训："人之患在好为人序"（《日知录》卷十九），始未敢接受。但学昆以学弟自谦，依然坚持，并通过手机短信告我书名：《心归何方》，我顿感这是一个颇耐探询的宏大问题，海外华人（此处泛指侨胞）上百年来一直追寻答案而不得，理论研究者的著作汗牛充栋而不解，贸然作序，心中确有疑虑。但书的副题——媒体人眼中的加拿大华人社会，则像这部书的一个内窥镜，以便于读者得以细致地浏览书中呈现的复杂世界。不几日，我的电子邮箱收到全部书稿，下载拜读，果觉不同凡作，27 个章节，通过各种案例，从不同角度，对加拿大华人社会做了全面剖析。

学昆早年在国内政府部门调研室就职，具有严谨的工作作风，同时他也是一名学者，编写过若干研究专著，学养深厚，理论功底扎实。移民加拿大后，学昆一直主持当地媒体，具有察世观情的敏锐眼光，尤其在解剖华人社会方面，更有其特别之处，这使得他对安大略省乃至加拿大华人社会有着深邃而独到之洞悉。经营《北美时报》十多年来，学昆所撰各种报道、评论多达 200 余万字，不愧高产。作者集其要义，选其精华，编成此书，虽篇幅不巨，却章章丰满，篇篇心声，述而有察，论而有据，究华人之际，通中西之情，成一家之言，实乃淘金之作。读毕全书，犹有亲临其境之感，许多情节和揭示的问题，令人沉思。

本书的体例与普通专著有所不同，作者并未采纳传统的按照时间、地域来布局内容，亦非设定一根主干，然后分为若干支线加以充实，更没有创立一个什么思想理论，去指导实践，展开议论，而是将加拿大华人社会常见的具体问题罗列出来，逐个叙述，深入探讨。故本书的章节较多，共有 27 章，长短不一，但焦点集中，读起来思路不易分散。

黄学昆长期居住的安省，是加拿大金融、制造业中心和经济大省，其 GDP 占全国总量 40%；它又是人口最多省份，其中华人 70 多万，占全国华裔人口的 40%。因此，本书虽然大多涉及安大略省的情况，但对于整个加拿大华人社会的特质和生态现状，是有"窥一斑以见全貌"之效的。

本人学浅，不敢作序，但粗阅大作，所获甚多，写一点心得，作为对作者的回报，则是应该的。兹将观书粗识略陈于后，文不符传统序言之体，意更无业内专家之高，只能作为普通读者，就部分书中要义试做归纳，偶或略陈己见，以作导言，并就教方家及作者。

"侨"这个字，频见于中国史籍，历代常指由于某种原因，离开故土到异地居住之人群。《隋书.食货志》："晋自中原丧乱，元帝寓居江左，百姓自拔南奔者，并谓之侨人。"东晋在江南设置侨郡。

自古以来，大凡沿边、靠海的地方，人员的流动和交往都比较频繁。人们远走他乡，到异域从事各种活动，历史不乏记载，远可追溯至公元前千年的殷箕子东迁，秦时徐福东渡，汉有张骞西使，唐更现住蕃之潮。但那时毕竟人数不多，规模不大，明确精准的资料比较稀少。及至明末清初，中国航海条件成熟，部分民众离乡背井，驾舟扬帆，漂洋过海，到南洋诸岛谋生创业，遂后渐成传统，留下的文字记载愈来愈多。清中叶以后，粤闽沿海地区形成侨乡，而在马来半岛诸地还出现了最早的侨团（本人在汕头的侨批馆见过彼时彼地的文物、资料，很受震撼）。

及至清末，在海外各地的华侨已达百万之众。由于当时的侨民很多是以苦力的身份被贩卖出洋的，迄今外国学者的相关论文中还常用 coolie 这个词，在人类文明史上留下了永不磨灭的痕印，而清末被学界视为海外华侨社会之始端，也是比较恰当的。

据史家考证，中国人远渡重洋抵达加拿大的时间，大约在 1788 年，当时有 66 名广东匠人从澳门搭舟抵达温哥华，时间甚至先于加拿大开国之 1867 年。因此地气候温湿，加之海路畅达，粤人移入迅增，早期多从事开矿、修筑铁路等繁重劳动。据学者研究，1881—1885 年，广东华工直接受雇于修筑太平洋铁路者达 6500 人，被誉为加拿大早期基础建设之第一功臣。《心归何方》开头几章中，我们读到许多相关文字，当今加拿大华人在驳诘当地种族歧视者时愤然疾呼："我们是加拿大的国家创建者！我们是最早的纳税人！我们是主流，而非外人！""我们是加拿大人，这里就是我的家！"历史之音铿锵，振聋发聩，毋庸置疑。

恰如本书作者所云，220 余年来，华侨华人为加拿大早期之开发，继而为加拿大经济发展和社会进步所做的巨大贡献，是彰彰载册的，这也是本书得以立论的一块重要历史基石。

种族问题是海外华社的普遍核心问题，自然也是《心归何方》阐述的开篇重点。书中援引加拿大警方统计显示，犹太人、非裔、亚裔在加拿大受到"种族歧视"以至于"种族仇恨"最多，而华人更是首当其冲。此种情况，相信在世界其他国家的华社也会不同程度地存在。本书作者严肃指出，这个问题的关键，在于华人没有像黑人或其他族群那样积极地奋起反抗，华人往往有怕惹事的心态，遇到种族歧视言行后，一般选择息事宁人，不去报案，这反而助长了种族主义的气焰。作者据此呼吁：华人"不再做沉默的羔羊"，这是华人自强的第一步。

黄学昆十分注意加拿大华人社团的状况。据估计，加拿大各种名目、不同规模的华人社团组织，至少有 7000 多个。因为疏于管理监督，很多社团空有其名；社团的意义和作用，也是千差万别。这是世界各地普遍存在的现象，不足为奇。但在这种社团林立的环境下，如何通过社团推动华人社会良性发展，则是值得华人社会关注并致力解决的严肃问题。学昆积极参与当地华人社团的各种活动，亲历若干华人参选的实况，他不仅记录下完整过程，在《北美时报》上写了大量报道和评论，载留了许多宝贵的第一手资料和信息，而且善于总结每个案例失败与成功的经验，专注于华人社团现象的探索和研究，作出理性的分析，弥足参考。

作者发现，华人在向政府争取自身权益的事务上，往往很难团结在一起，发出同一个声音，采取步调一致的行动，而是各竖旗号，各说各话，甚至发生"窝里斗"。这样很容易造成华人利益最小化之后果。书中介绍，温哥华资深记者丁果痛心地将华人社区评论为"一个四分五裂、勾心斗角、涣散无力、在政治上少有能见度、被其他族裔常常诟病的社区"，但这种情况，在非裔、印巴裔、犹太裔等社区却很少见，后者在涉及本族群利益上，往往站在同一立场上，结成一致对外的统一战线，共同争取本族裔的最高利益。

从黄学昆的大量采访和报道中，我们看到当地华人社会中存在着诸多陋习，如：比阔气，讲排场，贪恋权力地位，追求职位高、房子大、车子豪，庸俗之风根深蒂固，这不仅与本地人追求简约、朴实的习惯格格不入，也给华人自己带来沉重的精神及经济压力。对此，作者的思考是：华人社会必须跳出那些陈旧、落后的意识藩篱，回归真正优秀的中华文化传统，并且吸收和融入当地的主流文化，才能做到自信、自如，活得精彩，才能在异国他乡扎根立足，与当地社会同步发展。他认为，中华民族的隐忍、刻苦、耐劳、智慧等优秀品德，造就了老一代华侨华人在海外打拼的成功典范。他不无遗憾地洞察到，当今华人社区隐藏着各种形式的名利交易，某些人千方百计地捞取社会荣誉，并非为了当地华社的建设，而是为自己面上贴金，提高个人身价，甚至到中国骗取经济及政治利益。作者对此种现象做了无情抨击，认为这种现象败坏了华社风气。

学昆认为，华人在参政议政的路上，几十年来的确取得一些卓著成就，但他也严肃指出，华人约占加拿大总人口5%，而华裔在各级政府、议会中"当官"的比例却明显偏少，在经济、科技、教育和文化上已经拥有较强实力的加拿大华人，呈现一条腿（经济）长、一条腿（政治）短的尴尬局面，这很容易受到政治或社会风浪的冲击。

此外，作者对"华人选华人"、只有华人才能代表华人利益等观点持不同看法，这是值得我们关注的。黄学昆经过大量分析和论证，深刻指出，华人只有走出"华人选华人"的误区和迷思，才可以向其他族裔宣示自己在政治上的成熟。学昆认为，华人及新移民在承传中华传统文化精华并予以发扬光大的同时，应该充分尊重当地社会价值观和行为准则，对当地社会有贡献、有建树，这关系华人社区在加拿大的声誉、融入和未来。只有这些方面做好了，华族才能真正在加拿大多元种族之林中做到自立、自强。

本书用了一定篇幅，列举若干新移民来加后遭遇的困惑和麻烦，例如，中国人总觉得到商店购物或者到饭店吃饭，自己是"上帝"，花了钱就要得到享受，喜欢摆架子，动辄发脾气，却不知道这在西方国家是对人权和法律的不尊重，是行不通的。黄学昆以他亲历并报道过的大量案例为基础，再三提醒当地华人，尤其是新移民，在新的国度中，华人需要下点工夫学法，懂规矩，学会自我保护，才能少受挫折，避免上当受骗。如此明确而善意的提醒，对新移入加拿大的国人来说绝不是多余的。

值得注意的是，黄学昆对加拿大现行政制、联邦上下议院、省市镇三级议会机构，以及对应在行政上的联邦、省、市镇三级政府的机构，以及对加拿大基本政法结构和政党运作规律有深刻了解，在书中做了详细介绍，所提供的资料和信息，对于华人融入主流和参与社会治理乃至登上政坛，具有重要参考价值。

华文媒体在国际政治中也常常发挥特殊作用。例如，2016年，中国与菲律宾就南海几个岛屿主权归属争执日趋激烈，菲律宾将中国告上国际法庭。此事在国际上闹得沸沸扬扬。不久，黄学昆收到一位华人麦励浓的信，内附一篇关于黄岩岛主权属于的短文和两张南海地图历史相片。黄学昆敏感地察觉其中的重要意义，立即走访了麦励浓，从麦处获得两大本1945年版美国海军用菲律宾地图册，详细说明了南沙群岛各岛礁的地理位置，其中黄岩岛、仁爱礁、礼乐礁、中业岛等全都划归中国境内，并不属于菲律宾。次日，《北美时报》即以头版刊出这一重大情况，很快被中国官方新闻单位转载，并立即引起世界各国的注意。在这个重大事件上，黄学昆和《北美时报》功不可没。

近些年，中国学生前往加拿大留学渐成潮流，这也是国内外社会比较关心的大事。中国连续多年是加拿大国际学生的最大来源国，目前，中国大陆留学生占加拿大国际学生总人数的33%，加拿大的各个名牌大学里，中国留学生占外国学生总数一半以上，有的大学这个比例高达 75%；多伦多和温哥华的公立中小学及私立学校中，已经有越来越多的中国小留学生身影。因为中西社会的不同价值观、家庭观、伦理道德及文化有着巨大差异，因而产生各种矛盾与问题，甚至导致中国家长难以接受，陷入极度困惑。黄学昆以不同形式予以全方位引导，他语重心长地提醒中国家长：在这片容易让人"三观"颠覆、思维错位的土地上，中国家长们满怀希望种下的"瓜"，将来长出来的是"瓜"还是"豆"？要有充分的思想准备。

《北美时报》也十分注意介绍西方先进的社会管理方式，以供华社参考。例如，加拿大覆盖 1800 万人的养老金体系运行良好，其养老基金近年来投资收益率达 10% 左右，2016 年，人均月退休金最高超过 1200 加元。也就是说，该国养老缴费收入大于支出，实现了可持续发展。黄学昆在书中归纳出加拿大此项改革的要点和长处，是值得中国借鉴的。

此外，作者对中国企业在加拿大投资的现状颇为担忧，他从媒体人的角度了解到中资企业在加拿大面临大面积亏损，在矿产、石油等行业的并购投资企业，几乎是"全军覆没"。本书的第二十四章对此种情况做了详细报道和分析。数据资料表明，中国企业（尤其是石油、矿产行业）在加拿大"水土不服"。加中贸易也存在着严重不平衡，最近几年对华出口量都出现了下降。究其原因，加拿大对华出口的，大多是低附加值的原材料，而航空航天、电子通讯等类高附加值、高科技产品，则又被政府列入限制对中国出口，乃至其对华贸易存在的严重逆差长期难以扭转。这一问题，值得我国有关部门留意。

本书以显著篇幅介绍了中国国家主席胡锦涛、习近平先后无数次讲到海外华侨华人在中国历史上的贡献、与祖国的血脉联系、在中国实现现代化及祖国统一中的作用，表示要为华人华侨提供更多的回国便利。2015 年 3 月，中国和加拿大终于就互发有效期为 10 年的签证达成一致，这对于海外华人无疑是个大好消息。

书中提到，中国政府对外籍华人施行"华裔卡"和免签证等呼吁，在海内外一直有不同声音。海外华人回到中国，无论是探亲、生活，还是工作、经营，在华长期居住是十分普遍的，也是很自然的。前不久《北美时报》报道，华人回国探亲时被要求到家 24 小时内必须去当地公安机关报到，否则有严重后果，这在海外华人社会引发不小的波澜。作为一个学者，黄学昆对上述一些敏感问题发表了自己的看法，他的观点和所持的论据，是有一定的代表性。

在本书中，作者介绍了中国国侨办提出侨团建设、华助中心、华文教育、文化交流、繁荣中餐、中医关怀、事业扶助、信息服务等八项惠侨计划，加大为海外基层侨胞服务力度和受益范围，以提升海外侨胞的民族向心力和自豪感，增强华裔二、三代民族认同感，支持海外持民族特性和民族文化的传承。但同时作者也指出，在国家法律、法规和具体制度面前，华人的身份毕竟是"外国人"，如何既让华人不忘初心，不断提升自己的民族认同感和对祖籍国的向心力，又要遵守法律，效忠入籍的国家，依然是一个长期有待解决的问题。换言之，在海外长期留居的侨民，是入籍当"外国人"，还是不入籍继续做"华侨"？确实令很多人彷徨、纠结，这或许是本书的题目——《心归何方》的核心含义。

通读《心归何方》之后，本人想起，数年前在一份研究报告中，对如何改进和提升侨务工作提出过几项意见和建议，某些地方与本书著作有些呼应。兹简列于后，作为映照。

一、建议侨务、外事部门的人员更多地从历史、文化、政治、法律、民族、习俗等宏观角度看待当前中国海外移民的新态势，在侨务、外事干部和海外各类教育、培训等活动中，增加案例教学和实地考察的内容，让国内的侨务、外事干部更加深入地了解对象国家的国情，从而以比较文化的角度，去看待和处理复杂的国际形势、华人社会等具体问题。

二、对于在世界各地从事社会、经济、文化活动的华侨华人，尤其是华商社团的首领，国内不宜过多地专注于纯粹礼仪性、定期性、序列性的活动（如高规格的大会、接见、表彰，豪华的宴请，高调的迎来送往等），更为实际的是，采取针对性强、有具体目的的形式（如回国参观、考察、开会，举办长、短期学习、培训等），通过案例教学等生动、实用的方式，帮助侨领在提高管理水平、注意微观的生存、经营理念之同时，投入一定的时间和精力，注意学习中外不同的国情，在微观活动中学会把握宏观，顾全大局，正确理解"融入与发展"的辩证关系；通过侨领带动更多的侨胞认真了解、熟悉所在国家的历史、文化、制度、民俗、习性、语言等，着眼长远，使华社的一切活动不要偏离当地社会发展的大方向，不影响所在国的生态平衡，和谐地融合在当地主流和传统社会之中。

三、要通过多种有效渠道，帮助新移民的华侨华人，充分学习和尊重、遵守当地各项法律法规，绝不能把在家乡养成的一些不良习气和手段（诸如勾心斗角、拉帮结派、炫富斗富、傲慢自大、不讲卫生、污染环境等）带到外国异域去。在华侨华人内部，要大力彰显依法、守法、遵法、护法的正气。

中国各级政府有专门的侨务部门（甚至有"五侨"），世界上绝大多数国家都没有设立类似的部门，没有中国这样的条件和优势，因此，在这方面，我们的侨社和侨胞应该也完全可能做得比其他移民族群更好，侨胞才能更快地融入当地社会，经济、文化才能稳健发展，华族和华社才能在异国他乡的环境中站得稳，立得深，真正成为多元种族大家庭的优秀族群。

四、有关部门宜将各地华人为所在国家和地方社会和谐发展作出贡献的案例，汇编成为宣传品或教材，通过各国华侨华人社团、媒体，做到广为人知，使新一代华人不断提升与当地人民共享成果、共荣发展的意识，以期得到所在国政府和主流社会的理解、认同和赞许，不断改善华侨华人与当地政府、社会和民众的友好关系，增进友好情谊。

五、我国各级涉侨、外事部门，可利用各种接待、出访等机会，通过各国华侨华人社团、侨领和华文传媒、华文学校，积极鼓励、教育和推动在外居住、就业、创业、经营的华侨华人（包括临时留居的华商），学习、继承和发扬优秀的中华文明，如：勤劳节用，质朴俭约，仁爱中和，合群团结，以德处世，顺应自然，轻松随和，淡己尊他，谦敬礼让，除淫戒赌，尊师重教，孝敬耆老，以商会友，以友辅仁等，处理好家居事务和邻里关系，认真学习所在国的优秀文化，充分尊重所在地方的民俗习惯，在各项社会和经济活动中，大力提倡讲文明、讲礼仪、讲法纪、讲诚信、讲管理、讲学习、讲节俭、讲友谊、讲奉献、讲团结的"十讲"活动。有意识地打造并张显既有中华优秀文明因素，又有所在国传统特色的华社文化。

六、从长远发展看，为了帮助各地华人社会经济良性发展，似可搭建"三个平台"：1. 在国外，通过资源整合，搭建企业优势互补的操作平台；2. 推动当地华文媒体与华社各界更多结合，尤应注意与外国主流媒体良性互动，成为教育培训、正面推介的宣传平台；3. 在国内，由大学、研究机构、咨询公司为华社提供更多信息、咨询和前景预测的理论平台。

回到《心归何方》，本人觉得这是一本介绍加拿大华社主要情况的综合性读物，对于国内涉侨涉外人员来说，是一部了解加拿大国情和侨情的好教材，而且从中可以引发对当前海外侨情和侨务工作的思考。即使世界其他国家的华侨华人，相信读了这部书，也一定能获得很多有益的启发。我们衷心希望学昆先生广泛听取各界意见，对本书不断作出修订、增补和调整，同时继续关注北美和其他各地华侨华人的发展状况，撰写更多的理论著作，为各地侨界的建设和发展作出更多贡献。

（原载于黄学昆著《心归何方》，中国华侨出版社 2016 年版）

《世界华侨华人通史》前言

　　经过长达数年的努力，《世界华侨华人通史》终于要出版了，其中的艰难与挫折，非简单文字可以描述。作为规模煌煌之一部通史，本应由一位学高望重的专家撰写一篇总序，方能高屋建瓴地揭示全书概貌，但据出版社称，因各分卷基本都有序，加之其他多种客观原因，尤其是时间紧迫，难以安排总序，故嘱我代笔，写一个简单的前言，以为书引。

　　我国是个移民大国，历程十分久远。"侨"这个字，频见于中国史籍，历代常指由于某种原因，离开故土到异地居住之人群。《隋书·食货志》："晋自中原丧乱，元帝寓居江左，百姓自拔南奔者，并谓之侨人。"东晋在江南设置侨郡。

　　自古以来，大凡沿边、靠海之处，人员的流动和交往都比较频繁。人们远走他乡，到异域从事各种活动，史不乏载，远可追溯至公元前千年的殷箕子东迁，秦时徐福东渡，汉有张骞西使，唐更现住蕃之潮。但那时毕竟人数不多，规模不大，明确精准的资料比较稀少。及至明末清初，中国航海条件成熟，部分民众离乡背井，驾舟扬帆，漂洋过海，到南洋诸岛谋生创业，遂后渐成传统，留下的文字记载愈来愈多。清中叶以后，东南沿海地区航海盛兴，泛舟渡洋渐成风气，加之外来西人以各种方式驱使，国人附舶南下，在东南亚诸国集聚，成为最早的海外侨社，在东南半岛和印尼、菲律宾诸地还出现了最早的侨团（本人在汕头的侨批馆见过彼时彼地的文物、资料，很受震撼），而粤闽多地则形成侨乡。随着英荷东印度公司之扩张与东进，愈来愈多的华工经东南亚被挟至欧洲和美洲。由于当时的华工多以苦力身份被贩卖出洋，迄今英文中还保留 coolie 这个词，在人类文明史上留下了永不磨灭的痕印。及至清末，在世界各地的华侨已逾百万之众。

在 19 世纪以前，严格的国家概念和相关的法律制度在东南亚等地尚未成形，但国际移民已十分普遍，而华人不仅在当地生存和发展，也直接参与所在国家的早期建设，实际无异于创国之民。即使在北美，移入粤人迅增，多从事开矿、修筑铁路等繁重劳动，尤其是贯穿美国和加拿大的东西大铁路，几乎全靠华工筑造，被誉为美国和加拿大基础建设之第一功臣。但后来这些国家在种族歧视或宗教排他势力影响下，对华侨的作用与贡献极力抹杀。很多华人在驳诘当地种族歧视者时愤然疾呼：我们是国家创建者！我们是最早的纳税人！我们是主流，而非外人！这里就是我的家！历史之音铿锵，振聋发聩，毋庸置疑。

数百年来，千万计的华侨华人在世界各地生存、发展的过程，不仅是所在国历史不可或缺的组成部分，也是中国历史的重要构成。

有关华侨华人之研究，肇始于清末，百余年来，延续不断，海内外相关的文物、资料和理论研究成果堪称汗牛充栋。由于政治原因，在上世纪中后期，该项研究一度受阻。改革开放以后，华侨华人研究事业得以复兴，并呈现出多学科研究并进、微观和宏观研究相结合、国际化水平不断提升等特点。李安山教授在《中国华侨华人研究的历史与现状概述》一文（见《世界华侨华人通史》代序）有全面追述，详细全面，辅以精辟评论，高屋建瓴，见地独到。

21 世纪以来，随着海外华侨华人数目急剧增加，侨情也随之发生诸多变化，为了适应新形势，中国政府大大加强了华侨华人与侨务工作研究力度。国务院侨务办公室开风气之先，成立侨务专家咨询委员会，并连续推出全国性的侨务研究课题，涉及中国侨务理论与政策、各国华侨华人政策、华人政治、华人经济、华人社会（社团）、华人文化、华人人口、华文教育、华文传媒、新移民、华裔新生代、境外少数民族侨胞、国家软实力、公共外交、海外华侨安全预警机制、归侨侨眷权益保护、涉侨法律法规、华侨农场、新侨乡等诸多领域。国务院侨务办公室又联合上海、浙江、广东、福建、江苏、四川、武汉等地侨务部门，成立侨务理论研究基地，并通过与高校和研究机构的合作，获取大量研究成果。这些重要举措，既成为侨务决策的理论依据和实证资料，也为涉侨学术研究提供了更为广大的平台。

这里，我们不能不提到一个十分重要而独特的机构——中国华侨华人历史研究所。该所是中国侨联直属的高级研究机构，该所于 1984 年成立以来，致力于华侨华人历史、侨情现状、国际移民和侨务理论研究，为侨务政策的制定和侨务工作的开展提供科学依据；召开了许多具有国际影响力的学术会议，开展国内外学术交流活动，编辑出版《华侨华人历史研究》学术期刊、《中国侨联年鉴》《侨情快讯》及《中国华侨历史学会文库》等。自 2011 年起，研究所以中国侨联之名义，每两年推出一期中国侨联研究课题。30 余年来，研究所取得的大量研究成果，成为国内外众多相关研究文献的引用源，这一点，从本部通史各卷的引文中便可看出。

近年来，我国华侨华人研究机构迅速增加，以研究院所、中心、基地等冠名的机构遍布各地，研究成果也日益丰厚。在中国知网上以"华侨华人"为主题进行文献检索，每年发表的华侨华人研究中外文期刊论文近千篇，出版中外文学术著作过百种，还有大量以侨为主题的博士、硕士学位论文。各级、各类研究机构每年都推出以华侨华人研究为主题的项目和课题。查国家社科基金网，近十年来，有关华侨华人研究立项课题达 126 个，其中重点项目 11 个，2011 年后，产生了 5 个重大项目，即：骆克任教授主持的"海外华侨生存安全预警机制研究"、朱义坤教授主持的"中国海外侨胞权益保护的重大法律问题研究"、陈晓锦教授主持的"海外华人社区汉语方言与文化研究"、丁宏教授主持的"少数民族海外华人研究"、陈奕平教授主持的"海外华人社区中华文化传承研究"、朱义坤教授主持的"中国海外侨胞权益保护的重大法律问题研究"等。这似乎昭示华侨华人研究已进入显学领域。

有关华侨华人研究涉及的范围不断扩大，从以前以文史为主，现扩展到政治、社会、外交、民族、经济、教育、语言、管理等各个领域。研究成果的形式也趋于多元化，大型工具书、皮书、丛书不断出现，比如华侨大学主办的《华侨华人研究报告》、暨南大学推出的《侨情综览》等。在广东省政府的大力资助下，帙卷浩繁的《广东华侨史文库》（张应龙教授主持）编修工程于 2012 年正式启动。作为广东省文化建设的重大项目，编修工作整合了广东各高校和科研机构的学术资源和研究力量，开启了撰写地区华侨华人通史之先河，该文库已出版了十多卷，受到国内外侨界和学术界高度重视。紧随其后，福建省政府资助的《福建华侨华人史》（庄国土教授主持）也于 2014 年 7 月正式启动，由福建省侨办组织全省侨界和高校研究专家编撰，即将付梓。

华侨华人研究在国际上也愈渐成为一个热门的学术领域。1992 年在美国加州成立的"世界海外华人研究学会"（ISSCO）成为这个学科领域的首个国际性学术组织，王赓武教授为首任会长（王灵智、洪玉华、廖建裕、陈志明先后继任），当年在伯克利加州大学召开了首次国际会议。随后于 1994 年在香港、1998 年在马尼拉、2001 年在台北、2004 年在丹麦、2007 年在北京、2010 年在新加坡、2013 年在吉隆坡、2016 年在温哥华召开高端国际研讨会，对华侨华人的历史、文化、经济、政治、教育、法律等诸多问题进行了深入研讨。另有"海外华人研究文献机构"，不定期在各国举办高端国际会议，声望愈升。可以说，这些国际性学术组织及高端年会，在很大程度上起到引领和推动国际华侨华人问题研究的作用。

随着中国与世界融合进程的加快，以全球视野重新观察华侨华人历史，在浩如烟海的史料中梳理出清晰的脉络，理顺这个历史长河的枝干，展现有代表性的史实，形成较为科学的学术观点，是华侨华人研究事业发展的必然要求。虽然受主客观条件的限制，要编写一部在国别、时段、行业、人物、事件等各方面都接近完美的华侨华人全书，尚有许多困难，但如果在充分掌握主体资料和基本成熟的专题研究的基础上，从大的区域着眼，以突出重点地区和专题的方式，对华侨华人历史和现状进行梳理与总结，形成一部世界范围的通史，为海内外侨界和侨史工作者提供方便，是十分必要的，也是可能的。

2012 年，在中国侨联的直接领导和推动下，中国华侨出版社启动了通史的策划、准备和组织申报工作。由于该选题意义重大，与国家出版基金的相关要求相契合，因而获得2013年度国家出版基金项目的资助，体现了国家对《世界华侨华人通史》学术与出版价值的肯定和推动。

在充分调研和征求意见之基础上，中国华侨出版社走访了北京大学、厦门大学、暨南大学、华侨大学、北京华文学院、江苏师大、中国新闻社、中国华侨华人历史研究所等教学、研究单位，拜访请教了国内外侨史、侨务方面的知名专家、学者，他们都在科研、教学工作第一线上日以继夜地忙碌着，无论是否能亲自参与撰写，皆十分支持这项工程，而且高瞻远瞩地对编撰此书寄予厚望，提出许多具体建议和要求。2013年6月3日在北京召开了《世界华侨华人通史》编撰工作会议，为编写这部反映世界华侨华人移民、生存、奋斗、发展历史及于祖籍国、移居国关系的通史定下基调。

2013年10月底，在北京再次召开了编撰工作会议，王赓武教授星程从新加坡赶来北京莅会。令我们感到无比欣慰的是，王教授十分赞同《世界华侨华人通史》的编写，亲自担任这部通史的总顾问，他称这部通史为华侨华人研究的一件大事，认为中国侨联和出版社如此重视，下定决心来做，实属不易。王教授要求各位专家要站在学术制高点，体现侨史界已有的研究成果和水平；他特别强调，华侨华人在经济上对居住国和祖籍国的巨大贡献，对祖籍国乡土文化的认同和热爱，一定要在编撰的内容中得到充分体现。他并且针对编写起止、试论观点和国际影响等重大问题提出了具体要求，为全书编写定下基调。出席会议的编委会成员和各分卷主编、编委充分交流了各卷的编写思路、计划和进度，对起止年限、入卷要求、文献版权、撰写规范、统稿标准等具体问题做了统一部署。

会议指出，《世界华侨华人通史》的内容，应与"国家出版基金项目要体现国家意志"的要求相契合，要站在顺应历史潮流、尊重历史规律、结合现实需要、发展学术传承的高位。作为我国首部世界华侨华人通史，这部书将填补侨类通史的空白，具有重要的历史、现实意义和学术价值。作为编撰者，应注意材料翔实、观点严谨、定性客观、论述准确，齐心协力，通力合作，将其打造成为侨史学界可资借鉴的标志性学术著作。

学者是图书编撰的灵魂。中国华侨出版社是十分幸运的，因为所敦请担任各卷主编的专家、教授，皆为该领域权威学者，他们的鼎力支持和亲身参与，是《世界华侨华人通史》质量和水平的重要保障。会后，各位专家立即开始了紧张而繁重的撰写，其中的万状艰辛和重重困难，相信读者可以从各卷的文字中读出，在此不赘。

作为《世界华侨华人通史》的出版者，中国华侨出版社是国内唯一的侨类图书专业出版社，组织出版过大型华侨华人研究工具书《世界华侨华人百科全书》，此外还陆续出版有《中国华侨历史文库》《侨乡研究丛书》《华人经济年鉴》《中国侨联年鉴》《多元文化共建的世界华文文学》《国际移民与侨乡研究》《中国侨史学界纪念辛亥革命 100 周年学术研讨会论文集》等侨类专业书籍，有策划、组织侨类图书编著出版的基础和丰富经验。

北京华文学院是一所享誉海内外华文教育界的著名学府，拥有 60 余年办学历史，有着独特而强大的教学科研队伍。该院与中国华侨出版社在《世界华侨华人通史》这个历史性的汇合点上相遇了，学院与出版社建立了战略合作，共同推进华侨华人学术研究和出版事业。可以说，这部书的出版，如果没有北京华文学院的大力支持，是难以顺利推出的。

如上所述，中国侨联对于《世界华侨华人通史》给予亲切关怀和大力支持。侨联主要领导多次听取汇报，签批指示，把该书列为中国侨联文化发展的重点工作。当时的中国侨联主席林军亲任编委会主任，并题写了书名。

《世界华侨华人通史》共分为 12 卷，分别为：《总论》（上下册）、《东南亚卷》（上下册）、《西亚北亚卷》《非洲卷》《欧洲卷》《大洋洲卷》《拉丁美洲卷》《北美洲卷》《归侨卷》《华文教育卷》《华文传媒卷》《人物志卷》《侨乡卷》，共计 12 卷，14 册，约 1200 万字。需要特别说明的是，由于作者皆为不同单位、不同领域的专家，在编写体例、风格方面各有特点，取材来源不一，学术观点、眼界和所持理论必然有别，加之各卷内容差别很大，因此难以做到整体形式上的一致。这一点希望读者予以体察。

（原载于《世界华侨华人通史》，中国华侨出版社 2019 年版）

政治和行政管理

论日本高等教育与经济发展的关系

[日] 三边诚夫 著　丘　进 译

近几十年来，局外人不无遗憾地看到，日本无论在其国内或国际事务中，都有不少令人难解的奇怪表现，而一系列的丑闻则使得若干届自民党政府行为乖僻。其中一件丑闻导致的结果，是日本政府在几年期间（1987—1988）庸碌无为，除了在经济上保持良好发展趋势外，日本国家和人民并未得到应有的尊崇。另外一个事件则是利库路德丑闻，即涉及自民党领导成员以及日本电话电报公司和文部省上层人物的贿赂案，当时的首相竹下登因此被迫辞职。同时，由于众多政府官员与该丑闻深有牵连，以至于无力料理政务。继后，当宇野宗佑首相被指控有不体面之表现而下台时，日本政府甚至陷入无所适从的困境之中。对于自民党来说，最终的一次痛击来自该党首领金丸信被发现接受若干家大建筑公司的巨额馈赠。1993 年，由于建筑工程丑闻一案，自民党政府终于被细川护熙政权所取代。

以上情况似乎表明，尽管日本人基本上都受过良好的教育，生产劳动方面也颇有建树，但却由一批素质并非很高的社会上流所领导。这些社会上流缺乏效能和实力的重要原因，可在日本高等教育制度的缺陷中求之。本文就此作一简要论述，意在指出日本高等教育存在的某些问题，并探讨相应的解决途径。

当我们试图发现影响日本基础教育的一系列问题时，在国际上对诸如科学和教学领域进行比较研究的结果已经显示出日本基础教育的标准无疑是很不错的。一种教育和一支训练有素的劳动力队伍，应该与这个国家国民经济水平相适应。其他国家，包括美国，都在基础教育方面与日本展开竞争。与此形成的强烈反差是，其他国家对日本的大学、学院以及研究生教育却不屑一顾。一项美国和日本教育体系的比较研究有助于说明这一问题。

这项研究是由美国杜克大学马丁·布朗芬布莱纳教授和艾莫里图斯教授主持的，其中的表一（附后）颇值一观。该表横坐标为时间，纵坐标为智力指数 BPI（Brain Power Index），可视通过训练和教育而取得的成就。表中时间代表日本某阶段的 BPI 情况，虚线则代表美国某阶段的 BPI 情况。我们看到，两条曲线始于同一起点，而且在最初阶段保持同步发展。这个阶段是指儿童家庭教育的过程。接下去，在初等教育直至大学教育的最初时期，代表日本的曲线高于代表美国的曲线，这表明日本大学初期及以前的教育优于美国，尤其在时间 t 处，该点正值高中毕业时期。

曲线在 t_1 和 t_2 之间的平直部分被称为布朗芬布莱纳平线，这一阶段日本的 BPI 曲线十分奇特，显示出一般的日本学生在这个期间没有学到什么知识，而 t_1 到 t_2 恰是大学到研究生阶段。在某些案例中，这条曲线甚至呈下滑状态（见图一之 ac 段）。这表明，当一个学生处在临近高中毕业时，为了通过毕业考试，他的知识增长速率加速，一旦毕业之后，便可能停滞或倒退。简言之，日本的大学只不过是高中知识的延期偿付期，是处在大学前预备学校里激烈的智力竞争和大学后参加实际工作之间的一种休养生息。大学生只是在遇到社会工作的实际需求之后，才重新开始并继续他的学习。

代表美国的那条曲线，直到大学的初期阶段之前，基本上处于日本的曲线之下，然而到了高等教育的末期，前者便赶上并大大超过后者。尽管为时较晚，但美国学生较之日本学生学得更快，掌握的知识也更广泛。此外，根据本人在美国得克萨斯奥斯汀大学担任富布赖特讲座教授时期（1987—1988）的经验，美国学生在大学期间的竞争潜质胜过日本学生。在这一阶段，美国的高等教育似乎在世界上是首屈一指的。

布朗芬布莱纳的表一是在 25 年前绘制的。日本人也承认自己的高等教育制度存在着问题，并实施了诸多改革。然而，上述改革措施只是针对入学考试，并未真正触动大学教育本身。其结果，这一形势每况愈下，迄今未见改观。表二对日本的教育作了很好的描绘。

对大多数日本孩子们来说，教育的关键时期在于入学考试阶段。要想进入一所名牌大学，就必须毕业于一所有声望的高中，欲就读于一所有声望的高中，又必得出自一所享有盛誉的初中；如是一直下朔到幼儿园。如果学生企图跻身于高等教育象牙之塔的尖端，譬如令世人瞩目的东京大学法律系，则更需要父母具有良好的社会地位和富裕的家庭条件。在这样的外界环境下，学生本身所需要做的一切，便是在每一个考试阶段使自己的学习稍稍超过 BPI 划定的水准，但无须过多。只要他的成绩处于入学考试规定的最低分数线之上，就足够了。规定最低分数水准也许是合情合理的，但正如以上所指出的那样，超过太多也大可不必。具体情况见于图二。

造成日本高等教育制度中瑕疵的原因甚多，要之可有以下数端：

1. 日本是一个架构十分稳定的社会，各种社会要素根深蒂固。这使得数目极为有限的毕业于旧时代帝国大学模式的高等学府——东京大学的校友们，加上近几年少数出自几所名牌私立大学的毕业生，已经控制了日本的几乎各个领域。在录用应届毕业生方面，无论公立或是私立机构，似乎一概只对学校的声誉感兴趣，而毕业生的能力和才干并非主要因素。如是，出自普通学校和地方性学校的毕业生便没有什么希望造就一个显赫的生平。日本自第二次世界大战以来一直被这样的一种制度所控制。

2. 始自日本走向现代化的明治维新，欧洲的大学体系被引入日本。这个体系下，教授享有绝对的权威，从事研究受到尊崇，课堂教学却显得无关宏旨，于是院系的教师们对学生的事情漠不关心。

3. 目前各大学都希望重新造就一批师资，但被教授们留在身边工作的多属二流学生，结果是学校水平下降，而老教授们因之可以轻松地度过自己的学术生涯。

总之，日本的大学自遵循欧洲体系始，二战后又引入美国的体系，不幸的是，这两种体系都没有被很好地消化、吸收。日本不曾产生它自己的高教体系。

　　如果日本仍不能及时地克服它高教体制中的弊端，那么，尽管在经济上有杰出的成就，日本也不可能在国际社会中赢得广泛尊敬。更严重的是，日本既不会继续在改革、创新中大有作为，也不会为世界进步作出贡献，而只是在其他国家的期待面前维持着麻木不仁的状态。日本今日的奇迹可能在不久后便销声匿迹。

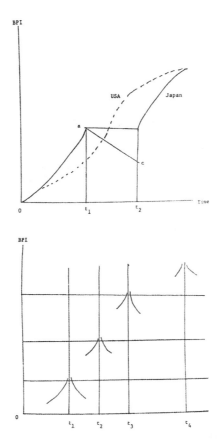

　　译者注：日本长崎县立大学与我国华侨大学建立了友好合作关系。今年6月20日，三边诚夫先生赴华大访问途经北京时我接待了他，他向我介绍了日本教育的概况，并交给我他的这篇新作。我当时浏览了一下，发现有其独到之处，便问他是否愿意由我译成中文刊出，他欣然同意。兹译出，供大家参考。

（原载于《华侨高等教育研究》1994 年第 2 期）

中国特色社会主义理论的思想架构

——《邓小平文选》（第三卷）部分重要论述的量化分析

在中央党校学习，遵照校方计划，自学《邓小平文选》（第三卷）（以下简称《文选》），通读数遍，随手做些笔记，梳理论点，分门别类，以图在之后各阶段之学习中于己方便，无意之中，对书中要点作了量化统计，并就其中论述数量最多者进行分析，进而对邓小平建设有中国特色社会主义理论之思想架构作了初步归纳和分析。这些浅识和管见，极不成熟，谨求教于方家。

一

《文选》（第三卷）收集邓小平同志在 1982 年 9 月至 1992 年 2 月近 10 年间的著作共 119 篇。其中与外国（含境外地区）人士的谈话 74 篇，占 63%；对国内、党内人士的讲话 41 篇，占 34%；题词 2 篇，占 1.6%；信 1 篇，占 0.8%；《悼伯承》1 篇，占 0.8%。

从年代上看，各年篇数不等。1982 年 6 篇，1983 年 9 篇，1984 年 16 篇，1985 年 16 篇，1986 年 4 篇，1987 年 19 篇，1988 年 11 篇，1989 年 17 篇，1990 年 6 篇，1991 年 2 篇，1992 年 1 篇。

《文选》提出的观点、论点很多。因为大多是作者的讲话记录，这些讲话又多在某个特定的环境下就某一个问题、对某个当事人从某一角度去谈，而在另一个环境下又就同一问题、对另一当事人从某一角度一谈，所以在文体和结构上，《文选》较其他理论著作有显著不同，主要是：1. 仅从一两篇讲话里难以看出作者主张的观点、思想和理论的全貌。2. 每篇文章都不长，但角度、对象不同，故可能对同一问题论述的重复率较高，但因这不是简单的重复，故读者须从总体上把握这类重复论述的本质和全貌。3. 对某些问题的论述，时间跨度较大，可从卷首贯至卷末；对另一些问题，则又较集中地在三五年期间的若干篇文章内加以论述，这反映出作者对这些论点的重视，或提出这些论点的急迫性。

我以为，要较好地把握《文选》中的主要思想和理论，似有必要将散见于许多篇文章里的属于同一主题或类别的阐述或提法尽可能地加以集中，然后在对照、比较中进行学习和研究，如是得出的结论，才可更妥切地符合或接近作者的原意。

下面是《文选》中对一些重要问题论述或直接提及的次数情况：

建设有中国特色的社会主义（32 次），搞好精神文明建设（6 次），一切从实际出发（25 次），实践是检验真理的唯一标准（7 次），发展生产力（50 次），政治和经济体制改革（60 次以上），对内与对外开放（38 次），市场经济和计划经济之关系（10 次），四个坚持和安定团结（约 45 次），国民生产总值翻两番和三步走（约 48 次），思想政治教育（30 次），用新办法解决新问题（7 次），干部的新老交替（20 次），一国两制（38 次）。

此外，书中对国际关系、党际关系、人权、学校教育、科学技术、知识与人才、革命战争史、民主集中制、党风建设、华人华侨、少数民族等问题也都有不同程度的论述，但次数较少（尽管这决不等于次要），或属附带提及，囿于篇幅，另文专述。

二

从以上统计看，《文选》论述得较多、提及率较高的问题，在理论思想上，主要集中在三个大的方面，即：辩证唯物主义思想，政治经济体制改革的思想和发展经济的思想。我们知道，邓小平同志在继承了马列主义、毛泽东思想的基本内核和合理内核之同时，进一步发展了马列主义、毛泽东思想。《文选》中表现的一系列主要的理论和思想，既是邓小平对马列主义、毛泽东思想的发展，也正是他所创立的符合中国国情的社会主义理论的特色所在。

（一）历史发展的辩证思想

毫无疑问，历史唯物主义和辩证唯物主义都是贯穿《文选》的主线。作者说："二十年的历史教训告诉我们一条最重要的原则：搞社会主义一定要遵循马克思主义的辩证唯物主义和历史唯物主义。"[1] 他强调，我们搞改革开放，"没有丢马克思，没有丢列宁，也没有丢毛泽东。老祖宗不能丢啊！"[2] 小平同志"熟悉我们党从开头到现在的历史，对许多重大事件的历史过程都比较了解"[3]。事实的确如此，他经历了我党发展史的全过程，是党和国家第一代最高领导成员，是一个真正的马克思列宁主义者，因为他站在历史的舞台上，"根据现在的情况，认识、继承和发展马克思列宁主义"。[4]《文选》不少地方都明显地表现了作者历史唯物主义的思想。

在《文选》中，更鲜明、更有代表性的是小平同志唯物主义的辩证思想和理论体系。这主要见于以下三端。

---

[1] 《邓小平文选》第三卷，人民出版社 1993 年版，第 118 页。
[2] 《邓小平文选》第三卷，人民出版社 1993 年版，第 369 页。
[3] 《邓小平文选》第三卷，人民出版社 1993 年版，第 272 页。
[4] 《邓小平文选》第三卷，人民出版社 1993 年版，第 291 页。

1.实践是检验真理的唯一标准

直接使用这一文字表述的，全书共有 7 处，从卷前第三篇《一心一意搞建设》直到卷终。这 7 处用于强调解放思想（第 10 页两处、第 265 页）、发展生产力（第 28 页）、反对精神污染（第 45 页）、物价改革（第 263 页）和农村工作（第 382 页），而未直接使用这一文字表述但采用该原理的，则达数十处之多。例如他指出："实践是检验路线、方针、政策是否正确的唯一标准。"① 这充分表现了邓小平的理论中重视社会实践的基本思想。

我查找到列宁就辩证逻辑提出的四项要求，其中的第三项是"必须把人的全部实践——作为真理的标准"②。然而，这一简单、朴实的六法则，在中国历史进程中，迟至小平同志成为第二代领导核心时才以新的形式真正得到运用。这不是偶然的，但足以引起我们的深刻思考。

2.一切从实际出发

《文选》的文字中，没有华丽的辞藻，亦无玄奥的思辨，然而作者的篇篇讲话却惊世骇俗，使人感到有无限的思想内涵，又极为贴切发生于我们身边的现实。其主要原因，便是他的理论、思想直接源于社会实践。书中"从实际出发"和"实事求是"的语言表述，自篇首（第 2 页）至卷尾（第 382页），约有 25 处。而同一之论述则难以数计，且均衡散见于大多篇章之中。小平说："马克思主义必须发展。我们不把马克思主义当作教条，而是把马克思主义同中国的具体实践相结合，提出自己的方针。"③ 这里至少表明作者思想的两个要点，其一，将马克思主义与中国实际相结合，将毛泽东思想与中国现实相结合；其二，实事求是，不拘泥于马列主义、毛泽东思想中不现实、不妥帖、不具普遍性的所谓"经典"，要教育后人不再犯"两个凡是"之类的错误。

3.用新方法（新思想、新观点）解决新问题

书中直接提到 7 次，分别针对以下问题：国际新形势（第 50 页）、有

① 《邓小平文选》第三卷，人民出版社 1993 年版，第 28 页。

② 《列宁选集》第四卷，人民出版社 1975 年版，第 453 页。

③ 《邓小平文选》第三卷，人民出版社 1993 年版，第 191 页。

中国特色的社会主义（第 65 页）、经济体制改革（第 91 页）、教育（第 122
页）、干部的新老交替（第 146 页）、政治体制改革（第 241 页）发展马克思
主义（第 29 页）。

仅仅细心体会这 7 处论述，就已不难看出小平同志思想和工作作风的实
践性和灵活性。在当今世界和中国面临共产主义前景、社会主义之行止、国
家之命运等一系列重大问题时，他所倡导的"不要僵化，要用新脑筋来对待
新事物"① 的辩证方法是极其重要的。

（二）政治体制改革的思想

1. 建设有中国特色的社会主义

这是产生于中国新时期的社会主义观，也是小平同志这一时期经常思
索并着重发挥的一个系统问题，是中国当前"第二次革命"和"全新事业"
的核心。

《文选》中提到"中国特色社会主义"共 32 处，亦是自首篇至卷末。均
衡见于 10 年的时间跨度之内。除第 32 页文中称"中国式的社会主义"外，
其余 31 处在提法上基本一致。作者是在不同的场合、从不同的角度阐明这
一命题的。主要有：

马列主义与中国实践相结合（第 3、63、135 页）；

从实际出发，总结经验（第 15、139、223、249、265、372 页）；

国际关系（第 213、218、311、328 页）；

改革开放（第 122、142、210、261 页）；

四个坚持（第 147、191、197，200、203 页）。

此外还有发展生产力、两个文明建设等角度的论述不一一列举。这表
明，邓小平将社会主义的本质与中国的现实情况加以完整的结合，从而提出
能够有效指导中国社会发展、开辟全新事业的革命性理论。

需指出，邓小平尽管从各个侧面出发、以大量社会实践为根本得出这个

---

① 《邓小平文选》第三卷，人民出版社 1993 年版，第 241 页。

科学的论断，但他并未过早地将社会主义这种变化中的社会形态加以定型。他目光深邃地告诫我们："现在虽说我们也在搞社会主义，但事实上不够格。只有到了下世纪中叶，达到了中等发达国家的水平，才能说真的搞了社会主义，才能理直气壮地说社会主义优于资本主义。"① 他又强调说："要证明社会主义真正优越于资本主义，要看第三步，现在还吹不起这个牛。我们还需要五六十年的艰苦努力。"② 在这里，我们很自然地回想起毛泽东 1956 年 8 月发表的那个关于"球籍"问题的著名演讲："你有那么多人，你有那么一块大地方，资源那么丰富，又听说搞了社会主义，据说是有优越性，结果你搞了五六十年还不能超过美国，你像个什么样子呢？那就要从地球上开除你的球籍！"③ 由于众所周知的原因，"球籍"问题似已不必去计较了，但邓小平再次提出五六十年努力的目标，与其说符合中国实情，不如说是要求今人更有紧迫感，万万不可有丝毫的懈怠，要在这一代和下一代人的手上将社会主义的旗帜真正树立于这个星球上。同时，这个阐述的另一个重要性在于它表明邓小平中国特色社会主义理论较之以前的形形色色社会主义理论具有更可贵的一面，那便是理论的实践性和开放性，因为它公然宣布将接受未来社会主义实践的检验，它为自己今后的进一步发展打开了门户。这等于告诉我们，新时期的社会主义理论刚刚由其滥觞趋于成型，但远非达到成熟的全过程，它还必须在实践中不断得到加强、充实、更新和完善。如果将它当成一种僵化的、纯理论的东西加以崇拜，而不是当成指导我们改革实践的思想武器和科学方法，那么我们这一代或者下一代便会重犯教条主义的严重错误。

2. 一个中心、两个基本点的政治保障（包括强调安定团结的政治局面）

建设有中国特色的社会主义理论的中心是社会主义，这便决定了建设这样的社会主义，必须有政治上的保障，即"四个坚持"要维护国家安定团结的社会局面。有关这一点，《文选》中直接提及并加以强调的达 50 余处，

---

① 《邓小平文选》第三卷，人民出版社 1993 年版，第 227 页。

② 《邓小平文选》第三卷，人民出版社 1993 年版，第 227 页。

③ 毛泽东：《增强党的团结，继承党的传统》（在中国共产党第八次全国代表大会第一次预备会上的讲话，1956 年 8 月 30 日），引自"人民网"2003 年 8 月 30 日。

间接涉及之处更多。

值得一提的是，此类论述在《文选》里，除了作者 1983 年 10 月 12 日在十二届二中全会上的讲话中论及"思想战线不能搞精神污染"以外，其余大部分发表于 1986 年 12 月 30 日及以后的讲话当中，即主要出现在《文选》的后半部。这是因为当时中国处于资产阶级自由化思潮泛滥的背景之下，部分人煽动学生上街游行、滋事，以致酿成八九年的政治风波。这一时期给我党的教训是深刻的，小平同志不止一次说过，"稳定压倒一切，人民民主专政不能丢"①。他强调："在四个坚持中，坚持人民民主专政这一条不低于其他三条。"② 这是从短短数年严酷的社会实践中总结出来的一条重要思想，也是上述政治保障的中心所在。

3. 政治、经济体制改革和对外开放

此为两个基本点中的第一点，也是小平同志理论中最具特色的思想之《文选》中的相关论述多达 60 处以上，乃全书分量最重的内容。

关于改革的性质，作者开宗明义地宣布："我们把改革当作一种革命"③，"改革是中国的第二次革命"④。关于改革的目的，小平同志亦有精到的立论："总的目的是要有利于巩固社会主义制度，有利于巩固党的领导，有利于在党的领导和社会主义制度下发展生产力。"⑤ 这实际上既概括了"一个中心，两个基本点"，同时又将发展生产力这个中心任务放到我们最终目的的高度上去。

如是看来，将政治、经济体制改革和对内、外开放作为小平同志思想的一个主要构成和前沿内容，应不为过。

4. "一国两制"这是小平同志有关祖国和平统一和国际关系思想的一大创获

《文选》中提到的"一国两制"达 38 次，还有若干处有关的论述，均衡

---

① 《邓小平文选》第三卷，人民出版社 1993 年版，第 364 页。
② 《邓小平文选》第三卷，人民出版社 1993 年版，第 365 页。
③ 《邓小平文选》第三卷，人民出版社 1993 年版，第 82 页。
④ 《邓小平文选》第三卷，人民出版社 1993 年版，第 113 页。
⑤ 《邓小平文选》第三卷，人民出版社 1993 年版，第 241 页。

见于各个年份。用作者的话来说，"一国两制""就是在中华人民共和国内十亿人口的大陆实行社会主义制度，香港、台湾实行资本主义制度"。① 在这一方针指导下，1997 年、1999 年港澳按期回归祖国，从而在中国历史上树立起永不磨灭的丰碑。"一国两制"对于台湾问题的解决也开辟出切实可行的途径。

小平同志说："解决国际争端，要根据新情况、新问题、提出新办法。'一国两制'，是从我们自己的实际提出来的，但是这个思路可以延伸到某些国际问题的处理上。"② 事实的确如此，这个方针在国际上受到广泛赞誉，逐渐成为解决类似问题和争端的一种有效模式。

5. 对人民，尤其对青年和干部进行思想政治教育

邓小平关于教育的思想，在《文选》中可分为两种。一为普通的国民教育，即以学校（或远距离传播媒介）为依托进行的以传授文化科技知识为主要目的的教学和教育。另一种则为对广大党员、干部和青年学生进行的思想教育、政治教育和国情教育，以期不断提高他们抵制资产阶级自由化思潮、坚持和发扬共产主义思想、道德、情操的自觉性。这里指后一种教育。

《文选》中，有关此种教育共提及约 30 次。从时间上看，较早一次在 1984 年 11 月 1 日（第 98 页），主要指军队干部建设。而大多数见诸 1986 年以后的讲话，集中针对资产阶级自由化思潮的泛滥。而从教育对象上看，多数指对人民、党员、干部的法制、党风或纪律教育（约 18 次），同时也十分注重对青年学生的思想政治教育（9 次）。

邓小平多次说："十年来我们的最大失误是在教育方面，对青年的政治思想教育抓得不够。"③ "我们最大的失误在教育，对年轻娃娃、青年学生教育不够。"④ 1986 年以后，国际国内发生的一系列重大事件提醒我们，"十一届三中全会确立的这条中国的发展路线，是否能够坚持得住，要靠大家努

---

① 《邓小平文选》第三卷，人民出版社 1993 年版，第 58 页。
② 《邓小平文选》第三卷，人民出版社 1993 年版，第 87 页。
③ 《邓小平文选》第三卷，人民出版社 1993 年版，第 287 页。
④ 《邓小平文选》第三卷，人民出版社 1993 年版，第 327 页。

力，特别要教育后代。"① 这也正是小平同志在 80 年代后期极其重视并反复强调的一个思想。

6. 干部新老交替的组织制度改革

开创全新的事业，就必须培养一大批具有新知识、新思想、年轻化的干部队伍。干部老年化恰恰是改革事业初期的老大难问题。解决这个问题，即使对于党和国家的最高领导人来说，若无大的气魄，大的力度和高的姿态，也是难以着手的。小平同志尖锐地看出问题的症结所在，不但果敢提出干部新老交替的思想和具体办法，而且以身作则，率先退出领导第一线，并且带领老一辈无产阶级革命家，培养、扶持新一代的领导集体，显示出他的远见卓识和恢宏气度。

《文选》中有 20 处反映上述思想。例如："请年纪大一些的同志腾出位子来不容易呀，但是这件事我们必须办，这条路我们必须走。两年前我就说过，我希望带头退休"②；"退休成为一种制度，领导层变更调动也就比较容易"③；"我们这些老人关键是不管事，让新上来的人放手干，看着现在的同志成熟起来。老年人自觉让位，在旁边可以帮助一下，但不要作障碍人的事"④；"从组织上保证我们党的政策的连续性"⑤；正因如此，近些年来大量年轻有为的人被提拔、使用，使改革、开放的全新事业显得朝气蓬勃，这在党的历史上的确是"值得大书特书"⑥ 的。

（三）经济体制改革的思想

我们知道，在马列主义理论中，资本主义和共产主义之间隔着一个过渡时期，这个过渡时期可不可以兼有资本主义和共产主义两种社会经济结构的特点和性质？这在多年来是一个两难的棘手问题，围绕这个问题展开的各

---

① 《邓小平文选》第三卷，人民出版社 1993 年版，第 381 页。
② 《邓小平文选》第三卷，人民出版社 1993 年版，第 92 页。
③ 《邓小平文选》第三卷，人民出版社 1993 年版，第 316 页。
④ 《邓小平文选》第三卷，人民出版社 1993 年版，第 381 页。
⑤ 《邓小平文选》第三卷，人民出版社 1993 年版，第 146 页。
⑥ 《邓小平文选》第三卷，人民出版社 1993 年版，第 145 页。

种讨论、各项工作也一直陷于艰难无比的困境之中。

邓小平深刻地透视了这个问题在国内、国际环境中的全貌和历史的全过程，冲破了传统观念的禁锢，以大无畏的精神和科学的态度进行大量的研究和探索，对社会主义这个过渡时期（尤其是其初级阶段）的本质、特征和主要的经济形态作出全新的解释，使人们认识到，发展生产力既是社会主义建设的中心，也是当前经济体制改革的目的。

从《文选》中归纳作者有关经济体制改革的思想，主要见于以下三方面。

1. 解放生产力，发展生产力

书中关于生产力的论述甚多（约 50 处）。作者对这个严肃问题的思考带有很强的历史观。小平同志长期担任党政军领导，对党、国家和军队的历史、现状有透彻了解。他一针见血地指出，我国在建立社会主义经济基础以后，社会生产力发展缓慢，国家贫穷落后，究其主要原因，是"多年来没有制定出为发展生产力创造良好条件的政策"[①]。现在的改革，性质同过去的革命一样，也是为了扫除发展社会生产力的障碍。

在此基础上，小平同志进一步提出社会主义的本质"是解放生产力，发展生产力，消灭剥削，消除两极分化，最终达到共同富裕"[②]。这个表述，在马克思、恩格斯关于社会主义是解放生产力即解放处于劳动异化状态中的无产阶级的经典理论基础上，非常显著地增加了"发展生产力"和"共同富裕"的新内容，从而动态地反映了现实社会主义发展的特定本质。这在理论上具有十分重要的意义。

2. 计划和市场都是发展经济的手段

"社会主义同资本主义比较，它的优越性在于能做到全国一盘棋，集中力量，保证重点。缺点在于市场运用得不好，经济搞得不活。计划与市场的关系问题如何解决？"[③] 这是小平同志在 1982 年 10 月一次谈话里提出的尖锐

① 《邓小平文选》第三卷，人民出版社 1993 年版，第 134 页。
② 《邓小平文选》第三卷，人民出版社 1993 年版，第 373 页。
③ 《邓小平文选》第三卷，人民出版社 1993 年版，第 17 页。

问题。三年之后，1985 年 10 月，他十分明确地解答了这个问题："社会主义和市场经济之间不存在根本矛盾……搞计划经济和市场经济相结合，进行一系列的体制改革，这个路子是对的。"① 这样做的目的只有一个，"就是加速发展生产力"；这样做的根据也只有一个，那就是中国的实际情况，"中国不走这条路，就没有别的路可走"。②

这个问题和答案的提出，在当时似乎是石破天惊的。在一些理论家们还在感到振聋发聩、惊愕不已之时，中国的经济已经在市场规律的调节之下开始了新的腾飞。

在中国，那种认为社会主义只能搞计划经济的传统思想是十分顽强的。中国式的社会主义最有特色的一个部分——市场经济，受到来自内外各方面的责难、批评甚至抵抗，改革遇到了强大的阻力，但改革的本质、目的和它的群众性决定了它是不可逆转的。小平关于"计划和市场都是发展生产力的方法"的思想，符合中国国情，顺应历史潮流，是中国经济体制改革的核心。在《文选》中，除了以上引用的几次外，作者在 1987 年、1989 年、1990 年、1991 年、1992 年的 5 次讲话里，愈渐深刻地阐发了社会主义条件下如何运用好市场经济这个手段的思想，从而为我国经济体制进一步深化改革打下坚实的理论基础。

3. 国民生产总值翻两番和三步走

这是小平同志针对发展生产力而提出的具体部署和中国在本世纪末到下世纪中叶经济发展的模型，也是"总设计师"对中国未来形象的描绘。

总观《文选》中约 48 次从不同角度的论述，可将作者的这一思想概括为人民生活水平的三级目标和经济发展的三个阶段。

人民生活水平的三级目标是：解决温饱，实现小康，达到中等发达国家水平；

经济发展的三个阶段是：80 年代的 10 年，90 年代的 10 年，21 世纪的

---

① 《邓小平文选》第三卷，人民出版社 1993 年版，第 149 页。

② 《邓小平文选》第三卷，人民出版社 1993 年版，第 150 页。

上半叶。

　　这两者之间的关系是："在翻两番的基础上，再用三十年到五十年时间，我国综合国力达到世界前列，社会主义的优越性就真正体现出来了。"①综上所述，即使仅从《文选》中以上部分内容来分析，已可看出作者关于当代中国建设和发展的种种论述，足以构成一个有严密内在联系和逻辑关系的理论体系。其特点主要在于，1.以"解放思想，实事求是"为哲学核心；2.坚持社会主义道路，深化政治、经济体制改革；3.高速度发展生产力，力争在五六十年内两个文明都超过资本主义。

　　我们看到，在建设有中国特色社会主义理论的指导下，中国在世界上已经并将进一步树立起这样的形象：中国共产党是一个实事求是的党，是一个坚持马列主义、毛泽东思想的党，带领中国坚定地走着社会主义的道路；中国是一个人口大国，同时也是一个政治大国；她有安定团结的社会环境，物质文明和精神文明协调发展；她对内深化改革，对外扩大开放，实行一国两制，保持独立自主；她有同时取纳计划和市场两种经济手段的优势，高速发展生产，改善人民生活，增强综合国力；在不久的未来，她必将以经济大国的雄伟姿态，自然屹立在世界的东方。

（原载于《华侨大学学报》1995 年第 1 期；转载于《党校
学员优秀论文选》，中国书籍出版社 1997 年版）

---

① 《邓小平文选》第三卷，人民出版社 1993 年版，第 364 页。

"三个代表"发展了中国特色社会主义理论

从理论上看"三个代表"重要思想与小平同志提出的"三个有利于"是一脉相承的，具有内在的同一性，这一点毋庸置疑。但对于"三个有利于"而言，"三个代表"并非简单的等同，也不是仅属论述上不同角度的表述，而是在新的历史时期对中国特色社会主义思想的继承和发展。这一理解基于以下思考。

理论基础相同，时代特征彰显生产力是社会发展的决定性推动力，生产力之发展既是人类社会进步的物质依据和基本标志，也是社会生产关系变革和进步的主要源泉和动力，这是历史唯物主义的理论基石。

小平同志将"是否有利于发展社会主义社会的生产力"放在首要位置，其目的，一是强调马克思主义的基本观点，二是要求国人不要拘泥于抽象的生产关系，要清醒地看到当时的国情——我们已经花费了至少20年之宝贵时间去探讨姓资姓社的问题，而生产力却愈来愈落后于资本主义国家，我国经济发展仍然受到严重阻滞。因此，解放思想，冲破"左"的障碍，大力发展生产力，推进改革开放，实乃世纪之末中国最为迫切的大事。

"三个代表"将"代表中国先进生产力的发展要求"放在首位，是对马克思主义、邓小平理论的一种呼应，同时也适时地反映了当前我国国情——僵化的计划经济之樊篱已经冲破，社会生产有了较大较快的发展，但与发达国家相比，我们生产力之水平仍然相当低下，如若眼光短浅，小富即安，故步自封，不思进取，我们与西方社会之差距则将继续扩大。因此，培育、促进、发展与国际先进水准相称的生产力，理所当然地成为新世纪执政党之第一要务。

实践取向相同，文化分量突出马克思主义创始人对世界主要文化的掌握、继承以及在推动其发展上的不遗余力是有目共睹的。小平同志对文化之专门论述，虽词语不多，但言简意赅，旨意明确，内涵宽阔，他说："建设社会主义的精神文明，最根本的是要使广大人民有共产主义的理想，有道德，有文化，守纪律。国际主义、爱国主义都属于精神文明的范畴。"他的"科学技术是第一生产力"之见地，点到精神产品与物质文化关系之要害，可谓振聋发聩，掷地有声，更引起后人对精神与文化建设重要意义之深邃思考。

"三个代表"将"中国先进文化的前进方向"提至理论最高层次，使中国社会主义之特色趋于鲜明，即：建设全面小康社会，必须全面实施包括科技、教育在内的文化建设；必须大力提倡以良好思想道德、社会风尚为首要的社会文明程度；必须认真培育健康、优秀、丰富、多彩的文艺精品。如是，才能不负我们这个世界文明古国、千年礼仪之邦的美誉，才能使中华文化真正受到世界其他民族的崇敬，才能使13亿中国人在国际社会受到应有的尊重。从某种意义上来说，精神之高尚要比物质之丰腴更值得珍惜。

价值目标相同，层次更获提升无论是马克思主义之最高纲领，抑或毛泽东思想之最终目标，皆为使最广大之民众得到极大的物质利益。然而，纲领与目标不能代替实现之具体步骤。毛泽东提出"为人民服务"，应该说是在革命战争时期以及新中国成立初期对我党与人民群众关系的基本定位。小平提出要"有利于提高人民的生活水平"，主要针对当时姓"资"姓"社"争论之弊。以上两代领导人之宏论，未能反映也不可能过早地、超前地反映当今国人社会生活已渐融入国际潮流之崭新国情和长期需求。因此，简单沿用以上两种提法，虽无不可，却实难体现"与时俱进"之古训。

"始终代表中国最广大人民群众的根本利益"，既包含了"为人民服务"之谆谆教诲，亦体现了"提高人民生活水平"之朴素初衷，而其进步之处，一在"始终"二字，即指出此为中国共产党之长远任务，而非权宜之计或过渡性口号；二在"根本"二字，既有终极目标之高远，又呼出人民群众之强烈心声，同时，在语言表述方面，还不失策略地规避了一些可能被实用主义、机会主义钻营之处。这对我党进一步巩固执政基础，提高自身素质，提升执政水平，具有恒远的指导意义。

（原载于《光明日报》2003 年 5 月 27 日）

关于大学校长增强行政能力的几点思考

中国现代教育是从延续一千多年的科举制度脱胎而来的，真正意义上的大学，产生于 19 世纪末。胡锦涛主席前不久在复旦大学 100 周年校庆的贺信中说，复旦大学是中国人自己创办的第一所大学。尽管此说颇有争议，但中国最早的完整意义上的高等学校，的确不过百年左右的历史。这与欧美国家相比，在历史积淀上相距甚远。

20 世纪的前 50 年，中国大学（尤其是若干所引领中国大学发展潮流的著名大学）的校长大多受过西方教育，他们的理念受到西方价值观的深刻影响，加上当时中国社会正处于转型、变革期，其中还有数十年惨烈的战争期，因而当时中国的大学基本上是处在极其困难的环境之下艰难地挣扎与摸索、缓慢地延续与发展的。新中国成立之后，在经受了备受争议的"院系调整"和"东校西迁"以后，中国大学按照苏联模式稳定了十年左右，不久便发生了"文革"，致使大学出现文化上的倒退。改革开放之后，原有的办学模式已经难以适应中国现代化的发展需要。于是，许多大学在很短的时间内进行了内部的调整，尤其是近年以来，许多高校主动或被动地进行了大规模的扩招、合并，学校规模急剧扩大。现在，四五万学生的大学在中国已经相当普遍，甚至号称研究型（含教学研究型）的大学也达百所以上。总体来看，大学的办学条件有了很大改善，但软、硬件环境却在不同程度上发生了诸多不协调。这些情况的变化，直接的影响是，人们出现了一些新的困惑。如中国的大学和外国的大学相比有哪些异同？大学究竟要追求什么？大学的领导者最紧迫的工作是哪些？大学校长的管理职责应该做哪些调整？

与欧美、日本等发达国家大学相比，中国大学在办学主旨上是与之趋同的。从宏观上说，主要有以下三个方面：继承和保存优秀的历史传统、历史文化和社会价值观；为社会发展培养人才，并储存知识；推动文化发展和科技创新。此外，中国大学也越来越重视学生综合素质的提高。如果说在办学主旨方面有差异，那中国的大学更多地表现在第二点上，即为中国社会发展培养接班人。尽管听起来有些政治化，但实际上都是各国大学有意无意、或多或少所致力谋求的重要工作。

面对经济全球化和市场经济的背景，面对教育国际化的竞争和挑战，我国如何进一步提高大学校长的领导能力？我认为，主要有以下几个方面：

一、中国的大学校长要有强烈的传统文化意识

中国有着数千年连绵不断的文明沃土，这在世界文明发展史上是独一无二的。中国的语言和文字是中国文明最重要的传载物，它不仅包含了浩如烟海的、弥足珍贵的人类文明成果，而且愈来愈多显示出适应未来发展的强大生命力。例如，现在的中小学生，或者稍有文化的成人，都可以轻易地读懂两千年前太史公的作品，这对世界其他任何语言文字都是不堪设想的。在科学技术高度发达的今天，中文几乎不需要增加任何新字，就足以应对表述最新科技概念之需要；而且，在各种计算机文字输入法中，也属中文输入法最多、最快、最便捷。然而，对于这样一种十分优越而又极其独特的历史遗产，我们不少大学以及大学的领导者并不十分介意，往往将传统文化的继承、教育和研究看成是简单的普及性工作，甚至将此种极为重要的文明成果与当代科学技术对立起来，在投入和办学资源的分配上明显地重理工而轻文史。其结果是，中国传统的东西在大学被淡化、轻化、边缘化，学生的社会文化基础愈来愈浅薄，造成许多文化观、价值观甚至道德观方面的问题。尽管党和政府十分关注这个问题，也采取了很多措施、发了很多文件，但是，

一个重要的具体因素——传统的人文和社会遗产，仍然没有被教育政策的制定者和大学校长们所深刻认识到。这一点，我们可以从中国高等教育的早期办学中得到启发，要有选择地继承那个时期的成功经验；欧美、日本的大学教育也十分重视传统学科的教学和研究，并向社会输送大量文化人士。这些都值得我们的大学校长们借鉴，一定要下大力气，使我们的大学成为保存、推进和提升中国优秀传统文化的重要阵地。

二、中国大学校长需要对本大学发展目标有实事求是的定位

当今中国高教界最为热门的关键词，大概要数"一流"了。"一流的校园""一流的教师""一流的设备""一流的成果""一流的水平"等不绝于耳。据了解，我国以建设世界一流大学为目标的学校就有数十所之多。不少学校动辄购置数千亩地建设新校园，有的学校常年不断地盖大楼，整个学校更像一个热闹的建筑工地。有的学校忙于超前购置最好的科研设备，以应对各种各样的评估和检查，等等。这些口号或发展目标，如果能实现，当然很好，但实际情况往往未必切合崇高的目标。也许学校有形的硬件搞上去了，但是一些无形的价值却被丢失或抛弃了。大凡有悠久历史的、著名的一流大学，其重点建设的眼光更多地放在得到社会发展认可的办学机制上。如改善条件，吸引最好的、有创造潜质的学生，引进高水平的教师，营造自由和宽松的学术研究环境，培植有自身特色的教学和研究项目，而不是匆忙地推出彰显于世的科研成果。这些著名大学大多以保存和稳步推进自身优良传统为主线，而在硬件建设上却慎之又慎，喧闹的建筑工地在这些大学的校园里更是极为罕见。

大学是否知名、是否一流，仅靠采取种种立竿见影的举措是难以实现的。就像那些被公认为名牌的日用产品，是厂家经过长年累月、无声无息的艰苦努力，不断改进性能、提高质量，才逐渐为用户所接受的。其"名牌"

和"一流"，实际上是消费者心中对此产品的认可程度，绝非任何宣传或批评可以达到的。我们经常见到某些评估机构每年都对大学进行排名，进而产生若干所"一流"或"名牌"的大学。然而，任何科学、严肃的排名和评估，只能对大学发展的现状予以追认，并不意味着它们的未来，因而不应该被理解为对大学发展的引导和取向。对此，我们的大学领导者应该有清醒和冷静的认识。

三、大学领导者要具有政治家的某些素质，要有较高的思想境界和宽广的世界眼光

任何大学，无论其是否古老、如何知名、如何一流，其不可或缺的重要任务便是对学生尤其是本科生的教育，因为这是大学立本的头等大事。对学生的教育，比较容易看到、也相对较易做到的是专业知识的传授。而潜伏于学生专业知识水平之下的文化、道德、品行、情感、为人处世等非知识因素或非智力因素，则容易被忽略、被漠视、被淡化，因为这些因素难以在评估机构设定的各种指标中得以描述。然而，有眼光的教育家和负责任的大学领导者，都应该特别注意对学生人生观、世界观、价值观的培育和塑造。我们也不难发现，凡是对学校有所贡献、作出重大成绩的毕业生，其成功的原因，固然同其所学专业基础密切相关，但更离不开其人文素质、精神境界和社会责任感的支持。而后者的养成，则有赖于在校期间课外的教育环境。国外许多著名大学的教授都负有双重职责：既是一部分学生的学业课程老师，又是另一部分学生思想品格的教育者。我国的大学体制不同，很难做到这一点，但对于大学校长来说，如何将此种非专业教育纳入重要程序，就是一项非常重要的、难度很大的宏观性任务。

地处西部的西安交大，经过一段时间的探索后感到，除了开展通常的学生政治、社会活动之外，还应该有意识地培养学生关注校园之外的社会形势，对当今世界所发生的重大事件进行学习、探讨和研究。例如，中东

局势、海湾战争、能源危机、中美关系、中日关系、台海局势、贸易争端、知识产权，乃至禽流感、口蹄疫、非典、地震、海啸等；还有国内的重要问题，如贫富差距、三农问题、城市建设、医疗改革、产业调整、基础教育、环境污染、社会治安、道德滑坡、腐败现象等等，都可以在不同范围内、采取不同的形式，广泛吸引和动员学生参与、自由发表议论，畅所欲言地开展讨论，提升其正确观察社会、研究问题的能力。而组织这样的活动，需要大学在领导层面予以重视和实际的支持，并且身体力行地参与其中。从这样的意义上说，我们的大学校长，应该具有较高的政治素质和较为丰富的社会经验，局限于一名学术专家的思想范围是远远不够的。

四、大学校长应该具有奉献精神，甘于成为专职的管理者

一个时期以来，我们的大学校长基本上产生于教学和科研第一线。担任领导工作之后，出于"留有后路"的自然想法，多数是"双肩挑"，有的甚至并未减少原来的业务工作量，担任学校的领导似乎是业余"兼职"。我们的大学，校级领导少则七八人，多则十余人，分工很细，理论上似乎可以面面俱到、精确管理，但实际上，真正全职于行政工作者往往不到三分之一或者更少。如是，学校领导班子难以将主要精力放在学校管理上，许多领导终年满天飞，看似很忙，但实际上与行政工作关系不大。此种现象，不仅影响学校的正常教学秩序，致使重要的工作由于缺乏深入细致的调研而产生决策失误，而且还导致师生办事不便，啧有烦言。我认为，应该把全职（或基本全职）从事管理工作作为担任大学校长的重要条件，将其纳入大学管理的机制之中。这样，可以收到事半功倍之效。

（原载于《光明日报》2005 年 12 月 7 日；作者在第二届
中美关系研讨会教育圆桌会议上所作的主题发言；
又刊于《国家教育行政学院学报》2006 年第 1 期）

大学生思政教育与党建工作的一项探索

——兼论"书院制"与辅导员队伍建设的共进

引 言

进入新世纪以来，随着我国经济和社会形势的迅速发展，高等教育的结构也发生了很大的变化，其中最为显著的是学生工作面临诸多新问题。中央十分重视加强和改进大学生思想政治教育工作，《中共中央国务院关于进一步加强和改进大学生思想政治教育的意见》以及教育部、中宣部等相关配套文件相继发出，对高校学生思政工作提供了前所未有的大好机遇。

当代大学生思想政治状况的主流积极、健康、向上，自强意识、创新意识、成才意识、创业意识不断增强。但应该看到，大学生思想政治教育在有利的形势下，也面临着严峻挑战，一些学生不同程度地存在着政治信仰迷茫、理想信念模糊、价值取向扭曲、诚信意识淡漠、社会责任感缺失、艰苦奋斗精神淡化、团结协作观念较差、心理素质欠佳等问题，学生党员的模范带头作用逐渐弱化、虚化。传统高校辅导员队伍及其作用，由于诸多原因，存在着被矮化、边缘化的趋向，辅导员队伍建设成为高校党建工作和大学生思想政治教育中的一个薄弱环节。

本文拟在探讨当前大学生党建与思想教育工作面临问题的基础上，介绍西安交通大学"书院制"在营造全新育人环境、探索辅导员队伍建设长效机制、强化大学生党建和思想教育工作方面取得的主要做法，解析西安交大"书院制"形成的全新育人环境和辅导员工作机制，以期对加强高校辅导员队伍建设、促进学生党建和大学生思想政治教育工作以及该项工作的多元化有所裨益。

一、挑战和机遇并存：高校大学生党建和思想政治教育面临的形势

高等教育，特别是高校的党建和思想政治工作，不是独立于国内外社会环境而运转，更不会脱离于历史背景而存在。要做好新时期党建和高校思想政治工作，就必须对新形势、新问题有科学的认知。

1.国内外新形势对高校党建与思想政治工作提出了新的要求

在中国全面建设小康社会构建"和谐社会"大背景下，随着改革开放的深入以及我国与国际多元文化的交流趋于频繁，进入常态，高校与国际社会交往密切，与外界文化思想发生越来越多的碰撞。改革过程中，社会和文化深层次矛盾和长期积压的问题逐渐凸现，社会的变化给高校学生思想政治工作带来了错综复杂的新情况、新问题。新时期的高校学生，面临的是高校收费改革、面向社会自主择业、住房、医疗改革等重大变化，引起他们思想上的种种波动。这些都是对做好高校学生思想政治工作的严峻考验。

2.科技进步对高校党建与思想政治工作提出了新的挑战

当今社会已经步入了网络信息时代，网络的自由性和开放性使其深入到社会生活中的方方面面，成为人们获取信息和感知世界的重要窗口，对人们的社会观、人生观、价值观有直接的冲击作用。网络在高校尤其普及，是广大师生了解社会、交流沟通的重要渠道，但网络也为有害信息传播提供了便利。如何让高校学生思政和党建工作在网络中开辟新的宣传阵地，利用网络的传播优势，发挥党建系统资源站的作用，"占领网络意识形态阵地"，提高党建工作的效果，是新时期高校党建工作面临的一项紧迫任务。

3. 高等教育自身发展迫切要求加强和改进大学生思想政治教育

近年来，高等教育改革取得了重大进展，国际交流频繁，国际化趋势进一步加强，各高校的办学模式向多样化发展，这需要各高校深入研究和构建与之相适应的党建和思想政治工作方针。同时，随着办学规模的扩大，学生的学习、生活场所趋于分散，高校思想政治工作如何保证覆盖面，也是个新课题。此外，在深化教育、教学和管理体制改革的过程中，师生的自主性、选择性、参与性不断提高，民主意识显著增强，党建和思想政治工作也要及时适应这些新变化。

二、大胆探索，试行"书院制"

1. "书院制"的缘起和概况

2004—2005 年之间，我们对本校的学生思政工作进行调研，发现上述问题在我校均有存在。不仅学生（特别是高年级学生）政治素质堪忧，甚至学生中的极端事件也在增加。探寻深层次原因，发现原来的"教书育人"这个非常好的模式，已经悄然发生了变异，进而导致学生思政工作和心理辅导等工作难以到位。

回顾二三十年前的大学，学生工作是院系的重要工作，专业课教师，包括很多知名学者，主要精力用于上课，科研任务不是太繁重，没有各级、各种科研项目，没有发表 SCI 论文之类的压力，他们有时间也有条件和学生经常接触沟通，"教书育人"实实在在。但是现在不一样了，尤其是近 10 年来，我们的教授不得不"满世界跑"，学院的领导都是学术型的专家，忙碌不堪，辛苦万状，学院要管的不仅是本科生，还有几乎同样数量的研究生。院领导和教授们要申报各种科研项目（如 863、973，各级的自然科学或社会科学基金等）、争取进入各种计划和工程（攀登计划，985、211），张罗办学经费，要纵向联络、横向开拓，还有设备购置、人才引进、职称评定，接受或参加各种评估、出席学术会议、出差出国、来访接待等，都是

"硬任务"，而撰写和发表学术论文和著作更是不容忽视。总之，每天都有许许多多十分重要、相当具体、极其紧迫的事情，等着我们的院领导和教授们去应对，他们实在没有时间、没有精力顾及学生思想政治工作和心理素质之类难以量化的工作。学院本科生的教育和管理主要依靠辅导员，而由于行政和教学编制的大大压缩，辅导员不得不承担了大量的日常事务，难以把主要精力放在学生工作上。久而久之，学生工作就被弱化、矮化或者边缘化了。有的老师感慨地说：现在连研究生见导师都不容易，遑论本科生？而"教书育人"这个很好的提法和做法，已经被束之高阁了。

我们感觉到，改进大学生思想政治教育，首先是要加强辅导员队伍建设，这就需要重新审视传统的辅导员管理模式，针对当前存在的种种实际问题，大胆探索，建立符合新形势的辅导员队伍管理模式，形成辅导员队建设的长效机制和全新育人环境。

鉴此，我校 2005 年试行新的学生思想政治工作机制。是年，选择了部分学生（大约涉及 600 名新生），打破原有的按学院和专业住宿的模式，集中在一栋相对独立的宿舍楼，建立了"文治苑"。一年的实践，取得一定的效果和经验。2006 年，学校下决心推广这一做法，建立了"彭康书院"，将东校区 3200 余名新生全部纳入该书院，并按相关比例，调遣部分专业学院的辅导员进入彭康书院，使学生思政工作成为辅导员唯一的重要工作，仅一年时间，彭康书院的学生整体情况有了很大的改观。2007 年，学校建立"文治书院"和"宗濂书院"，涵盖了全校（东、西校区）的全部本科新生（约3900 人）。这几个书院的成绩和经验，显示出书院制的特色和优势。

应该指出，书院制一个重要特点，就是把辅导员成建制地从学院抽调到书院，把他们从学院的行政杂务中解脱出来，专心专意地从事学生思政和学生事务工作，通过知心谈话等一系列方式方法，最大限度地与学生接触，将"第二课堂"充分开动起来。

书院辅导员（包括兼职者）的主要工作有：引导新生尽快适应大学环境，迅速调整学习方法，把专业学习当成"第一要务"。加强对学生的诚信教育，把抵制考试作弊、网络游戏成瘾的不良风气作为重点，树立正气，压制邪气。狠抓党建和思想教育，深入细致地培育学生具有优雅的气质和高尚的人格。党建工作从新生抓起，把党支部建在班级里，在保证质量的前提下，大幅度提高学生党员的比例，党组织成为广大学生的政治核心，从而全面带动学生思政工作和学生综合素质、专业学习成绩和社会责任感的整体提升。

两年的实践证明，书院的学生党建工作更加生动活泼，学生精神面貌积极向上，学习成绩普遍上升，纪律性得到加强，体育测试达标率提高，作弊、游戏成瘾、无故旷课等现象大大下降，本科生心理素质状况得到全面关注，近几年没有极端事件发生。

如今，书院已经成为本科生思政工作和学生事务管理最为重要的载体，辅导员工作热情积极，与自己主管的学生群体同学习同生活，密切接触，书院人文气息浓郁，各种活动极其活跃。书院选聘品学兼优的研究生或高年级本科生担任兼职辅导员，以朋辈身份和学生打成一片。

为了加强书院与学院的联系，书院聘请各个学院的资深学者担任书院学业导师，还在书院为知名教授安排了专用住房，以便教授与学生常年亲密相处。由于辅导员老师和兼职辅导员将学生的专业学习当成"第一要务"，学生学习成绩稳步提升。书院还鼓励学生建立各种与书院管理和发展有关的组织，形成有持续发展潜力的学生自治机制。如是，学校严谨治学、严格要求的优良传统在书院弘扬光大，学生的优良品质和高尚人格得以养成，学习成绩大面积提高。总之，各方面都有明显进步。

2008年，经校党委常委、校长办公会议多次专题研究，决定全校所有年级的本科生实施书院制，成立了仲英书院、南洋书院、崇实书院、励志书院、启德书院。自是年起，全校本科生全部入住书院，使书院制日臻完善。

应该说，书院之所以取得明显成绩，最为重要的就是将学生党建放到了首要位置，而且由于辅导员的工作到位，学生党建得到切实加强。以辅导员和优秀学生为骨干的学生党组织，迅速成为引领书院学生全面发展、团结广大学生共同进步的政治核心，在个人品德、思想素质、爱国爱校、奉献社会、诚实守信、关心他人、勤奋学习等方面起到模范带头作用。

在学生结构上，书院适当地改变了原有的按学院年级住宿的单一形式，有意识地将不同专业、不同年级的学生安排在一个书院里，按照原有的楼宇分布，建立住宿社区。辅导员分工指导各个社区学生的学习和日常管理。书院建立党总支（以后将考虑建立分党委）、团工委、学生会，还设有社区主管、学业主管及领导力培养计划主管等岗位，分别负责书院的组织机构建设、学生社团和兴趣小组、学业辅导体系和领导力培养计划。如是，在同一个社区里，通识教育在不同专业的学生中自然进行，而高年级学生也就成为低年级学生的引路人。

2. 中国传统教育精神与现代"大学之道"的融合：学生养成教育

书院通过建立一个全方位、综合性的生活环境，加强大学生的养成教育，帮助青年学生形成良好的行为习惯，使之尽快适应大学生活并能够科学规划人生。

书院对入住学生的作息时间、宿舍卫生、个人行为与礼仪规范作了严格细致的规定，学生早上统一起床出操，晚上统一熄灯。辅导员老师和学生同住同吃，与每一位学生谈心，并辅导他们的学习。书院要求辅导员根据学生的专业特长、学习兴趣、性格特征、家庭经济状况等具体情况，制订并实施工作计划，他们对学生的指导工作，主要采取个别与集体辅导相结合的方式，主动与学生保持联系，一个月至少和学生面谈一次。

为了让学生生活得温馨舒心，书院设立了期刊阅览室，方便学生及时了解时事新闻；书院有常住的导师，学生有问题可随时就近咨询。由于辅导员与学生接触频繁、密切，对学生家庭经济情况的了解更为真实，从而对贫困家庭学生的资助也就更加准确、科学，避免了以前助学金评定中难以克服的诸多弊病。书院针对第二课堂的教育，展开了各有特色的竞争，新生纷纷举办各种活动，邀请校领导、著名学者和社会人士到书院做报告，以拓展视野，增长见识。

学生在本科期间，不仅是专业学院的学生，也是书院的学生和主人，他们活跃地参与书院的各种管理。书院倡导的是综合素质文化，处处洋溢着严谨、求实、勤奋、向上的氛围，人人用爱心去对待同学，书院被崇高的理想和抱负所浸润。书院还给每个学生制作了包括参加社会实践、科技竞赛、文体活动、宿舍卫生等方面评分的品德操行卡，并通过一系列行之有效的措施培养他们的进取意识、团体协作意识、沟通交流能力、适应耐受力以及科学的领导力。

实事求是地说，以上这些富有积极向上精神的活动和氛围，在原来单纯依靠学院承担学生工作的环境下，是难以实现的。

3."知心工程"与"书院制"的契合：学生心理健康教育

"知心工程"是西安交大推出的一项旨在强化辅导员岗位职责的工作体系。其主要形式，是辅导员针对每一个学生的具体情况，拉网式与学生开展面对面谈话，深入了解学生的心态，掌握少数学生的思想波动和行为异常，让青年学生在世界观、人生观、学习方法、思想方法、个性锻炼等方面获得有益的指点，并及时化解他们的心理问题，帮助他们健康成长。

书院积极推行"知心工程"，要求辅导员针对每一个学生的具体情况，拉网式地与学生开展面对面谈话，深入了解学生的心态，掌握少数学生的思想波动和异常行为。"知心工程"针对学生中的 6 类典型问题，设计制作了《学业分析与面谈咨询记录表》《新生职业生涯与学业进程设计辅导谈话记录表》《毕业生就业辅导谈话记录表》等 8 种表格。辅导员根据不同的谈话对象和话题，选择填写不同的记录表格，与学生逐一谈话，填写相应的谈话记录表，为学生提出改进建议，并由学生和谈话人签名。通过谈话，优秀学生得到了鼓励，学习有困难者获得了指点和帮助，家庭贫困生得到了资助，沉湎网吧、耽误学习者受到了教育和行为上的遏制，心理抑郁者被及时发现并得到有效疏导。

实践证明，这一做法营造了新型育人环境，有利于加强以通识和能力教育为主的本科生培养，为造就创新型高端人才提供了可行途径。

4.书院为辅导员队伍的科学化、职业化建设提供了崭新的平台

在原来的学生事务管理模式（即专业学院统一管理）下，辅导员的职业化发展受到制约。

首先，辅导员缺少明确的职业发展前景。在学院里，辅导员实际上是

学院行政管理机构的一个部分，并非完全意义上的教师，他们承担了很多学院行政方面的工作，很多时间都被一些行政琐事杂务所缠绕，真正用于从事思想和道德教育上面的时间和精力非常有限，极易产生倦怠感，他们在学院行政指挥棒下不得不"东奔西跑"的工作状态，也使得别人觉得他们"不像教师"。

其次，辅导员缺乏理想的职业环境。在学院统一管理的机制下，学校对辅导员实行学工部和学院的双重管理、双重考核，实际上是以学院管理为主，而学院把注意力都放在科学研究、专业课教学、成果评奖、发明专利等上面，对辅导员工作的重视性逐渐下降，辅导员工作的成效无法与专业老师的研究性工作相比。在和专业教师处于同样的学术环境中，他们的工作难以涌现出"以高水平科技论文"为唯一标准的业绩。

由于辅导员的"教师身份"在学院的环境中得不到彰显，其地位低下，不被重视，已是不争的事实，甚至辅导员自己也深感失落，进而导致对职业发展的前景缺乏信心，把这一岗位当作过渡，消极应付，得过且过；或者选择跳槽、转岗。

因此，在以专业学院管理为主的管理模式下，要实现辅导员队伍的科学化、职业化建设存在着机制上的问题。尤其是在"教书育人"难以落实的情况下，全靠几个辅导员半职地工作，学生思政工作怎么能够真正到位？

而以住宿书院为主的学生管理模式，将辅导员从专业学院中剥离出来，在专门从事学生管理和人文素质教育的书院里从事管理和教育工作，是辅导员队伍建设的一条新路。

书院以专职辅导员为主体的学生管理体系，承担学生的思想教育、行为养成、人文素质拓展等日常教育管理活动。在书院制模式下，专业学院理论上不再承担学生的日常管理和教学计划以外的工作，学院的领导和教师、职工，主要任务是不断提高专业课程教学质量，搞好科学研究。书院和学院是独立、平行的关系，但同时与学院保持紧密的联系，即书院把提高学生的专业学习成绩作为最为主要的工作，学院和专业课教师仍然要以"教书育人"为职守，但不是硬性要求，主要是配合书院搞好学业提升、指导社会实践等工作。学院和书院共同承担学生的培养和教育。

书院体制也改变了以往学工部门与专业学院双重管理、双重考核的弊端，实行学校直接管理学生党建和思政工作的模式，这不仅使辅导员能够专心从事自己的本职工作，而且把自己的身份和地位重新确定，即：作为引导学生健康成长的教育者和指引者，而不是承担大量的学院日常事务，这无疑使辅导员的职业化环境大大改善，职业化水平显著提升，使他们在思政教师的岗位上积极进取，不断提高专业水平。

虽然辅导员队伍的人数没有增加，但他们是全职、全心地从事学生思政工作，与以前在学院的时候相比，他们的工作更加深入，更加到位，加上兼职辅导员，还有更多的书院学生党组织、社团和班级干部的共同努力，实际的工作力度成倍增长，效果也是十分明显的。换句话说，书院里的辅导员，既是教师，也是领导，也是种子，绝不是简单意义上的只靠几个人、十几个人就把数千学生统统管起来的那种概念。

因此，我们感觉到，建立以书院为平台的学生管理体系，对辅导员的工作职责进行重新定位，为辅导员提供良好的学科发展体系和专门的职业环境，是我校辅导员职业化建设的有效途径。

5.强化大学生党建和思想教育工作

在书院里，辅导员与学生生活在一起，通过各种规章制度，有效地对学生进行学风、思想作风的引导，经常性地开展思想政治教育和谈心活动。学业导师和兼职辅导员则在学生的学习、课外学术研究、科技创新、职业规划和就业咨询以及其他素质拓展教育等方面进行指导。书院在管理结构上搭建了三个平台，即学生日常管理和教育的平台、及时解决学生共性和个性问题的平台，辅导员互相交流的平台。

书院的党建工作也颇有创新之处。书院建立党总支（分党委），支部建在班级或社区，党组织是学生一切活动和教育的政治核心，做到一个党员一面旗，在各个方面都起到模范带头作用，使书院提出的"学业争先、行为争范"和"让优秀成为习惯"的号召得到很好的落实。

需要说明的是，我校设立书院，不是简单地回到封建士大夫讲经说道的"书院"，也不是机械地模仿欧美、香港大学的书院，而是赋予书院新的内涵，它是一种学生社区的新形式，是本科生教育的"第二课堂"和离开故土的"第二家园"。学生在本科期间不仅是专业学院的学生，同时也是书院的学生和主人，参与书院的自主管理。交大的书院，倡导着一种文化：教师用爱心引导大学生，帮助他们树立远大的理想和抱负，抵制社会上的各种诱惑；书院与家长保持密切的联系，并通过赋予学生优秀品格，争取得到社会的认可与支持。

三、小　结

1. 从战略上认识大学生党建和思想政治工作

胡锦涛总书记强调，学习领会十七大精神，要深入学习领会科学发展观。科学发展观的核心是以人为本，这是我党根本宗旨和执政理念的集中体现，是全面、协调和可持续发展的本质内涵。以人为本，就要关注人的价值、权益；以人为本，就要关注人的发展潜能，具体到高校大学生党建和思想政治教育工作，就是要广大党建和思想政治教育工作者从战略高度重视党建和思想政治工作，促进人的全面发展。

高校是培养人、教育人的重要基地，当前高校党建和思想政治工作面临空前挑战，如果不能妥善解决广大青年学子的政治思想教育中的相关问题，势必削弱高等教育对"和谐社会"建设的推动作用，不利于教育振兴和中华民族伟大复兴宏伟目标的实现。

所以，重视和加强高校的党建和思想政治工作，不仅要将其放在战略高度的位置，更要适应新的形势，要发挥出"看得见、摸得到"的实际效果，这也是科学发展观的必然要求。

2. 认真解决具体问题，在实践和学习中稳步推进

我校实施"书院制"，没有囿于最初的设想和设计，而是奉行"由理论指导实践，在实践中完善理论"理念，一步一个脚印地向前探索。

自 2005 年试点，到 2006 年建立第一个书院，两三年的实践证明，书院制模式和书院文化在我校呈现强大活力，这一全新体制在我校的学生管理和人才培养中，发挥着非常重要的作用。

当然，任何创新都不是一帆风顺的。"书院制"在实施过程中也遇到一系列问题，如：不同的书院如何把握同一专业学生的学籍管理和奖助学金评定标准？长此以往，学生对学院的认可度会否下降？等等。但这些困难和问题，通过改革和调整，都是可以得到解决的。为此，学校组织部特别安排了培训计划，让有关领导和教师到国内外的著名大学学习，希望吸取国内外的有益经验，把我校的学生培养体系建设得更加完善。

四、余 论

大学，作为高等教育的具体实施单位，与社会的其他行业一样，在理念、目标、管理等方面，每个大学各有不同，各有特色，这是必然的。很难想象，全国的大学，其教学方法、管理体制、运作方式，都是统一的模式，遵循同一个标准。即使是我们经历过的"三讲""三个代表"重要思想的学习、"先进性教育"以及即将全面展开的"科学发展观"教育，这些政治性、政策性极强的活动，也都在"规定动作"之外，提倡"自选动作"。对于高校学生党建和思政工作，"规定动作"就是加强和改善大学生思想政治工作，为国家和民族培养出更多政治合格、品学兼优的创新性人才，而"自选动作"应该是各校针对自身情况，找出符合自己实际情况的途径和方法，达致人才培养的最佳效果。

本文所述辅导员队伍管理机制的改变，以及"书院制"的实施，只是立足于西安交大的实际情况，无意推荐给其他学校。尽管这一做法在我校取得明显成效，但并不意味着适应于其他高校，因为每所学校的历史、传统、长项、弱势都不相同，甚至学生宿舍、校园环境等方面的差距，都对学校制度的制定有着直接影响。

需要强调的是，我们的做法还是初步的，还在蹒跚之中，我们只是认为，大学的精神恰在于多元化。只要大的方向正确无误，哪怕是政治路径的探索，在大学也应该是值得提倡的。我们殷切希望看到兄弟高校在这方面有更多的经验和创新，使大学生思想政治教育和党建工作摆脱陈规旧俗，也能像学术研究一样，百花齐放，争芳斗艳，呈现生机勃勃的动人局面。

参考文献

陈立民：《高校辅导员理论与实务》，中国言实出版社 2006 年版。

广东省高校学生工作专业委员会编：《学生工作的释义与构建》，中山大学出版社 2006 年版。

胡锦涛：《高举中国特色社会主义伟大旗帜，为夺取全面建设小康社会新胜利而奋斗——在中国共产党第十七次全国代表大会上的报告》（单行本），人民出版社 2007 年版。

《普通高等学校辅导员队伍建设规定》，教育部第 24 号部长令。

《普通高等学校辅导员队伍建设规定与管理考核实施手册》，高等教育出版社 2006 年版。

《全国高校辅导员队伍建设工作会议经验交流材料汇编》，2006 年 4 月。

曲建武：《识读大学——一个老辅导员的心声》，人民出版社 2006 年版。

《西安交通大学"十一五"发展规划纲要（2006—2010)》。

杨振斌、冯刚：《高等学校辅导员培训教程》，高等教育出版社 2006 年版。

中共中央宣传部宣传教育局、教育部社会科学研究与思想政治工作司、共青团中央学校部组编：《"中共中央国务院关于进一步加强和改进大学生思想政治教育的意见"学习辅导读本》，中国人民大学出版社 2005 年版。

（原载于 2008 年《教育部中国高校党建工作研究优秀论文集》，

本文获中国党建研究会高校党建研究专业委员会一等奖）